普通高等教育“十三五”规划教材
汽车类高端技能人才实用教材

应用文写作

（第2版）

刘凤侠 主编

甘小华 白 雁 赵改莉
马玉皎 陈 尧 赵慧云 王荣刚 参编

電子工業出版社
Publishing House of Electronics Industry
北京·BEIJING

内 容 简 介

本书以学生的职业能力和未来的职业生活为切入点，突出应用文写作课作为实践技能课和人文素养课的双重特征。体例编排力求实用创新，全书以情境导航为引导，以文书常识+案例分析+写作指导+实战演练+拓展阅读为主要板块构架全书，较为完整地介绍了党政公文、事务文书、社交礼仪文书、经济文书、新闻宣传类文书等多种应用文体的相关知识和写作要求，具有较强的实用性和可操作性。

本书既可作为各类高校开设应用文写作课程的教材，又可作为各类成人教育培训班教材，还可作为各类在职人员学习应用文写作的自学读本。

图书在版编目（CIP）数据

应用文写作 / 刘凤侠主编. —2 版. —北京：电子工业出版社，2019.1
汽车类高端技能人才实用教材
ISBN 978-7-121-35711-4

I. ①应… II. ①刘… III. ①汉语－应用文－写作－高等职业教育－教材 IV. ①H152.3
中国版本图书馆 CIP 数据核字（2018）第 265936 号

策划编辑：竺南直
责任编辑：竺南直　　特约编辑：李惠茹
印　　刷：北京联兴盛业印刷股份有限公司
装　　订：北京联兴盛业印刷股份有限公司
出版发行：电子工业出版社
　　　　　北京市海淀区万寿路 173 信箱　　邮编：100036
开　　本：787×1092　1/16　印张：19.5　字数：499 千字
版　　次：2014 年 8 月第 1 版
　　　　　2019 年 1 月第 2 版
印　　次：2024 年 8 月第 9 次印刷
定　　价：49.80 元

凡所购买电子工业出版社图书有缺损问题，请向购买书店调换。若书店售缺，请与本社发行部联系，联系及邮购电话：（010）88254888，88258888。

质量投诉请发邮件至 zlts@phei.com.cn，盗版侵权举报请发邮件至 dbqq@phei.com.cn。

本书咨询联系方式：davidzhu@phei.com.cn。

出 版 说 明

自 2002 年起，中国汽车行业开始进入爆发式增长阶段。2009 年，中国取代美国成为世界上最大的汽车销售市场，当年中国的汽车产量超过了日本和美国的总和，成为名副其实的汽车产销量双重世界第一。2011 年，平均每月产销量突破 150 万辆，全年汽车销售超过 1850 万辆，再次刷新全球历史纪录。未来十年自主品牌将完成从“中国制造”到“中国创造”的发展过程。预计未来十年，我国汽车市场年均增长率将达到 7.1%，到 2020 年中国汽车市场的销量有望占据全球汽车总销量的一半以上，中国汽车市场前景非常广阔。汽车行业突飞猛进的发展对汽车专业人才特别是高端技能型人才的培养提出了前所未有的高要求：一是行业的发展和扩张在人才数量上的要求，全国每年汽车专业高端技能型人才的缺口在数十万人；二是技术的进步和发展对于人才培养质量的要求，大量新技术、新工艺的应用对于从业技术人员在学科基础理论和职业技能方面提出了更高的要求。

作为全国最大的汽车类高等职业学校，西安汽车科技职业学院近年来根据汽车行业发展的需要，紧贴职业岗位，引进并吸收德国奥迪、瑞典沃尔沃、英国捷豹路虎等世界顶尖企业汽车职业教育的先进理念和思想，深入开展教学改革，形成了一套独特的课程体系和教学模式。“汽车类高端技能人才实用教材”就是我们近年来教学改革成果的总结，是课程改革和新的教学模式的具体体现。

这套系列教材具有以下几个特点：

一是实用性。在编写过程中，从企业岗位需求和学生发展空间两个方面考虑编排内容，既注重专业基础和专业理论的系统性，又重点考虑了职业技能训练的需求，对于学习汽车类专业的学生而言，是一套学习效率很高的教材。

二是通俗性。在编写过程中，充分考虑到高职学生文化基础的现实状况，降低对学生文化基础知识的要求，让大多数学生能够学得懂。

三是系统性。从机械和电子技术基础课程，到汽车的基本理论、汽车的各种技术，再到汽车的最新技术的介绍；从基本的电工、机械实验，到专业实习，再到职业技能实训，形成了一整套较为完备的汽车理论教学和实训教学的体系。

四是适度超前性。除了涉及目前已经应用的各种汽车技术和技能知识，还在新能源汽车、先进车载网络技术等方面进行了介绍，为学生开拓了视野，对其将来向行业的深度和广度发展具有一定的引导作用。

五是实践性。力图采用项目教学和任务驱动教学等方法进行编排，强调理论验证实验、基本专业技能实习和职业技能实训的重要性，将实践教学贯穿于课程教学的始终。

本套教材紧紧把握高职教育的方向和培养目标，严格按照新的国家职业标准对人才的要求编排内容，贯彻以技能训练为主，着重提高学生操作技能的原则。在技能训练的内容安排上富有弹性，在保证教学的前提下积极培养学生的创新能力。

本套教材内容丰富、图文并茂、体例饱满，选材来源于最新的技术手册；难易适中、应用性强，有利于知识的吸收和技能的迅速提高。可作为高等职业技术院校或应用型本科汽车类各专业的必修课教材，也可作为成人高校汽车类各专业的教材，同时可作为相关从业人员的参考用书。

教材编写过程中，由于各种原因，疏漏和不尽如人意之处在所难免，敬请广大师生提出宝贵意见，以便再版时修订完善。

“汽车类高端技能人才实用教材”编委会

前　言

随着社会经济的高速发展，用于处理公私事务、沟通交流的应用文，已然成为信息时代不可替代的重要媒介和工具。各大高校普遍都开设了应用文写作这门课，而教科书作为一门课程的核心教学材料，必然成为提高教学质量和效果的关键要素。为了提高教材的质量，增强教材的适用性，我们根据实地调查收集到的反馈信息，集教师多年的教学经验，编写了这本《应用文写作》（第2版）。本书在编写的过程中注意突出以下特点：

1. 内容选择服从现实需要

本书在内容的选用上注重从学生的现实需要出发，选择使用频率高、实用性强的文种。学生日常和未来工作中频繁使用的事务文书几乎占到了全书容量的三分之一；15种党政公文，只重点介绍了“决定通知、通报、报告、请示”等8种党政机关、企事业单位和社会团体经常使用的文种；司法类文书由于专业性较强，考虑到实际运用情况，未编入本书。

2. 体例编排讲求创新实用

本书按照情境导航+文书常识+案例分析+写作指导+实战演练+拓展阅读的编写体例构架全书。情境导航——本书的一大特色和亮点，意在通过真实的情境创设、任务驱动，增强学生的问题意识、文种意识，激发学生的学习欲望。情境导航既有利于教师导学，又有利于学生自学；文书常识——编排了学生进行写作时必须了解和掌握的基础理论知识，删去了与写作关系不大的“作用”部分的介绍，遵循高职教育教学中理论以“必需”“够用”为度的原则；案例分析——凸显规范、典型和实用，增强学生对写作的可知可感；写作指导——注意相似文种之间的辨析，在方法操作上具有很强的针对性和实用性，写作通用模板的设计简单实用，一目了然；实战演练——体现出对学生综合能力的实际运用与强化训练。以上五个环节，依据学生的认知规律，技能习得规律和思维发展的规律，既有创新又讲究实用。另外，在每一节的后面都配有拓展阅读，在拓宽学生视野的同时，提高教材的文学性和趣味性。

3. 知识更新力求与时俱进

应用文写作随着时代的变迁，不断更新换代。本书在编写的过程中注意吸纳新的理论知识和写作要求。鉴于《党政机关公文处理工作条例》（以下简称《条例》）已于2012年7月1日颁布实施，而1996年5月3日中共中央办公厅发布的《中国共产党机关公文处理条例》和2000年8月24日国务院发布的《国家行政机关公文处理办法》停止执行，因此，本书第二章编排为“党政公文”，在适用范围、公文种类、行文格式等方面都依据最新的《条例》规范编入教材，与时俱进。

4. 表现形式追求形象直观

在内容的表现形式上，对于一些稍显复杂的理论知识的介绍，一般在文字叙述之后会辅以相应的图例或表格。另外，在表现形式上，能用图表来表现的尽量使用图表，追求条理清晰、形象直观的表现形式。

本书由刘凤侠任主编，全书分为六章，参编的教师有甘小华、白雁、赵改莉、马玉皎、陈尧、赵慧云、王荣刚。各章执笔分工如下：第一章、第二章、第三章由刘凤侠编写；第四章由白雁、马玉皎编写；第五章由赵改莉、陈尧、赵慧云编写；第六章由甘小华、王荣刚编写。此外，蒋建轩、辛轶老师做了大量编写资料的搜集工作。

为方便教学，本书配有PPT电子课件，可登录华信教育资源网（www.hxedu.com.cn）免费注册下载。

本书在编写过程中，借鉴和参考了许多相关的教材、报刊和互联网上的相关资料，为了表示对著作者的尊重和感谢，教材中引用的资料，我们都尽可能注明来源，并在教材后附有参考文献。

由于时间仓促，水平所限，在编辑过程中难免疏漏，在此敬请读者海涵。

编　者

2018年6月

目　录

第一章　应用文写作概述

第一节　认识应用文

情境导航

上课了，什么课？应用文写作。

小北乐了：写作文咱最拿手了，应用文写作当然也不在话下。

小国郁闷了：从小学到初中、高中，最犯愁的就是写作文了，这下可惨了！

小风满不在乎地说：应用文有啥学的，不会写找“百度”啊，不用担心！

小光说：这学校也不教点有用的，应用文能顶个啥用，还不如练会儿车呢。

应用文和我们平时写的作文是一样的吗？应用文果真如同学们议论的那样毫无用处吗？

调查发现：很多大学生，尤其是理工科的学生对应用文的范畴很不明了，他们不知道一份实验报告、一篇学术论文、一篇演讲稿、一份申请书、一份调查报告等都属于应用文写作，而这些也是在平时的学习中经常用到的。

其实，应用文写作能力已经成为现代职场中人应备的基本素质之一。试想一下，身处现代社会的我们，哪一个人能离得开应用文？工作中如果不会制订计划，不会撰写工作总结，发布通知事项交代不清，将请示写成报告，我们如何在工作中游刃有余？从事市场营销的不会写市场调查报告，做经济管理的不懂得如何起草合同，搞工程投标的不会制作招投标文书，我们又如何能在激烈的市场竞争中立于不败之地？

现代著名作家、语文教育家叶圣陶说：“大学毕业生不一定能写小说、诗歌，但一定要能写工作和生活中实用的文章，而且非写得既通顺又扎实不可。”实用的文章指的就是应用文。

应用文既然如此重要，那么什么是应用文呢？它与小说、诗歌等文学作品又有什么区别呢？让我们首先从认识这门功课开始吧！

一、应用文基础知识

（一）应用文的概念

应用文是指党政机关、企事业单位、社会团体或个人在日常工作、生活中办理公务或个人事务时经常使用的具有惯用格式的文书。

在我国，应用文的历史源远流长，它和文字同步，已有三千多年的历史了。殷商时期的甲骨文，已具有原始应用文的雏形。这些文字为占卜所用，故称为《卜辞》。《卜辞》广泛记载了奴隶制时期社会生活的各个方面，诸如国家的政治、军事、祭祀、狩猎、农业等活动，文字古朴，记录简练。

春秋时期，相传孔子把上古时代的历史文件汇编成《尚书》，其中收录了虞、夏、商、周

各代的典、谟、训、诰、誓、命等文书，为我国公文写作开创了先河，对后世公文写作有着深远的影响。

北宋苏轼《答刘巨济书》中载："向在科场时，不得已作应用文，不幸为人传写，深为羞愧。"此处最早出现了"应用文"一词，但它不是文体的概念。较为明确地将"应用文"作为一种文体概念提出来的是清代学者刘熙载，他在《艺概·文概》中说："辞命体，推之即可为一切应用之文。应用文有上行、有平行、有下行。重其辞乃所以重其实也。"后来，徐望之在《尺牍通论》中对此做了进一步阐述："有用于周应人事者，若书札、公牍、杂记、序跋、箴铭、颂赞、哀祭等类，我名之曰'应用之文'。"

将应用文作为一门独立的学科来研究，在各类院校开设专门的应用文写作课，在我国是从20世纪80年代开始的。30多年来，这门学科的发展相当迅速，应用文写作知识渗透到了人类生活、工作和学习各个方面，并发挥着巨大的作用。

（二）应用文的类型

应用文按照使用范围和性质可分为通用应用文和专用应用文两种。

1. 通用应用文

通用应用文指人们在办公或办事中普遍使用的文书。可分为党政公文类、日常事务类两类。

（1）党政公文类：专指《党政机关公文处理工作条例》（2012年4月16日由中共中央办公厅和国务院办公厅联合印发，已于2012年7月1日起实施）中所规定的文种。包括决议、决定、命令（令）、公报、公告、通告、意见、通知、通报、报告、请示、批复、议案、函、纪要等15种。

（2）日常事务类：包括计划、总结、述职报告、调查报告、简报、申请书、条据、规章制度、证明信、介绍信、会议记录等。

2. 专用应用文

专用应用文特指专业类较强的文书。可分为社交礼仪类、经济类、新闻宣传类、科技类及司法类等五类。

（1）社交礼仪类：求职信、个人简历、竞聘词、感谢信、慰问信、贺信、欢迎词、欢送词、请柬、聘书等。

（2）经济类：经济合同、市场调查报告、市场预测报告、可行性研究报告、商业广告、产品说明书、招标书和投标书等。

（3）新闻宣传类：消息、通讯、解说词、手机短信、微信等。

（4）科技类：实验报告、毕业论文、专利申请书等。

（5）司法类：诉状、辩护词、公证书、判决书等。

此外，专用应用文还包括外交、军事等方面的文书。

应用文的类型如图1-1所示。

- 应用文
  - 通用应用文
    - 党政公文类
    - 日常事务类
  - 专用应用文
    - 社交礼仪类
    - 经济类
    - 新闻宣传类
    - 科技类
    - 司法类

图1-1 应用文的类型

（三）应用文的特点

应用文在长期的历史发展过程中，形成了自身鲜明的特点，主要表现在以下五个方面：

1. 实用性

应用文的最大特点在于"实用"，实用性是应用文和文学作品的最主要区别。小说、诗歌、

戏剧等文学作品的创作大多是“有感而发”，目的是给读者以审美享受，有助于读者感受、体验生活，陶冶情操；而应用文则是为了解决实际问题，“有事而发”，具有很明确的实用性。因其是以实用为目的，所以又称“实用写作”。

2. 真实性

文学作品可以借助于夸张、想象和虚构来设计情节和细节。应用文内容要求真实，不能有丝毫虚构、夸张，对问题的分析以及由此得出的结论都要求客观、符合事实，不能凭个人好恶主观臆断。真实性是应用文的生命。

3. 时效性

应用文是为解决实际问题而写的，所以它有一定的时间限制。它要求文章的写作、传递以及事项的办理都能快速及时。讲究时效，是保证应用文产生效用的重要条件。

4. 规范性

应用文的规范性表现在两个方面：一是文种的规范，二是格式的规范。

文种的规范，是指应用文的每一文种都有它一定的适用范围，不能乱用。2012 年新发布的《党政机关公文处理工作条例》规定有 15 种党政公文，这 15 种党政公文各有各的用处和特定的适用范围，不能混淆。

格式的规范，是指应用文的每一文种都有其特定、惯用的格式，这些格式，有的是长期以来约定俗成、相沿成习的；有的是由国家、有关部门统一制定的。因此，在写作中必须严格遵守应用文的固定格式，不得别创新格、随意编排。

5. 简明性

简明性指的是应用文的语言特性。“简”是简洁、简练，“明”是明白、明了。应用文要求用最精炼的文字准确地说明事由，解说事理，陈述办法，以期达到解决实际问题的目的。

（四）应用文的作用

应用文的作用主要表现在以下四个方面：

1. 指导和管理作用

应用文具有指导和管理的作用。尤其是党政公文，它是贯彻党的方针、政策和对公务活动进行有效管理惯用的主要媒介。虽然这种管理是间接的，但公文的权威性使它在公务活动的组织、安排、布置、督促和检查中起着重要作用。当然工作计划、规章制度、简报等事务文书也具有一定指导和管理的作用。

2. 规范和约束作用

应用文具有规范和约束的作用。应用文中，有相当一部分是法规性文件以及根据宪法和各种法律制定的规章制度，如《刑法》《民法》《刑事诉讼法》等基本法律，公文中的条例、规定，一经发布，就具有法规准绳作用，任何人都要自觉遵守。另外像党政公文，要求下属机关“遵照执行”的，都具有法定的权威性和不可逾越的约束力。

3. 交流和沟通作用

应用文是交流情况、沟通信息的一种书面交际工具。个人与个人之间、个人与群体之间、群体与群体之间都可以通过应用文进行沟通、交流。机关上下级之间主要是上传下达；平行单位和不相隶属的单位之间主要是沟通情况；个人之间主要是传递信息、相互交流。

4．依据和凭证作用

应用文具有依据和凭证的作用。主要表现在两个方面：一是上级机关在制定方针、政策或做出决定、规定、规划时，除了亲自深入实际工作中调查研究，一个重要的方面就是依据下级机关上报的总结、报告、简报和机关的秘书部门撰写的调查报告等应用文来进行决策的；二是下级机关开展工作、处理问题、解决矛盾时，上级机关发布的有关“决定”“决议”“条例”“办法”“规定”等应用文，不仅成为他们办事的重要依据，而且成为他们解决问题、判断是非的凭证。

二、案例分析

《四世同堂》序言：

假若诸事都能“照计而行”，则此书的组织将是：

1．段——一百段，每段约有万字。

2．字——共百万字。

3．部——三部。第一部容纳三十四段，第二部、第三部各三十三段，共百段。

本来无须分部，因为故事是紧紧相连的一串，而不是可以分成三个独立单位的“三部曲”。不过，为了发表与出书的便利，就不能不在适当的地方画上条红线，以清眉目。因此，也就勉强地加上三个副标题，曰《惶惑》《偷生》与《饥荒》。将来，全部写完，印成蓝带布套的绣像本的时候，这三个副标题，就会失踪了的。

现在是随写随出，写到够十五万字左右，即出一本，故三部各有两本，全套共六本。不过，到出第二本的时候，也许就把第一本也放在里面，在《惶惑》之下，成为《四世同堂》的第一部，而后，第二部，第三部，也许照方炮制，直到全套出来，再另行设计，看是用石印好还是刻木版好；此系后话。暂时且不必多去操心。

设计写此书时，颇有雄心。可是执行起来，精神上，物质上，身体上，都有苦痛，我不敢保证能把他写完。即使幸而能写完，好不好还是另一问题。在这年月而要安心写百万字的长篇，简直有点不知好歹。算了吧，不再说什么了！

三十四年四月一日在打摆子中

《四世同堂》小说正文开头：

祁老太爷什么也不怕，只怕庆不了八十大寿。在他的壮年，他亲眼看见八国联军怎样攻进北京城。后来，他看见了清朝的皇帝怎样退位，和接续不断的内战；一会儿九城的城门紧闭，枪声与炮声日夜不绝；一会儿城门开了，马路上又飞驰着得胜的军阀的高车大马。战争没有吓倒他，和平使他高兴。逢节他要过节，遇年他要祭祖，他是个安分守己的公民，只求消消停停地过着不至于愁吃愁穿的日子。即使赶上兵荒马乱，他也自有办法：最值得说的是他的家里老存着全家够吃三个月的粮食与咸菜。这样，即使炮弹在空中飞，兵在街上乱跑，他也会关上大门，再用装满石头的破缸顶上，便足以消灾避难。

为什么祁老太爷只预备三个月的粮食与咸菜呢？这是因为在他的心理上，他总以为北平是天底下最可靠的大城，不管有什么灾难，到三个月必定灾消难满，而后诸事大吉。北平的灾难恰似一个人免不了有些头疼脑热，过几天自然会好了的。不信，你看吧，祁老太爷会屈指算计：直皖战争有几个月？直奉战争又有好久？啊！听我的，咱们北平的灾难过不去三个月！

七七抗战那一年，祁老太爷已经七十五岁。对家务，他早已不再操心。他现在的重要工作是浇浇院中的盆花，说说老年间的故事，给笼中的小黄鸟添食换水和携着重孙子孙女极慢极慢地去逛大街和护国寺。可是，卢沟桥的炮声一响，他老人家便没法不稍微操点心了，谁教他是四世同堂的老太爷呢。

……

评析：这是一则区分应用文体与文学作品的案例。《四世同堂》序言属于应用文的范畴，而小说正文的内容则属于文学作品的创作，二者在功用、主题、材料、结构、语言、表达方式等方面的差异显而易见。

三、写作指导

在写作中，注意应用文与文学作品的区别。

刘半农在《应用文之教授》一文中把应用文和文学作品做了一个生动而深刻的对比，他说“应用文是青菜黄米的家常便饭，文学作品是个肥鱼大肉；应用文是‘无事三十里’的随便走路，文学作品是运动场上出风头的一英里赛跑。前者虽然平凡，却是生活中不可缺少的。”著名语言学家吕叔湘先生在《介绍<应用文写作知识>》一文中也对应用文和文学作品做了区分，他说：“文艺文以外的文字都是应用文。”也就是说，文艺文可写可不写，应用文要写的时候却是不能不写的；文艺文的读者是谁？不知道，应用文的读者一清二楚；文艺文的形式和内容由作者自己决定，应用文的形式和内容由客观环境决定。这里的文艺文就是文学作品。应用文与文学作品的区别见表 1-1。

表 1-1　应用文与文学作品的区别

文体 / 对比要素	应用文	文学作品
思维方式	重在逻辑思维	重在形象思维
功用	直接解决实际问题	通过审美、娱乐、认知和教育的作用对人们的生活产生间接影响
时效性	从创作到发生作用都有明显的时效性	无任何时间限制
阅读对象	对象明确	不受限制
主题	主旨单一明确	主题往往是丰富的多侧面，可以含蓄，甚至刻意模糊
材料	材料客观真实	源于生活、高于生活，相对真实
结构	有固定格式	文无定法
语言	朴实、简练、规范	个性化
表达方式	说明、叙述和议论	叙述、议论、说明、描写和抒情

四、实战演练

（1）联系自己的所见所感，谈谈应用文有哪些重要作用。

（2）试举例说明应用文与文学作品有何区别。

拓展阅读

清华开写作课：先学会思考

据《光明日报》报道，从今年9月开始，无论是学电子工程，还是环境科学，所有清华大学本科新生的课程表上都将增添一门共同的必修课——“写作与沟通”。近年来，“大学生写作能力差”的报道频现：语病不断、缺少逻辑、不会总结……

如今，一代大学生或大学毕业生的作文能力低真是时代的一个悲哀。在大学里，你能看到很多人整天低头背单词，能写出一篇文理还算通顺的英文，却很久没有自己动手用母语写过一篇完整的语文作文。毕业后走向社会，即便是制作一篇简单的文案，也给他整得是文句不通、漏洞百出，更不要说是整理会议纪要了。

为什么如今大学生作文能力低？这要从应试教育的机制说起。北京大学教授卢晓东表示，大学生写作能力差的一个原因在于中小学阶段的写作教育没跟上："在整个中小学阶段的语文设置上，我们对语法、字词的正确性方面要求非常高，比如字声要发音很准，写字的笔画不能出错，成语的解释只能有一个固定的标准。但是对写作的要求却并不高。"因为小学时，很多人包括一些老师在内，都认为写作到了初中自然会写好，初中认为到了高中会写好，可真到高中呢？都搞一些套路，搞得就像八股文一样，就为高考服务。如山西某高校学生刘瑜所说："高考作文与写作能力关系不大。高考作文都是有套路的，提前背好、记好就可以了。所以很多同学尽管高考分数不低，但真要归纳、总结一些东西，就不容易了。"大学以前的写作基本为了应付高考，形成某种固定的套路，导致学生很少会真正的思考。但是，行文没有思考怎么行呢？没有思考，怎能探究真理，将一大堆散漫的材料串成一篇严谨的文章？有思想，文章才会有灵气，才会有灵魂。

相比于国内，国外在作文教育中对思考的重视远超我们。美国的小学生常常会写几千乃至上万字的论文，这在十几年前可能会震撼我们，但是在留学日渐普遍的今天，促动的是我们的反思。比如，一些教育理念先进的国家，其做法是，给中小学生一个话题，让他们自己去寻找材料、去论证并形成观点。且不论这样做对学科知识的吸收掌握有多显著，单就写作能力的培养而言，与国内就不在一条起跑线上。这种方法培养出来的学生，于专业知识来讲，有探索辨伪的精神；于写作来讲，掌控行文的全局感会很强。

其实，写文章语病不断还是个小问题，但是缺少逻辑、不会总结反映了我们的大学生思考能力的薄弱，这真是一个大问题。这是一种长时间积累的东西，是应试教育下积累的痼疾，不是今日一门课程就可以解决的。但清华大学开设这门课，有总是比没有要强过百倍，也值得其他高校效仿。只是在教授写作的时候，应当把加强与引导思考作为首要的任务，以弥补应试教育阶段对独立思考培育之不足。就像清华大学人文学院副院长彭刚强调："写作水平在很大程度上是思维水平的体现，写作训练同时也是，甚至首先是思维训练。"

亡羊补牢，犹未为晚。学会思考，形成自己的思维体系，其实不仅仅是为了写作，让下笔千言如流水成易事。更重要的是，对待任何学习，会思考是首要的也是最重要的。人生更需要思考，人必须学会思考才会变得独立与完整，才会变得强大。

（来源于资江钧客《语文知识 备课素材》）

第二节　应用文基本要素

情境导航

一次应用文写作课上，老师布置了一道课后作业题：请根据自身的实际情况，拟订一份下学期的学习计划。有一名学生，高中时的作文底子不错，特别是写散文，很擅长抒情，于是本该在开头简要说明一下制订计划的目的和意义，结果却用了大量的篇幅在抒情，计划的目标、措施和步骤这些本该重点说明的内容，又过于简单和空洞，起不到任何实际的作用。于是，看起来明白如话，仅仅需要套套格式的应用文一到实际运用，却并非我们想象的那样简单。

通过本节的学习，你将进一步了解构成应用文的五大基本要素，形成应用文特有的文体印象，避免因不了解应用文的文体特点而闹出笑话。

一、应用文的基本要素

一般认为，应用文包括主旨、材料、结构、语言和表达方式五个基本要素。它们是构成应用文必不可少的因素，是应用文成文的必要条件。

（一）应用文的主旨

1. 主旨的概念

应用文的主旨，就是发文的主要宗旨。每一篇应用文都有其特定的写作意图和主张，这个写作意图和主张体现在文中，就是主旨。主旨在应用文中起主导作用，是全篇的灵魂，是衡量写作成功与否的主要依据，也是决定一篇应用文价值的首要因素，它对材料的取舍、布局谋篇、遣词造句等方面都起着统帅和制约的作用。

2. 主旨的要求

（1）正确。正确是对应用文的主旨最基本、最起码的要求。由于应用文的主旨往往事关国家、人民、地区和企事业单位的大局，具有很强的政策性，影响面广，因此务必保证其正确性。正确的标准有两个：一是应用文的主旨必须符合客观的实际情况，反映客观事物的本质规律，符合实事求是的原则；二是应用文的主旨要符合党的路线、方针、政策和国家的法律法规，就是说应用文的主旨既应体现其科学性，又不失其思想性。

（2）单一。应用文的主旨要求做到单一，一文一事一主旨。行文中应紧紧围绕主旨，从头到尾一条线，一个主旨贯穿全篇。只有主旨单一、集中，围绕一个问题说深说透，才能有利于把握重点，抓住要害，处理问题。

（3）鲜明。应用文的主旨鲜明，指观点直白显露，是非分明。直接写明作者主张什么、反对什么，让人一目了然，切忌含蓄隐晦、模棱两可，甚至前后矛盾、产生歧义。只有观点鲜明，才能起到明确的指导工作的作用。

（4）深刻。深刻指的是应用文的主旨具有能准确地揭示出事物的本质和规律以及深度、广度的社会含义。要做到主旨深刻，须进行深入的理性思考，透过现象，挖掘现象背后的本质和规律，使之具有一定的思想深度和理论深度。

3. 主旨的确立

（1）从材料中提炼并确立应用文的主旨。根据已掌握的基础材料，站在全局的高度来看待事物、分析问题，认真比较、剖析和鉴别材料，抓住事物的本质特征，“去粗取精、去伪存真，由此及彼、由表及里”，形成自己的基本观点。调查报告、市场预测报告等常通过这种途径来确立主旨。

（2）从现实需要中确立应用文的主旨。在很多情况下，现实需要解决的主要问题，就是应用文写作的主旨，这是由应用文写作实用性所决定的。申请、条据等常通过这种途径来确立主旨。

（3）从领导的“授意”中确立应用文的主旨。“授意”代表着领导层的基本主张、观点和要求，写作者应当领会领导人或负责人的意图，吃透精神，准确把握主旨，不能自行其是，另搞一套，否则就会贻误工作，甚至造成工作损失。通知、计划等常通过这种途径来确立主旨。

4. 主旨的表述方法

（1）标题点旨。即应用文的标题直接概括表达主旨，使读者一目了然。不少应用文标题的事由部分就是全篇的主旨。如标题《关于加强和改进机动车检验工作的意见》的事由“加强和改进机动车检验工作”就是这则意见的主旨。

如果是标题点旨，那么标题的确定就尤为关键，因此在确定标题时须做到：一是对主旨加以缩小和限制，使主旨更加集中、有针对性；二是对主旨加以深化和提高，使之有一定思想和理论的高度。

（2）篇首点旨。即在文章开头点明全文主旨，统领全文，“开宗明义”。如某一竞聘词开头：“我叫王××，来自汽车工程系 1802 班，现任校学生会汽车新技术部部长和 1802 班的班长，我今天竞聘的岗位是校学生会主席。我之所以竞聘校学生会主席一职，原因有二……”这篇竞聘词开门见山就点明主旨，使读者开篇即能了解竞聘的岗位和行文的主要意图。

（3）段首点旨。即在文中每段或每一层次的段首，用简练的语言概括出全段（层）的主旨，作为全文主旨的从属主旨。常见表现形式就是小标题或段（层）首句。如某一信访工作总结即采用小标题的形式领起下文，每一小标题都是全文主旨的从属主旨。例如：

××信访工作总结

××××××××××××××××××××××。现总结如下：

一、加强领导，完善组织网络（内容略）

二、强化责任，狠抓制度建设（内容略）

三、锤炼素质，依法办理信访（内容略）

四、加大宣传，规范信访秩序（内容略）

（4）篇末点旨。即在文章的结尾点明主旨。有两种情况：一种是开篇提出问题，正文解决问题，篇末点明主旨；另一种是开篇阐明主张、观点等，结尾对问题做结论，首尾呼应，深化主旨。

（二）应用文的材料

1. 材料的概念

应用文的材料指的是作者为了某一写作目的，从现实生活中搜集的有关资料以及写入应用文中的、能表现主旨的事实或论断。如人物、事件、数据、例证、原因、道理等。它包括经过作者选择提炼后写进具体文章中的材料，以及作者在写作之前搜集积累的原始材料。

材料是形成主旨的基础，是构成应用文的基本要素之一。如果说主旨是应用文写作的灵魂，那么材料就是应用文写作的血肉。应用文写作的过程，就是将各式各样的原始材料进行分析、提炼、综合加工的过程。有了切实、充分、具体的材料，构思才有依托，剪裁加工才有对象，写作活动才得以进行。

2. 材料的获取

材料不会自己呈现在我们面前，它需要平时的搜集和积累，获取材料的途径主要有以下三种：

（1）围绕本职工作搜集材料。围绕本单位、本部门和本人的主要工作，有意识地搜集资料，并及时整理成文字，可以为写作提供丰富可靠的基础材料。一般来说，必须搜集如下材料：党和国家有关政策、方针、制度；本单位的基本情况，本单位的有关业务的资料等。

（2）深入调查。社会发展日新月异，新事物、新问题、新经验层出不穷，写应用文之前进行深入调查，搜集材料是非常必要的。切忌坐在办公室里想象和推测，要有计划、有目的地深入调查，获取第一手资料。常用的调查方法有：开座谈会、个别访谈、实地考察、问卷调查、参加有关会议等。

（3）查阅资料。写作应用文时常常会从有关文件、正式出版物以及会议资料中获取材料。

3. 材料的选用

材料的种类很多，但并不是所有的材料都适用于应用文写作，因此在选材时应注意以下四点：

（1）切题。材料是构成文章的基本要素，主旨是文章的灵魂和统帅，因此在选材时要根据主旨来决定材料的取舍。凡是与主旨有关，并能很好表现主旨的材料，就选用；凡是与主旨无关或似是而非的材料，就舍弃。对已经选定的材料，根据主旨需要决定详略。

（2）确凿。确凿就是真实、准确，因此选材必须以真实、准确为前提。这就要求对于事实性的第一手材料，不能篡改或主观编造，应如实反映实际情况；对于引用的第二手资料，要认真核对，言之有据，绝不能出错。

（3）典型。典型材料指的是具有代表性和普遍意义的材料，这样的材料往往能起到以少胜多，以一当十的作用。在实际运用中，对于一组材料中的典型材料，要考虑从不同侧面和角度来进行选择，避免材料的重复和堆砌。

（4）新颖。新颖指材料新鲜而又有新意。一是指新近发生的事情；二是指虽不是新近发生，但却是新近发现，如新人、新事、新方针政策、新的统计数字、新成果、新问题、新变化等；三是因变换观察角度而具有新意的材料。

（三）应用文的结构

1. 结构的概念

结构是指文章的内部构造是如何运用材料来表现主题的组织安排时。文章的结构包括两个方面：一是表现为思维形式的叫作逻辑结构；二是表现为语言形式的叫作篇章结构。

如果说主旨是文章的灵魂，材料是文章的血肉，那么结构就是文章的骨架。主旨决定结构的安排，但结构也能动地表达主旨；材料是结构的物质基础，但结构又使得材料得到适当的组织、安排。逻辑结构反映了作者的思路，它形成文章的线索，对材料的选择和安排起到纽带的作用。

2. 结构的特点

（1）条理性强。应用文要求文章脉络清晰，段落层次有条有理，常用小标题标示层次，让读者对文章结构一目了然，清楚明白。

（2）单一明快。应用文注重实用性，其结构也必须体现实用的目的。有些内容比较简单，其结构也比较单一，只要问题已经解决，行文便告完结。

（3）格式固定。应用文写作与文学作品不同，应用文文体的结构大多有一套或约定俗成，或统一规定的固定格式。

3. 应用文的基本框架

相对于文学作品来说，应用文的结构要简单一些，这是由应用文的主旨单一、篇幅简短、读者对象明确和格式约定俗成等多种因素所决定的。一般来讲，一篇应用文的基本结构大体由标题、正文和落款三部分构成。

（1）标题

应用文常见的标题有以下四种写法：

一是公文式标题。即党政公文的通行标题，由发文机关、事由和文种三部分构成。事由一般是动宾短语，前边一般加介词“关于”，在文种前加“的”，发文机关可省略。如《关于做好××××年普通高等学校毕业生派遣工作的通知》。

二是事务性标题。即事务文书的通用标题。由单位名称、时限、内容和文种名称四部分构成。与公文式标题相似，所不同的是事务性标题缺少介词“关于”，文种名称前也无“的”。计划、总结以及规章制度、经济文书等一类事务性文书常采用此类标题。单位名称、时限，可以视具体情况而省略一项或两项，如《××公司××××年度技术改造工作总结》《××学校大学生日常消费调查报告》。

三是新闻式标题。新闻式标题通常又称文章式标题，可分为单标题和双标题两种形式，这类标题通常不出现文种。

单标题即单行标题，可以直接揭示主旨，也可以概括反映文章所写的主要事实或情况，还可以提出问题，明确写作意图。

双标题即由正标题和副标题构成，其中正标题符合单标题的要求，更多地突出应用文文书的主旨，副标题则对正标题起补充和说明的作用，通常标明单位、事由和文种，如《贴近实际需要，培养高端汽车专业人才——××汽车学院××××年工作总结》，这种标题信息量丰富，表现灵活。简报、总结、报告、调查报告等应用文文体常采用这种标题。

四是论文式标题。这类标题或表达文章的观点和内容，或点明所论述的范围，如《加强高职院校“双师型”师资队伍建设》《新加坡高职教育成功经验分析与借鉴》等。

不管采用哪种样式的标题，作为应用文文书，标题都要能体现主旨或者显示主要内容，这是硬性要求，也是与文学作品灵活多变、异彩纷呈的标题的不同之处。

（2）正文

正文一般包括开头、主体和结尾三部分。

①开头。也称前言，应用文的开头一般写明发文的背景、依据、目的、原因、意义或重要性等。常用的开头方式有：一是缘由式。交代写作的缘由，说明行文目的或意图，表明文章的针对性和行文依据。一般多用“为了”“为”“为此”“由于”“鉴于”“根据”“按照”“遵照”等领起下文，通知、通报、批复、规章制度、法规等常采用这种方式开头。二是概述式。即开头概括、简要地介绍主要情况或背景。调查报告、简报、总结、报告、纪要等常采用这种方式开头。三是导语式。开头说出最重要的信息和事实，激发读者的阅读兴趣。新闻宣传类文书常采用这种方式开头。四是提问式。即在开头部分提出问题，然后引出下文。调查报

告、学术论文的写作常采用这种方式开头。

②主体。应用文主体部分的写法没有固定的模式，作者可以依据应用文的主旨来灵活安排，常见的结构形式有以下三种：一是纵式结构。按照事物产生、发展、变化的过程和时间先后顺序安排层次。调查报告、情况通报、经济活动、分析报告、司法文书等常采用这种结构形式。二是横式结构。根据事物的逻辑关系进行分类归纳，把主题分成几个部分，然后将材料横向排列，逐个进行阐述。文章中几个部分之间的关系往往是平行、并列的结构方式。报告、总结等常采用这种结构形式。三是综合式结构。纵横交错式，通常以一种结构为主来安排大的层次，另一种结构来安排小的层次。内容比较复杂的报告、总结等常采用这种结构形式。

③结尾。应用文结尾应简明概括，意尽言止。结尾因行文关系、目的、要求及文种的不同，有不同的方式。常见的有六种形式：一是归纳式。即结尾对全文内容或精神做进一步的概括、总结和归纳，使读者对全文有一个较完整的印象。总结、报告、演讲词常采用这样的结尾。二是祈请式。即结尾提出期望或请求。请示、申请常采用这样的结尾。三是补充式。正文结束时，补充交待有关事宜。通知、法规、规章等常用这样的结尾。四是要求式。正文结束时，提出要求、希望或发出号召。通知、计划、倡议书常用这样的结尾。五是结束语式。应用文有些文种有惯用的特定结束语，以此作为文章结束的标志。诸如："特此通告""特此通报""特此报告""妥否，请批复""此据"等。六是自然结束式。即文章主体内容讲完，全文就结束，意尽言止。

（3）落款

应用文的落款一般包括署名和成文日期，有些还须加盖公章。

（四）应用文的语言

1. 语言的概念

语言是人类最重要的交际工具，人类社会的相互沟通、信息传递多是借助语言这一手段来实现的。应用文的语言是公务活动思维的直接体现，它是表达主旨、说明事理、解决现实问题、构成应用文的物质形式。

2. 语言的要求

应用文在长期的写作实践中，逐渐形成了一套自身的语言系统。应用文的语言重在实用，一个字一句话往往至关重要。有人说"笔下有财产万千，笔下有人命关天，笔下有是非曲直，笔下有毁誉忠奸"。这句话虽然有些夸张，但是说出了应用文语言的重要性。应用文的语言与议论文、记叙文的语言有不同的特点。记叙文语言讲究文采，以绘声绘色、传神生动为佳。议论文语言讲究力度，以犀利、尖锐、深刻为佳。应用文语言要平实简洁、浅显畅达、一目了然。

要写好应用文，必须熟练掌握应用文自身的语言特点和技巧。应用文的语言要符合语法、修辞和逻辑等方面的规范。具体讲应用文的语言必须做到：

（1）准确

就是要正确地、恰当无误地表达出所要表达的内容，用词用语含义清楚，概念恰当明确，所写事实清楚、确凿，所用数字准确无误，不产生歧义，不引起误会，无溢美之词，无隐恶之嫌。词语的运用方面必须注意以下三点：

一要严格区分同义词、近义词。要做到语言准确，必须把握词语的分寸感和合适度。特别要区分同义词、近义词在适用范围、词义轻重、搭配效果、语体雅俗、词性作用等方面的细微差别。如“闭幕”与“收场”，词的感情色彩不同，使用的对象和场合也不同；如“表彰”与“夸奖”，前者为书面语、后者为口语，应用文写作多用书面语；再如“破坏”与“摧毁”，二者都有毁坏的意思，但它们在程度上有差异：“摧毁”是指用强大的力量彻底破坏，而“破坏”仅指一般性的毁坏，程度较“摧毁”要轻。

二要使用规范语言。应用文要求使用规范化的书面词语，切忌使用口语、方言和乡俗俚语。常使用“批准、会同、不日、拟”等书面词语，而不使用“答应、一道、不几天、打算”等口语。不宜使用形象性、情意性的文学词语，如不能把“结束”表述为“尘埃落定”。此外，不使用生造的晦涩难懂的词语和不规范的行话、方言或简称，慎用网络语言，以免影响公文传递信息的功能。

三要恰当运用模糊语言。在某些特定的环境或特定的条件下，使用模糊语言也是一种“传真”。所谓模糊语言，即外延小而内涵大的语言。例如，“通过这次活动，使全院大多数教师受到了深刻教育”。其中的“大多数”为模糊语言，具有不定指性，其表量是模糊的，但表意却是准确的。党政公文中常用“酌情处理”“原则上”“参照办理”等，都是模糊语言，但却清楚准确地表达了公文制发机关的要求。需要指出的是模糊语言并不是含糊语言，两者相比，模糊语言具有定向的明确性。

（2）简明

简明是指文字的言简意明，用较少的文字清楚地表达较多、较丰富的内容，要“有话则长，无话则短”。具体应做到：

一要精简文意，压缩篇幅，突出重点，把无关或关系不大的内容删去。

二要反复锤炼，提高概括能力，杜绝堆砌修饰语，适当使用缩略语、高度凝练的语言。如“八荣八耻”“三无产品”“三个代表”“入世”“三农”等。

三要推敲词语，锤炼语言。列宁曾经提出过：“写报告、文件要像电报那样写得简短。”应用文写作中要反复锤炼语言，一句话就能说明白的绝不用两句话，一个词能概括清楚的绝不用两个词。为达到语言简练，可恰当运用一些单音节词、成语、文言词语、习惯用语，合理使用简称。

四要写短句，不写长句。长句容易造成理解上的歧义，而短句意思明了，一看就懂。

需要指出的是，“简”要得当，要以不妨碍内容的表达为前提，绝不能为“简”而生造词语，乱用缩略语、简称，滥用文言词语，让人不明白或产生歧义，引起误解。

（3）朴实

应用文是一种处理公私事务的工具，是用来说明事实、解决实际问题的，侧重于“以事告人”。因此语言朴实，直来直去。例如在述职报告中就写“该干什么、干了什么、干得怎么样”，明白显露，不展开论述，不夸张、不掩饰，更不能虚构；大多数的应用文中不宜用比喻、比拟、借代、夸张等修辞手法。朴实还表现在多用庄重典雅的书面语，少用或不用口语、土俗俚语、歇后语等。

应该指出的是，应用文写作要求用语朴实，但朴实不等于平淡。调查报告、总结等，也可以用生动活泼的语言表达事理来吸引读者、感染读者。但与文学作品借用种种写作手法来塑造形象不同，应用文只可有限地使用比喻、借代、夸张等修辞技巧，穿插使用成语、俗语、歇后语等来增强文章的吸引力、感染力、新鲜感。

（4）得体

应用文实用性强，讲究得体。一方面要适合特定的文体，按文体要求遣词造句，保持该文体的语言特色。如公文宜庄重，调查报告须朴实，学术论文应严谨，社交礼仪文书要委婉客气，使用说明书则要求具体实在，合同书则要精确等。另一方面要考虑写作者自己的身份、阅读的对象、约稿的单位、行文的目的，甚至与客观环境的和谐一致、恰如其分。比如需要登报或张贴的，语言要通俗易懂；需要宣读或广播的，语言应简明流畅、便于朗读；书信的写作，要根据远近亲疏、尊卑长幼的关系使用相应的语言；公文的写作要根据不同文种和行文关系而使用相应的语言，否则就不得体。总之，作者应针对性地运用得体的语言取得最佳的表达效果。

应用文写作中的部分文言文词语、惯用词语和单音单纯词分别如表 1-2、表 1-3 和表 1-4 所示。

表 1-2 应用文写作中部分文言文词语运用一览表

文言文词语	今　义	举　例
兹	现在	兹定于 3 月 12 日上午 9 时在逸夫科学馆二楼举办第九届校园辩论赛
兹有	现在有	兹有王鹏等贰位同志前往贵公司联系学生毕业顶岗实习事宜，请予接洽
悉	全部知道	来函敬悉
为荷	感激帮助	望函告为荷
特	特地	根据通知精神，特做如下安排
逾	超过、超越	逾期不予受理

表 1-3 应用文写作中惯用词语一览表

称谓用语	第一人称	本、我
	第二人称	贵、你
	第三人称	该
开端用语	用于说明发文缘由，包括意义、根据，或介绍背景材料及情况	为、为了；根据、按照、遵照、依照；鉴于、关于、由于；目前、当前；兹（指现在）、兹有、兹将、兹介绍、兹派、兹聘
引述用语	用于批复或复函引述来文作为依据的用语	接、前接、近接；收悉、电悉、文悉、敬悉、欣悉
承转用语	用于连接开头与主体文部分，起承上启下作用的惯用语	现将有关事项通知如下、据此、为此、鉴于此、综上所述、总之
经办用语	表明工作处理过程或情况	经、业经、兹经、未经；拟、拟办、拟定；施行、暂行、试行、可行、执行、参照执行、贯彻执行；审定、审议、审发、审批
批转用语	用于批转、转发、印发通知时的用语	批示、阅批、审批、批转、转发、印发
命令用语	表示命令语气	着、着令、特命、责成、令其、着即
	表示告诫语气	切切、毋违、切实执行、不得有误、严格办理
目的用语	用于上行文、平行文	请批复、函复、指示、告知、批转、转发
	用于下行文	查照办理、遵照办理、参照执行
	用于知照性的文件	周知、知照、备案、审阅
表态用语	用于表态的语言	不同意、原则同意、同意；不可、可办、照办；批准、原则批准
结尾用语	用于请示	当否，请批示；如无不妥，请批转各地执行；妥否，请批复
	用于函	请研究函复、盼复、请与复函；不知尊意如何，盼函告；望协助办理，并尽快见复
	用于报告	请指正、请审阅
	用于批复、复函	此复、特此专复、特函复
	用于知照性公文	特此公告

表 1-4　应用文写作单音单纯词运用一览表

单音单纯词	举　例
特	特通知你们（用“特”而不用“特地”）
希	希参照执行（用“希”而不用“希望”）
望	望函告为荷（用“望”而不用“希望”）
接	接上级通知（用“接”而不用“接到”）
据	据有关规定（用“据”而不用“根据”）
各	请各知照（而不用“请各个人知道后，相互转告”）

（五）应用文的表达方式

文章常用的表达方式有五种：记叙、描写、议论、说明和抒情。由于受应用文文体特点和写作目的的制约，应用文的表达方式主要有三种：记叙、说明和议论。

1. 记叙

记叙，指的是把人物的活动、经历和事件发展变化过程交代出来的一种表达方式，是应用文写作中最基本、最常用的表达方式。

（1）记叙的人称

应用文写作中记叙的人称有第一人称（“我”“我们”）和第三人称。使用第一人称“我”“我们”系指作者本人，或作者所代表的群体、单位，如书信、请示、报告、总结等文体的写作，多用第一人称。有时，为简要起见，常使用无主句。有的应用文体，如新闻报道、简介、调查报告、纪要，为表明作者立场客观、公正，传播的信息真实、可信，常采用第三人称写作。

（2）记叙的方式

记叙的方式有顺叙、倒叙、插叙、分叙等。应用文中记叙事件的发展过程、介绍单位的基本情况，一般都是按顺叙，即以时间先后为序来记叙。其原因在于，应用文重在实用，不求委婉、曲折，故多采用直接的笔法叙事、说理。倒叙、插叙、分叙等用得较少，只在通讯、消息、调查报告的写作中才用得上。

应用文中的记叙力求真实、准确，不带主观感情色彩；线索清晰，表述完整；以概述为主，尽可能用概括的语言说出其前因后果、来龙去脉，使读者了解其梗概。

2. 说明

说明，就是用简明扼要的文字对事物、事理及人物进行解说的表达方式、目的是使读者对事物的形态、构造、成因、性质、种类、功能，对事理的概念、特点、来源、演变、关系等有一个鲜明的了解和认识。

（1）说明的使用范围

说明在应用文中使用广泛，如解说词、广告词、说明书、简介等文书，主要是用说明的方法来写的。其他文书如经济类文书、科技类文书、司法类文书、党政公文等，也常常借助说明的方法解释、剖析事理。

（2）说明的方法及要求

一是定义说明。要求“被定义者”和“定义者”外延相等，用语简明准确，具有科学性，不能用否定形式，避免“同义反复”。

二是分类说明。要求抓住要领，言简意明。分类说明要注意根据写作意图选择恰当的分类角度，再次分类只能依据一个标准，各类的总和要等于被分类的事物。

三是比较说明。要求用来作比的事物与被比物要相似，有明确的相比点，尽量用人们熟悉的事物作比。

四是举例说明。要求事例典型能给人以深刻的印象，举例应扼要，只需概述介绍，不必具体铺叙。

五是引用说明。要求引文有针对性、贴切，所引资料要认真核实，使之准确可靠。

六是数字说明。数字说明要求数字准确无误，每个数据都要有来源。

七是图表说明。选择图表要有代表性和针对性，表格的设计要合理，使人一目了然。

3. 议论

议论，即议事论理，是运用事实材料和理论材料进行逻辑推理阐明观点的一种表达方式。它主要特点是证明性，即通过摆事实、讲道理，或证明自己观点的正确，或驳斥对方观点的错误。

（1）应用文中的议论

在应用文写作中，议论经常使用。调查报告、述职报告、通报等经常在记叙事实、说明情况的基础上，表明对人物、事件、问题的评价。决议、会议纪要等也常用议论来阐明党和国家的方针、政策，让下级机关和群众理解和执行。

（2）议论的特点

应用文写作中的议论，与一般议论文中的议论有明显的区别。一般议论文中，议论是最主要的表现方法，贯穿全文始终，论点、论据、论证三要素齐备。而在应用文写作中，最主要的表达方式是记叙和说明，议论居于从属的地位，一般只是在记叙、说明的基础上进行。

另外，应用文的议论，一般不需要长篇大论，不需要复杂的多层次的逻辑推理，也不一定具备论点、论据、论证这样一个完整的议论过程，而只是在需要分析论证的地方，采取夹叙夹议的方法，或采取三言两语的方式，点到即止，不做深入论证。

（3）议论的要求

应用文写作运用议论时要注意，一要庄重，对任何事物的评价要实事求是，以理示人，以理服人；二要明快，要直截了当地阐明观点，不拐弯抹角，不回避矛盾。

二、案例分析

关于进一步加强环境保护信息公开工作的通知

各省、自治区、直辖市环境保护厅（局），新疆生产建设兵团环境保护局，辽河保护区管理局，部机关各部门，各派出机构、直属单位：

为贯彻落实《国务院办公厅关于印发××××年政府信息公开重点工作安排的通知》（国办发〔××××〕26号）和全国政府信息公开工作电视电话会议精神，进一步做好环境保护信息公开工作，现就有关事项通知如下：

一、充分认识新时期环境保护信息公开的重要意义

环境保护信息公开工作事关人民群众的知情权、参与权和监督权。随着我国经济社会的不断发展，社会公众参与环境保护工作的意识以及对环境保护工作的期望值、关注度显著提高。《国务院办公厅关于印发××××年政府信息公开重点工作安排的通知》把环境保护信息公开作为政府信息公开工作的八个重点领域之一，充分体现国务院对环境保护工作的高度重视。各级环保部门要提高认识、做好准备、抓住重点、规范运行，采取有效措施，扎实推进环境保护信息公开工作。

二、进一步加强环境保护信息公开

（一）加强环境核查与审批信息公开，深入推进行政权力公开透明运行

进一步审核现有管理职能和审批事项，梳理行政权力，规范审批程序，推进审批过程和结果公开。各级环保部门要进一步建立和完善网上审批系统，形成行政审批许可网络化受理、办理和答复的工作程序。对涉及群众切身利益的重大项目，要扩大公示范围，广泛听取社会公众意见。

1. 公开行业环保核查信息。包括重点行业环保核查规章制度（核查程序、核查办法、时间要求、申报方式、联系方式等）；向社会公示初步通过核查的企业名单；公开重点行业环保核查结果。

2. 公开上市环保核查信息。包括上市环保核查规章制度（核查程序、办事流程、时间要求、申报方式、联系方式等）；核查工作信息（受理时间、进展情况、核查结论等）。要求申请核查公司主动公开环保核查相关信息，包括公司及其核查范围内企业名称、行业、所在地、生产及环保基本情况等。

3. 公开建设项目环评信息。对建设项目环境影响评价文件受理情况、环境影响报告书简本、环境影响评价文件审批结果以及建设项目竣工环境保护验收结果等相关信息予以全面主动公开。环境影响报告书简本作为项目受理条件之一，应当与建设项目环境影响评价文件受理情况同时在具有审批权的环境保护行政主管部门网站上公布。

4. 公开环境污染治理设施运营资质许可、固体废物进口、危险废物经营许可证、固体废物加工利用企业认定等审批事项的审批程序、标准、条件、时限、结果等信息。

5. 公开国家环境保护模范城市、国家生态建设示范区（含生态工业园区）等创建工作的考核办法、考核指标、考核结果等信息。

（二）加强环境监测信息公开，全面推进涉及民生、社会关注度高的环境保护信息公开

1. 全面落实新修订的《环境空气质量标准》，及时准确地发布监测信息。按照《空气质量新标准第一阶段监测实施方案》要求，××××年在京津冀、长三角、珠三角等重点区域以及直辖市和省会城市等74个城市开展监测，12月底前对外发布信息。××××年在113个环境保护重点城市和国家环境保护模范城市开展监测，××××年底前在所有地级以上城市开展监测，并公开信息。完善环境空气质量信息发布平台，按新标准要求发布监测数据。

2. 及时向社会发布各类环境质量信息，推进重点流域水环境质量、重点城市空气环境质量、重点污染源监督性监测结果等信息的公开。地表水水质自动监测数据实现每4小时一次的实时公开，发布《全国地表水水质月报》。重点城市空气质量数据以预报和日报方式定期公开。

3. 发布违法排污企业名单，定期公布环保不达标生产企业名单，公开重点行业环境整治信息。依法督促企业公开环境信息。

4. 公开每年度的“全国主要污染物排放情况”，每年度定期发布《中国环境统计年报》和《国家重点监控企业名单》。做好全国投运城镇污水处理设施、燃煤机组脱硫脱硝设施等重点减排工程的信息公开工作。

（三）加强重特大突发环境事件信息公开，及时公布处置情况

1. 发生重特大突发环境事件，要及时启动应急预案并发布信息。

2. 发生跨行政区域突发环境事件，要及时协调、建议相关人民政府联合发布信息。

3. 规范发布核与辐射安全日常监管信息，尤其要做好核与辐射安全事件信息的发布工作。

4. 把信息发布情况作为突发环境事件应急处置工作的重要考核指标，加强督促指导和通报力度，提高突发环境事件处置的公开透明度。

5. 对突发环境事件进行汇总分析，做好突发环境事件应对情况的定期发布工作。

三、切实加强环境保护信息公开的组织实施

各级环保部门要将信息公开作为重要工作进行部署，注重抓住关键环节，整合信息公开资源和渠道。加大主动公开环境信息力度，扩大主动公开环境信息范围，切实做好依申请公开环境信息办理工作。建立健全信息公开工作领导机制和推进机制，落实信息公开责任主体，明确任务分工，加强责任考核，努力在提升信息公开服务效能、方便企业和群众办事等方面取得新进展。

（一）积极探索建立环境信息公开的有效方式

各级环保部门要切实加强政府网站建设，充分发挥政府网站作为环境保护信息发布重要平台的作用。建立完善更加科学合理的信息公开目录，方便群众查询和使用。通过召开新闻发布会和新闻通报会，主动向社会通报环保工作情况。要充分发挥政府公报、报刊、广播、电视等主流媒体作用，多渠道发布环境保护信息，把环境保护工作置于社会各界和人民群众的有效监督之下，进一步提高环境保护工作的透明度和公信力。

（二）加强调查研究和舆情引导

要加强调查研究，及时总结信息公开工作的有效做法和宝贵经验，深化对信息公开工作规律的认识，不断提高信息公开工作科学化水平。环境保护信息涉及面广，社会关注度高，各级环保部门要加强环境保护舆情引导和对重大环境信息公开后社会反响的预判工作，做好应对预案，并密切跟踪公开后的舆情，及时发布相关信息，正确引导舆论。

（三）切实提高环境信息公开能力

推进电子政务、物联网等先进技术在环境领域的研发应用，建设环境信息资源中心。各级环保部门要进一步加强工作机构和队伍建设，从实际出发，健全工作机构，配齐工作人员，给予信息公开工作必要的经费支持，保证工作条件。要制订信息公开培训计划并认真实施，信息公开培训应作为公务员培训的重要内容。

政府信息公开工作任务重，要求高，责任大。各级环保部门及各有关单位要根据本通知精神，制定加强环境信息公开的具体办法，切实加强领导，精心组织，狠抓落实，完成好各项工作任务。

环境保护部办公厅
××××年10月30日

（来源于中华人民共和国环境保护部网站）

评析：这是一篇公文，采用公文事务语体，主旨鲜明，材料概括，结构严谨；引据、本论、要求层次清楚；语言严密、简约、庄重，体现了公文的法定权威性，它使受文者明确事情的起因、为什么要这样和怎样去办的道理。

三、实战演练

1. 主旨练习题

（1）根据以下材料，请选出最能表达主旨的一则标题（　　）。

某地方的市场管理不够规范，“欺行霸市”时有发生，影响极大。为了解决这一问题，有关部门召开了专题会议，会议结束后，就要将会议的内容和精神加以传达和贯彻。拟题如下：

A.《关于整顿市场秩序的决定》

B.《关于打击欺行霸市不法之徒，整顿市场秩序的决定》

C.《关于严厉打击欺行霸市不法之徒，切实维护市场秩序的决定》

（2）请根据以下材料提炼出本段的主旨。

××省各市、区、县普遍建立了信息反馈网络，确定了信息人员××人，去年共报送各种反馈信息××多条，被上级采用的××余条。同时利用财政自身特点，积极为企业传递信息××多条，帮助企业解决生产难题×个。

2. 将下面材料归为四类，并拟小标题

（1）一些单位违反中央、国务院关于机关配车和领导干部用车的有关规定，争相购买和更换进口高级轿车。

（2）有些机关，包括各种协会、学会、研究会及检查团用各种名义做人情交际，邀请大批人员到旅游城市和风景区游山玩水。

（3）有些部门和单位利用职权巧立名目，假造理由，接连派人出国，因公出国的团组过多过滥，重复考察现象相当严重。

（4）有些干部利用职权，放弃工作，到处游玩；有些干部借口外出学习参观搞变相公费旅游。

（5）目前，各种纪念会、招待会、茶话会、协商会等明显增多，而且招待的标准越来越高。

（6）有些出国人员向外商索取洋货，要求馈赠。

（7）有些机关利用各种机会聚众吃喝，拉关系，送礼品。

（8）有些出国人员同外商勾结，做出损害国家利益的事情，丧失国格、人格，给党和国家造成不良的政治影响和不应有的经济损失。

（9）某工业局（县级）拥有进口高级轿车3台。

（10）某旅游城市一天内接待了××个会议，达×人。

（11）某业务洽谈会，一天支出招待费就达×元。

（12）某单位向上级主管部门一次性送礼达×元。

（13）某局以新老干部交替为名，将局级新老干部轮流安排出国。

3. 这是一则写作大纲，请指出其在结构上存在的问题

××工商所××××年工作总结

一、公开办事制度执行情况

二、集贸市场管理和建设情况

三、企业登记、个体私营企业管理情况

四、合同审理、纠纷仲裁情况

五、存在的问题

拓展阅读

茹太素为何挨了朱元璋的板子

有一次，刑部主事茹太素上了一封奏疏，朱元璋叫人念了6300多字还不知所云，他非常恼火，不等念完，就把茹太素叫来打了一顿板子。第二天晚上，朱元璋躺在榻上，叫人继续把茹太素的奏疏念下去，一直念到16 500字以后才涉及主题，建议了5件事，其中4件可行，朱元璋立即命令主管部门施行，并表扬了茹太素是忠臣，但严肃批评了他的迂腐文风，指出茹太素建议的5件事，只要500字就可以讲清楚，他却写了17 000多字，叫人怎么看得下去。

此后，朱元璋明令规定："凡上书者，须简明扼要，直陈其事，不能超过五百字，违反者以犯罪论处。"由此可见，写应用文时，语言一定要准确、简洁。

第三节　应用文的学习方法

情境导航

法国的物理学家朗之万在总结读书的经验与教训时，深有体会地说："方法得当与否往往会主宰整个读书过程，它能将你托到成功的彼岸，也能将你拉入失败的深谷。"由此我们可以知道学习方法是何等重要。有人说：成功＝刻苦努力+方法正确+少说废话。从这个公式，我们可以知道，正确的方法是成功的三要素之一，如果只有刻苦努力的精神和脚踏实地的作风，而没有正确的方法，是不能取得成功的。这就好比金庸笔下的桃花岛，你找不到出岛的方法，任凭你不分昼夜地奔跑，你仍然走不出桃林。学习应用文同样也需要掌握科学的方法。对于初学者来说，更是如此。

一、认真学习理论，熟悉业务

（一）认真学习党和国家的方针、政策

党和国家的方针、政策，是各级党政机关、社会团体、企事业单位开展工作和生产的指南，也是撰写应用文的依据，写作者政策水平的高低，直接关系到所写文稿的质量。因此，要求写作者要深入研究国家的方针、政策，学习行政法规和规章，尤其要学习好同本单位有关的法规和规章，深刻领会其精神实质，不断提高自身的政策水平和理论修养。

（二）掌握应用文写作理论

应用文写作与常规写作不同，它有自身的特点。要真正写好应用文，须首先熟悉应用文的文体特点，掌握各种常用文种的适用范围、写作格式、写作方法及其写作技巧。

（三）钻研业务

应用文写作实用性强，不仅需要掌握国家方针、政策，更需要掌握与本部门、本行业相关的业务知识。知识短缺，不熟悉业务，不深入了解情况，就不可能写出内容充实、材料精准的应用文来。尤其像经济类、司法类的专业文书，更需要写作者熟练掌握专业的知识和业务能力，为写好应用文奠定基础。

二、勤于实践，掌握写作规律

当代著名女作家茹志鹃认为要想写好文章须做到："多看、多分析别人的文章、多实践。"清人唐彪："多读乃藉人之功夫，多做乃切实求己功夫，其曾益相去远也。人之不乐多做者，大抵因艰难费力之故；不知艰难费力者，由于手笔不熟也。若荒疏之后作文艰难，每日即一篇半篇亦无不可；渐演至熟，自然易矣。"

在实践方面，要通过大量的阅读、写作，掌握写作规律，提高应用文的写作水平。

阅读是掌握写作规律、学习写作方法的有效途径。应用文是一门综合性学科，它涉及三个层次的内容：一是各种基础知识，如语文、数学、政治经济学、心理学等；二是专业知识；三是有关文体的应用文写作知识。而要获得以上知识和能力就必须借助于阅读，只有通过阅读，才能正确理解文章内容，达到正确使用的目的。在了解有关文体知识的同时，还应对质量较高的各类应用文例文博学精思，掌握其词汇、句式、文章结构方式和论述方法，作为借鉴。

多写是写好应用文的主要途径。首先要敢写、坚持不懈地写，实践多了，文章就会逐步写好；其次，要多写，进行大量的仿写训练；再次，要掌握写作的规律和方法，经过反复训练，养成写作习惯，写起文章来自会得心应手，运用自如。多写还要勤改，从内容和表达技巧这些方面反复修改，直到正确表达写作意图为止。

三、端正态度，提高自身素质

应用文写作除了要求写作者具有相关的理论知识、写作实践能力，还对写作者的素质提出了更高的要求。

（一）实事求是的工作作风

实事求是即要求写作者应该坚持原则、实事求是，绝对不容许隐瞒浮夸、弄虚作假。

（二）严肃认真的工作态度

应用文写作是一项紧密联系实际、不断接受实践检验的细致工作。它来不得半点马虎和草率，需要认真细致、一丝不苟，靠"想当然"或"凭空臆造"会贻误工作，甚至造成严重损失。马虎大意是应用文写作的天敌，"差之毫厘，谬以千里"，应当是每一个应用文写作者时刻谨记的作文态度。

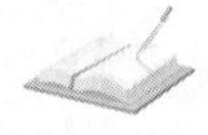

拓展阅读

十个成功故事的点拨及感悟

1．获得胜利的方法

故事：有人用玻璃把一条蛇和一只青蛙在水池里隔开。开始时，蛇要吃青蛙，它一次次冲向青蛙，却一次次撞到了玻璃隔板上，它吃不着。过了一会儿，蛇放弃了努力，不再朝青蛙冲去。当玻璃隔板被抽掉之后，蛇也不再尝试去吃青蛙了。

点拨：其实获得成功的方法很简单，别因一时的失败失去信心就可以了。

感悟：人生路上，各种各样的障碍无处不在。克服障碍难免要经历失败和困苦，屡败屡战坚持下去的是胜利者，屡战屡败最终放弃的成为了失败者。

2. 改变现状的方法

故事：两个园林工人吃饭时闲聊。甲说：“整天挖坑种树的，让人烦透了！”乙说：“你想着咱们是在建设一个美丽的新花园，这样心情就好多了！”多年后，甲依旧在花园里挖坑种树，而乙却成为了设计师。

点拨：其实改变现状的方法很简单，只要心中有个“新花园”就可以了。

感悟：真正冠绝一时的人物有赖于时代，他们之中并非个个都能生逢其时，或虽生逢其时却又不能因时而动。但是，人的智慧毕竟有一个长处，即它是永恒的。纵然现在不是他得志的时光，但总会有许多别的机会可让他一展风采。

3. 寻找财富的方法

故事：一个农场主悬赏100美元寻找他丢失在谷仓里的一只名贵手表。金表太小，谷仓太大，稻草太多。人们在夜晚来临时还没有找到金表，一个个放弃重赏的诱惑离去了，只有一个小男孩还在坚持寻找着。在一切喧闹静下来后，一个奇特的声音“滴答、滴答”不停地响起。小孩循声找到了金表，最终得到了100美元赏金。

点拨：其实寻找财富的方法很简单，只要保持宁静的心灵就可以了。

感悟：一个看得透、断得准的人可驾驭事物而不被事物所驾驭。他可以洞察到事物的深处，了解并能把握其本质。因为观察严谨、思考细致、推理明晰，所以天下没有什么东西他不能发现。

4. 成为英雄的方法

故事：古希腊神话中有两位女神：一位叫美德女神，一位叫恶德女神。宙斯之子赫拉克勒斯小的时候，碰见了她们。恶德女神对他说：“孩子，跟我走吧！包你有享不完的荣华富贵！你要什么，我一定满足你什么！”美德女神对他说：“孩子，跟我走吧！我将教会你如何勇往直前，而你也必将在战胜艰险的过程中变得坚强无比！”赫拉克勒斯毅然跟定了美德女神。后来，他成为了英雄。

点拨：其实成为英雄的方法很简单，跟着美德女神走就可以了。

感悟：世界万物中，唯有他人的盛名最能激起自己的雄心，昂然奋起。选择英雄豪杰作为自己的榜样，不过，最好是与他竞赛，并超过他，干一番属于自己的事业。

5. 取得成就的方法

故事：有人问毕加索：“人们都称你为艺术的前卫。请问‘前卫’是什么概念？”毕加索深有感触地说：“前卫就是受到从后面来的攻击比从前面来的多得多！”

点拨：其实取得成就的方法很简单，只要有走在别人前面的勇气就可以了。

感悟：万事需求脱俗，品味更需脱俗。媚俗和随大流的人虽然受到的攻击少些，但是终究无法取得出众的成就。要想成就一番事业，必须要有走在别人前面的勇气和信心，尽管这样受到来自后面的攻击会多些。

6. 变得聪明的方法

故事：威廉·亨利·哈里森还是一个小孩的时候，很多人都说他又蠢又傻。因为别人给他一毛钱和一块钱的时候，他总是去拿一毛钱。这个小孩长大后，当选为美国第九任总统。后来，有人问他为什么那样做。他说：“如果我拿一块的，以后谁还会给我一毛钱呢？”

点拨：其实变得聪明的方法很简单，装装“傻”就可以了。

感悟：有时最高智慧在于显得一无所知。有时被认为愚者并非愚人，愚人者才是愚人。只要你懂得装蠢扮傻，你就并不愚蠢。要想成大器，就要学会掩藏你的聪明。

7. 获得欣赏的方法

故事：小仲马未成名前寄出的稿子总是碰壁。一天，大仲马对他说：“如果你在寄稿时，附言说你是大仲马的儿子会好多了。”小仲马却固执地说：“不，我不想站在你的肩膀上摘苹果，那样得来的果实没有味道！”后来，小仲马用别名寄出的《茶花女》出版后，获得法国文坛的一致好评。

点拨：其实获得欣赏的方法很简单，靠自己的本事就可以了。

感悟：有志者事竟成。靠自己的才能，把全部的精力集中到一个目标上才会有所成就。如果三心二意，就会招致失败。再远的路，慢慢走下去，也能到达目的地。

8. 创作成功的方法

故事：有一个青年人去问大画家阿道夫门采尔：“我画一幅画往往只用一天的时间，可为什么卖掉它却要等上一年？”门采尔回答道：“请倒过来试试！你花一年的功夫去画，那么，你只要一天的时间就可以卖掉它！”

点拨：其实创作成功的方法很简单，只要勤奋就可以了。

感悟：多走几步即可与成功有约。只有流勤劳的汗，才能吃勤劳的饭。一份耕耘，一份收获，世上没有轻而易举而得到的本领，天才来源于勤奋。

9. 成就事业的方法

故事：一个文学青年给马克·吐温写信，问道：“听说鱼骨头里含有大量的磷质，而磷质有助于补脑子。那么，要成为一个举世闻名的大作家，是不是就必须吃很多鱼才行？请问，您是否也吃过很多的鱼？吃的是哪种鱼呢？”马克·吐温回信说：“看来，你得吃一对鲸鱼才行！”

点拨：其实成就事业的方法很简单，别相信吃鱼能吃成作家就可以了。

感悟：成功的路上没有捷径可走，只有不断地学习才能弥补自身的不足，才能让我们丰富和深刻起来。杰出的人物几乎都是学有所成之士，只有无知的人才会轻视学习。

10. 体现价值的方法

故事：卓别林开始拍电影时，那些导演们都坚持让他模仿当时一位非常有名的德国喜剧演员。卓别林却一直保持着自己的本色，经过不懈的努力，他终于创造出一套自己的表演方法而名垂青史。

点拨：其实实现价值的方法很简单，做事别失去真正的自我就可以了。

感悟：凡英雄豪杰必有某种高尚品质，平庸之辈绝难赢得掌声。保持本色，在成就高尚事业上必将出类拔萃，最终成为卓绝的人物。

（来源于职场励志故事）

第二章　党 政 公 文

第一节　党政公文概述

情境导航

党政公文俗称“红头文件”。一听到“红头文件”，大多数人都会产生一种敬畏的感觉。党政公文不同于一般的事务文书，它具有鲜明的政策性、法定的权威性、严格的体式规范。要拟定一份质量优、水平高的公文，不仅要具有较高的政策理论水平，掌握涉及公文处理各环节的相关法律法规和制度规定，还有很重要的一点就是对公文基础知识的了解和熟练掌握。我们不能设想，一个单位发出的文书表述不准确、格式不规范，财务部门写的经济状况报告让人摸不清头绪，会给大家带来什么样后果。

一、党政公文的概念

公文是公务文书的简称，公务文书有广义和狭义之分。广义的公务文书泛指党政机关、社会团体、企事业单位用来处理公共事务的各种文书；狭义的公务文书专指党政机关用来处理公共事务的、具有规范体式和法定效力的文书，即党政公文。

2012 年 4 月 16 日，中共中央办公厅、国务院办公厅联合颁发了《关于印发〈党政机关公文处理工作条例〉的通知》（中办发〔2012〕14 号），发布了《党政机关公文处理工作条例》（以下简称《条例》）。《条例》共 8 章，42 条，综合了《中国共产党机关公文处理条例》《国家行政机关公文处理办法》的大多数条文，在二者的基础上对公文的写作、处理过程进行了完善和统一。《条例》的发布，标志着党政公文合二为一，“行政公文”这一概念被“党政公文”的概念所取代。《条例》从 2012 年 7 月 1 日起施行，《中国共产党机关公文处理条例》《国家行政机关公文处理办法》停止执行。

《条例》明确规定：“党政机关公文是指党政机关实施领导、履行职能、处理公务的具有特定效力和规范体式的文书，是传达贯彻党和国家的方针政策，公布法规和规章，指导、布置和商洽工作，请示和答复问题，报告、通报和交流情况的重要工具。”党政公文主要是党政机关使用，但请示、报告、通知、通报、函等多数文种，企事业单位和社会团体也可使用。

二、党政公文的类型

依《条例》规定，我国现行的党政公文一共有十五种，包括决议、决定、命令（令）、公报、公告、通告、意见、通知、通报、报告、请示、批复、议案、函、纪要。

（1）决议。适用于会议讨论通过的重大决策事项。

（2）决定。适用于对重要事项做出决策和部署、奖惩有关单位和人员、变更或者撤销下级机关不适当的决定事项。

（3）命令（令）。适用于公布行政法规和规章、宣布施行重大强制性措施、批准授予和晋升衔级、嘉奖有关单位和人员。

（4）公报。适用于公布重要决定或者重大事项。

（5）公告。适用于向国内外宣布重要事项或者法定事项。

（6）通告。适用于在一定范围内公布应当遵守或者周知的事项。

（7）意见。适用于对重要问题提出见解和处理办法。

（8）通知。适用于发布、传达要求下级机关执行和有关单位周知或者执行的事项，批转、转发公文。

（9）通报。适用于表彰先进、批评错误、传达重要精神和告知重要情况。

（10）报告。适用于向上级机关汇报工作、反映情况，回复上级机关的询问。

（11）请示。适用于向上级机关请求指示、批准。

（12）批复。适用于答复下级机关请示事项。

（13）议案。适用于各级人民政府按照法律程序向同级人民代表大会或者人民代表大会常务委员会提请审议事项。

（14）函。适用于不相隶属机关之间商洽工作、询问和答复问题、请求批准和答复审批事项。

（15）纪要。适用于记载会议主要情况和议定事项。

此外，党政公文还可以从不同角度进行分类。按行文关系，有上行文、下行文和平行文；按密级，有绝密公文、机密公文和秘密公文；按紧急程度，有特急公文和加急公文。拟制公文，应注意行文关系、保密要求和处理的时限。

三、党政公文的特点

1. 鲜明的政策性

党政机关通过制发公文来实施领导、履行职能、处理公务，党政公文是传达贯彻党和国家的方针政策，公布法规和规章的重要工具，代表着党和政府的执政理念、执政思想，丝毫不能偏离党和国家的政治目标和政策轨道，不能有悖于党和国家的路线、方针、政策以及法律法规等，具有很强的政策性要求。

2. 法定的权威性

公文的权威性主要体现在制发者、内容和对受文者的制约上。党政机关公文是党政机关、社会团体及企事业单位等法定机关根据法律赋予的权限和职责制作和发布的，制发者本身就具有法定的权威性；公文表达的内容是党政机关对特定问题的权威意见、看法和要求，内容体现出法定的权威性；党政机关通过制发公文来发挥领导和指导作用，传达的意志不以受文者是否同意为前提，公文一旦发布实施，其法定效力将对受文者及其他有关方面的行为产生不同程度的强制性影响和约束，必须严格遵守或执行。另外，公文的格式的规范统一，也体现了公文的权威性和严肃性。

3. 特定的程式性

为了体现和维护党政公文的权威性和严肃性，提高党政机关的制发、处理的效率，《条例》对公文种类、公文格式、行文规则、公文拟制、公文办理、公文管理等六个方面的内容均有明确、统一、规范的要求，体现出公文特有的程式性的特点。

4. 行文的对应性

党政机关行文必须根据隶属关系和职权范围确定，也就是说，什么样的公文由什么单位制发、哪一级单位制发，有具体、明确的对应关系。比如，上级政府可以向下级政府行文，其他部门和单位不得向下级政府发布指令性公文或者在公文中向下级政府提出指令性要求。

5. 阅读对象的定向性

大部分党政机关公文都有特定的阅读对象，不同的公文会根据内容对阅读对象进行专门规定，即通过 “主送机关”“抄送机关”和“传达（阅读）范围”等指定“读者”对象。而且，党政机关制发的部分公文，因其内容涉及党和国家的核心机密和暂时不得公开的重要事项，有保密的要求，其“传达范围”更加严格。对此类公文，必须严格保密管理，一旦疏忽大意，出现失密、泄密情况，将会给党和国家的工作带来不良后果甚至严重损失。

四、党政公文的格式

根据《条例》第三章第九条规定，公文一般由份号、密级和保密期限、紧急程度、发文机关标志、发文字号、签发人、标题、主送机关、正文、附件说明、发文机关署名、成文日期、印章、附注、附件、抄送机关、印发机关和印发日期、页码等 18 个公文格式要素组成。前 17 个为公文格式的版心内要素，页码属于版心外的公文格式要素。

为叙述方便，又将版心内的公文格式各要素划分为版头、主体和版记三部分。公文格式各要素划分表如表 2-1 所示。

表 2-1 公文格式各要素划分表

版心内各要素（17 个）			版心外要素（1 个）
版头（6 个要素）	主体（9 个要素）	版记（2 个要素）	页码
份号	标题	抄送机关	
密级和保密期限	主送机关	印发机关和印发日期	
紧急程度	正文		
发文机关标志	附件说明		
发文字号	发文机关署名		
签发人	成文日期		
	印章		
	附注		
	附件		

公文首页红色分隔线以上的部分称为“版头”；公文首页红色分隔线（不含）以下、公文末页首条分隔线（不含）以上的部分称为“主体”；公文末页首条分隔线以下、末条分隔线以上的部分称为“版记”。

（一）版头

版头位于公文之首，位置相对固定，与人们通常所说的“红头文件”的“红头”部分相对应，一般包括份号、密级和保密期限、紧急程度、发文机关标志、发文字号、签发人等 6 个要素，如图 2-1 所示。

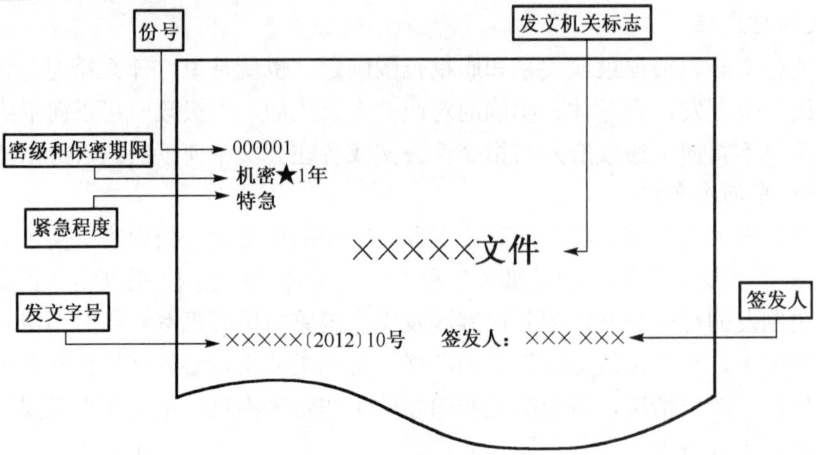

份号
发文机关标志
密级和保密期限
000001
机密★1年
特急
紧急程度
×××××文件
发文字号
签发人
×××××〔2012〕10号　签发人：××× ×××

图 2-1　版头示意图

（1）份号。即公文印制份数的顺序号。《条例》规定：涉密公文应当标注份号。当然，如果发文机关认为有必要，也可对不带密级的公文编制份号。份号一般是用 6 位 3 号阿拉伯数字，顶格编排在版心左上角第一行。实际编号时推荐采用 3～6 位阿拉伯数字，编虚位补齐，即第一份公文份号可以编为“001”“0001”“00001”“000001”。

（2）密级和保密期限。即公文的秘密等级和保密的期限。涉密公文应当根据涉密程度分别标注“绝密”“机密”“秘密”和保密期限。一般用 3 号黑体字，顶格编排在版心左上角第二行；保密期限中的数字用阿拉伯数字标注。密级和保密期限之间可用“★”分隔，如“秘密★1 年”秘密两字之间不留空格。如果只标密级，不标保密期限，秘密两字之间有一空格。

（3）紧急程度。即对公文送达和办理的时限要求。根据紧急程度，紧急公文应当分别标注“特急”“加急”；电报应当分别标注“特提”“特急”“加急”“平急”。一般用 3 号黑体字，顶格编排在版心左上角第三行；如需同时标注份号、密级和保密期限、紧急程度，按照份号、密级和保密期限、紧急程度的顺序自上而下分行排列。

（4）发文机关标志。由发文机关全称或者规范化简称加“文件”二字组成，也可以不加“文件”二字。发文机关标志居中排布，上边缘至版心上边缘距离为 35mm，新《条例》取消了上行文发文机关标志上边缘至版心上边缘距离为 80mm 的规定。推荐使用小标宋体字，颜色为红色，以醒目、美观、庄重为原则。联合行文时，发文机关标志可以并用联合发文机关名称，也可以单独用主办机关名称。

（5）发文字号。由发文机关代字、年份、发文顺序号组成。3 号仿宋体编排在发文机关标志下空二行位置，居中排布。如果是上行文，则居左排布，并左空一字。年份、发文顺序号用阿拉伯数字标注；年份应标全称，用六角括号“〔 〕”括入；发文顺序号不加“第”字，不编虚位（即 1 不编为 01），在阿拉伯数字后加“号”字。如“××〔2010〕10 号”。联合行文时，应使用主办机关的发文字号。

（6）签发人。上行文应当标注签发人姓名。由“签发人”三个字加全角冒号和签发人姓名组成，居右空一字，编排在发文机关标志下空二行位置。“签发人”三字用 3 号仿宋字体，签发人姓名用 3 号楷体字。如有多个签发人，签发人姓名按照发文机关的顺序从左到右、自上而下依次均匀编排，一般每排两个姓名，回行时与上一行第一个签发人姓名对齐。

（二）主体

发文字号之下 4mm 处居中印一条与版心等宽的红色分隔线，将版头与主体分开。主体一般包括标题、主送机关、正文、附件说明、发文机关署名、成文日期、印章、附注、附件等 9 个要素，如图 2-2 所示。

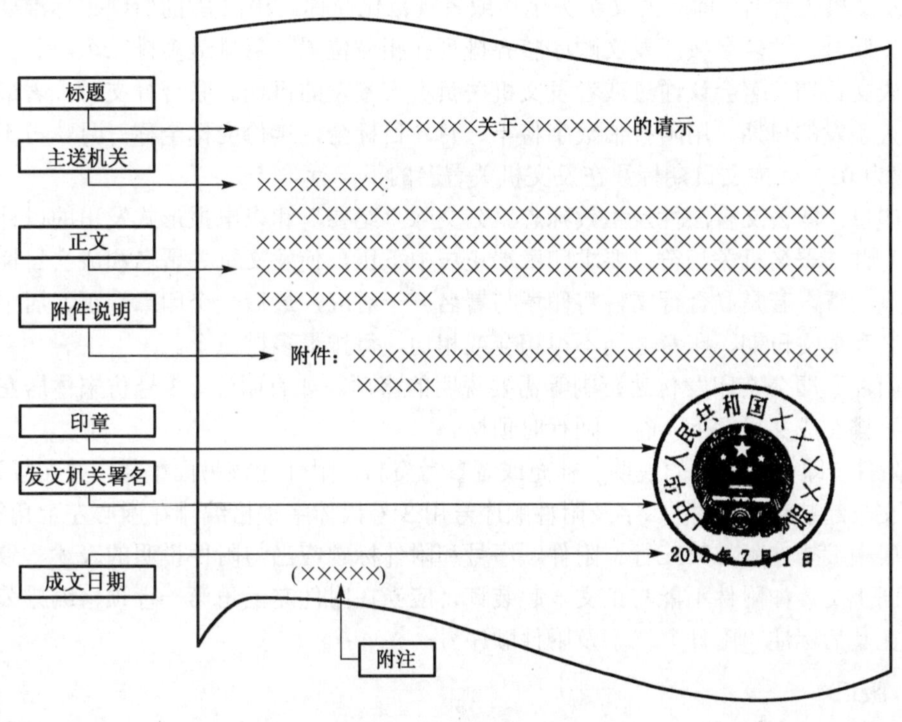

图 2-2 主体示意图

（1）标题。由发文机关名称、事由和文种组成。一般用 2 号小标宋体字，编排于红色分割线下空二行位置，分一行或多行居中排布；回行时，要做到词意完整、排列对称、长短适宜、间距恰当，标题排列应当使用梯形或菱形。发文机关名称可用发文机关全称或规范化简称。三个和三个以下机关发文时，应全部列出；超过三个机关联合行文时，可采用排列在前的发文机关名称加“等”的方式。

（2）主送机关。即公文的主要受理机关，应当使用机关全称、规范化简称或者同类型机关统称。对于上行文，原则上只能有一个主送机关，以便公文的办理。所谓同类型机关的统称如“各省、自治区、直辖市人民政府，国务院各部委、各直属机构”。编排于标题下空一行位置，居左顶格，回行时仍顶格，最后一个机关名称后标全角冒号。如主送机关名称过多导致公文首页不能显示正文时，应当将主送机关名称移至版记中，主送机关与抄送机关之间不用分割线分开。

（3）正文。即公文的主体，用来表述公文的内容。公文首页必须显示正文。一般用 3 号仿宋字体，编排于主送机关名称下一行，每个自然段左空二字，回行顶格。公文中结构层次一般不超过四层，其层次序数依次可以用“一、”“（一）”“1.”“（1）”标注；一般第一层用黑体字、第二层用楷体字、第三层和第四层用仿宋体字标注。层次序数可以越级使用，如只有两层，第一层用“一、”，第二层既可以选用“(一)”，也可选用“1.”。

（4）附件说明。即公文附件的顺序号和名称。如有附件，在正文下空一行左空二字编排“附件”二字，后标全角冒号和附件名称。如有多个附件，使用阿拉伯数字标注附件顺序号，如“附件：1.××××××”；附件名称后不加标点符号。附件名称较长需回行时，应当与上一行附件名称的首字对齐。

（5）发文机关署名。即署发文机关全称或者规范化简称。2012 版的新国家标准要求一般都要署名。联合机关署名按照发文顺序整齐排列在相应位置，每排最多排三个。

（6）成文日期。署会议通过或者发文机关负责人签发的日期。联合行文时，署最后签发机关负责人签发的日期。用阿拉伯数字将年、月、日标全，年份应标全称，月、日不编虚位（即 1 不编为 01）。成文日期标注在发文机关署名的下一行。

（7）印章。即公文合法性及生效标志。公文除“纪要”和以电报形式发出的以外，均应加盖印章，并与署名机关相符。要求印章端正居中下压，使发文机关署名和成文日期处于印章中心偏下位置。若是联合行文，将印章与署名一一对应，最后一个印章端正、居中下压发文机关署名和成文日期，印章之间不得相交或相切，每排最多排三个。

（8）附注。即公文印发传达范围等需要说明的事项。如有附注，3 号仿宋体居左空二字加圆括号编排在成文日期下一行，回行时顶格。

（9）附件。即公文正文的说明、补充或者参考资料。附件应该另面编排，并在版记之前，与公文正文一起装订。“附件”二字及附件顺序号用 3 号黑体字顶格编排在版心左上角第一行。附件标题居中编排在版心第三行。附件顺序号和附件标题应当与附件说明的表述一致。附件格式要求同正文。如附件不能与正文一起装订，应当在附件左上角第一行顶格编排公文的发文字号并在其后标注“附件”二字及附件顺序号。

（三）版记

版记位于公文之尾，位置相对固定，一般包括抄送机关、印发机关和印发日期等 3 个要素，如图 2-3 所示。

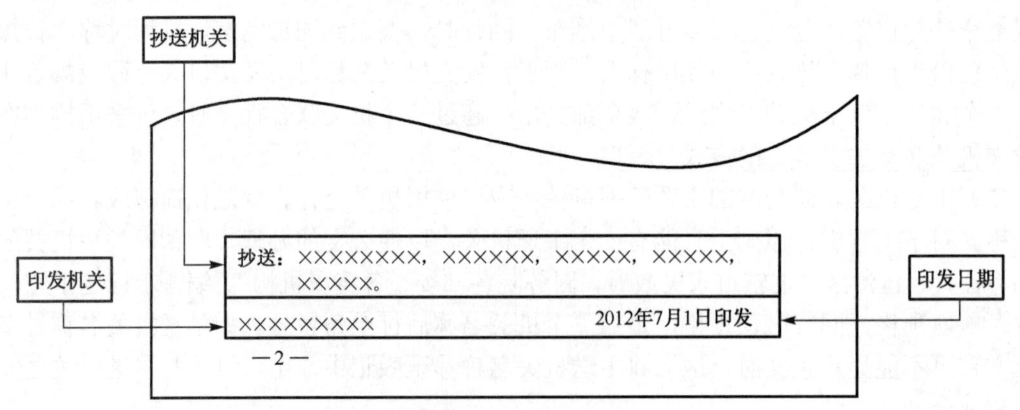

图 2-3　版记示意图

（1）抄送机关。即除主送机关外需要执行或者知晓公文内容的其他机关，应当使用机关全称、规范化简称或者同类型机关统称。一般用 4 号仿宋体字，在印发机关和印发日期之上一行、左右各空一字编排。抄送机关应按照一定的顺序排列，首先是上级机关在前，其次为同级机关，最后为下级机关。如有多个抄送机关应用逗号分隔，最后加句号煞尾。

（2）印发机关和印发日期。即公文的送印机关和送印日期。一般用 4 号仿宋体字，编排在末条分隔线之上。印发机关是指公文的印制主管部门，一般应是各机关的办公厅（室）或文秘部门，位于抄送机关之下左空一字；印发日期指公文的付印日期，位于抄送机关之下右空一字，与印发机关并行。

页码属于版心外的公文格式要素，一般用 4 号半角宋体阿拉伯数字，编排在公文版心下边缘之下，数字左右各放一条一字线；一字线上距版心下边缘 7mm。单页码居右空一字，双页码居左空一字。公文版记页前有空白页的，空白页和版记页均不编排页码。公文的附件与正文一起装订时，页码应当连续编排。

国家标准（GB/T 9704—2012）规定的公文式样详见附录 A。

附：2012 年国家标准的主要变化，如表 2-2、表 2-3 所示。

表 2-2 公文格式各要素名称主要变化

变化方式	1999 版国家标准	2012 版国家标准
新增	×	发文机关署名
	×	页码
修改	眉首	版头
	公文份数序号	份号
	秘密等级和保密期限	密级和保密期限
	发文机关标识	发文机关标志
	公文标题	标题
	公文正文	正文
	附件	附件说明
删除	主题词	×

表 2-3 公文格式各要素编排主要变化

要素名称	1999 版国家标准	2012 版国家标准
密级和保密期限	编排在版心右上角第一行	编排在版心左上角第二行
紧急程度	编排在版心右上角	编排在版心左上角
发文机关标志	平行文、下行文的发文机关标志上边缘距版心上边缘距离为 25mm； 上行文的发文机关标志上边缘至版心上边缘距离为 80mm	发文机关标志上边缘至版心上边缘距离为 35mm
签发人	多个签发人时，每行排 1 个签发人	多个签发人时，一般每行排 2 个签发人
发文机关署名	单一机关行文、两个机关联合行文时都不署名，两个以上机关联合行文时都要署名	一般都要署名
成文日期	用汉字表示	用阿拉伯数字表示
印章	印章采用中套、下套方式	印章端正居中下压，使发文机关署名和成文日期处于印章中心偏下位置； 增加不加盖印章的编排规则和签名章的编排规则

详细的2012版国家标准与1999版国家标准差异对照见《GB/T 9704—2012<党政机关公文格式>国家标准应用指南》。

拓展阅读

“红头文件”的典故

“红头文件”并非法律用语，是老百姓对“各级政府机关（多指中央一级）下发的带有大红字标题和红色印章的文件”的俗称。“红头文件”始于南北朝的西魏时期，当时有位出色的政治家苏绰，他博览群书，精通天文地理，尤其擅长算术。据《周书·苏绰传》记载：“绰始制文案程式，朱出墨入，及计账户籍之法。”“朱出墨入”，指的是朝廷发出的文书是用朱（红色）标，下面上呈的文书是用墨（黑色）标，界限严明。由此可见，我国今天施行的公文程式是由他制定的，而“红头文件”已经有1400余年的历史。

第二节　决定

情境导航

××学校在全国职业院校技能大赛中取得了团体一等奖的好成绩，学校为此决定对获奖学生及指导教师进行表彰，假设拟稿的这个任务落在了你的身上，你会怎么写呢？

一、文书常识

（一）决定的概念

《条例》规定：决定适用于对重要事项做出决策和部署、奖惩有关单位和人员、变更或者撤销下级机关不适当的决定事项。

决定是一种重要的指挥性公文，通常由发文机关、单位领导班子研究作出，或者根据行政管理职权，按审批流程批准，也可由会议讨论通过，一经决定，不容改变，必须贯彻执行。

决定的发文机关较为广泛，各级党政机关、企事业单位和社会团体均可使用。

（二）决定的类型

1. 周知性决定

对某一具体事项做出决策和安排，使有关单位、人员了解。通常包括表彰决定、处分决定、机构设置决定、人事安排决定等。如《关于撤销×××机构的决定》《关于任命×××同志担任××市市长的决定》。

2. 指挥性决定

对事关全局或涉及重大方针策略的事项做出指示和安排，以便统一认识、规范行动，写作时论证较多，一般采用夹叙夹议的方法。如《国务院关于加强食品安全工作的决定》《教育部关于深化教育改革的决定》。

（三）决定的特点

1. 约束性

决定一般由党政机关制发，具有法定的强制力，要求下级机关必须贯彻执行。决定做出的安排和决策，具有较高的权威性和约束力，一经下达，有关单位和人员必须遵守、执行，不得违反。

2. 指导性

决定是对重要事项的安排和部署，传达上级决策，为下级提供工作的准则和依据，是具有指挥和指导作用的下行文。

3. 重大性

决定一般用于对重要事项的决策，部署重要工作和重大行动，因而往往要经过会议讨论通过。

（四）决定的写作格式

决定一般由标题、主送机关、正文和落款四部分构成。

1. 标题

决定的标题通常有两种写法：

（1）完整式标题。由发文机关、事由和文种三部分构成，如《××学院关于表彰××××年信息化教学大赛获奖教师的决定》。

（2）省略式标题。有时决定的标题可以省略发文机关，如《关于部分机构更名的决定》。

需要注意的是，如果是会议通过的决定，还要加“题注”，即在标题的下方居中以括号注明批准、通过该决定的会议名称和通过日期。

2. 主送机关

如果是向某些单位发文，要写清楚具体的机关名称，如果是发文范围广泛的普发性决定，可以不写主送机关。

3. 正文

正文包括开头、主体和结尾三部分。

（1）开头。不同类型的决定，其开头略有不同。

如果是指挥性决定，开头一般要写决定的背景、根据、目的或意义。

如果是周知性决定，开头部分则要叙述基本事实，篇幅要比一般决定长。

（2）主体。主要写决定事项。

如果是指挥性决定，这部分要提工作任务、措施、方案、要求等。内容复杂可采用条款式结构，分条列项，逐项叙写。

如果是关于事件处理、人员奖惩的决定，应写明奖惩的依据和组织处理决定。

（3）结尾。主要用来写执行要求或希望号召。常用“本决定自发布之日起实施”指明执行日期。

4. 落款

由发文机关、成文日期和印章三部分构成。成文日期用阿拉伯数字将年、月、日标全，年份应标全称，月、日不编虚位（即1不编为01）。

二、案例分析

例 2-2-1

国务院关于加强食品安全工作的决定

国发〔××××〕20号

各省、自治区、直辖市人民政府，国务院各部委、各直属机构：

食品安全是重大的民生问题，关系人民群众身体健康和生命安全，关系社会和谐稳定。党中央、国务院对此高度重视，近年来制定实施了一系列政策措施。各地区、各部门认真抓好贯彻落实，不断加大工作力度，食品安全形势总体上是稳定的。但当前我国食品安全的基础仍然薄弱，违法违规行为时有发生，制约食品安全的深层次问题尚未得到根本解决。随着生活水平的不断提高，人民群众对食品安全更为关注，食以安为先的要求更为迫切，全面提高食品安全保障水平，已成为我国经济社会发展中一项重大而紧迫的任务。为进一步加强食品安全工作，现做出如下决定。

一、明确加强食品安全工作的指导思想、总体要求和工作目标

（一）指导思想。以邓小平理论和“三个代表”重要思想为指导，深入贯彻落实科学发展观，从维护人民群众根本利益出发，进一步加强对食品安全工作的组织领导，完善食品安全监管体制机制，健全政策法规体系，强化监管手段，提高执法能力，落实企业主体责任，提升诚信守法水平，动员社会各界积极参与，促进我国食品安全形势持续稳定好转。

（二）总体要求。坚持统一协调与分工负责相结合，严格落实监管责任，强化协作配合，形成全程监管合力。坚持集中治理整顿与严格日常监管相结合，严厉惩处食品安全违法犯罪行为，规范食品生产经营秩序，强化执法力量和技术支撑，切实提高食品安全监管水平。坚持加强政府监管与落实企业主体责任相结合，强化激励约束，治理道德失范，培育诚信守法环境，提升企业管理水平，夯实食品安全基础。坚持执法监督与社会监督相结合，加强宣传教育培训，积极引导社会力量参与，充分发挥群众监督与舆论监督的作用，营造良好社会氛围。

（三）工作目标。通过不懈努力，用3年左右的时间，使我国食品安全治理整顿工作取得明显成效，违法犯罪行为得到有效遏制，突出问题得到有效解决；用5年左右的时间，使我国食品安全监管体制机制、食品安全法律法规和标准体系、检验检测和风险监测等技术支撑体系更加科学完善，生产经营者的食品安全管理水平和诚信意识普遍增强，社会各方广泛参与的食品安全工作格局基本形成，食品安全总体水平得到较大幅度提高。

二、进一步健全食品安全监管体系

（四）完善食品安全监管体制。进一步健全科学合理、职能清晰、权责一致的食品安全部门监管分工，加强综合协调，完善监管制度，优化监管方式，强化生产经营各环节监管，形成相互衔接、运转高效的食品安全监管格局。按照统筹规划、科学规范的原则，加快完善食品安全标准、风险监测评估、检验检测等的管理体制。县级以上地方政府统一负责本地区食品安全工作，要加快建立健全食品安全综合协调机构，强化食品安全保障措施，完善地方食品安全监管工作体系。结合本地区实际，细化部门职责分工，发挥监管合力，堵塞监管漏洞，着力解决监管空白、边界不清等问题。及时总结实践经验，逐步完善符合我国国情的食品安全监管体制。

（五）健全食品安全工作机制。建立健全跨部门、跨地区食品安全信息通报、联合执法、隐患排查、事故处置等协调联动机制，有效整合各类资源，提高监管效能。加强食品生产经营各环节监管执法的密切协作，发现问题迅速调查处理，及时通知上游环节查明原因、下游环节控制危害。推动食品安全全程追溯、检验检测互认和监管执法等方面的区域合作，强化风险防范和控制的支持配合。健全行政执法与刑事司法衔接机制，依法从严惩治食品安全违法犯罪行为。规范食品安全信息报告和信息公布程序，重视舆情反映，增强分析处置能力，及时回应社会关切。加大对食品安全的督促检查和考核评价力度，完善食品安全工作奖惩约束机制。

（六）强化基层食品安全管理工作体系。推进食品安全工作重心下移、力量配置下移，强化基层食品安全管理责任。乡（镇）政府和街道办事处要将食品安全工作列为重要职责内容，主要负责人要切实负起责任，并明确专门人员具体负责，做好食品安全隐患排查、信息报告、协助执法和宣传教育等工作。乡（镇）政府、街道办事处要与各行政管理派出机构密切协作，形成分区划片、包干负责的食品安全工作责任网。在城市社区和农村建立食品安全信息员、协管员等队伍，充分发挥群众监督作用。基层政府及有关部门要加强对社区和乡村食品安全专、兼职队伍的培训和指导。

三、加大食品安全监管力度

（七）深入开展食品安全治理整顿。深化食用农产品和食品生产经营各环节的整治，重点排查和治理带有行业共性的隐患和“潜规则”问题，坚决查处食品非法添加等各类违法违规行为，防范系统性风险；进一步规范生产经营秩序，清理整顿不符合食品安全条件的生产经营单位。以日常消费的大宗食品和婴幼儿食品、保健食品等为重点，深入开展食品安全综合治理，强化全链条安全保障措施，切实解决人民群众反映强烈的突出问题。加大对食品集中交易市场、城乡结合部、中小学校园及周边等重点区域和场所的整治力度，组织经常性检查，及时发现、坚决取缔制售有毒有害食品的“黑工厂”“黑作坊”和“黑窝点”，依法查处非法食品经营单位。

（八）严厉打击食品安全违法犯罪行为。各级监管部门要切实履行法定职责，进一步改进执法手段、提高执法效率，大力排查食品安全隐患，依法从严处罚违法违规企业及有关人员。对涉嫌犯罪案件，要及时移送立案，并积极主动配合司法机关调查取证，严禁罚过放行、以罚代刑，确保对犯罪分子的刑事责任追究到位。加强案件查处监督，对食品安全违法犯罪案件未及时查处、重大案件久拖不结的，上级政府和有关部门要组织力量直接查办。各级公安机关要明确机构和人员负责打击食品安全违法犯罪，对隐蔽性强、危害大、涉嫌犯罪的案件，根据需要提前介入，依法采取相应措施。公安机关在案件查处中需要技术鉴定的，监管部门要给予支持。坚持重典治乱，始终保持严厉打击食品安全违法犯罪的高压态势，使严惩重处成为食品安全治理常态。

（九）加强食用农产品监管。完善农产品质量安全监管体系，加快推进乡镇农产品质量安全监管公共服务机构建设，开展农产品质量安全监管示范县创建，着力提高县级农产品质量安全监管执法能力。严格农业投入品生产经营管理，加强对食用农产品种植养殖活动的规范指导，督促农产品标准化生产示范园（区、场）、农民专业合作经济组织、食用农产品生产企业落实投入品使用记录制度。扩大对食用农产品的例行监测、监督抽查范围，严防不合格产品流入市场和生产加工环节。加强对农产品批发商、经纪人的管理，强化农产品运输、仓储等过程的质量安全监管。加大农产品质量安全培训和先进适用技术推广力度，建立健全农产品产地准出、市场准入制度和农产品质量安全追溯体系，强化农产品包装标识管理。健全畜禽疫病防控体系，规范畜禽屠宰管理，完善畜禽产品检验检疫制度和无害化处理补贴政策，严防病死病害畜禽进入屠宰和肉制品加工环节。加强农产品产地环境监管，加大对农产品产地环境污染治理和污染区域种植结构调整的力度。

（十）加强食品生产经营监管。严格实施食品生产经营许可制度，对食品生产经营新业态要依法及时纳入许可管理。不能持续达到食品安全条件、整改后仍不符合要求的生产经营单位，依法撤销其相关许可。强化新资源食品、食品添加剂、食品相关产品新品种的安全性评估审查。加强监督抽检、执法检查和日常巡查，完善现场检查制度，加大对食品生产经营单位的监管力度。建立健全食品退市、召回和销毁管理制度，防止过期食品等不合格食品回流食品生产经营环节。依法查处食品和保健食品虚假宣传以及在商标、包装和标签标识等方面的违法行为。严格进口食品检验检疫准入管理，加强对进出口食品生产企业、进口商、代理商的注册、备案和监管。加强食品认证机构资质管理，严厉查处伪造冒用认证证书和标志等违法行为。加快推进餐饮服务单位量化分级管理和监督检查结果公示制度，建立与餐饮服务业相适应的监督抽检快速检测筛查模式。切实加强对食品生产加工小作坊、食品摊贩、小餐饮单位、小集贸市场及农村食品加工场所等的监管。

四、落实食品生产经营单位的主体责任

（十一）强化食品生产经营单位安全管理。食品生产经营单位要依法履行食品安全主体责任，配备专、兼职食品安全管理人员，建立健全并严格落实进货查验、出厂检验、索证验票、购销台账记录等各项管理制度。规模以上生产企业和相应的经营单位要设置食品安全管理机构，明确分管负责人。食品生产经营单位要保证必要的食品安全投入，建立健全质量安全管理体系，不断改善食品安全保障条件。要严格落实食品安全事故报告制度，向社会公布本单位食品安全信息必须真实、准确、及时。进一步健全食品行业从业人员培训制度，食品行业从业人员必须先培训后上岗并由单位组织定期培训，单位负责人、关键岗位人员要统一接受培训。

（十二）落实企业负责人的责任。食品生产经营企业法定代表人或主要负责人对食品安全负首要责任，企业质量安全主管人员对食品安全负直接责任。要建立健全从业人员岗位责任制，逐级落实责任，加强全员、全过程的食品安全管理。严格落实食品交易场所开办者、食品展销会等集中交易活动举办者、网络交易平台经营者等的食品安全管理责任。对违法违规企业，依法从严追究其负责人的责任，对被吊销证照企业的有关责任人，依法实行行业禁入。

（十三）落实不符合安全标准的食品处置及经济赔偿责任。食品生产经营者要严格落实不符合食品安全标准的食品召回和下架退市制度，并及时采取补救、无害化处理、销毁等措施，处置情况要及时向监管部门报告。对未执行主动召回、下架退市制度，或未及时采取补救、无害化处理、销毁等措施的，监管部门要责令其限期执行；拒不执行的，要加大处罚力度，直至停产停业整改、吊销证照。食品经营者要建立并执行临近保质期食品的消费提示制度，严禁更换包装和日期再行销售。食品生产经营者因食品安全问题造成他人人身、财产或者其他损害的，必须依法承担赔偿责任。积极开展食品安全责任强制保险制度试点。

（十四）加快食品行业诚信体系建设。加大对道德失范、诚信缺失的治理力度，积极开展守法经营宣传教育，完善行业自律机制。食品生产经营单位要牢固树立诚信意识，打造信誉品牌，培育诚信文化。加快建立各类食品生产经营单位食品安全信用档案，完善执法检查记录，根据信用等级实施分类监管。建设食品生产经营者诚信信息数据库和信息公共服务平台，并与金融机构、证券监管等部门实现共享，及时向社会公布食品生产经营者的信用情况，发布违法违规企业和个人“黑名单”，对失信行为予以惩戒，为诚信者创造良好发展环境。

五、加强食品安全监管能力和技术支撑体系建设

（十五）加强监管队伍建设。各地区要根据本地实际，合理配备和充实食品安全监管人员，重点强化基层监管执法力量。加强食品安全监管执法队伍的装备建设，重点增加现场快速检测和调查取证等设备的配备，提高监管执法能力。加强监管执法队伍法律法规、业务技能、工作作风等方面的教育培训，规范执法程序，提高执法水平，切实做到公正执法、文明执法。

（十六）完善食品安全标准体系。坚持公开透明、科学严谨、广泛参与的原则，进一步完善食品、食品添加剂、食品相关产品安全标准的制修订程序。加强食品安全标准制修订工作，尽快完成现行食用农产品质量安全、食品卫生、食品质量标准和食品行业标准中强制执行标准的清理整合工作，加快重点品种、领域的标准制修订工作，充实完善食品安全国家标准体系。各地区要根据监管需要，及时制定食品安全地方标准。鼓励企业制定严于国家标准的食品安全企业标准。加强对食品安全标准宣传和执行情况的跟踪评价，切实做好标准的执行工作。

（十七）健全风险监测评估体系。加强监测资源的统筹利用，进一步增设监测点，扩大监测范围、指标和样本量，提高食品安全监测水平和能力。统一制定实施国家食品安全风险监测计划，规范监测数据报送、分析和通报等工作程序，健全食品安全风险监测体系。加强食用农产品质量安全风险监测和例行监测。建立健全食源性疾病监测网络和报告体系。严格监测质量控制，完善数据报送网络，实现数据共享。加强监测数据分析判断，提高发现食品安全风险隐患的能力。完善风险评估制度，强化食品和食用农产品的风险评估，充分发挥其对食品安全监管的支撑作用。建立健全食品安全风险预警制度，加强风险预警相关基础建设，确保预警渠道畅通，努力提高预警能力，科学开展风险交流和预警。

（十八）加强检验检测能力建设。严格食品检验检测机构的资质认定和管理，科学统筹、合理布局新建检验检测机构，加大对检验检测能力薄弱地区和重点环节的支持力度，避免重复建设。支持食品检验检测设备国产化。积极稳妥推进食品检验检测机构改革，促进第三方检验检测机构发展。推进食品检验检测数据共享，逐步实现网络化查询。鼓励地方特别是基层根据实际情况开展食品检验检测资源整合试点，积极推广成功经验，逐步建立统筹协调、资源共享的检验检测体系。

（十九）加快食品安全信息化建设。按照统筹规划、分级实施、注重应用、安全可靠的原则，依托现有电子政务系统和业务系统等资源，加快建设功能完善的食品安全信息平台，实现各地区、各部门信息互联互通和资源共享，加强信息汇总、分析整理，定期向社会发布食品安全信息。积极应用现代信息技术，创新监管执法方式，提高食品安全监管的科学化、信息化水平。加快推进食品安全电子追溯系统建设，建立统一的追溯手段和技术平台，提高追溯体系的便捷性和有效性。

（二十）提高应急处置能力。健全各级食品安全事故应急预案，加强预案演练，完善应对食品安全事故的快速反应机制和程序。加强食品安全事故应急处置体系建设，提高重大食品安全事故应急指挥决策能力。加强应急队伍建设，强化应急装备和应急物资储备，提高应急风险评估、应急检验检测等技术支撑能力，提升事故响应、现场处置、医疗救治等食品安全事故应急处置水平。制定食品安全事故调查处理办法，进一步规范食品安全事故调查处理工作程序。

六、完善相关保障措施

（二十一）完善食品安全政策法规。深入贯彻实施食品安全法，完善配套法规规章和规范性文件，形成有效衔接的食品安全法律法规体系。推动完善严惩重处食品安全违法行为的相关法律依据，着力解决违法成本低的问题。各地区要积极推动地方食品安全立法工作，加强食品生产加工小作坊和食品摊贩管理等具体办法的制修订工作。定期组织开展执法情况检查，研究解决法律执行中存在的问题，不断改进和加强执法工作。大力推进种植、畜牧、渔业标准化生产。完善促进食品产业优化升级的政策措施，提高食品产业的集约化、规模化水平。提高食品行业准入门槛，加大对食品企业技术进步和技术改造的支持力度，提高食品安全保障能力。推进食品经营场所规范化、标准化建设，大力发展现代化食品物流配送服务体系。积极推进餐饮服务食品安全示范工程建设。完善支持措施，加快推进餐厨废弃物资源化利用和无害化处理试点。

（二十二）加大政府资金投入力度。各级政府要建立健全食品安全资金投入保障机制。中央财政要进一步加大投入力度，国家建设投资要给予食品安全监管能力建设更多支持，资金要注意向中西部地区和基层倾斜。地方各级政府要将食品安全监管人员经费及行政管理、风险监测、监督抽检、科普宣教等各项工作经费纳入财政预算予以保障。切实加强食品安全项目和资金的监督管理，提高资金使用效率。

（二十三）强化食品安全科技支撑。加强食品安全学科建设和科技人才培养，建设具有自主创新能力的专业化食品安全科研队伍。整合高等院校、科研机构和企业等科研资源，加大食品安全检验检测、风险监测评估、过程控制等方面的技术攻关力度，提高食品安全管理科学化水平。加强科研成果使用前的安全性评估，积极推广应用食品安全科研成果。建立食品安全专家库，为食品安全监管提供技术支持。开展食品安全领域的国际交流与合作，加快先进适用管理制度与技术的引进、消化和吸收。

七、动员全社会广泛参与

（二十四）大力推行食品安全有奖举报。地方各级政府要加快建立健全食品安全有奖举报制度，畅通投诉举报渠道，细化具体措施，完善工作机制，实现食品安全有奖举报工作的制度化、规范化。切实落实财政专项奖励资金，合理确定奖励条件，规范奖励审定、奖金管理和发放等工作程序，确保奖励资金及时兑现。严格执行举报保密制度，保护举报人合法权益。对借举报之名捏造事实的，依法追究责任。

（二十五）加强宣传和科普教育。将食品安全纳入公益性宣传范围，列入国民素质教育内容和中小学相关课程，加大宣传教育力度。充分发挥政府、企业、行业组织、社会团体、广大科技工作者和各类媒体的作用，深入开展“食品安全宣传周”等各类宣传科普活动，普及食品安全法律法规及食品安全知识，提高公众食品安全意识和科学素养，努力营造“人人关心食品安全、人人维护食品安全”的良好社会氛围。

（二十六）构建群防群控工作格局。充分调动人民群众参与食品安全治理的积极性、主动性，组织动员社会各方力量参与食品安全工作，形成强大的社会合力。支持新闻媒体积极开展舆论监督，客观及时、实事求是报道食品安全问题。各级消费者协会要发挥自身优势，提高公众食品安全自我保护能力和维权意识，支持消费者依法维权。充分发挥食品相关行业协会、农民专业合作经济组织的作用，引导和约束食品生产经营者诚信经营。

八、加强食品安全工作的组织领导

（二十七）加强组织领导。地方各级政府要把食品安全工作摆上重要议事日程，主要负责同志亲自抓，切实加强统一领导和组织协调。要认真分析评估本地区食品安全状况，加强工作指导，及时采取有针对性的措施，解决影响本地区食品安全的重点难点问题和人民群众反映的突出问题。要细化、明确各级各类食品安全监管岗位的监管职责，主动防范、及早介入，使工作真正落实到基层，力争将各类风险隐患消除在萌芽阶段，守住不发生区域性、系统性食品安全风险的底线。国务院各有关部门要认真履行职责，加强对地方的监督检查和指导。对在食品安全工作中取得显著成绩的单位和个人，要给予表彰。

（二十八）严格责任追究。建立健全食品安全责任制，上级政府要对下级政府进行年度食品安全绩效考核，并将考核结果作为地方领导班子和领导干部综合考核评价的重要内容。发生重大食品安全事故的地方在文明城市、卫生城市等评优创建活动中实行一票否决。完善食品安全责任追究制，加大行政问责力度，加快制定关于食品安全责任追究的具体规定，明确细化责任追究对象、方式、程序等，确保责任追究到位。

（印章）

国务院

××××年×月×日

（此件公开发布，来源于中央政府门户网站）

评析：这是一则指挥性决定，全文采用条款式结构，分条列项，逐项叙写食品安全工作的目标、任务、措施、方案及要求等。

例 2-2-2

关于表彰第三届微课教学比赛获奖教师及单位的决定

院属各系（部）：

根据《关于举办第三届微课教学比赛的通知》（×××字〔××××〕133 号）文件精神，学院于××××年 11 月～××××年 4 月举办了第三届微课教学比赛。经各系（部）初赛、学院决赛、校内公示等环节，从各系（部）推荐的 20 件参赛作品中，评选出一等奖作品 1 件、二等奖作品 2 件、三等奖作品 3 件、优秀奖作品 4 件及优秀组织奖 1 个（表彰名单见附件），现予以表彰。

希望获奖教师和单位再接再厉，积极探索现代化信息技术与教学的融合。同时也希望我校广大教师积极开发优秀教学资源，创新教学方式方法，切实推动教学改革，全面提高教学质量。

附件：第三届微课教学比赛获奖名单（略）

（印章）

×××××××××××××

××××年×月×日

评析：这是一则表彰性的决定，开头叙述基本事实，主体写明表彰决定和事项，结尾提出希望和号召，这也是此类奖罚性决定的基本写法。

三、写作指导

（一）注意事项

（1）决定事项要求条理清晰、具体明确。建议采用条款式结构，逐条列出。

（2）注意“决定”与“决议”的区别。

① 形成程序不同。决议必须经过重大正式会议讨论表决通过，以会议名义发布；会议通过决议，必须达到法定多数（过半数或三分之二以上等）。而决定的形成方式要宽泛得多，既可由会议讨论通过，也可是在职权范围内由领导机关或领导个人作出，以机关名义发文。

② 行文内容不同。决议的内容多是比较重大的有关全局的原则性问题，具有宏观性和战略指导性，重在统一思想认识。决定涉及的内容比较单一、集中、具体、明确，针对性和可处理性强，重在统一行动，安排落实。

③ 产生作用不同。决议要求下级机关执行，而决定只有“指挥性决定”才要求下级机关执行，“周知性决定”只起周知性作用，一般不要求下级机关执行。

（3）在实际写作中，注意“决定”与“命令（令）”“通报”的区别。

命令（令）是奖惩性文件中规格最高的，但命令（令）只能用来表彰，即嘉奖令。通常用于高层行政机关嘉奖最具典型性和影响力功绩的人，其公示的范围最广；

奖惩性通报是各级各类社会组织均可使用的奖惩性文种，公示范围较窄；

奖惩性决定是各级各类社会组织均可使用的文种，其公示范围介于命令和通报之间。

（二）参考模板

×××关于××××的决定

××，现作出如下决定。

一、××。

二、×× ×× ×× ××。

三、×× ×× ×× ××。

（略）

××××××××××××××××××××××。（号召和希望）

（印章）

×××××××××××××

××××年×月×日

四、实战演练

完成情境导航中的任务。

拓展阅读

他人的决定

曾经小有名气的文学青年小 A 遭遇了一场匪夷所思的人生变故。2008 年金融危机外加其他原因导致供职的图书代理公司倒闭，做美妆师的朋友利用人脉帮她找了一份北京的编辑工作，据说比她从前的工作收入略高，而且还会指派专人指导，只要自己肯努力，假以时日定有更光明的前途。

得到消息后的小 A 自然是欢呼雀跃，兴奋不已。而接下来父母的反应和行动却当头泼了她一盆冷水，他们激烈地反对女儿的决定，甚至以断绝生活费和一切帮助来逼迫她改变心意。初时的小 A 在双亲面前还表现得铁骨铮铮，极力为自己争取机会。紧要关头，对方的一句话却让她自己也犹疑起来，那就是你有肯定的把握吗？

那年的小 A 还只 26 岁，因为喜爱阅读，对写作有天份，一心做着指点江山、激扬文字的梦想。她在一家图书代理公司担任封面设计兼校对编辑的职位，除公司成功策划的几本书外，还有在其他刊物上发表的作品与获得的小型赛事奖项，一同印证着五年来她的奋斗与汗水。写作于她已不再是理想，而是生命。

本来以为，尽管公司倒闭了还有一线希望在，可是虽说有朋友的牵线搭桥，可万一真遇到骗子公司呢？一旦真是受骗了，自己独在异乡能应付吗？真是吃了亏又没处理好，传出去怎么面对父母和亲朋的眼光呢？她不敢再想下去了。带着暂时换个跑道，一俟本地图书业复苏就重出江湖的想法，她按照父母的意志报考了当地一个机关部门的派遣工岗位，被分在了服务大厅的前台。

从来只在文学创意上下功夫的小 A 上岗不到一周就挨了现实的闷棍。原以为政府机关都很清闲，可自己所在的部门却天天人头攒动，嘈杂得像菜市场；原以为来办事的人员该对自己有起码的尊重，没想到当她指出对方因文件准备不足而不能办理时，对方毫不留情地破口大骂，顶头上司不管青红皂白，当即要她赔礼道歉；自己向上级申辩，满以为领导会为自己申冤，结果招来写检查的惩罚。一向作为骨干的小 A 什么时候受过这等羞辱，更要命的是：领导和周围同事认为她太有见解，思想出格，且没把握好派遣工与正式公务员相处的尺度，必须按大家的要求去改正。

闭门思考了一夜，小 A 鼓起勇气向父母申明了自己的决定：由于不认同目前所在工作环境的观念，不能发挥自己的才能。自己打算辞职去外地，继续追寻梦想。闻听这种大胆的想法，父母顿时焦虑了，他们苦口婆心地求她，一条条地列举离职的风险和坚持下去的收益。最后她心软了，答应留下磨练自己，适应周遭环境的要求。松了一口气的父母开始为女儿物色夫婿，并且提前开始规划小两口将来的生活。

故事到了这里，很多读者都以为主人公的妥协会为自己争来一个不算满意也不算太坏的结局。好歹在稳定的单位做着稳定的工作，又有双亲无微不至的帮扶，以后的人生路应该会平稳地迈过。而事实总是让人悲伤的，这是我身边一个真实的故事，现实中的女主角留在原岗位已超过五年。现在的她已不复当年的文采，因既没能成功适应环境也不敢再言离开，郁积于心的苦闷和委屈让她患上失眠，继而引发记忆减退，思维混乱，甚至不能正常阅读书籍了。这样的她当然不能得到上级的赏识与相亲对象的青睐，父母对她失望至极，她的朋友们也纷纷离开。因为只要和她交谈，必然得听她大吐苦水，诉说自己当年是多么风光，现在又是多么的落魄无希望，最后以埋怨父母的误导和逼迫为告终。一次，某个不想再听她倒垃圾的朋友打断了她：你不想干可以走啊！你光埋怨别人，腿长在你身上，谁让你当初愿意听啊！

据说她当时的反应是静默了片刻，随后低着头又开始碎碎念：我当初真傻，不听别人的就好了。那是他们的决定，又不是我的，凭什么只有我落埋怨。朋友终于忍无可忍，扬长而去。看看，真实的故事结局就是这样。

（来源于人生故事）

第三节　通告

情境导航

最近校园内车辆管理出现混乱，外来机动车辆进入后不按指定位置停放；校园内车辆随意鸣响喇叭的现象也非常普遍，扰乱了学校的正常秩序。对此，学校保卫处决定加大对车辆管理的力度，在校园内张贴车辆管理的相关规定，让大家知晓并共同遵守。公告、通告还是通知、通报？究竟要选择哪个文种成了摆在大家面前的难题。

假设拟稿的任务落在了你的身上，你会选出合适的文种吗？

一、文书常识

（一）通告的概念

《条例》规定：通告适用于在一定范围内公布应当遵守或者周知的事项。

（二）通告的类型

1. 法规性通告

用于在一定范围内公布应当遵守的事项，是法规性文件有关规定的具体化，多由地方政府发布。

2. 知照性通告

用于在一定范围内公布应当周知的事项，不具有约束力，重在让一定范围内的单位、公众知晓的重要事项。

（三）通告的特点

1. 广泛性

通告的告知范围广泛，适用范围也很广泛，不仅在机关单位内部公布，而且向社会公布。其内容可涉及社会生活的各方面，因而各级机关、企事业单位、社会团体都可以使用。此外，通告的发布方式多样，可通过报刊、广播、电视公布，也可以张贴和发文，使通告内容广为人知。因此，无论其使用主体、内容还是发布方式都具有相当的广泛性。

2. 法规性

通告所告知的事项常作为各有关方面行为的准则或对某些具体活动的约束限制，具有行政约束力甚至法律效力，要求被告知者遵守执行。

3. 专业性

常用于水电、交通、金融、公安、税务、海关等主管业务部门工作的办理、要求或事务性事宜，内容带有专业性、事务性。

（四）通告的写作格式

通告一般由标题、正文和落款三部分构成。

1. 标题

通告的标题通常有两种写法：

（1）完整式标题。由发文机关、事由和文种三部分构成，如《××市人民政府关于加强犬类管理的通告》。

（2）省略式标题。通告的某些标题要素可省略。有省略事由的，如《中华人民共和国公安部通告》；有省略发文机关的，如《关于西大望路禁止机动车由南向北方向行驶的通告》；还可以直接以文种为题。

如遇特别紧急情况，可在通告前加上“紧急”两字。

2. 正文

正文包括开头、主体和结尾三部分。

（1）开头。主要用来表达发布通告的背景、根据、目的、意义。通过叙述相关的政策、法规依据或具体的实际情况来说明行文的原因。常以“现通告如下”领起下文。

（2）主体。写发通告事项的内容，通告事项是面对大众的，必须写得条理清晰、具体明确，这样才便于人们知晓，做到令行禁止。这部分常采用条款式结构，分条列项，逐项叙写。

（3）结尾。常用“本通告自发布之日起实施”指明执行日期，或“特此通告”“此告”等习惯用语结尾。

3. 落款

由发文机关、成文日期和印章三部分构成。成文日期用阿拉伯数字将年、月、日标全，年份应标全称，月、日不编虚位（即1不编为01）。

二、案例分析

例2-3-1

关于实施机动车限行交通管理措施的通告

为有效减少机动车污染物排放，缓解交通拥堵，倡导低碳出行，促进环境空气质量持续改善，保障人民群众身体健康，经市政府批准，决定对机动车实施限行交通管理措施。现就有关事项通告如下：

一、限行时间：××××年4月16日至××××年9月30日每日（法定节假日和公休日除外）7:00—20:00。若公休日因法定节假日调休为工作日的，不限行。

二、限行区域：我市行政区域内，以西安绕城高速以内区域为中心，向南扩展至南横线、堰渡路、三星快速干道连线（不含）以北，西汉高速以东、西柞高速以西围合区域；向北扩展至西咸北环线（不含）以南、包茂高速以东、西禹高速以西围合区域。途经本市高速公路过境通行但不驶出高速公路的机动车，不采取限行措施，允许通行。

临潼、阎良、鄠邑、周至、蓝田等区县限行区域，可自行划定。

三、限行规定：每日限行两个车牌（含临时）尾号（若尾号为英文字母的，以车牌最后一位数字为准）的机动车，星期一限行1和6，星期二限行2和7，星期三限行3和8，星期四限行4和9，星期五限行5和0。

四、违反本通告规定的，由公安交通管理部门依据《中华人民共和国道路交通安全法》等法律法规，予以纠正和查处。

五、外埠机动车进入上述限行区域的，按本通告规定执行。

六、以下机动车不受上述措施限制：

（一）公共汽车、新能源汽车[纯电动机动车、插电式（含增程式）混合动力汽车和燃料电池汽车]、出租汽车及快捷货运出租汽车；

（二）9座以上（不含9座）大中型客车，持有市交通运输管理部门核发的旅游客车和营运客车营运证件的车辆，校车、邮政及快递运送专用车、殡仪馆的殡葬车辆；

（三）肢体残疾人驾驶的残疾人专用车辆；

（四）执行任务的消防车、救护车、工程救险车、军警车，喷涂统一标识并执行任务的行政执法车辆、防汛车辆、应急车辆、清障专用车辆和事故勘察车辆，园林、环卫、道路养护的专项作业车辆，“使”“领”字号牌车辆及经批准临时入境的车辆；

（五）“绿色通道”车辆（即整车运送鲜活农产品的车辆，包括新鲜蔬菜水果，鲜活水产品，活体畜禽，新鲜的肉、蛋、奶）；经市粮油行政管理部门核准、具有统一标识的粮油食品配送车辆，不受限行措施限制。

特此通告。

（印章） （印章） （印章）

西安市环境保护局 西安市交通运输局 西安市公安局交通管理局

××××年4月13日

（来源于西安市人民政府网，有改动）

评析：这是一则由政府机关发布的具有法律效力的法规性通告，通告事项具体、明确，要求被告知者遵守执行。

例 2-3-2

停水通告

因我县城关镇张庄村供水管网改造，自来水公司定于××××年4月17日21:00至4月18日03:00进行夜间停水施工。届时，滨河南路与北大街交叉口至人民路与北大街交叉口沿线、长虹路与北大街交叉口至星阁路与长虹路交叉口沿线停水。汤河以南其他区域高层楼房无水或水压偏低，请相关区域自来水用户提前做好储水准备。

特此通告。

（印章）

××××县自来水公司

××××年4月17日

（来源于××县自来水公司网）

评析：这是一则知照性通告，通告事项具体、明确，主要起通知事项的作用，重在让一定范围内的单位、公众知晓。

三、写作指导

（一）注意事项

（1）法规性的通告事项要确保其不与现行法律、法规相抵触。

（2）通告事项要求条理清晰、具体明确。建议采用条款式结构，逐条列出。

（3）通告用语要求言简意明，在写有关专业性内容时，要尽量选择大多数人熟悉的行业用语。

（4）如果是政府发布通告，要有正规的发文字号；如果是某一行业管理部门发布通告，则可采用“第×号”的方式，标示位置在标题之下正中 。一些基层企事业单位发布的通告，可以没有字号。

（5）在实际写作中，注意“公告”与“通告”的区别，具体区别见表2-4。

表2-4 公告与通告的区别

文种 比较要素	公告	通告
内容的重要程度	发布内容为重要事项和法定事项	常用于水电、交通、金融、公安、税务、海关等主管业务部门工作的办理、要求或事务性事宜
发文机关	高级别的行政部门	各级机关、企事业单位、社会团体
告知范围	国内外	在一定范围内
发布方式	多数是在报刊上刊登，一般不用红头文件的方式下发，也不能印成布告的形式公开张贴	可以在新闻媒体上刊登，也可以用红头文件的形式下发，还可以公开张贴

（二）参考模板

×××关于××××的通告（××××通告）

××，现将有关事项通告如下：

一、××。

二、×× ×× ×× ××。

……

××××××××××××××××××××××××。

特此通告。

（印章）

××××××××××××××

××××年×月×日

四、实战演练

完成情境导航中的任务。

拓展阅读

上　通　告

上通告，是台湾传过来的词语。通俗点就是跟我们的工作差不多。就是上各种节目，办各种活动（签唱会之类的），就是增加明星在一段时间（宣传期）内的曝光率，现在台湾也有所谓的通告艺人。

通告艺人，包括过气的歌手、偶像或是人气不足、没有特定公司签约或是无节目可作的非一线明星。这类人不再像往常在某一固定摄影棚或是录音室内工作，而是每天奔波于各个综艺节目之间，谈谈圈内八卦或是流行新闻及自己和其他艺人的小秘密等，要不就是在某些娱乐节目中玩一些整人游戏博大家一乐。

第四节　通知

情境导航

三合中学团总支定于5月2日召开全体团员大会，安排“五四”青年纪念会的有关工作。负责拟定通知的郭慧同学，由于粗心大意，竟忘记把会议召开的地点写上，结果很多人前来询问，弄得郭慧羞愧满面。的确，开会的地点不写清楚，大家在什么地方开会呢？这件事给了郭慧一次深刻的教训。

如果换做是你，你会犯同样的错误吗？这是最常见的会议通知，日常生活和工作中我们还会用到哪些类型的通知呢，我们在写作过程中又应该注意什么呢？

一、文书常识

（一）通知的概念

《条例》规定。通知适用于发布、传达要求下级机关执行和有关单位周知或者执行的事项，批转、转发公文。

（二）通知的类型

（1）指示性通知。用于对下级机关布置工作，作出指示使用的通知。如《国务院关于切实减轻农民负担的通知》《陕西省教育厅关于切实做好2014年全省普通高校毕业生就业工作的通知》。

（2）颁转性通知。包括发布、转发、批转三个类型。上级机关用于发布一般行政性法规和规章，批转下级机关的公文，或者转发上级机关、同级机关和不相隶属机关的公文时使用的通知。如《教育部关于印发<中小学生学籍管理办法>的通知》《转发教育部关于推进学校艺术教育发展的若干意见的通知》。

（3）知照性通知。用于活动的安排、会议的召开、机构的设立、印章的启用等。

（4）任免通知。任命与免职，可合并通知，如《北京市人民政府关于××同志职务任免的通知》。

（三）通知的特点

1. 广泛性

通知不受发文机关级别高低的限制，不论机关级别高低都可以用；党政机关可以用，社会团体、企事业单位也可以用。主要用作上级机关对下级机关、组织对所属成员的下行文，但平行机关之间、不相隶属的机关之间，有时也可使用通知知照有关事项。

2. 指导性

上级机关在向下级机关发布规章、布置安排工作、批转和转发文件等，都需明确阐述处理问题的原则方法和具体要求，说明需要做什么、怎样做、达到什么要求等来指导下级机关工作的开展，从发挥的功用上来说具有很强的指导性。

3. 时效性

通知都是在受文对象对某件事情应知而未知、应办而未办的情况下下达的，事项一般是要求立即办理、执行或知晓的，不容拖延，否则会失效或误事。有的通知如会议通知，只在指定的一段时间内有效，行文要及时，具有较强的时效性。

（四）通知的写作格式

通知一般由标题、主送机关、正文和落款四部分构成。

1. 标题

标题通常有两种：一是由发文机关、事由和文种三部分构成，如《国务院办公厅关于加强普通高等学校毕业生就业工作的通知》；二是由事由和文种两部分构成，如《关于召开第一次教工代表大会的通知》。

2. 主送机关

即受文对象，须用全称或规范性简称，所有通知都需有主送机关，主送机关一般列在标题之下顶格书写。主送机关单一或不超过三个时，应直接书写或依次排序。主送机关超过三个，属于普发性文件时，应采取抽象、概括的写法，使用同类型机关名称，并用顿号和逗号区别主送机关的类别。如“各区、县人民政府，市政府各委、办、局，各市属机构”，注意主送机关不能为个人。

3. 正文

通知的正文主要包括开头、主体和结尾三部分。

（1）开头。主要写发文缘由，包括制发通知的有关背景、根据、目的和意义等，通常使用“特通知如下”“现将有关事项通知如下”等承转用语过渡到主体部分。

（2）主体。主要写通知事项，即要求主要受文机关承办、执行和应予知晓的事项。通知事项较多时，可将事项分条列项排列。

（3）结尾。通知的结尾通常有三种写法：一是自然结束式，文章主体内容讲完，全文就结束，意尽言止；二是采用习惯用语“特此通知”“请遵照（贯彻、照此、研究、参照）执行”“本通知自下发之日起实行”等收尾；三是具体阐述执行事项的要求和希望。

4．落款

由发文机关、成文日期和印章三部分构成。成文日期用阿拉伯数字将年、月、日标全，年份应标全称，月、日不编虚位（即1不编为01）。

二、案例分析

例2-4-1

重庆××电子有限公司关于召开代理商工作会议的通知

各地区代理商、本公司各部门：

为了保证××显示器在中国的领先地位，建立一个和谐顺畅而稳定坚固的销售渠道，给厂商、代理商和消费者带来更多的利益，本公司决定在重庆召开××电子××××年度显示器代理商工作会议。现将有关事项通知如下：

一、会议议题

1．总结各地区代理销售情况。

2．讨论并解决各地区存在的销售矛盾。

3．商讨如何建立一个和谐顺畅而稳定坚固的销售渠道。

二、参加会议人员：各地区代理商及本公司各部门负责人。

三、会议时间：4月10日至4月12日。

四、会议地点：重庆百乐园度假村二楼圆形会议厅。

五、报到时间和地点：4月9日全天在重庆百乐园度假村酒店大堂报到。

六、其他事项：

1．大会将为各与会人员免费提供食宿。

2．参加会议的代理商请按要求填写本通知所附的会议报名表，于3月20日前寄回会务组。需接车、接机及购买回程机票、车票的人员，务请在会议报名表中注明。

3．请华东、华北及华南各代理商报到时向我公司提交一份销售情况报表。

会务联系：重庆市××路××号××电子有限公司代理商工作会议会务组

邮编：××××××

联系人：王秘书

联系电话：××××××××

电子邮箱：deng211@163.com

附件：重庆××电子有限公司代理商工作会议报名表

（印章）

重庆××电子有限公司

××××年3月18日

（来源于百度文库，有改动）

评析：这是一则会议通知。开头即清楚明晰地写了通知的缘由，接下来用六点叙述了通知的事项及要求，简练具体，是一篇很规范的会议通知。

例 2-4-2

关于举办第四届中国“互联网+”大学生创新创业大赛陕西赛区省级复赛的通知

各普通高等学校，有关军队院校:

为深入贯彻习近平总书记给“青年红色筑梦之旅”大学生的重要回信精神，持续深化高校创新创业教育改革，根据《教育部关于举办第四届中国“互联网+”大学生创新创业大赛的通知》（教高函〔2018〕2 号），现就陕西赛区省级复赛有关事项通知如下:

一、大赛主题

勇立时代潮头敢闯会创，扎根中国大地书写人生华章。

二、大赛目的与任务

旨在深化高等教育综合改革，激发大学生的创造力，培养造就“大众创业、万众创新”生力军；鼓励广大青年扎根中国大地了解国情民情，在创新创业中增长智慧才干，在艰苦奋斗中锤炼意志品质，把激昂的青春梦融入伟大的中国梦。

重在把大赛作为深化创新创业教育改革的重要抓手，引导各高校主动服务国家战略和区域发展，积极开展教育教学改革探索，切实提高大学生创新精神、创业意识和创新创业能力。推动创新创业教育与思想政治教育紧密结合、与专业教育深度融合，促进学生全面发展，努力成为德才兼备的有为人才。推动赛事成果转化和产学研用紧密结合，促进“互联网+”新业态形成，服务经济高质量发展。以创新引领创业、以创业带动就业，努力形成高校毕业生更高质量创业就业的新局面。

三、大赛总体安排

第四届大赛省赛要力争做到“有广度、有高度、有深度、有温度”，努力体现有突破、有特色、有新意。扩大参赛规模，实现区域、学校、学生、赛道类型全覆盖。第四届大赛省赛将举办“1+1”系列活动。

第一个“1”指 1 项主体赛事，在校赛基础上，举办省级复赛（含金奖争夺赛、四强争夺赛和冠军争夺赛）。

第二个“1”指 1 项“青年红色筑梦之旅”同期活动。“青年红色筑梦之旅”活动，重在推动创新创业教育与大学生思想政治教育、乡村振兴战略、精准扶贫脱贫相结合，打造一堂全省最大的思政课。组织理工、农林、医学、师范、法律、人文社科等各专业大学生以及企业家、投资人等，以“科技中国小分队”“幸福中国小分队”“健康中国小分队”“教育中国小分队”“法治中国小分队”“十九大宣讲小分队”或项目团队组团等形式，走进革命老区、贫困地区，接受思想洗礼、学习革命精神、传承红色基因，将高校的智力、技术和项目资源辐射到广大农村地区，推动当地社会经济建设，助力精准扶贫和乡村振兴（具体方案见附件 1）。

四、组织机构

省级复赛由省教育厅主办，中国建设银行陕西省分行冠名支持，西安理工大学承办。

大赛设立组织委员会（简称大赛组委会），负责组织实施工作，省教育厅主要领导担任主任，省教育厅、西安理工大学、中国建设银行陕西省分行有关领导担任副主任。大赛组委会下设办公室，负责大赛日常工作，省教育厅高等教育处主要负责同志担任主任。

大赛设立专家委员会（简称“大赛专委会”），负责参赛项目的评审工作，高校、社会投资机构、行业企业有关专家作为成员。

大赛设立纪律与监督委员会（简称“大赛监委会”），负责对组织评审工作和协办单位相关工作进行监督，并对违反大赛纪律的行为给予处理。

五、参赛项目要求

参赛项目能够将移动互联网、云计算、大数据、人工智能、物联网等新一代信息技术与经济社会各领域紧密结合，培育新产品、新服务、新业态、新模式；发挥互联网在促进产业升级以及信息化和工业化深度融合中的作用，促进制造业、农业、能源、环保等产业转型升级；发挥互联网在社会服务中的作用，创新网络化服务模式，促进互联网与教育、医疗、交通、金融、消费生活等深度融合。参赛项目主要包括以下类型：

1.“互联网+”现代农业，包括农林牧渔等；

2.“互联网+”制造业，包括智能硬件、先进制造、工业自动化、生物医药、节能环保、新材料、军工等；

3.“互联网+”信息技术服务，包括人工智能技术、物联网技术、网络空间安全技术、大数据、云计算、工具软件、社交网络、媒体门户、企业服务等；

4.“互联网+”文化创意服务，包括广播影视、设计服务、文化艺术、旅游休闲、艺术品交易、广告会展、动漫娱乐、体育竞技等；

5.“互联网+”社会服务，包括电子商务、消费生活、金融、财经法务、房产家居、高效物流、教育培训、医疗健康、交通、人力资源服务等；

6.“互联网+”公益创业，以社会价值为导向的非营利性创业。

参赛项目不只限于“互联网+”项目，鼓励各类创新创业项目参赛，根据行业背景选择相应类型。以上各类项目可自主选择参加“青年红色筑梦之旅”活动。

参赛项目须真实、健康、合法，无任何不良信息，项目立意应弘扬正能量，践行社会主义核心价值观。参赛项目不得侵犯他人知识产权；所涉及发明创造、专利技术、资源等必须拥有清晰合法的知识产权或物权；抄袭、盗用、提供虚假材料或违反相关法律法规，一经发现即刻丧失参赛相关权利并自负一切法律责任。

参赛项目涉及他人知识产权的，报名时需提交完整的具有法律效力的所有人书面授权许可书、专利证书等；已完成工商登记注册的创业项目，报名时需提交单位概况、法定代表人情况、股权结构、组织机构代码复印件等。参赛项目可提供当前财务数据、已获投资情况、带动就业情况等相关证明材料。

六、参赛对象

根据参赛项目所处的创业阶段、已获投资情况和项目特点，大赛分为创意组、初创组、成长组、就业型创业组。具体参赛条件如下：

1. 创意组。参赛项目具有较好的创意和较为成型的产品原型或服务模式，在 2018 年 5 月 31 日（以下时间均包含当日）前尚未完成工商登记注册。参赛申报人须为团队负责人，须为普通高等学校在校生（可为本专科生、研究生，不含在职生）。

2. 初创组。参赛项目工商登记注册未满 3 年（2015 年 3 月 1 日后注册），且获机构或个人股权投资不超过 1 轮次。参赛申报人须为初创企业法人代表，须为普通高等学校在校生（可为本专科生、研究生，不含在职生），或毕业 5 年以内的毕业生（2013 年之后毕业的本专科生、研究生，不含在职生）。企业法人在大赛通知发布之日后进行变更的不予认可。

3. 成长组。参赛项目工商登记注册3年以上（2015年3月1日前注册）；或工商登记注册未满3年（2015年3月1日后注册），且获机构或个人股权投资2轮次以上（含2轮次）。参赛申报人须为企业法人代表，须为普通高等学校在校生（可为本专科生、研究生，不含在职生），或毕业5年以内的毕业生（2013年之后毕业的本专科生、研究生，不含在职生）。企业法人在大赛通知发布之日后进行变更的不予认可。

4. 就业型创业组。参赛项目能有效提升大学生就业数量与就业质量，主要面向高职高专院校的创新创业项目（高职高专院校也可申报其他符合条件的组别），其他高校也可申报本组。若参赛项目在2018年5月31日前尚未完成工商登记注册，参赛申报人须为团队负责人，须为普通高等学校在校生（可为本专科生、研究生，不含在职生）。若参赛项目在2018年5月31日前已完成工商登记注册，参赛申报人须为企业法人代表，须为普通高等学校在校生（可为本专科生、研究生，不含在职生），或毕业5年以内的毕业生（2013年之后毕业的本专科生、研究生，不含在职生）。企业法人在大赛通知发布之日后进行变更的不予认可。

以团队为单位报名参赛。允许跨校组建团队，每个团队的参赛成员不少于3人，须为项目的实际成员。参赛团队所报参赛创业项目，须为本团队策划或经营的项目，不可借用他人项目参赛。已获往届中国“互联网+”大学生创新创业大赛全国总决赛金奖和银奖的项目，不可再报名参赛。

初创组、成长组、就业型创业组已完成工商登记注册的参赛项目的股权结构中，参赛成员合计不得少于1/3。

高校教师科技成果转化的师生共创项目不能参加创意组，允许将拥有科研成果的教师的股权合并计算，合并计算的股权不得少于50%（其中参赛成员合计不得少于15%）。

各高校负责审核本校参赛对象资格。

七、“青年红色筑梦之旅”赛道

增设“青年红色筑梦之旅”赛道，参加此赛道的项目须为参加“青年红色筑梦之旅”活动的项目。各高校要组织大学生创新创业团队到各自对接的县、乡、村和农户，从质量兴农、绿色兴农、科技兴农、电商兴农、教育兴农等多个方面开展帮扶工作，推动当地社会经济建设，助力精准扶贫和乡村振兴。

参加“青年红色筑梦之旅”活动的项目可自主选择参加主赛道或“青年红色筑梦之旅”赛道比赛，但只能选择参加一个赛道。鼓励各高校申报该赛道参加比赛。

八、比赛赛制

大赛采用校级初赛、省级复赛、全国总决赛三级赛制。校级初赛由各高校负责组织，省级复赛由省教育厅负责组织，全国总决赛由教育部等中央13个部门和福建省人民政府共同主办，厦门大学承办。全国大赛组委会将综合考虑各省（区、市）报名团队数、参赛高校数和创新创业教育工作情况等因素分配全国总决赛名额。每所高校入选全国总决赛团队总数不超过4个。

省赛组委会将综合考虑各高校校级初赛报名团队数、参赛学生数、项目质量、校赛组织情况和创新创业教育改革工作等因素分配各校省级复赛名额。省赛采取网上初评、会评、现场路演等方式。

九、赛程安排

1. 参赛报名（3—5 月）。

各校校级初赛必须通过登录“全国大学生创业服务网”（cy.ncss.org.cn）或大赛微信公众号（名称为“大学生创业服务网”）任一方式进行报名。报名系统的开放时间为 2018 年 3 月 28 日，截止时间由各校根据校级初赛安排自行决定，但不得晚于 5 月 31 日。各校要按照不低于全日制在校生数（本专科生、研究生）18‰的比例组织学生参赛（即每 1000 名学生应至少有 18 个参赛项目）。省教育厅将通报各高校参赛项目报名情况和校赛组织实施情况。

2. 校级初赛（6 月）。

各高校登录“全国大学生创业服务网”（cy.ncss.org.cn）进行本校学生报名信息的查看和管理。校级账号由省组委会进行分配，具体由西安理工大学负责。校级初赛的比赛环节、评审方式等由各校自行决定。各校在 6 月 15 日之前完成校级初赛。

3. 省级复赛（7—9 月）。

省级复赛候选项目由各高校按照省组委会确定的配额从校赛项目中择优推荐。省大赛组委会将根据全国组委会分配的名额，择优推荐项目参加 10 月举行的全国总决赛。

十、评审规则

请登录“全国大学生创业服务网”（cy.ncss.org.cn）查看具体内容。

十一、大赛奖励

主赛道设金奖 50 个、银奖 150 个、铜奖 260 个。设最佳创意奖、最具商业价值奖、最佳带动就业奖、最具人气奖各 1 个。

“青年红色筑梦之旅”赛道根据报名情况和项目质量设金奖、银奖、铜奖若干。设“乡村振兴奖”“精准扶贫奖”等单项奖若干，奖励对乡村教育、科技、农业、医疗、扶贫等方面有突出贡献的项目。

主赛道设高校集体奖 5 个（取获奖奖项积分前 5 名）、高校优秀组织奖 10 个（结合高校校级初赛报名情况、组织情况及参加省级复赛情况综合评定）和优秀创新创业导师若干名。“青年红色筑梦之旅”赛道设高校集体奖、优秀组织奖和优秀创新创业导师若干。

十二、有关要求

1. 成立专门的组织机构。各高校要成立由主管校领导任主任，教务部门牵头，学生、团委、科技、研究生、就业、财务等部门负责人参加的校级初赛组织委员会，做好大赛的统筹协调工作。

2. 做好宣传动员和组织工作。各高校要认真组织动员团队参赛，为在校生和毕业生参与竞赛提供必要的条件和支持，做好校级初赛组织工作和项目推荐工作。鼓励教师将科技成果产业化，带领学生创新创业。

3. 以大赛为抓手深化创新创业教育改革。坚持以赛促教、以赛促学、以赛促创，积极推进高校学生创新创业训练和实践，不断提高创新创业人才培养水平，厚植“大众创业、万众创新”土壤，助力“双创”升级，为建设创新型国家和教育强省提供源源不断的人才智力支撑。

4. 制定和报送校赛实施方案。各高校要研究制定校级初赛实施方案（含组织机构、赛事安排、宣传动员、激励政策、经费和制度保障等），并于2018年4月16日（星期一）前将实施方案、《第四届中国“互联网+”大学生创新创业大赛陕西赛区高校联系人信息表》（见附件2）以公文形式报至省教育厅高教处，同时发送电子版至邮箱××××××。

十三、大赛组委会联系方式

1. 省赛工作QQ群：××××××，微信群：陕西“互联网+”大赛工作，请每校指定两名工作人员加入该QQ群和微信群，便于赛事工作沟通及交流。

2. 大赛组委会联系人

西安理工大学：××××××

电话：××××××　传真：××××××

邮箱：××××××

地址：××××××　邮编：××××××

省教育厅：×××　　×××

电话：××××××

邮箱：××××××

地址：××××××　邮编：××××××

附件：1. 第四届中国“互联网+”大学生创新创业大赛 陕西赛区省级复赛“青年红色筑梦之旅”活动方案

2. 第四届中国“互联网+”大学生创新创业大赛陕西赛区高校联系人信息表

（印章）

陕西省教育厅办公室

2018年3月23日

（此文公开，来源于陕西省教育厅官网）

评析：这是一则指示性通知，开门见山，言简意赅，阐明了通知的目的，然后针对第四届中国“互联网+”大学生创新创业大赛陕西赛区省级复赛提出具体要求，全文条理清楚，用语严谨准确，受文单位按文件要求办理即可。

三、写作指导

（一）注意事项

（1）要有针对性。通知适用范围很广，种类多样，因此不能随意使用，在写作时一定要注意不同种类通知的适用范围和具体要求。

（2）要具体明确。通知事项要写得一清二楚，才能使受文机关及时办理。

（3）要考虑时效性。通知行文一定要讲究时效，以便提高效率。必要时可用“紧急通知”或“重要通知”。

（4）要注意行文关系。通知一般为下行文，有时也可以为平行文，但不能上行，如果需要上级机关或不相隶属机关知晓的，可用抄送形式。

（二）参考模板

×××关于××××××的通知

×××：

××，现将有关事项通知如下：

一、××。

二、××。

……

×××××××××××××××××××××××。

（印章）
×××
××××年×月×日

四、实战演练

××市委组织部和××市人事局××××年11月15日下发文件，决定召开会议：11月18日开会，会期1天，开会的地点为××温泉酒店。

各县市区出席会议人员11月17日下午到××温泉酒店报到；市直各单位出席会议人员11月18日上午8:15直接到××温泉酒店开会。

参会者为市直各单位人事科科长和各县市区人事局局长。

我市今年的军队转业干部安置工作已经结束，明年的工作即将开始，为了部署明年工作。

请根据以上材料拟写一份通知。

拓展阅读

工作中如何发布通知

1. 明确通知主题即通知的标题，让同事能够通过标题快速获取信息重点。如果使用办公协同系统，注意明确标题；如果以电子文件形式发布，注意文件的命名。

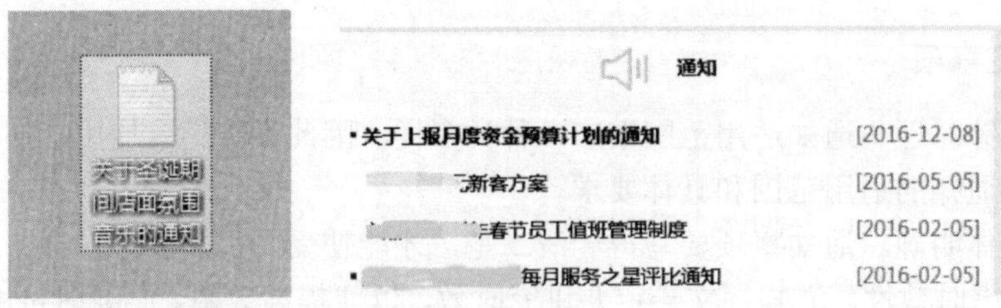

2. 明确地阐述事件，如“企划部已经将圣诞期间店面氛围音乐发送至各店前台QQ”明确文件用途、文件目前处于的位置，避免文件丢失。

3. 明确工作处理的时间限制，如“请各店面店长与××月××日之前安排播放”，避免配合工作的同事延误工作进度，明确划分责任。

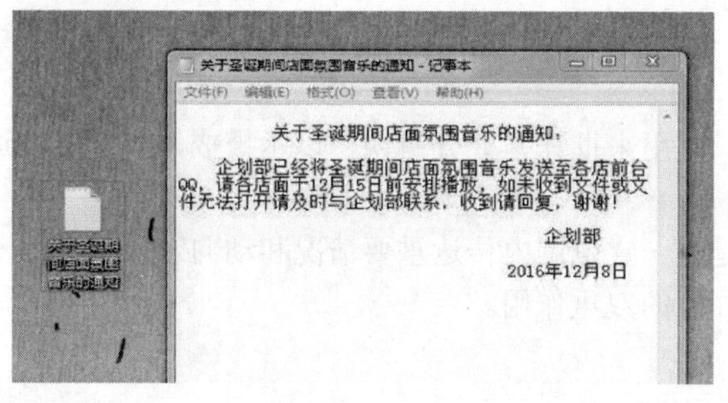

4. 明确文件疑问解答途径，如“如未收到文件或文件无法打开请及时与企划部联系”，让收到通知的部门或同事能够及时地反馈遇到的问题并有针对性地解决。

5. 电子文件要求收到方作出明确回复。如“各店面店长收到请回复”“收到请在群内确认等”，明确要求回复人（即收件人）、回复对象（回复给×××）、回复位置（群内、OA或者书面材料）。对于未及时回复确认的人员要及时跟进，确认文件已经收到并明确通知任务。

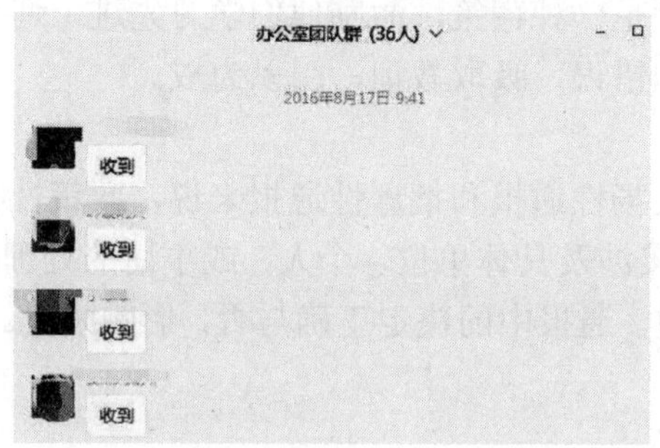

6. 结尾明确通知发布部门和时间，避免因为时间模糊造成工作延误。

（来源于百度经验，有改动）

第五节　通报

情境导航

××学校经管院××班张昊同学于3月21日在赛格电脑城买东西时，看到了一个黑色皮包，打开一看，“哇，1000元人民币！”未经过任何犹豫，在原地焦急地等待失主，但一直未等到。后来张昊同学把皮包交给了商场保安，失主找回皮包后，感激万分，给学校寄来了一封感谢信。如果你是学校团委的学生干部，如何拟写这份表彰通报呢？

一、文书常识

（一）通报的概念

《条例》规定：通报适用于表彰先进、批评错误、传达重要精神和告知重要情况。

（二）通报的类型

根据内容不同，通报可以分为以下三种：

（1）表彰性通报。是用来表彰先进单位和个人，介绍先进经验或事迹，树立典型，号召大家学习的通报。

（2）批评性通报。是用来批评、处分错误，以示警戒，并要求被通报者和大家吸取教训的通报。

（3）情况通报。是在一定范围内传达重要情况和动向，以指导面上工作为目的的通报。这类通报具有沟通和知照的双重作用。

（三）通报的特点

1. 知照性

通报的内容，是把现实生活中一些正反面的典型或某些带倾向性的重要问题告诉人们，让人们知晓、了解，因此具有知照、告知的特点。

2. 教育性

表彰先进的通报，对被表彰单位是一种鼓舞、激励；对其他单位是一种教育，引导其找差距，学先进；对后进单位是一种鞭策，激励他们学习先进，迎头赶上。批评性通报的目的则是让人们知道错误，认识错误，吸取教训，引以为戒。

3. 政策性

作为通报，尤其是对表扬性通报和批评性通报来说，政策性特点特别明显。因为通报中的决定（即处理意见），直接涉及具体单位、个人，或事情的处理；同时，此后也会牵涉其他单位、部门效仿执行的问题。通报中的决定正确与否，影响颇大。因此，必须讲究政策依据，体现党的政策。

（四）通报的写作格式

通报一般由标题、主送机关、正文和落款四部分构成。

1. 标题

通报的标题一般由发文机关、事由和文种三部分构成，如《国务院办公厅关于对少数地方和单位违反国家规定集资问题的通报》；有时发文机关可省略，如《关于给不顾个人安危勇于救人的王××同志记功表彰的通报》；有少数通报的标题是在文种前冠以机关单位名称，如《中共××市纪律检查委员会通报》；也有的通报标题只有文种名称。

2. 主送机关

行文对象有专指的，要写上主送机关；如为普发性的，可不标主送机关。

3. 正文

不同类型的通报，正文写作有不同的要求。一般来说表彰性通报和批评性通报写法类似，大体包括通报事实、分析处理，提出号召或要求三部分。

（1）通报事实。即交代清楚全部内容，事情的来龙去脉。表彰性通报写先进事迹，批评性通报写错误事实。既要把主要事实写出来，又要写得精练概括。

（2）分析处理。即对先进事迹的先进性或错误事实的本质进行恰如其分的分析，有的还要分析出先进事迹的经验或犯错误的原因，并且提出处理意见，如表彰性通报还可以写出给予精神或物质奖励的决定，批评性通报写出处分决定。有些“特予以通报表扬”或“特予以通报批评”的处理意见，虽然没有具体的内容，但也是一种通报决定。

（3）提出号召或要求。表彰性通报号召人们学习先进事迹或成功的经验、做法，进一步

做好工作；批评性通报则要发挥批评性通报的惩戒作用，希望人们从某一事件中吸取教训，严防类似事件的发生。

作为情况通报，其正文一般包括发此通报的原因和目的、列举有关事实分析说明、提出具体的要求。

4. 落款

由发文机关、成文日期和印章三部分构成。成文日期用阿拉伯数字将年、月、日标全，年份应标全称，月、日不编虚位（即 1 不编为 01）。

二、案例分析

例 2-5-1

关于表彰设计学院王甜甜同学先进事迹的通报

各二级学院：

10 月 25 日下午，我校设计学院××××级室内设计专业学生王甜甜同学主动搀扶跌倒老人，与其家人联络后一直陪伴左右，直至老人家人到来。老人的儿子李先生携全家对王甜甜同学这种助人为乐的精神表示敬意并向学校寄来热情洋溢的感谢信："在普遍认为雷锋精神渐行渐远的社会，你们助人为乐的行为让我深深感动。"他们也决心将这种助人为乐的行为继续传递给其他需要帮助的人。

鉴于此前一段时间里，"老人跌倒，扶还是不扶"从道德层面到技术层面都成为社会争论的焦点，最终"老人搀扶恐惧症"成为社会的悲哀。然而王甜甜同学关键时刻撇开"自保"，而出于"为善"的本能在第一时间搀扶起老人，体现出我校当代大学生高尚的品质和良好的社会公德。经研究，决定对王甜甜同学予以通报表彰。

希望全校同学积极向她学习，树立正确的世界观、人生观、价值观，热爱祖国、热爱人民、热爱民族，坚定理想信念，增长知识本领，锤炼品德意志。希望各学院在学生中大力倡导发扬团结互助、文明友爱、助人为乐、拾金不昧、见义勇为等传统美德，用身边的榜样影响和带动其他同学，涌现出更多的优秀学生和优秀集体。

（印章）

××××××××××××

××××年 10 月 30 日

（来源于华文教育网，有改动）

评析：这是一则表彰性通报，通报正文分为三部分，开头简单地对整个事件进行了概括叙述，接着对该事件中涌现出来的典型人物事迹进行恰如其分的分析并提出了通报表彰，最后提出了希望和要求。内容完整，结构清晰，主旨鲜明。

例 2-5-2

×××学校关于女生宿舍发生火灾的通报

××××年 4 月 20 日夜 10 时，无线电专业××××级二班学生张××违反校规，在 303 宿舍私用电炉取暖，引起火警，烧毁部分设施。幸好被同宿舍的李××同学发现，及时扑灭，方未酿成重大火灾。

事后，经教育，张××写了检查，对错误有深刻的认识。为了严肃校纪，教育本人，经校务会讨论，决定给张××记大过处分。

希望全校学生从这一事故中吸取教训，增强安全意识，严格纪律，严防类似事件发生。

（印章）

×××学校

××××年4月21日

（来源于百度文库，有改动）

评析：这是一则批评性通报，第一部分简单介绍了事故发生的时间、地点、人物、事件及严重后果，即事实部分；第二部分对事故责任人的行为做出了分析和处分决定；最后提出了希望和要求，措辞严厉，发挥了批评性通报的惩戒作用。

三、写作指导

（1）通报的内容必须真实。通报的事实、所引材料都必须真实无误。动笔前要调查研究，对有关情况和事例要认真进行核对，客观、准确地进行分析、评论。

（2）通报的决定要恰如其分。无论哪一种通报，都要做到态度鲜明，分析中肯，评价实事求是，结论公正准确，用语把握分寸。否则通报不但会缺乏说服力，而且有可能产生副作用。

（3）通报的语言要简洁、庄重。其中，表彰性和批评性的通报应注意用语分寸，要力求文实相符，不讲空话、套话，不讲过头的话。

（4）在实际写作过程中，注意“通知”与“通报”的区别，具体区别见表2-5。

表2-5 通知与通报的区别

文种 比较要素	通知	通报
适用范围	广泛运用在布置工作、传达指示、晓喻事项、发布规章、批转和转发文件、任免干部等方面	仅限于表彰先进、批评错误及传达重要精神和情况
发文目的	在于要求、处理、遵守，有较强的强制性和约束力	在于传达精神、情况和正反面的典型，起到引导的作用
行文时间	针对将来的要求、事项，事前行文	针对既成事实，吸取教训、学习经验，事后行文

四、实战演练

（一）试判断下列事项哪些可以用通报行文：

（1）××总公司拟宣传奋不顾身抢救落水儿童的青年工人的事迹。

（2）×厂拟向市工业局汇报本厂遭受火灾的情况。

（3）×市安全办公室拟向各有关单位知照全市安全大检查的情况。

（4）×县县政府拟公布加强机关廉政建设的几条规定。

（5）×市水电局将召开水利建设工作会议，需告知各县、区水电部门事先做好准备。

（6）×县纪委拟批评×局×××等干部玩忽职守、造成国家经济损失的错误。

（二）医院老专家戴政平时生活节俭，他将多年积攒下来的8万元钱全部捐助给了某希望小学。该医院拟通报表彰这位专家。请代该医院撰拟这份通报，要求格式规范完整。

拓展阅读

奖惩类公文的写作要点

奖惩类公文，主要指的是专门用于表彰奖励或者批评处分的公文。按照《党政机关公文处理工作条例》，奖惩类公文主要包括命令（令）、决定和通报。命令（令）只能用来表彰，即嘉奖令。而决定和通报，既可以用来表彰，也可以用来批评。分别是表彰决定、批评决定、表彰通报、批评通报。尽管奖和惩，一正一反，但他们都是人事管理工作中必不可少的手段。而它们的写作，无论是总体思路还是结构布局，有着一定的规律可循。归纳起来，主要有以下四点：

一、明确写作思路，把握整体布局

公文写作，要有一个整体设计和规划，要胸有成竹。公文结构程式化、模式化特点显著。先写什么，后写什么，如何开头，如何承接，如何结尾，下笔之前都要仔细谋划。奖惩类公文也是如此。

奖惩类公文的写作思路和整体布局，要符合人们的一般思维规律。既然写奖惩，首先就需要交代清楚奖惩的事实依据，写清楚奖惩的理由根据，以便受文者理解和接受。“奖”的事实依据就是被表彰人员或者集体的先进模范事迹、突出的成就和功绩；“惩”的事实依据就是被批评、处分的人员或集体所犯的严重错误以及恶劣影响。叙述、交代事实依据时，还要略加评议，使“事实”的意义、性质更加凸显。然后，发文机关就要针对这种“事实”表明自己的态度和处理决定，或赞扬、表彰，或批评、处分，给予什么样的表彰或者处分也要写清楚，这就是全文主旨——奖惩决定。最后，再从“奖惩决定”延伸、扩展开去，以“希望号召”的形式向被奖惩者和有关人员、机关单位提出进一步做好工作的要求。

概言之，奖惩类公文的写作思路和整体布局宜分三个步骤（或部分）展开：开头交代奖惩的事实依据并略加评议，中间针对所述“事实”做出奖惩决定，结尾以“希望号召”的形式提出要求。这三个部分紧密相连，是一种连环递进式的结构。

二、交代奖惩依据，适当加以评议

奖惩类公文的开头，一般都是叙述、交代奖惩的事实依据并适当加以评议，写清楚要奖惩的理由根据，使所写公文做到言之有据。这是奖惩类公文写作具有开篇定调的重要作用。写这部分需要注意以下两点：

（一）要使用概括性叙述

公文是实用文，讲究简洁、高效，因此在叙述时，要求语言简洁又要把事情说清楚，其繁简程度的恰当把握，要靠公文撰稿人根据具体语境去细心体会。另外，叙述的繁简度还与奖惩对象多寡和文种不同有关。一般来讲，奖惩对象如果是群体（某一类人员或集体），叙述的语句就要概括一些，奖惩对象如果是个体，叙述就可以详细一些；如果使用的是“命令（令）”和“决定”，语句可以概括一些；如果是“通报”，就可以详细一些。

（二）叙述时加以适当评论

交代事实依据不能只是单纯叙述，在叙述的基础上还要适当加以评议，以使“事实”的性质、意义更加凸显。评议就是分析评论，在奖惩类公文中评议与叙述的结合可以有两种形式：一种是先叙后议，一种是夹叙夹议。另外，评议还要注意措辞的准确、适度和精当。

三、以目的句领起，引出奖惩决定

开头交代、评议完奖惩的有关事实后，接着在中间部分就要写奖惩决定。发文机关要针对事实表明自己的态度和处理决定，或赞扬、表彰，或批评、处分。奖惩决定一般都是用“为了……”或者“为……”这样的目的句领起。奖惩决定要写清楚什么机关单位决定，给予什么单位或者个人什么形式什么性质的表彰或处分。这部分的写作要注意两点：

（一）奖惩形式的多样性组合

表彰通常有四种基本形式：一是授予荣誉称号（颁发证书和奖牌）；二是记功（限于军队系统）；三是给予物质奖励；四是通报表彰。批评处分的形式比较多样，主要有“撤销职务”“开除公职”“行政记过”“罚扣奖金”“通报批评”等。

（二）奖惩对象名单的处理方式

对奖惩对象名单可以有两种处理方式：奖惩对象的人数或者机关单位的数量比较少时，可以直接写在正文中；如果数量比较多时，需要单独形成附件材料加在正文后面。

四、希望号召结尾，扩大奖惩影响

奖惩类公文的结尾部分，一般都是以“希望号召”的形式对两方面的人员和机关单位提出相关要求。如表彰类公文，一是希望受表彰的人物或集体再接再厉，发扬成绩，不断进取，以便取得更大的成绩；二是号召大家向先进人物和单位学习，以他们为榜样，把工作做好。批评处分类公文一般只针对受文机关提出要求，希望受文机关以此为戒，吸取教训，把工作做好。

对被奖惩者和有关机关单位提出要求，是为了深化和扩大奖惩影响，扬善惩恶，让人们知道应该怎么做，不能怎么做。这是奖惩类公文中必不可少的一个组成部分。

（来源于张南平：《例谈奖惩类公文写作要点》，载《应用文写作》2012 年第 2 期，有删改）

第六节　报告

情境导航

“事前请示，事后报告”其实已经从时间的概念上对请示和报告做了性质上的区分，但工作当中，我们经常混为一谈。当下级遇到重大疑难问题或遇到自己不能解决的问题亦或需要上级领导审批事项时，领导常常会告诉他的下属：打个报告上来吧！那么特别“听话”的下属就真的打了个“报告”上来，结果领导说写错了。领导口中的“打个报告上来”，是一种习惯性的错误说法，其实是让下属起草一份“请示”。“请示”和“报告”有各自的特点和适用范围，在工作当中要注意区分。

一、文书常识

（一）报告的概念

《条例》规定：报告适用于向上级机关汇报工作、反映情况，回复上级机关的询问。

（二）报告的类型

按内容和性质来分，报告一般可分工作报告、情况报告、答（回）复报告、报（递）送报告四类。

1. 工作报告

用于向上级机关汇报本机关工作进展情况、工作成绩、工作经验、存在的问题以及下一步工作安排和设想等。具体又包括综合性报告和专题性报告两种。综合性报告是同时汇报几方面工作的报告，内容综合、全面，总结性的特点比较明显，且多为定期汇报，如季度工作报告、年度工作报告等；专题性报告是汇报某一项工作的，内容单一、特定，问题集中，不定期，多是在此项工作进行中或结束时向上级机关汇报。

2. 情况报告

用于向上级机关反映社会上或本机关工作中出现和存在的有代表性、倾向性的有关情况。情况报告重在“反映情况”，不局限于具体工作，不局限于本机关情况，这是它与工作报告的区别。情况报告所反映的一般是重大情况、特殊情况或者新动向，旨在引起上级机关的注意，以便上级机关及时采取措施，指导工作。这类报告应对情况做出分析，必要时应针对性地提出意见或建议，但报告所提出的建议和意见，必须是原则性的。

3. 答（回）复报告

用于答复上级机关的询问。即根据上级机关的询问和要求所做的答复。从内容看，回复报告或汇报工作、或报告情况，也属于工作报告或情况报告。我们在这里单列“回复报告”一类，是考虑到它具有被动行文的特点，是上级机关先有询问或要求。

4. 报（递）送报告

这是向上级机关报送文件、物件时使用的报告，正文通常非常简略，只需写明“现将××××报上，请查收”即可。真正有意义的内容都在所报送的文件里。

（三）报告的特点

1. 单向性

报告是下级机关向上级机关汇报工作、反映情况、回复上级机关询问时所使用的单方向上行文，不需要上级机关予以批复。

2. 陈述性

因为报告具有汇报性，是向上级机关讲述做了什么工作，这项工作是怎样做的，有些什么情况、经验体会、存在问题和今后打算等，所以在行文上一般都用叙述的笔法，即向上级机关或业务主管部门陈述其事，而不是像请示那样祈使、请求。陈述性是报告区别于请示的一大特点。

（四）报告的写作格式

报告一般由标题、主送机关、正文和落款四部分构成。

1. 标题

报告常见的标题有两种写法：一是由发文机关、事由和文种三部分构成，如《××市劳动局关于下岗职工安置情况的报告》；二是由事由和文种两部分组成，如《关于2013年上半年工作情况的报告》。

2. 主送机关

主送机关就是受文机关，报告的主送机关为一个直接上级机关。

3. 正文

正文包括开头、主体和结尾三部分。

（1）开头。工作报告和情况报告的开头一般为基本情况概述，之后以过渡句“现将有关情况报告如下”承启下文。如“根据省局《关于开展××××年度全省星级饭店复核工作的通知》精神，我局对全市××××年以前评定的 52 家星级饭店进行了复核工作。现将有关情况报告如下”。

答复报告针对上级机关的询问或要求，开头要先引述来函文号及询问的问题，然后过渡到下文。

（2）主体。不同报告内容各有侧重。

工作报告主体包括主要成绩、存在的问题和今后努力的方向三个部分。

情况报告重点放在反映情况上。在写明事件发生的缘由、经过、性质后，主要交代清楚事项目前的状况和采取哪些措施。即一般以“情况—原因—教训—措施”的结构来写。

答复报告一般写答复的意见或处理结果，切不可“顺便说明”或“节外生枝”。

递送报告，只需要写清楚报送的文件、物件的名称、数量即可，如《××大学关于报送2014 年度工作计划的报告》，正文“现将我校《2014 年度工作计划》一式两份呈报，请审阅。”

（3）结尾。工作报告和情况报告的结束语常用“特此报告”；答复报告多用“专此报告”；递送报告则用“请审阅”“请收阅”等。

4. 落款

由发文机关、成文日期和印章三部分构成。成文日期用阿拉伯数字将年、月、日标全，年份应标全称，月、日不编虚位（即 1 不编为 01）。

二、案例分析

例 2-6-1

肥东县关于××××—××××年科技创新工作的报告

肥东县政府:

创新是引领发展的第一动力，也是更好引领新常态的根本之策。近年来，我县紧紧围绕“自主创新、重点跨越、支撑发展、引领未来”的工作方针，围绕主导产业，聚力创新发展，突出企业创新主体地位，不断优化产业结构，推动全面创新发展，全县科技创新工作迈上新台阶。××××年，全县新认定高新技术企业 13 家，发明专利申请 1678 件，获得授权发明专利 97 件。 ××××年 1-5 月，全县 17 家企业申报第一批国家高新技术企业；全县申请专利 726 件，其中，申请发明专利 374 件；全县授权专利 139 件，其中，授权发明专利 16 件。均超额完成市政府下达的目标任务。现将这项工作报告如下:

一、工作进展情况

（一）加强组织领导，创新发展环境不断优化

为切实加强对科技创新工作的领导，建立科技创新工作新机制，成立了科技创新工作领导小组。积极引进第三方评价，聘请专家教授进行项目评估，科学决策。优化科技创新发展环境，修订《肥东县人民政府关于印发扶持产业发展政策体系的通知》，全面承接省、市创新政策。××××年兑现县级自主创新奖励资金 921.25 万元，××××年兑现县级科技自主创新奖励资金 934.45 万元，进一步调动了企业自主创新发展的主动性和积极性。

（二）积极培育引导，高新技术产业快速发展

深入实施创新驱动发展战略，不断改造和提升传统动能，大力培育和发展新动能，实现

“三个对接”，即科技与经济对接、创新成果与产业对接、创新项目与现实生产力对接。积极引导高新技术企业创新发展，加强对高新技术企业的跟踪管理，加大对高新技术企业重点研究开发项目的支持。通过扶持培育，一批市场竞争力强的高新技术企业不断壮大，高新技术产业保持良好发展势头。目前，全县有效高新技术企业达49家。

（三）保护知识产权，自主创新意识不断增强

一是鼓励企业申请专利。加大专利申请、授权资助力度，激发全县科技创新的主动性和积极性。××××年，全县申请专利2265件。二是加强知识产权保护。结合打击侵犯知识产权和制售假冒伪劣商品专项行动，通过开展宣传、举办培训班和执法检查活动，重点打击“群体侵权”和“假冒专利”行为，进一步规范了知识产权市场。三是培育知识产权试点示范企业。目前，全县共有1家国家级知识产权示范企业、19家市级知识产权示范企业、2家省级贯标试点企业、4家市级贯标试点企业。

（四）争取政策支持，科技创新项目快速推进

围绕产业实施项目，积极引导企业实施自主创新重点项目建设，尽心服务亿达智慧科技城、华夏幸福机器人小镇、合肥VR小镇、上海产业园等一批重大项目。推动校企结合、院企融合，拓展与中科大、合工大等高校研发孵化机构的深度合作。一是大力实施重点自主创新项目。通过深入企业调查摸底，开展项目申报培训，积极引导企业申报、实施科技项目，带动形成一批核心知识产权。中盐安徽红四方肥业股份有限公司、安徽丰乐农化有限责任公司等企业积极申报合肥市科技计划项目（自筹）。二是科技拓宽现代农业升级路。我县是农副产品精深加工的大县和强县，农产品精深加工产值超过百亿元，依据科技驱动现代农业创新发展，安徽真心食品有限公司、安徽燕庄油脂有限公司等一批企业迅速成长壮大。三是提升企业研发能力。鼓励企业加大研究开发投入，积极购置研发设备，××××年，全县企业获省级购置研发设备补助165.8万元。中工科安科技有限公司高档数控系统执行部件数字化通讯关键技术研究获得重点研究与开发计划专项资金18万元，安徽久易农业股份有限公司获得技术转移计划专项资金30万元。

（五）搭建研发平台，科技创新能力逐步提升

坚持以创新驱动发展，大力推进以企业为主体、市场为导向、产学研相结合的技术创新体系建设，鼓励企业原始创新和引进消化吸收再创新，不断提高企业科技创新能力。通过引导企业与高等学校、科研院所的合作，搭建企业研发平台，加快科技成果转化，提升企业的核心竞争力。安徽天辰化工股份有限公司与合肥工业大学开展合作，攻克了糊树脂性状不稳的核心问题，逐步替代国外同类产品；合肥海源机械有限公司与高校合作开发出了空港地面特种车辆高扭矩大速比车桥，产品技术性能达到国际同类产品标准。目前，我县拥有省级工程技术研究中心5家，市级工程技术研究中心24家，拥有省、市级企业技术中心43家。全县8家企业正在积极申报市级工程技术研究中心。

（六）建设双创平台，促进创新创业加速发展

加大对众创空间、孵化器等双创平台建设的支持力度，鼓励企业加入社会投资建设创新创业平台，增加众创空间和科技孵化器数量，启动科技创新服务中心、智能产业服务中心建设，加快“众创空间”“合肥国家大学科技园肥东分园”“中科大现代物流研究中心”建设，积极营造“双创”发展环境。

（七）发挥财政导向，全社会投入不断扩大

加大科技三项经费的投入力度，不断完善科技三项费用的使用与管理，专门安排自主创

新专项资金支持全县企业自主创新发展。通过充分发挥财政资金投入的导向作用，全社会对自主创新的投入不断扩大，××××年全社会研发投入（R&D）达到 3.2 亿元。

二、存在的主要问题

（1）全县自主创新的意识还不够浓厚，需要加大自主创新政策的宣传力度，进一步促进企业自主创新发展。

（2）自主创新人才资源不足，全县创新创业领军人才较少，需要加大人才引进工作力度。

（3）中小企业融资仍然困难，需要进一步加强银企合作，开展科技金融工作。

（4）专利行政执法人员皆为兼职，执法力量尤其薄弱，专业性不强，需要形成完备的专利执法工作机制。

三、下一步工作打算

在今后的工作中，将以深入贯彻落实十八大精神为主线，紧紧围绕合肥市国家创新型试点市建设，大力培育高新技术新兴产业，积极用高新技术提升和改造传统产业，建立和完善以企业为主体的技术创新体系和以高新技术产业化为中心的创新服务体系，不断夯实创新基础、搭建创新平台、优化创新环境、提高创新能力、扩大创新成果，充分发挥自主创新在经济发展中的引领支撑作用。将重点抓好以下几个方面的工作：

一是不断提升企业科技创新能力。（略）

二是大力发展高新技术产业。（略）

三是切实加强知识产权开发、保护和管理。（略）

四是构建以政府资金为引导的科技创新投入体系。（略）

五是实施科技人才招引培育。（略）

特此报告。

（印章）

肥东县科学技术局

××××年 6 月 29 日

（来源于肥东县人大常委会官网，有删改）

评析：这是一则关于科技创新的工作报告，正文从工作进展情况、存在的主要问题及下一步工作打算等三个方面进行汇报，重点汇报了工作的进展情况，全文结构完整，层次清晰，详略得当。

例 2-6-2

关于遭受台风“海葵”灾害及救灾情况的报告

××县政府：

受今年第 11 号台风“海葵”影响，我乡 8 月 10 日遭遇大风、强降雨天气，根据县委、县政府及县防汛办的统一部署，我乡高度重视，迅速应对，全力以赴做好抢险救灾工作。现将有关情况汇报如下：

一、受灾情况

全乡平均降水量 497.0 毫米，受灾人口 9640 人，转移群众 2400 人，全乡估算损失 3875 万元。其中，坪上村、越溪村、珠田村受灾较为严重，受灾人口占全乡的××%，转移群众占全乡的××%，因灾损失占全乡的××%。具体如下：

（一）基础设施

1. 水利设施

一是水渠毁坏1538米，受损1000米；二是拦河坝损毁944米；三是水沟塌方7600余立方米，估算损失169万元。

2. 道路

冲毁道路2900米，堵塞3处100余米，受损道路3200米，估算损失361万元。

3. 桥梁、机耕道及其他

冲毁大小桥梁20座，冲毁机耕道3000多米，加上其他基础设施被毁情况，估算损失626万元。

（二）房屋

房屋倒塌9户25间，严重损坏11户20间。估算损失58万元。

（三）农作物

二级稻受灾9405亩，一级稻绝收2190亩，冲毁蔬菜1549亩，棉花受灾350亩，浸毁西瓜200亩，其他农作物受灾555亩，估算损失1628万元。

（四）家庭养殖

倒塌猪舍2栋，冲走鸡鸭等1000只，水淹鱼塘299亩，游走鲜鱼6万余斤，估算损失172万元。

（五）其他

乡粮站336库被淹，335库、334库后墙体倒塌，损失粮食5万公斤；越溪门楼里村、坪上村村内全部被淹，家庭财产估算损失831万元；工矿企业估算损失25万元；冲毁车辆2辆，估算损失5万元。

二、救灾情况

灾情发生后，乡党委、政府针对灾情，立即启动应急预案、采取措施、组织抗洪抢险，及时进行抗灾自救。

（一）加强组织领导。成立了由乡党委书记为组长的抗洪抢险领导小组，全体班子成员、各村支部书记为成员，有序组织抢险救灾，努力把损失降到最低程度。

（二）积极筹措资金和救灾物资，保障灾民生活。（略）

（三）组建队伍，加强监测，做好宣传稳定工作。一是各村成立了应急队伍，针对发生的灾害险情采取有效措施，抗灾排险；二是对重点地质灾害隐患，安排人员24小时监测，一旦发生险情，立即组织人员安全撤离，并立即上报，统一安排抢险避险；三是做好宣传稳定工作，确保社会稳定。

（四）全力恢复生产。各受灾村充分发挥基层党组织的战斗堡垒作用，号召广大党员带头，发动群众及时投身到抗灾自救和恢复生产活动中去。目前，全乡恢复了供电，生产自救工作也在有序开展。

特此报告。

（印章）

××乡人民政府

××××年8月16日

（来源于范文先生网，有改动）

评析：这是一则反映情况的报告。重点放在反映情况上，主要交代事件的起因和经过、造成的影响及目前的状况，最后交代采取哪些措施，条理清楚，结构完整。

三、写作指导

（一）注意事项

（1）要正确使用文种。在写作中注意与请示的区别。

（2）要重点突出。报告的内容要根据主旨的要求来安排，分清主次轻重，条理清楚，逻辑严密。

（3）材料要真实。向上级机关汇报工作应该本着实事求是的态度，应该在调查研究、全面掌握本机关情况的基础上撰写。

（二）参考模板（以工作报告为例）

关于××工作的报告

×××：

××××××××××××××××××××××××，现将主要情况报告如下：（基本情况概述）

一、主要成绩（主要工作）

（一）××××××××××××××××××××××××。（略）

（二）××××××××××××××××××××××××。（略）

（三）××××××××××××××××××××××××。（略）

二、存在的问题

××。

三、今后努力的方向

××。

特此报告。

（印章）

×××

××××年×月×日

四、实战演练

××职业学院××系最近在全系开展了一系列“展班风，树学风”的主题活动。请你替班主任将本班的活动情况写成报告，及时向系部汇报。

拓展阅读

出必告　反必面

出门的时候要跟父母讲我们要去哪里，回来的时候也要跟父母报告，已经回来了。孩子这些习惯很重要，不要小看每个细节。当孩子懂得晨昏定省，他每一句对父母的问候，都在提升父子、母女之间的情谊；每一个“出必告，反必面”都是在让他了解，他所有的行为都不应该增加父母的担忧。曾经有个学生，他下完课以后，回到家完全没有跟家里的人打招呼，马上跑进书房去打电动玩具。过了一个多小时，他的母亲以为他没有回家，就打电话到学校来，说有没有被老师留在学校？打来电话的时候，我一接，都已经下课一个多小时，怎么可能还没回家？他妈妈很紧张，就说要不要报警？我说先不要，你在家里面再仔细找一找。后来一看，他正窝在那里打电动玩具，让父母多操了很多心。所以，一个好的习惯一定要养成。

除了对父母要“出必告，反必面”，对家里人，比方说对太太，要不要“出必告，反必面”？“要！”对于关心我们的人，我们都应该让他安心才对！做人应该互相体谅。所以，去哪里要跟太太讲。但是现在夫妻之间有没有这么真诚、坦诚？假如夫妻之间不坦诚，还要遮遮掩掩，这样几十年相处下来会非常辛苦。持家有个很重要的原则，就是没有秘密，相处真诚、互相包容、轻松自在，所以去哪里要跟太太讲。然后当我们确定不回家吃饭，一定要提早告诉太太，不要等已经决定不吃午饭，十二点才打电话回来，太太都已经帮你准备好了……。我们不能糟蹋别人对我们的付出与关怀，我们应该珍惜，应该体谅。所以，也应该提早打电话回来，告诉妈妈，或者告诉太太，告诉家里的人，让他们不要白忙一场。当亲人之间都能互相体谅，那就家和万事兴。

除了在家里要“出必告，反必面”，我们在工作中，在公司里，也应该“出必告，反必面”。比方说，你临时有事要外出，假如你没有告诉其他的人，到时候临时有一件事一定要问你，人家又不知道你去哪，那会怎么样？大家会非常焦急，领导对你也会颇有怨言，会觉得你做事不稳健。所以我们懂得，“我现在要去哪儿，二十分钟以后就回来”，还是说“我现在要去办事情，假如临时有事要我处理，赶快打我的手机”。这个时候你一定要把手机打开，不然到时候关机，人家又找不到你，结果就很不好。

所以，“出必告，反必面”就是让我们很敏锐地了解到，让身旁周遭的人，不要因为不知道我们去哪里而焦急。然后我们也常常考虑，我们的一言一行是否给别人造成负担，从这里去用心、去用功。

（来源于蔡礼旭《细读弟子规 建立好家规》第九讲）

第七节 请示

情境导航

因办公需要，销售部需增加电脑10台、打印机5台、资料柜15个，请你代销售部拟稿，请求增加以上办公设备。

一、文书常识

（一）请示的概念

《条例》规定：请示适用于向上级机关请求指示、批准。

请示从行文关系看，它是一种典型的上行文；从性质上看，它是期复性公文。上级机关收到请示后，应当及时给予指示、批复。请示一般以机关的名义发出，在国家行政机关中，为了明确行政领导负责制，重要的请示，比如涉及有关全国或者一个地区、一个方面工作的方针、政策、计划和重大行政措施等事项的请示，也可以由机关的正职行政领导签署发出。

（二）请示的类型

按照内容和性质的不同，可将请示分为以下三类：

1. 请求指示的请示

该类请示主要用于对上级机关制定的有关政策、规定中尚未明确的问题，或者在工作中遇到难以把握的问题，请求上级机关予以答复或指示。

2. 请求批准的请示

在发文机关遇上职权范围内不能解决的问题时，或某项工作需要一定的人力、财力、物力时，请求上级机关予以批准。

3. 请求批转的请示

本单位无权无力解决，需要其他职权部门协助解决的问题，可以请求上级机关批转到相关单位协助执行。

（三）请示的特点

1. 期复性

请示的目的是请求上级指示、批准，解决具体问题，要求上级做出明确批复。

2. 单一性

请示应一文一请示。

3. 针对性

只有本机关单位权限范围内无法决定的重大事项，如机构设置、人事安排、重大决定等问题，以及在工作中遇到的新情况、新问题或克服不了的困难，才可以用“请示”行文，请示上级机关给予指示、决断或答复、批准。因此，请示的行文具有针对性。

4. 事前性

必须在下级机关形成事实之前向上级机关呈送，不能先斩后奏。

（四）请示的写作格式

请示由标题、主送机关、正文和落款四部分构成。

1. 标题

标题通常由发文机关、事由和文种三部分构成，如《××大学关于增拨教学设备款的请示》。有时发文机关可省略，如《关于增设信息科的请示》《关于交通肇事是否给予被害者家属抚恤问题的请示》等。

标题不能直接以文种为标题，也不能出现祈请类的词语，如“申请”“请求”“要求”等。

2. 主送机关

即请示单位的直接上级机关。如有双重隶属关系时，则应主送能够直接批复的隶属上级，另者则以“抄送”处理，即主送机关只能是一个，不得越级主送，不能多头请示。

3. 正文

请示的正文包括开头、主体和结尾三部分。

（1）开头。交代缘由，开门见山直接入题，讲明需要请示的原因、理由、目的或请示的根据，要写得简洁。

（2）主体。交代请示事项，这是请示正文的核心，是要求上级机关给予指示、审核批准的具体问题或所要求的具体事项。因此，请示什么事项，请求上级具体办什么和怎么办，都要写得具体明确，使上级机关明白事项、弄清要求、给予批复。坚持“一事一请”（或一文一请）的原则。

（3）结尾。向上级机关提出肯定性要求。行文中，必须在结尾处明确提出请上级机关“批示”“批准”的要求。一般用“当（妥、可）否，请批示（批复）”“以上请示如无不妥，请转报……审批”“以上请示如无不妥，请批转各地区、各部门研究执行”等请示用语。不宜用“请从速批复”“请尽快拨款，以解燃眉之急”等。

4. 落款

由发文机关、成文日期和印章三部分构成。

需要注意的是，作为党政公文的请示，还包括附注，附注位于成文日期下一行左空二字，加圆括号注明，请示的附注需要注明联系人和联系电话。

二、案例分析

例 2-7-1

关于《会计人员职权条例》中“总会计师”既是行政职务又是技术职称的请示

财政部：

国务院 1987 年国发〔1987〕××号通知颁发的《会计人员职权条例》规定，会计人员技术职称分为总会计师、会计师、助理会计师、会计员四种，其中“总会计师”既是行政职务，又是技术职称。在执行中，工厂总会计师按《条例》规定，负责全厂的财务会计事宜；可是每个工厂，尤其是大工厂，授予总会计师职称的人有四五人，究竟由哪一位负责全厂的财务会计事宜，执行总会计师的职责与权限呢？我们认为宜将行政职务与技术职称分开。总会计师为行政职务，不再作为技术职称。比如，最近国务院颁发的《工程技术干部技术职称暂行规定》将《条例》第五章规定的会计人员职称中的“总会计师”改为“高级会计师”。

以上意见是否妥当，请指示。

（印章）
××省财政厅
××××年×月×日

（来源于百度文库，有改动）

评析：这是一则请求指示的请示，开门见山陈述请示事项，明白、具体，并且提出解决的办法，最后请求指示，结构完整，表意明确。

例 2-7-2

××中学关于扩建学校田径运动场的请示

×××：

随着中小学扩招政策的实施，我校每年的入校学生逐年增多，现有在校生是 2006 年的两倍，达到五千人，而学校可供给学生进行户外运动的场地只有东区田径运动场，远不能满足学生活动的要求，且由于该田径运动场建设较早，部分塑胶场地受损，雨天运动存在安全隐患。为了改变学校现有学生活动场地紧张状态，进一步为学生提供广阔的活动场地，同时为了更好地丰富同学们的课余生活，我校恳请扩建学校田径运动场。目前，仅靠我校独立展开扩建工作难以完成，特请求贵主管部门批准，并给予大力支持，拨款三万元给予资助。

妥否，请批复。

附件：××中学扩建学校田径运动场经费预算

（印章）

××中学

××××年×月×日

（来源于中华文本库，有改动）

评析：这是一则请求批准的请示，开始部分阐明了请求的缘由和解决该问题的必要性，最后向上级主管部门提出请求，请求明确，态度诚恳，以情动人，很具说服力。

例 2-7-3

关于中国公民自费出国旅游管理暂行办法的请示

国务院：

随着对外改革开放的不断扩大，人民生活水平的不断提高，近年来，中国公民自费出国旅游不断增加。为适应改革开放形势，加强中国公民自费出国旅游的管理，特制定了《中国公民自费出国旅游管理暂行办法》。

以上暂行办法如无不妥，请批转发布执行。

附件：中国公民自费出国旅游管理暂行办法

（印章）　　　　（印章）

国家旅游局　　　　公安部

××××年×月×日

（来源于中华文本库，有改动）

评析：这是一则请求批转的请示，包括三个层次：一是请示的缘由，二是请示批转的对象，三是请示批转的落款。请示事项明确，结构完整。

三、写作指导

（一）注意事项

在写请示文书时，需要注意以下几点：

（1）必须做到“一文一请示”。

（2）撰写请示事项时，意见要具体明确，决不能含混不清、不置可否。

（3）凡请示事项或问题的解决涉及有关单位者，应事先与有关单位商量，或在请示中加

以说明；不能在主送的同时抄送给下级机关。

（4）语气要谦恭，使用“请”“拟”“建议”等，不可用“决定”等生硬词语。

（5）一定要把“请示”与“报告”区分开来，不能混用，标题亦不能写成“请示报告”。具体区别见表2-6。

表2-6 请示与报告的区别

比较要素 \ 文种	请示	报告
行文目的	解决具体问题	反馈信息
行文时间	事前行文	事中、事后行文
内容要求	内容单一、一文一事	综合性、专题性
收文处理	上级给予答复	不需要批复
结语	妥否，请批复	特此报告、专此报告、请收阅（审阅）

四、实战演练

（1）完成情境导航中的任务。

（2）以下是一则问题案例，请至少指出5处错误并改正。

关于解决××仓库划交问题的请示报告

关于×社所属省棉麻公司××仓库划交问题，我们曾于×月×日以供棉字（××）××号报告××××，至今未见批复。现在调拨在急，××不按双方协商的意见执行，拒收红麻于库外，致使全省麻类调拨、储存业务中断。

目前汛期临近，为不使国家财产遭受损失，我们特请示迅速解决××仓库划交问题，以应急需。

另，为解决这一情况，我社急需资金××元，请批准调拨经费。

此致

敬礼！

（印章）

×××

××××年×月×日

请示汇报制度

为理顺工作关系，提高工作人员的整体意识，加强对上、对下和对内、对外的沟通联系，制定本制度。

一、公司各项工作坚持请示汇报制度。

请示汇报必须坚持实事求是的原则，如实、全面反映情况，不准瞒报，要严格按规定和程序办事。

二、本着层级管理和逐级负责的精神，除特殊情况外，一般不得越级请示汇报。

三、凡属本部门职权范围内可以解决和决定的事项，由本部门解决和决定。超出职权范围或须向上级领导请示报告的事项，必须向上级领导请示汇报。

三、员工或部门负责人要经常向上级领导请示汇报工作。请示汇报问题要抓住重点、简明准确，不准随意歪曲。

四、各个部门间的工作交叉和协调不易解决的事项，要及时向领导请示报告。

五、员工受上级委托参加的各种会议或公务活动结束后，要认真整理汇报材料，如实向上级领导汇报，不得延误。

六、下列情况，可越级请示汇报或处理完后再请示汇报：

（一）遇到重大突发事件和生产事故、火灾等急需有关领导处理的情况时；

（二）时间紧急又无法与直接主管领导联系或直接主管领导授权同意时；

（三）上一级领导在某些事项或某一方面要求向其请示或汇报时；

（四）直接主管领导处理问题或安排工作有偏颇时。

七、各级领导在下级请示汇报工作后，应视情况给予答复。对要求解决的问题，能当场解决的应当给予解决；对一时解决不了的应说明情况，力求在最短时间内予以解决；对超过职权范围无法答复解决的应尽快向上级请示。

八、实行领导出差、休假请示汇报制度。

领导出差、休假回来后，下属部门或工作人员要把上级领导出差、休假期间的工作以书面形式汇报，对于需要请示的工作以书面形式上报。

九、若遇紧急事情需用电话向上级领导请示时，要做好详细的电话记录。

十、我公司实行定期和不定期请示汇报相结合的制度。

定期汇报请示：每周六汇报本周工作，每月月底汇报本月工作，遇急需处理工作等情况可不定期进行请示汇报。

十一、部门负责人扣压下属的报告或请示，给下属工作造成不良影响，或者影响下属工作的开展，将按公司有关规章制度予以处罚。

十二、因不坚持请示报告制度，或借口请示报告而推诿扯皮、回避矛盾和将矛盾上交等，造成工作失误或出现其他重大问题的，要视情节轻重分别给予警告直至辞退等处分。

附件1：请示的写作要求

（一）一般而言，凡向上级请示的问题，应属于以下几种情况：

1. 属于上级领导明确规定必须请示批准才能办理的事项。

2. 对现行方针、政策、规章、制度等不甚了解，有待上级领导明确答复才能办理的事项。

3. 工作中发生了新情况而无章可循，有待上级明确指示才能办理的事项。

4. 因情况特殊难以执行现行规定，有待上级重新指示才能办理的事项。

5. 因意见分歧、无法统一、难于工作，有待上级裁决才能办理的事项。

6. 有章可循，有法可依，可以开展工作，但因事由重大，为防止工作中失误，需请示上级审核的事项。

7. 按公司规章制度，完成一个任务，需报请上级审核的有关事项。

8. 事关公司政治、经济利益的任何工作。

（二）撰写请示需掌握的三个要领：

1. 详细、准确地写明请示事由。不仅应在标题上写清，还要在正文里写明请示什么问题，为什么要向上级请求。请示事项要专题专文，以便上级及时答复。

2. 明确提出本人或本部门对解决这一问题的意见或建议，供上级参考。意见或建议要写

得有理有据，必要时可引证有关的现行政策、规定条文。如本部门意见分歧，要分别陈述不同意见的内容，并加以分析比较，还可提出倾向性的意见，供上级权衡、批复。

3. 具体提出对上级的建议。包括希望按某个最佳方案批示；由于时间限制，或事态严重，希望上级尽快答复；提请上级批复时需要注意或强调的问题，否则可能引起什么不良后果；在上级正式批复前，建议上级同意暂先按什么原则进行工作，等等。向上级提出上述要求的目的，是为了得到上级及时、准确的批复。

附件 2：汇报的写作要求

1. 按《请示汇报制度》要求，领导出差休假回来后要以书面形式汇报工作。

2. 报告分为综合性报告、专题报告、回复报告等，应注意抓住重点，突出主要问题和问题的主要方面。

3. 专题报告，属一事一报，体现其专一性，切忌在同一专题报告中反映几件各不相干的事项和问题。

4. 忌将报告提出的建议或意见当做请示，要求上级指示或批准。

5. 回复报告，是根据上级领导的查询、提问作出的报告。

（来源于×××公司网，有删改）

第八节 纪要

小薇是××公司办公室文秘，其中有一项工作就是撰写公司的纪要。小薇谈起刚入职的那会就觉得心酸：会上聚精会神地听，笔下不停地记，不停地理解；会后整理、提炼、反复斟酌才能形成一篇完整的质量高的纪要。经过几年的磨练，现在的小薇对这样的工作早已游刃有余，她说写纪要对一个人的要求真的很高：首先，你要完全理解会上讨论的内容；其次，你要准确地将理解的内容表达出来；最后，你不能漏掉任何一点会上的重要内容。本节我们将学习纪要的相关知识。

一、文书常识

（一）纪要的概念

《条例》规定：纪要适用于记载会议主要情况和议定事项。

纪要是根据会议记录、会议文件和会议的其他有关资料整理而成的，既可以上呈又可以下达。纪要的主要作用是沟通情况、交流经验、统一认识、指导工作。有些纪要经上级领导机关或主管部门批准后，就具有法规性质，不仅与会单位要遵照执行，其他有关单位也必须遵照执行。

（二）纪要的类型

（1）指示性纪要。是一种指导性文件，在行文中要提出工作中的问题，并加以分析，然后提出解决问题的政策性措施。

（2）决定性纪要。是反映国家机关、社会团体、企事业单位办公会或例会所做出的决定事项。这种纪要有专题和综合之分。其特点不仅要写明会议议定的事项，还要写明执行的要求。

（3）情况性纪要。是写明会议按法定程序办了些什么事情，不要求贯彻执行，只是一种告知公文。

（三）纪要的特点

1. 内容的纪实性

纪要是会议形成的记录性公文，必须如实地反映会议内容，不能离开会议实际搞再创作，不能搞人为的拔高、深化和填平补齐。否则，就会失去其内容的客观真实性，违反纪实的要求。

2. 表达的要点性

纪要是依据会议情况综合而成的。撰写纪要应围绕会议主旨及主要成果来整理、提炼和概括，它反映的是会议之“要”，重点应放在介绍会议成果，而不是叙述会议的过程。

3. 称谓的特殊性

纪要一般采用第三人称写法。由于纪要反映的是与会人员的集体意志和意向，常以“会议”作为表述主体，“会议认为”“会议指出”“会议决定”“会议要求”“会议号召”等就是称谓特殊性的表现。

（四）纪要的写作格式

纪要一般由标题和正文两部分构成。

1. 标题

纪要最常见的标题由会议名称和文种两部分构成，如《全国高等教育工作会议纪要》；有些纪要采用双标题，正标题概括会议中心内容，副标题说明是什么会议纪要，如《对比反映差距，差距说明潜力——××市六个棉纺织厂厂长座谈纪要》。

2. 正文

纪要的正文一般包括开头、主体和结尾三部分。

（1）开头。开头部分的具体表述有两种：一是叙述式，用一两个自然段将内容写出，专题纪要大多采用这种写法；二是将时间、地点、参加人员、会议内容分条列项说明，日常例会采用这种写法。

（2）主体。写会议上反映的情况、研究的问题、做出的决定性意见和解决问题的措施等。主体通常有以下三种写法：

一是综合式。即将会议内容和情况按照性质分为若干部分，然后逐一写明。篇幅长的还可以列小标题。各段之首常用“会议指出”“大会认为”“大家提出”“会议强调”等形式把会议的主要精神高度概括，准确无误地反映出来。大型、重要会议多采用这种写法。

二是条目式。即把讨论的问题和决定的事项分条款进行表达，力求做到条理清楚，具体明确。日常例会都采用这种写法。

三是摘录式。即直接将会议上发言的要点，按内容性质归类或发言顺序编排。这种写法先写出发言人的姓名（单位、职务），然后记录其发言要点。一般座谈会、学术研讨会常采用这种写法。

（3）结尾。或写会议号召，或突出会议的意义，还可写明主办单位对贯彻会议精神的一些要求。有的纪要没有这一部分。

二、案例分析

例 2-8-1

甘南州党政机关办公用房专项清理工作领导小组第一次会议纪要

××××年 10 月 17 日，州委常委、常务副州长、州办公用房专项清理工作领导小组组长冯文戈同志主持召开了甘南州办公用房专项清理领导小组第一次会议，专题研究全州办公用房专项清理工作。现纪要如下：

会议认为，开展党政机关办公用房专项清理，是中央作出的重大决策部署，是落实中央八项规定和省委“双十条”规定的重要举措。中央和省上下颁发了一系列关于开展办公用房清理工作的重要文件（中办发〔××××〕17 号、甘办发〔××××〕73 号），州上积极贯彻落实中央和省上的决策部署，成立了甘南州党政机关办公用房专项清理工作领导小组，并下设办公室，开展具体工作，同时州委办、政府办转发、下发了关于开展办公用房专项清理工作的文件（甘南办电〔××××〕141 号、甘南办电〔××××〕156 号、甘南办发〔××××〕95 号）。当前，虽然全州办公用房专项清理工作全面开展，但全州总体工作进展还不平衡，个别县市和州直部门主要负责人重视不够、认识还不到位，存在着得过且过的侥幸心理和等待观望的现象，为了扎实、有效、有序地开展办公用房专项清理工作，会议要求：

一、严格执行标准，各县市、各部门、单位办公用房要严格按照原国家计委印发的党政机关办公用房建设标准（计投资〔××××〕2250 号，网上可下载）执行，不能有任何变通。

二、边清理边整改，为了尽快贯彻落实中央和省上有关清理办公用房的要求，各县市、各部门、各单位要将清理整改工作时限前移，边摸底边整改，务必于年底前全部整改到位。

三、坚持合理运用现有办公用房资源，尽量采用调整腾退等措施，不提倡改造房屋结构等，确需改变办公用房结构的，改造费用单位自行承担，各级财政不安排任何改造经费预算。

四、及时制定解释细则，各县市、各部门、单位要及时反映存在的一些特殊情况和实际问题，州办公用房清理办及时收集整理，研究制定解释细则，规定相关标准，指导具体工作。

五、租用、借用办公用房的部门和单位，也要严格比照国家党政机关办公用房建设标准执行，不得变通。

六、坚持领导带头，各级党政机关一把手在清理办公用房工作中要带头执行，率先垂范。

七、各乡镇党政办公用房的专项清理工作由各县市参照全州工作部署统一指导实施。

参加会议的有：州政府秘书长赵宏才，州委副秘书长高晓东、沙启兴，州人大常委会副秘书长格尔老，州政协副秘书长姬世德，州发改委副主任任平，州财政局纪检组长孔庆平，州国土局副局长冯存德，州住建局党委副书记文广平，州政府督查室主任杨清华，州监察局副局长朱海峰。

（来源于甘南藏族自治州人民政府网，有改动）

评析：这是一则专项工作会议纪要，纪要开头采用叙述式写法简要交代了会议的时间、主持机关和议题，接着写明会议的强调事项、分条列出会议的议定事项（会议要求），结尾附上参加会议人员。内容全面，条理清楚，要点突出。

例 2-8-2

××省计划生育领导小组第×次全体成员会议纪要

××××年×月×日，××同志主持召开省计划生育领导小组第×次全体成员会议，听取省计划生育领导小组办公室××同志关于我省计划生育工作情况的汇报，并进行了讨论。××同志到会作了重要指示。

与会，肯定了我省去年计划生育工作取得的显著成绩，研究了今年计划生育工作的具体部署。现纪要如下：

一、在省人大八届二次会议期间，召开全省第×次计划生育座谈会；4 月份召开全省计划生育工作会议……

二、原则同意省计生委提出的××××年人口控制计划指标……

三、广泛深入开展计划生育宣传工作……

四、在全省农村开展创建计划生育合格村活动……

五、依靠科技进步搞好优生优育……

六、要认真组织好一年两次的全省计划生育行动高潮……

七、要强化流动人口的计划生育管理……

八、要抓好计划生育示范县和后进市、县的工作……

九、兑现政策，落实奖惩……

十、要加强对计划生育工作的领导……

参加会议人员：（名单略）

（来源于中华文本库，有改动）

评析：这是一则指示性纪要，记录了会议的情况和议定事项，采取条目罗列的方式进行了阐述，叙述清楚，表达客观，体现了纪要的基本特点。

三、写作指导

（一）注意事项

（1）要真实地反映出会议的情况和与会者的观点。

（2）要突出中心议题，真正地写出会议的“要”来。

（3）要条理清晰，用综合概括式把众多意见分类整理后再分项写，语言准确，使人一目了然。

（4）纪要写完后，必须经主管领导过目，同意签发，才能形成文件。

（5）六要素齐全。时间、地点、主持人（或主持单位）、参加人（代表或单位）、议题、决议。

（6）在实际写作中，注意“纪要”与“会议记录”的区别，具体区别见表 2-7。

表 2-7　纪要与会议记录的区别

文种 比较要素	纪　要	会议记录
性质	只记要点，重在介绍会议成果，属党政公文	讨论发言的实录，重在叙述会议过程，属事务文书
功能	通常要在一定范围内传达或传阅，要求贯彻执行	一般不公开，无须传达或传阅，只作为资料存档

（二）参考模板

根据会议性质、规模、议题等不同，纪要正文大致有以下三种写法：

（1）集中概述法。这种写法是把会议的基本情况，讨论研究的主要问题，与会人员的认识、议定的有关事项（包括解决问题的措施、办法和要求等），用概括叙述的方法，进行整体的阐述和说明。这种写法多用于召开小型会议，讨论的问题比较集中单一，意见比较统一，容易贯彻操作，写的篇幅相对短小。如果会议的议题较多，可分条列述。

（2）分项叙述法。召开大中型会议或议题较多的会议，一般要采取分项叙述的办法，即把会议的主要内容分成几个大的问题，然后加上标号或小标题，分项来写。这种写法侧重于横向分析阐述，内容相对全面，问题也说得比较细，常常包括对目的、意义、现状的分析，以及目标、任务、政策措施等的阐述。一般用于需要基层全面领会、深入贯彻的纪要。

（3）发言提要法。这种写法是把会上具有典型性、代表性的发言加以整理，提炼出内容要点和精神实质，然后按照发言顺序或不同内容，分别加以阐述说明。这种写法能比较如实地反映与会人员的意见。某些根据上级机关布置，需要了解与会人员不同意见的纪要，可采用这种写法。

四、实战演练

（1）每学期，各班级都会召开班会。请根据你班某次班会的情况，进行记录，以会议记录为基础，形成纪要。

（2）以班会会议记录和纪要为基础，比较分析二者的不同之处。

拓展阅读

关于会议改革的思考

当前会议活动中所存在的会议种类多、时间长、成本高、效率低等一系列问题，导致会议上传下达、互通有无、落实工作等作用大打折扣，同时造成了人力、物力、财力等资源的极大浪费。在讲求绩效、注重成本收益的时代精神的要求下，会议改革已箭在弦上，势在必行。会议改革应将重点放在降低会议成本、提高会议效率及提升会议质量上。

一、会议活动的现状及存在的问题

会议作为人们互通情况、研究问题、部署工作的有效载体，对人类的文明和发展发挥了重要的作用，但也存在着一系列急需解决的问题，主要包括以下几个方面：

（一）会议活动种类、数量多。会议活动的种类多，不仅包括各级党政机关和企事业单位的例行会议、行业会议、业务会议，还包括表彰会、庆祝会、座谈会、讨论会、纪念会等名目繁多的会议类型。各级党政机关的例行会议有时候一周要开好几次，与规定的数量出入较大。一有事就开会，似乎成了惯用的工作手法。原本由领导本人就能做出决策的问题或者打个电话就能通知的工作也要开会来进行讨论和部署，造成了极大的人力和物力资源的浪费。

（二）会议活动成本高。会议活动成本高主要是体现在两个方面，一个是会议活动的时间成本高，也就是会议时间长，占用的时间成本大。另一个是会议活动的费用成本高，造成费用成本高的原因是多方面的，比如根本没必要提供食宿的情况下也安排集体食宿；有的会议安排一些与会议内容毫不相干的参观活动；有的会议结束后还会赠送纪念品；更有甚者，直接把会议召开地放在旅游区，名义上是开会，实则借开会之由组织集体公款旅游。

（三）会议活动规模大。在人们的普遍观念里，会议活动参加的领导干部人数越多，官职越高，说明会议越重要，这就使得很多机关事业单位在举办会议时都想方设法地去邀请上级主管部门领导队伍来“助阵”。邀请了领导来，就更要扩大会议规模，增加与会人数，隆重布置会场，以显示其对领导的尊重和对会议的重视。各种表彰会、纪念会等也都越来越追求场面和规模。做足面子功夫，不仅浪费了大量的社会资源，还会滋生出官僚主义等不良的社会风气。

（四）会议活动效率低。会议中多数领导干部的讲话是秘书为其撰稿，领导照本宣科，讲话中的套话、空话多，能解决实际问题的却少之又少。另外，会议的形式比较单一，多是领导上面讲，其他人下面听，不注重与会人员的参与和讨论，讲话内容又总是空洞无趣，使很多与会者盼望会议早些结束。会议程序也不根据实际情况作安排，而是使用多年一贯的会议程序，如报告、传达、总结、小组发言等。很多议题议而不决、一拖再拖，导致会议活动的效率极其低下。

二、会议改革的目的

会议改革的目的主要在于控制会议成本、提高会议效率以及提升会议质量。

（一）控制会议成本。

不仅要对会议的费用成本进行控制，还应注意会议的时间成本和机会成本。收益大于成本才是市场经济所需要和提倡的会议类型。

（二）提高会议效率。

会议是管理的一种，在当前事事讲求绩效的社会大环境下，会议的效率高低也成为评价会议好坏的一个重要指标。

（三）提升会议质量。

会议改革的目标就是在控制成本、提高效率的情况下，还能进一步地提升会议的质量。办高质量会议，办能解决实际问题的会议，成为改革会议的最终目的。

三、会议改革的措施

会议改革首先要做好会前的准备工作，其次要做好会中的各项工作，最后要做好会后的会议效果跟踪工作。

（一）做好会前的准备工作。

会前的准备工作主要包括：一是会议内容的确定。向与会者征集议题，可以提高与会者对会议的参与度和积极性，使其在会议上能有话可说，起到提高会议的效率和解决实际问题的作用。二是参会人员的名单。对参会人员名单进行确定，要尽量做到既全面又精简，与会议讨论内容不相关的人员，不使其参会。避免“陪会”人员，也能为减少开支做出贡献。三是会议的形式、流程。如与会人员距离远或事情紧急，则采用视频或电话会议的形式；确实需要面对面交流的就使用传统的会议形式。对会议流程要结合实际情况，有意识地进行探索和创新。四是会场地点的确认与布置。会场地点的选择应该以方便与会者参会为宗旨，布置要尽量简单，只需主席台、话筒等必要设施。

（二）做好会中的各项工作。

会中要注意的方面主要有：一是不念材料。这是会议改革中最容易实施的。二是减少套话废话。要让领导脱稿演讲、讲重点、讲实际内容、摆脱通篇套话的演讲稿，每个人就自己的经验讲出自己的看法。三是鼓励分组讨论。按部门、按职能进行分组讨论，每个人都要发表自己的意见，最后将意见进行汇总和统一，再挑选一个代表对组内意见进行陈述。四是做好会议记录。把各种想法和提议都记录在案，才能真正起到会议集思广益的作用，方便日后需要时查阅。五是杜绝议而不决。在会议中要改变拖拖拉拉的办事作风，在会议结束时做出对讨论事情的最后决定。

（三）做好会后总结与效果跟踪。

会议的总结包括会议精神的总结、会议内容的总结、会议所得各方意见的总结以及会议的优缺点总结等。只有将会议总结做到位，才能认识到会议哪里办得好，哪里还有不足之处，才能使今后的会议工作举办的更上一层楼。会议的效果跟踪主要包括对会议议题的具体落实情况的调查。只有会议中提出的方法真正起到指导实践的作用，会议精神真正被多数人所学习和认可，会议才能算得上是真正成功的会议。推进会议改革，是提高党政机关、企事业单位的工作效率及办事能力的有效途径，也是其克服官僚主义、摆脱铺张浪费的有力方法，对其组织建设和作风建设有巨大的作用。因此，会议改革势在必行。

（来源于李辰《商情》2014 年第 23 期，略有改动）

第九节 函

王婷和张晓分别是××学校的学生会主席和演讲协会会长，他们商量近期与附近的另外三所学校举办一次校际间的辩论赛，如何把这三所学校组织起来，成了首要考虑的问题，但他们两个都觉得应该以书面的形式联系和沟通比较好。可是应该使用什么文种，两个人又产生了分歧，王婷说应该用“通知”，张晓说应该用“通报”。校际间的沟通和交流应该采用哪个文种呢？请你为他们选择一个合适的文种。

一、文书常识

（一）函的概念

《条例》规定：函适用于不相隶属机关之间商洽工作、询问和答复问题、请求批准和答复审批事项。

函属于商洽性公文，主要用于平行机关和不相隶属机关之间。有时也可以用于上行或下行，如上级机关对下级机关询问一般性的问题或下级机关答复上级机关询问的一般性的问题。报送统计报表或一些简单物件，也可以用函来进行。函在党政机关公务活动中不具有指挥和领导的作用，但它具有桥梁纽带、记载和凭证的作用。

（二）函的类型

按行文方向，可分为去函和复函；按格式规范，可分为公函和便函；按功用可分为商洽函、询问函、请求函和答复函。

（三）函的特点

1. 平等性和沟通性

函主要用于不相隶属机关之间互相商洽工作、询问和答复问题，体现着双方平等沟通的关系，这是其他所有的上行文和下行文所不具备的特点。即使是向有关主管部门请求批准，在双方不是隶属关系的时候，也不能使用请示和批复，只能用函，并且姿态、措辞、口气也跟请示和批复大不相同，也要体现平等性和沟通性的特点。

2. 灵活性和广泛性

函对发文机关的资格要求很宽松，高层机关、基层单位，党政机关、社会团体、企事业单位均可发函。函的内容和格式也比较灵活，而且不限于平行行文，所以运用得十分广泛。

3. 单一性和实用性

函的内容必须单一，一份函只能写一件事项。函不需要在原则、意义上进行过多的阐述，不重务虚重务实。

（四）函的写作格式

公函一般包括标题、主送机关、正文和落款四部分。

1. 标题

公函的标题通常由发函机关、事由和文种三部分构成，如《××公司关于商调××同志的函》；如是复函，在标题中要出现“复函”字样，如《关于商调××同志的复函》。

2. 主送机关

是指公函受文者，如“××公司”，写在第一行左起顶格处，后加冒号。

3. 正文

公函的主要内容即事项，是发函者要告诉对方的具体事情。它由三部分构成：发函缘由、发函事项和结语。事项部分主要写商洽什么事、解决什么问题、了解什么情况、答复何种事宜等，要写得具体、明确。结语多用“特此函商”“敬请函批”“特此函复”“特此函告”等，可根据不同需要选用。

4. 落款

包括发函单位名称、日期和印章。

二、案例分析

例 2-9-1

××市星星皮具有限公司关于商调祖大明同志的函

大发服装厂：

我公司宣传干事祖大明与贵厂女工孙晓华是一对夫妻，两人经常分居两地，生活很是不方便，为解决二人的实际问题，我公司同意祖大明调往贵厂工作。现特函询贵厂意见，如同意，请协助办理调动手续。

特此函商。

（印章）
××市星星皮具有限公司
××××年×月×日
（来源于百度文库，有改动）

评析：这是一则商洽函，先交代调动工作的原因，然后提出调动意向及协助办理事宜，该函意图明确，语言简单明了。

例 2-9-2

××市大发服装厂关于祖大明同志调动事宜的复函

××市星星皮具有限公司：

贵公司 4 月 5 日《关于商调祖大明同志的函》（×星〔××××〕18 号）收悉。请将该同志的档案、近期表现及婚育状况证明转来，待研究后函告。

特此函复。

（印章）
××市大发服装厂
××××年×月×日
（来源于百度文库，有改动）

评析：这是一则复函，开头部分引用对方来文的标题及发文字号，接下来为答复的具体内容，答复明确、有针对性。

三、写作指导

（1）要注意行文简洁明确，用语把握分寸。无论是平行机关或者是不相隶属的行文，都要注意语气平和有礼。至于复函，则要注意行文的针对性、答复的明确性。

（2）函也有时效性的问题，特别是复函更应该迅速、及时。像对待其他公文一样，及时处理函件，以保证公务等活动的正常进行。

四、实战演练

完成情境导航中的任务。

拓展阅读

书信的话题

前些日子，有报纸报道，我国传统的信函日趋下降，它将成为明日黄花。

读到这则消息，心中颇不是滋味。是的，家中有部程控电话，山南海北的事，可尽收耳畔；若再配上了连网的电脑，便既可发电子邮件，又可打可视电话。这样一来，既加快了信息的传递速度，又可以省却许多麻烦，真叫“抚天地于一瞬间”啊！然而，传统的书信就一定要丧失它的生存土壤和价值，成为明日黄花？我看也未必。因为，就民间书信的演绎变化情况来看，中国的书信已具有自己独特的美学特征，而盛行于天地间。

我国古代，寻常百姓的私人书信多种多样，但总体不外乎这么几种：一为家书，即家信；一为文人书信。

据称，目前我国现存最早的家信，是1975年至1976年于湖北省云梦睡虎地发现的家书。这两封木牍家书，是距今两千多年前秦王士卒遗留下来的，写信人叫“黑夫”和“惊”。晚唐诗人杜牧有“远梦归侵晓，家书到隔年。”的惆怅；杜甫有“九度附书向洛阳，十年骨肉无消息。”的悲叹。是啊，“浊酒一杯万家里，燕然未勒归无计。”的白发征人，在关山阻隔、万里戎机之时，怎能没有自己的家书呢？是啊，“故乡千余里，兹又无寒衣。”，而“不忍登高临远，望故乡渺邈，归思难收。”的游子们，又怎能没有自己的家书呢？于是，他们将一腔腔乡愁倾诉于纸，铸写成中国古代文化中一道独特的风景。在游子的心中，家书弥见珍贵了。“寄书长不达”，会使他们彻夜难眠；而远道寄来的一封家书，又经常会使人喜极涕泗。南宋诗人陆游有这样一首诗，将他接到家书时的喜悦心情表现得淋漓尽致。诗是这样的，“日暮坐柴门，怀抱方烦纡。铃声从西来，忽得濠州书。开缄读未半，喜极涕泗俱。”

在我国古代，文人士大夫之间唱和应酬的书信，除却一般的功能外，更多地已经演绎成一种抒发感情的工具。在我国汉代有两封这样名垂千古的书信。一封是《李陵答苏武书》，是汉武帝时被迫投降匈奴的大将李陵给不屈的苏武的一封回信。此信被收在《古文观止》中，成为历代学子们学习的范文。还有一封是司马迁的《报任安书》。书信中“人固有一死，或重于泰山，或轻于鸿毛”的句子，成为传世格言。而魏晋南北朝时期，著有《后汉书》的南朝史学家范晔和名士陆凯，是至朋好友，他们常有书信来往。有一次，陆凯从江南托人给长安的范晔捎去一枝梅花，并赋诗一首：“折梅逢驿使，寄与陇头人。江南无所有，聊赠一枝春。”这一故事成为千古佳话。

在我国古代，宋以下名人文集中增加了“书牍”一类的文章体裁，有人还以名人的尺牍名闻于世。如北宋时的大文豪苏东坡文集中有许多家书体文章，写得隽永可亲。正因为书信所担当的角色与所赋予的内涵，书信才具有无穷无尽的魅力。问候亲人，报声平安，文字或细腻、或粗糙、或率真、或柔婉，都是一腔真情，如三春酥雨，润泽心田。君不见《曾国藩教子书》里那一封封家书，是怎样教诲儿女们读书、作文、做人的道理；君不见《傅雷家书》，又是如何体现现代知识分子的殷殷爱子之情。这些家书里传达出的美好情感，已经远远超出了一般文字所能负载的水平。应该说，这些家信，已经成为全社会的共同财富。

其实，在我们这种现代通信手段逐渐深入每个角落的社会，书信仍具有很大的市场，这是由它本身美学上的特点决定的。一是书信的空间是含蓄而隽永的，它不像电话、手机那样直白。在匆忙而多变的社会生活里，人们写信、读信的过程，在某种意义上讲，是一种精神放松的过程，使得现代生活节奏有张有弛。二是书信这种方式，从某种意义上还可以锻炼人的思维能力、语言组织能力及动手能力等，尤其对青少年的智能开发不无裨益。

美国科学家曾经预言，二十一世纪是一个数字化生存的时代，人们更多地靠网络来生活。时代在前进，谁也阻挡不了它的脚步，这是事实。但书信因它独特的魅力，仍有生存的空间。

笔者倒是想提醒一下那些经常玩手机、上网的朋友，如果你们闲下来，不妨也动一动笔，给亲朋好友写上几封信。

行文至此，笔者又读到这样一则报道，言日本青少年中目前也存在着对写信敬而远之的问题，这成为邮政省工作中的一大难题。不过，日本的邮政省为了吸引他们提笔写信，想出了一个发行“空白邮票”的高招，让人们可以在空白图案上随心所欲地图画。不少日本青少年开始热衷于此，许多人将自己的照片印在邮票图案上，让自己的形象随着信件一起飞向远方。

他山之石，可以攻玉。为了传统书信的再度辉煌，我国有关方面，可不可以采取一些更为灵活的方法呢?

（摘自《散文》月刊 2000 年 12 期）

第三章　事 务 文 书

第一节　计划

情境导航

周兵和黄朝两人同时从一所汽车学院毕业，并一起进入同一家汽车制造厂工作，可是三年之后，两个人的差别却非常大，周兵已经是汽车制造厂的技术指导了，而黄朝却还是一个一线的普通员工。

在一次同学聚会上，黄朝对周兵说："我就不明白了，为什么我们站在同一条起跑线上，而三年的时间，却让我们之间有了如此大的差距呢？难道你有什么绝招吗？"周兵说："其实也不是什么绝招，只是从进入制造厂的第一天起，我就为自己规划好了之后的成长之路：半年后成为一名熟练的操作工，一年之后做组长，三年之后要做技术指导，五年之后要做技术员。制订好计划之后，在工作中我就以此来鞭策自己，比如我计划好一年之后要做组长，那么在成为组长之前，我就以组长的职责和技术水平严格要求自己，虽然我现在还不是组长，但是只要我各方面的能力和素质都达到了组长的标准，相信不久的将来，我就一定会成为组长。那么实现了第一个计划之后，再以同样的方法实现了第二个计划。当我成为组长之后，我就以技术指导的标准严格要求自己，不久，我就当上了技术指导。直到现在，虽然我已经做到了技术指导，但是我还没有实现自己成为技术员的目标。而且技术员之后还有技术厂长、副总工程师、总工程师……我还会朝着自己的目标继续努力的，凡事预则立，不预则废啊！"这下黄朝是彻底服气，没话说了。

"凡事预则立，不预则废"，真是一语道破天机。哲人说，成功的人生需要正确的规划，你今天站在哪里并不重要，但你下一步迈向哪里却很重要。这就是周兵成功的秘诀，这个方法是不是值得我们每个人学习和借鉴呢？

一、文书常识

（一）计划的概念

计划是人们为实现某项目标或完成某项任务预先做出的书面安排和部署。它包括制订计划的目的、依据，计划的目标，完成计划的措施和步骤。计划一旦形成对实施者有约束和督促作用，可以指导实施者有目标、有秩序地完成工作。同时，计划也是检验管理效果的有效手段，便于掌握工作进程。

计划是计划类文书的统称，常见的"设想""规划""纲要""方案""要点""安排"等，都是人们对今后工作或活动做出的部署与安排，都属于计划这个范畴。

（二）计划的类型

计划种类繁多，可以从不同角度进行分类。按期限长短，有长期计划、短期计划、年度计划、季度计划、月份计划和学期计划等；按内容分，有工作计划、学习计划、科研计划、生产计划和销售计划等；按性质分，有综合计划和专题计划；按范围分，有国家计划、部门计划、单位计划和个人计划等。

根据完成期限、内容侧重点和具体作用的不同，将计划类文书分为以下三类：

1. 规划类

规划类目标期限较长，一般多为三年或五年以上。内容多侧重于对全局工作做战略性和方向性的规定，用以指导局部的、短期的各项工作。文种名称常用“规划”“纲要”，如《陕西省“十二五”规划》《国家中长期教育改革和发展纲要》。

2. 计划类

计划类目标期限较规划类短，以年度计划和一年以内的短期计划为多。内容较规划类更具体，多侧重于指导具体的工作，以便按目标、按步骤、按要求完成工作任务。文种名称常用“计划”，如《××××年××公司营销工作计划》《××学期学习计划》。

3. 安排类

安排类目标期限较计划类更短，通常指较短时间内对工作的具体安排。内容较计划类更具体、细致，执行和检查比较方便，成熟度和可操作性是三类当中最强的。此类计划一般由某项工作的执行部门制订，目的就是按计划开展工作，避免盲目和混乱。文种名称常用 “方案”“安排”等。一般来说，“方案”是对某项工作从目标、措施到人员安排及具体进度，都做了全盘考虑的计划，如《××集团公司年会策划方案》；“安排”适用于某一项内容单一、时间较短、比较具体的计划，如《清明诗会活动安排》。

写计划时应根据具体情况选用恰当的文种名称（见表 3-1）。

表 3-1　计划范畴内几种不同文种的区别

名　称	时　限	内　容	成熟程度	范　围
设想	长期	内容较粗略，不太成熟，是非正式的计划	低	本单位、部门
规划	长期	全局工作的战略部署，着眼于宏观设计，偏重于战略性和方向性的指导	一般	本单位、部门
计划	短期	内容多侧重于指导具体的工作，以便按目标、按步骤、按要求完成	较高	本单位、部门
方案	短、近期	对某项工作从目标、措施到人员安排及具体进度，都做出全面具体的安排	高	本单位、部门
安排	短、近期	任务明确、目标单一、偏重于工作方法和步骤	高	本单位、部门
打算	短、近期	同“安排”相似，但对目标任务、措施考虑得还不是很周全，较粗略	低	本单位、部门
要点	长期或短期	粗线条的计划，一般只需列出下一阶段目标或任务	一般	上级对下级、本单位

（三）计划的特点

计划具有以下三个特点：

1. 预测性

计划着眼于未来，是对未来一段时期内的工作做出的安排和部署，是对实现目标的预定和对工作进程、可能发生情况的预测。因此，计划有一定的预测性。不过这种预测是以党和国家的方针、政策、上级部门的工作安排和指示精神为指导，以本单位的工作任务、主客观条件和相应能力为基础，以过去的成绩和问题为依据，对今后的发展趋势做出的科学预测。

2. 可行性

制订计划就是为了实现某个目标或完成某个任务，因此计划的各项指标、方法措施和时间安排都必须建立在客观且可行的前提之下。目标定得过高，实现不了，计划就成了一纸空文；目标定得过低，计划就变得毫无价值。因此，制订计划必须具备现实的可行性。

3. 指导性

计划是人们行动的指南，计划一旦形成对实施者有约束和督促作用，可以指导人们按照预定计划，合理地分配时间，安排人力、物力、财力，从而使各项工作有条不紊地进行。

（四）计划的写作格式

计划的表现形式大体有三种：一是条文式；二是表格式；三是文表结合式。至于采用哪种形式可因计划内容不同来选择最佳的表现形式，但最终应达到一目了然的表达效果。下面仅就条文式计划的格式和写法进行介绍。

条文式计划一般包括标题、正文和落款三部分。

1. 标题

计划的标题通常有两种写法：

（1）由计划单位、时限、计划内容和文种名称四部分构成，如《××职业技术学院××××年招生工作计划》。如果是个人计划，切忌将个人姓名写入标题。有时根据实际需要可省略计划单位，如《××××年产品发布会策划方案》。应计划文体要求，标题中的时限一般不省略。

（2）公文式标题。由发文机关、事由和文种三部分构成。事由一般是动宾短语，前边加介词“关于”，在文种前加“的”，如《××总公司关于××××年开展机构改革工作的计划》，发文机关可省略。

若计划尚不成熟或未经批准，则在标题后或正下方注明其成熟度，如“草案”“讨论稿”字样，并加上圆括号。

2. 正文

正文是计划的重要组成部分，包括开头、主体和结尾三部分。

（1）开头。主要写清计划的依据、目的和意义。开头的详略长短，要根据工作的重要程度、内容的多少来确定，总体上以精炼简洁为原则。一般以“特制订本计划”或“现做如下计划（安排）”为过渡句引出下文。

（2）主体。主要包括三方面的内容，统称为计划的“三要素”。

一是目标（任务）——“做什么”。即某一时段内完成的工作目标或任务。比较长期的计划，在提出总目标以后，还要拟定各个时期、各个阶段应达到的目标，也就是说在总目标下面拟出分目标。目标（任务）的表述要准确、清晰，切忌写得含糊不清，通常用简单而有意义的衡量标准，如数量、费用、质量等进行参照。如“我们本季度的工作目标是使客户的投诉率下降到10%以下。”切忌这样表述：“我们本季度的工作目标是改善服务质量，增加客户的满意度。”

常用的数量衡量标准有：利润率、产量高低、收入的增长、投资的回报率、收益等。费用标准有：成本、预算与实际比例、人工成本与销售额之间的比例等。质量标准有：产品的合格率、错误率、次品率、可靠性和返修率等。

二是措施——“怎么做”。即指采取何种办法，利用什么条件，由何单位何人具体负责，如何协调配合完成任务。“十分计划，十二分措施”，措施必须全面、具体、可行，切不可泛泛而谈。

三是步骤——“何时完成”。即指工作的程序和时间安排。每项目标（任务），在完成过程中都有阶段性，先做什么，后做什么；主干什么，次干什么；每一步在什么时间，做到什么程度，达到什么样的目的。步骤要环环相扣，步步落实，让执行者明确在计划的每一个阶段、每一具体时限内应该完成的任务。

在层次的安排上，主体部分有两种写法。一是综合分类表述法，即把主体分为目标（任务）、措施、步骤三大部分，一一写明，有时为叙事方便，常将步骤与目标或措施合在一起；另一种是单项分类表述法，即一项目标（任务）后紧接着就是完成这项任务的措施和步骤，然后再写另一项目标（任务）及措施和步骤。

（3）结尾。可列出计划的执行要求；可提出希望或号召；可省略。

3. 落款

写清制订单位名称或个人姓名以及制订计划的日期。

二、案例分析

例 3-1-1

第五学习小组××××年上学期英语 A 级考试复习计划

为了通过××××年 6 月份的英语 A 级考试，取得英语 A 级合格证书，我小组特制订本计划。

一、任务和要求

（一）阅读完《大学英语》1～4 册所有篇目，完成 6500 个单词的读写、记忆。

（二）快速阅读英语读物 60 篇，背诵 50 篇小例文，并写作 15 篇小作文。

（三）知识技能综合测试和听力与读写训练，进行 3～4 次模拟测试，使组员熟悉等级考试题型并准确掌握做题基本要领。

二、措施与步骤

（一）单词读写复习从 3 月 10 日开始，至 4 月 10 日结束。掌握单词做到读写结合，记忆与测试结合。采取如下措施：

1. 提炼生僻单词，采用笔记法做出记录。

2. 熟悉记忆技巧，开展单词认读比赛和记忆单词量比赛。

3. 对 6500 个单词的读写、记忆，采用循序渐进的方法，4 月 10 日前进行一次单词读写测试。

（二）阅读英语读物和背诵小例文从4月11日开始，至5月10日完成。采取如下措施：

1. 阅读采用记笔记的方法，由组长进行阶段检查并相互学习。

2. 完成阅读后，小组成员之间也可以相互交换用书，以便增大阅读量。

3. 阅读与背诵，做到每人每天2篇，小例文从教材中确定，读物的种类由个人自选。

4. 每两天完成一篇写作，写作后小组成员之间可以互相点评。

（三）最后热身备考复习阶段从5月11日开始，至6月10日前完成。进行知识技能综合测试和听力与读写训练。采取如下措施：

1. 进行模拟测试，采用组内相互监督、阅卷的方式。整体完成模拟测试后，要做到查漏补缺，组员之间可以取长补短、交流提高。

2. 听力与读写训练，要把听力作为重点来突破。对听力较差的组员，小组要加以帮助，促进其听力水平的提高。

3. 应考技巧重点放在阅读写作上，要以练为主，及时总结。

4. 每两周举办一次复习交流会，请测试中成绩好的同学介绍经验体会。

××系××班第五学习小组

××××年×月×日

（来源于百度文库，有改动）

评析：这是一则英语考级的复习计划，开门见山交代了计划要达到的目标，即通过英语A级考试。第一部分的任务和要求是目标分解下的三项具体任务，明确而具体；第二部分针对三项任务，采用单项分类表述法，确定每一时限内的任务及完成任务所采取的措施，具有较强的可操作性，“三要素”完备，格式规范。

例3-1-2

××造纸厂××××年质量管理工作计划

随着企业的外部环境发生很大变化，进入国际市场的机遇越来越多，面对的竞争也越来越激烈。提高产品质量，降低产品成本，成为增强企业竞争能力的重要手段。××××年是本厂产品质量升级、品种换代关键的一年，为进一步提高产品质量，特制订本计划。

一、质量工作目标

1. 一季度增加2.5米大烘缸两台，扩大批量，改变纸页温度。

2. 三季度增加大烘缸轧辊一根，进一步提高纸页的平整度、光滑度。此项指标要达到QB标准。

3. 四季度改变工艺流程，实现里浆分道上浆，使挂面纸板和水泥袋纸板达到省内同行业先进水平。

二、质量工作措施

1. 强化质量管理意识，进行全员质量意识教育，培养质量管理干部。

2. 成立以技术副厂长×××为首的计改领导小组，主持产品质量提高以及产品升级设备引进、技术改造工作，负责各项措施的落实和检查工作。

3. 自上而下建立好质量保证体系和质量管理制度，把提高产品质量列入主管厂长、科长及技术人员的工作责任，年终根据产品质量水平分配奖金，执行奖惩办法（奖惩办法由劳资科负责拟定，1月15日前公布）。

4. 本计划纳入××××年全厂工作计划，厂部负责监督、指导实施。各部门、科室要协同配合，确保本计划的圆满实施。

××造纸厂

××××年1月5日

（来源于百度文库，有改动）

评析：这是一则年度质量管理的工作计划。每一阶段工作目标的表述准确而明晰，措施全面而具体，便于执行和检查监督。

例 3-1-3

×××系篮球赛比赛活动方案

一、活动目的

为了丰富同学们的课余生活，进一步推动体育活动的开展，带动体育活动的风气，增强学生会的凝聚力，展示出新时代大学生的蓬勃朝气和竞技热情。

二、活动宗旨

提高学生们的运动激情，增进各班级之间的交流，促进沟通，强身健体，构建和谐校园。

三、主办单位

×××系

四、承办单位

×××系团总支学生分会

五、参赛对象

×××系各班级

六、比赛时间

××××年5月20日下午3:00。

七、分组方式

各班级代表人抽签决定。

八、比赛形式

采取淘汰制，以各班级为单位抽签进行淘汰赛，进入决赛后抽签进行循环赛。

九、比赛细则

1. 以各班级为单位参加比赛，参赛队由1名领队和8～12名运动员参赛，参赛队员必须是本班级的同学。领队全权负责该班级队员签到、协商、联系等一切事务。

2. 比赛分上下半场四小节，每小节15分钟，每半场结束后中间休息10分钟。

3. 比赛开始每小节后互换场地。

4. 比赛中在每半场累计犯规超过7次，对方可获得两次罚球机会。

5. 全场比赛中累计五次犯规的球员将被罚出场。

6. 全场比赛中各队只有五次要求暂停机会，上半场两次，下半场三次。暂停时间30秒。

7. 在比赛中有暂停、换人要求的，只能由该班级的领队到计分席处提出申请，然后计分席的工作人员提示裁判暂停。场上裁判可有特殊暂停，领队和场上球员不能向场上裁判直接请求暂停。

8. 参赛的队伍必须统一着装且有编号，着装上两支队伍应有所区别。

9. 球员做出不体现运动精神的犯规动作，比如打人等，发生此类情况后，球员将被罚出场外，如有滋事者可将其班级的该场比赛按弃权处理。

10. 比赛在计时员发出比赛结束终止信号时结束。在比赛时间即将终止前的投篮，如在信号发出前已经在空中，投中有效。

11. 弃权处理。比赛开始时，一方队员不足五人时，球赛不得开始。在比赛时间15分钟后，参赛队未能到场或依然不足5人时，则由裁判判定该队弃权，由对方球队获胜；一方球队因各种原因提出弃权时，则判定对方球队获胜。

12. 如比赛出现队员受伤，立即暂停比赛，到有关工作人员处进行伤口处理，情况严重者立即送往校医处。

13. 在比赛中须尊重裁判，尊重工作人员，尊重对手，尊重队友。场上裁判有比赛最终裁定权。

14. 本次篮球赛竞赛规则按照中国篮球协会近年制定的竞赛规则执行。

15. 主办方有最终解释权和裁定权。

十、奖项设置

设冠军、亚军、季军各1名。

冠军奖品：大号奖杯、奖状、斯伯丁篮球各1个。

亚军奖品：奖状、斯伯丁篮球各1个。

季军奖品：奖状、斯伯丁篮球各1个。

十一、人员安排

1. 宣传部、外联部负责本次活动的前期宣传与比赛宣传。
2. 外联部负责本次活动的条幅制作与悬挂。
3. 秘书处与宣传部负责本次活动的比赛轮次与比分的展示宣传。
4. 学习部负责本次活动的各班级比赛安排与比分统计。
5. 文体部和学生会各部门负责本次活动的人员安排，每个场地设1名主裁判、1名副裁判、2名记分员、1名计时员、3名场边工作人员（2名维护秩序和1名医护人员）。

十二、活动用品及资金预算表

名　称	数量（单位）	费用（元）	备　注
比赛用球	3个	360	
记分牌	2个	70	
秒表	4块	120	
口哨	10个	100	
条幅	2个	108	
比赛用纸	若干	30	
工作人员用水	4箱	192	
医疗用品	1箱	100	酒精、棉签、纱布、创可贴、云南白药喷雾剂等
奖状奖杯	4个	200	奖杯1个、奖状3个
获奖篮球	3个	360	
备用资金		100	
总　计		1740	

×××系团总支学生分会

××××年×月×日

评析：这是一则活动方案，也可以称为活动策划书，较计划类更细致，从目标、措施到人员安排等，都做出了全面而具体的安排和部署，便于实施。

三、写作指导

（一）注意事项

1. 计划的目标应具有挑战性

计划的目标应具有一定的高度，是需要经过一番拼搏和努力奋斗才能实现的。计划的目标也应该具有激励和鼓动人心的作用，激发执行者的斗志和潜力。同时，计划的目标还要有创见性，能够刺激执行者的想象力和创造精神。

2. 制定计划要留有余地

计划一方面要具有积极的挑战精神，同时也要留有余地。制订计划要从实际出发，充分估计执行过程中可能会出现的新问题和新情况，并做到心中有数。有些内容和措施还需要在计划执行过程中根据新形势、新情况、新问题及时进行调整、补充和修改。

3. 制订计划要明确

计划一旦形成，便对实际的工作和学习有重要的约束和指导作用，因此，计划的目标要明确，指标要量化，措施、方法和时间安排也都必须十分明确，便于执行和检查监督，保证计划的顺利完成。

4. 计划的“三要素”要完备

计划的“三要素”是拟定计划的重点，也是难点，初学者常常将目标和措施混为一谈，每一阶段的任务含糊不清。请认真体会以下正反两方面的例子，注意三个层次要素的区分。当然在实际写作过程中，计划内容的三要素繁简可以不同，但缺一不可。

（1）范例

目标：“语文、数学、英语达到班级平均分以上。”

措施：“上课认真听讲，课后认真完成作业，做好复习。”

步骤：“10-11 月份完成语文的古文阅读、数学的数列和英语听力的训练，12 月份完成现代文阅读训练和英语阅读训练。”

（2）病文

××中学新苗文学社计划

为全面贯彻教育方针，落实学校关于大力开展课外学科小组活动的意见，我社制订活动计划如下：

1. 本学期举办文学作品欣赏两次，写作技法讲座两次（由语文组辅导老师负责），读书札记交流一次。

2. 组织一次秋游，一次外出采访活动。

3. 本社成员每周练笔不少于两篇，从中选出优秀习作向省市报刊推荐；一学期发表的习作不少于五篇。

4. 积极参加省市级作文竞赛、演讲比赛、读书活动竞赛，力争拿到名次。

5. 与兄弟学校文学社团加强联系，10 月份组织部分社员外出取经。

6. 学期结束，评选优秀社员；做好增补新社员工作。

××中学新苗文学社
××××年×月×日

病文分析：

◎标题不够明确，缺少计划内容和时限。

◎计划时限在标题中未出现，文中也未明确。

◎1～6 点其实是活动计划的“措施”（含部分步骤），“目标”部分缺失，“目标”部分应写明“通过各项活动，激发同学学习语文的兴趣，提高阅读、写作的能力，培养文学新苗；把读书、社会实践、练笔结合起来，增长知识，丰富积累，写好习作”等内容。措施也不够具体细致。在实际写作中，切忌只罗列措施，计划的目标和步骤也不可缺少。

（二）参考模板

参考模板 1：综合分类表述法

××××计划（方案、规划等）

为了××××，×××××××××，×××××××××，特制订本计划：

一、目标与任务

×××××××××××××××××××。

二、措施

（一）×××××××××××××××××××。

（二）×××××××××××××××××××。

（三）×××××××××××××××××××。

三、步骤

（一）×××××××××××××××××××。

（二）×××××××××××××××××××。

（三）×××××××××××××××××××。

制订人（单位）：×××
××××年×月×日

参考模板 2：单项分类表述法

××××计划（方案、规划等）

为了×××××××××，×××××××××，特制订如下计划：

一、×××××××××（方面 1）

（一）任务

×××××××××××××××××××。

（二）措施

×××××××××××××××××××。

（三）步骤

×××××××××××××××××××。

二、××××××××（方面2）

（一）任务

×××××××××××××××××。

（二）措施

×××××××××××××××××。

（三）步骤

×××××××××××××××××。

三、××××××××（方面3）

（一）任务

×××××××××××××××××。

（二）措施

×××××××××××××××××。

（三）步骤

×××××××××××××××××。

制订人（单位）：×××

××××年×月×日

四、实战演练

（1）××××公司××××年要为今后5年的发展谋划设计，应该选用什么文体？而各个子公司要按照这个总体设计做相应的安排，如果只是一年的安排，应该选用哪种文体？如果是在短期内为落实某一项具体任务，又该选择什么样的文体？

（2）请以学习（复习考试、考证等）、阅读、健身、专业实习等为范围，选择某一范围制订计划，要求条理清晰、格式规范，重点写清计划的“三要素”。

拓展阅读

关于目标对人生影响的跟踪调查

哈佛大学曾对一群智力、学历、环境等客观条件差不多的年轻人，做过一个长达25年的跟踪调查，调查内容为目标对人生的影响，结果发现：

27%的人没有目标;

60%的人目标模糊;

10%的人有清晰但比较短期的目标;

3%的人有清晰且长期的目标。

25年后，这些调查对象的生活状况如下：

3%有清晰且长期目标的人，25年来几乎都不曾更改过自己的人生目标，并向实现目标做着不懈的努力。25年后，他们几乎都成了社会各界的顶尖成功人士，他们中不乏白手创业者、行业领袖、社会精英。

10%有清晰短期目标者，大都生活在社会的中上层。他们的共同特点是，短期目标不断

被达成，生活水平稳步上升，成为各行各业的不可或缺的专业人士，如医生、律师、工程师、高级主管等。

60%目标模糊的人，几乎都生活在社会的中下层面，能安稳地工作与生活，但都没有什么特别的成绩。

余下27%的那些没有目标的人，他们几乎都在社会的最底层，生活状况很不如意，经常处于失业状态，靠社会救济，并且时常抱怨他人、社会、世界。

其实，每个人的内心深处都有一种成功发展的渴望。如果你能发掘它，便能找到成功的方向，找到一种支持你不懈努力的持久力量。然而，正如西方的那句谚语所说，“如果你不知道你要到哪儿去，那通常你哪儿也去不了”。

有的人将成功界定在良好的教育背景和先天的环境条件上。虽然这些也是事业发展的基础之一，但远远不能带来真正的成功。成功的事业还需要准确的、文字性的计划。确定自己的职业目标，规划自己的职业生涯，提高自己的就业能力，制订自我发展的行动计划，对于个人的发展来说必不可少。什么左右你10年后的“价值等级”？哈佛大学对大学毕业生进入职场的收入变化进行了长期的研究。研究结果表明，形成文字性计划的重要作用毋庸置疑。83%的人对职业发展没有设定过目标，他们的收入在这里作为参考基数；14%的人对职业发展有清晰的目标，但没有书面记录下来，他们的工资是前者的3倍。3%的人对职业发展有清晰的目标，并书面记录下来，他们的收入平均是第一类人工资收入的10倍。因此，为成功制订一份清晰且长期的书面计划吧！

（来源于新浪微博，有改动）

第二节　总结

如果说计划是事前的筹划安排，那么总结则是事后的回顾整理。人们常说：“吃一堑长一智”。人类在很多时候都是在“计划—实践—总结—再计划—再实践—再总结”的不断反复的过程中逐渐增长才干、积累经验，并且推动社会发展进步的。毫无疑问，善于总结同时也是个人成长和进步的重要途径和方法。调查显示：总结能力已成为现代职场中人应具备的重要素质之一。为此，我们必须学会撰写总结，更重要的是我们要具备一定的总结能力，养成凡事做过都要总结的习惯。

丁亮是××职业学院技能大赛的指导教师，他指导的三个项目在今年的全国技能大赛中取得了一项一等奖、两项二等奖的优异成绩。技能大赛的总负责人要求丁亮将指导技能大赛的心得体会和大家分享一下，争取在明年的全国技能大赛中取得更好的成绩。丁亮一听满脸愁容，心想：我只会做，哪会说啊？如果你是丁亮，你如何分享这其中的心得体会呢？

一、文书常识

（一）总结的概念

总结是人们对前一段工作、学习等进行全面系统地回顾、分析和评价，从中找出经

验教训和规律性的东西，用以指导今后工作而形成的事务文书。广义的总结包括个人总结。

总结类文书最常用的名称是总结，除此之外，“小结”“回顾”“体会”“经验”“做法”等也都属于总结类文书的范畴。

（二）总结的类型

总结根据不同的标准和角度可划分为以下几种类型：按内容分，有工作总结、学习总结、科研总结、生产总结和思想总结等；按范围分，有全国总结、地区总结、部门总结、单位总结、班组总结和个人总结等；按时间分，有年度总结、季度总结和月份总结等；按进程分，有阶段性总结和全程性总结；按性质分，有综合性总结、专题性总结和个人总结。这里主要介绍按性质划分的三类总结：

（1）综合性总结

综合性总结是同时总结几方面的工作，内容综合、全面，且多为定期，如季度工作总结、年度工作总结等。这类总结要全，但这种“全”不是事无巨细，要重点突出，详略得当。

（2）专题性总结

专题性总结是单就某一项工作进行总结，内容单一、特定，问题集中，不定期，多是在此项工作进行中或结束时使用。它一般选取工作中突出的成绩、典型经验或存在的问题进行分析，总结规律。

（3）个人总结

主要是对个人在某一时期工作、学习、生活上的情况总结。

（三）总结的特点

（1）叙事性

总结首先要回顾实践或工作的全过程，因此，它离不开叙事，总结要求用事实来说明任务完成的情况。

（2）理论性

总结不只是反映已完成工作的过程和情况，更重要的是，要通过对情况的比较、分析和研究，从感性认识上升到理性认识，抓住每个时期出现的新情况、新问题和新成绩，找出经验、教训和规律性的东西，达到一定的理论高度。

（3）本体性

总结是对本地区、本部门、本单位或本人实践活动的反映和概括，因此都用第一人称（单位总结用“我们”，个人总结用“我”），要用自身活动中的材料。

（四）总结的写作格式

总结一般包括标题、正文和落款三部分。

1. 标题

总结的标题通常有三种写法：

（1）由单位名称、时限、内容和文种名称四部分构成，如《××公司××××年技术研发工作总结》。单位名称可省略。

（2）公文式标题。由发文机关、事由和文种三部分构成。事由一般是动宾短语，前边加介词“关于”，在文种前加“的”，如《××总公司关于薪酬制度改革工作的总结》，发文机关可省略。

（3）新闻式标题。标题只是内容的概括，并不标明“总结”字样，但一看内容就知道是总结，如《贴近实际需要 培养高素质会计专门人才》。在实际写作中，建议采用“双标题”形式，即主标题采用新闻式标题，副标题则对总结的性质、范围、内容进行补充或提示，如《做学生的贴心人——班主任工作小结》《搞好青蓝工程 培养青年教师——我们是如何提高教师素质的》。

2. 正文

正文是总结的重要组成部分，包括开头、主体和结尾三部分。

（1）开头。这部分主要是对过去实践或工作的回顾，即基本情况的概述，总体上以精炼、简洁为原则。一般以“现总结如下”做过渡句引出下文。

（2）主体。主要包括三方面的内容：

一是成绩和经验（主要做法）。这部分要重点突出过去一段时间内的主要工作、亮点工作或工作中的新办法、新举措，要详写。

二是存在的问题。指的是在工作过程中切实感到应该解决而暂时没有解决或没条件、没办法解决的问题。问题要提，但一定要客观。

三是今后努力的方向。主要是对下一步工作的设想、建议和安排等。

（3）结尾。可以提出希望或号召；有时也可省略。但在实际写作中，为保证结构上的前后呼应和完整性，建议不省略结尾。

3. 落款

写清总结单位名称或个人姓名及撰写总结的日期。

二、案例分析

例 3-2-1

电力生产部××××年工作总结

××××年电力生产部在公司总经理正确指导和支持下，在广大员工的共同努力下，积极开展工作，取得了一定的成绩，基本上完成了年初的工作任务。现将本年度的工作总结如下：

一、主要工作

（一）重点工作

1. 配合进行1号机的技改及备件选购整理工作

1号机的技改工程从去年年底拉开帷幕，由于前期的准备工作没有完全到位，对现有设施的认识不够充分，以至于基础的重建工作耽误了1号机改造的整个进程，在公司总经理的多次督促下，经过各方面的通力协作，机组比计划晚了半个多月完成了安装过程，进入了调试阶段。由于新机组与原 mak 机存在较大差异，调试仍然存在较大的困难，我们与技改方共同分析原因查找问题，在不断解决了超速、游车、油雾探测器频繁动作等缺陷之后，机组终于可以稳定运行并网发电，并在高峰用电期间发挥了相当大的作用。

在1号机正常运行的阶段，生产部对1号机的遗留备件进行了大规模的清点，多次赴江阴及其他厂家订购、定做有关备件，仔细复核尺寸，并将到厂的备件进行彻底的除碳清洁并经过防锈处理后分类保存，确保随时可以使用以满足1号机备件需求。

2. 保证全年顺利完成发电任务

进入××××年，发电任务较往年有很大的增加，特别是夏季进入用电高峰期，机组以连续并网运行11天半创造历史发电的最高纪录。在此期间，生产部面对繁重的工作量，适时地安排班次，调整了班组运行人员，以适应新形势下的工作需求，经受住了未曾预料的严峻考验。由于连续发电机组多以疲劳状态运行，出现问题的概率明显增多，解决机组的临时检修和不可缺少的定期保养也是迫在眉睫的问题，在保证机组无重大安全事故发生的前提下，利用发电间隙合理组织人员尽可能快地完成必须的抢修工作，保证了机组全年的正常稳定运行。

3. 安全与管理工作

××××年是安全与管理年，为切实加强全员的安全意识，消除去年连串恶性事故造成的阴影，遏制各类事故的频繁出现，防止设备重大故障及人身伤害的发生，生产部做了以下工作：

（1）上半年为通过ISO 9001质量管理论证，多次组织全体员工进行全厂区的卫生清扫工作，力争不留死角，彻底打扫。整理机修车间、分油机、卸油泵房等零散设备，对备件进行整理归类，使用设备保养卡、检修卡等有效手段，并使设备管理工作进入电脑系统管理的新阶段。在最终的评审中生产部以一项不合格顺利通过论证。

（2）在××××年里，生产部不断加强安全管理工作，严格各类考核制度，将责任心与奖金挂钩。对员工进行每月考评，真正调动各方面的工作积极性，确保无大小安全事故的发生。

（3）督促员工重视各类保安装置及设备的使用及运行状态。2、3号机组在安装了油雾探测器以后，从机组的安全角度出发，又各加装了一套连杆大端瓦测温巡检装置，使安全装置对机组的保护更加全面可靠。但我们也深刻地认识到，影响安全的最大可能还是人为因素，因此对员工的安全教育丝毫不敢放松，员工清醒地认识到：一些潜在或细微的隐患，如果没有及时得到解决将可能出现的严重后果。强调运行过程中红外测温仪的正确使用，在高温高热环境下，加大巡检力度，及时发现设备存在的问题，及时处理或及时报修。

（4）生产部成立了两级安全网络，建立了安全、消防台账并逐渐完善。在厂区内施工、操作严格执行电气工作票、动火工作票等有关制度，及时更换过期的消防器材并定期进行消防演习。

（二）日常工作

（1）由于发电任务繁重，机组的检修工作相应增多，生产部根据任务的轻重缓急合理安排落实有关的检修项目，将检修工作票与报修单落实到人，基本做到小修不过夜，并发现问题或故障及时解决，在保证检修质量的前提下，将大的事故基本消除在萌芽状态。

（2）不断加强运行人员的责任心，认真贯彻各项既定的规章制度，严格执行交接班制度，设备巡视检查制度，并将行政办公会议及值班长会议的决议有效落实，努力发挥一线青年党员及骨干员工的先锋模范作用，在奖金考核中拉开了员工之间的差距，加大了奖惩力度，这一做法起到了很好的效果。

（3）不断督促员工加强对工作环境及设备卫生状况的重视。在保证机组安全稳定运行的前提下，努力解决“三漏”问题，保证设备及厂区处于健康的生产工作环境之中。下半年由于机组待命时间较多，运行人员以设备的油漆工作作为工作重点，3台机组将以崭新的外观进入××××年。

（4）加强员工的岗位学习，提高自身业务水平及动手实践能力，在××××年全体员工经过学习，顺利通过安规考试及现场考问。

二、存在的问题

××××年生产部未出现重大安全事故，机组顺利运行全年，为电网提供了7000余万千瓦时上网电量，这是我们共同努力的结果。但我们从一年的工作中也看出了不少问题，这类问题的存在将直接影响到生产部今后工作的顺利开展。

（1）个别员工的主动性、积极性较差，影响运行检修质量，如果疏于管理，隐患也会变成大错。调动此类员工的工作积极性的唯一办法就是加大考核力度，将切身利益与本职工作紧密相连，才能有效提高个人的主观能动性与积极性。

（2）事故的防范及应变处理能力还有待提高。这不仅是员工们普遍存在的问题，也是管理人员存在的不足之处。只有对运行的设备了解透彻，积累大量的管理经验，在处理突变问题时才不至于出现盲目性或多走弯路，我们的管理及运行工作才会高效、有序。

三、工作展望

××××年生产部顺利完成了公司下达的各项工作指标，值得我们欣慰，我们会将扎实的工作作风、认真的工作态度、成熟的工作经验带入下一年度，并不断克服工作中的不足之处。在××××年我们生产部依然会把安全放在全部工作的首位，顺利完成年初即将进行的机组大修任务，在避免出现各类恶性事故的前提下，调动各方面的积极性，努力完成全年的发电计划，将各项工作带上新的台阶。

电力生产部

××××年12月23日

（来源于第一范文网，有改动）

评析：这是一则年终工作总结，主体包括完成的主要工作、存在的问题及工作展望三部分，而主要完成的工作是本文叙述的重点，从“重点工作”和“日常工作”两个层面展现出了电力生产部一年的主要工作和亮点工作，内容全面且重点突出。

例 3-2-2

图书馆××××年工作总结

今年以来，在全体馆员的共同努力下，在学校领导的全面支持、关心下，图书馆本着一切为读者服务的宗旨，围绕业务学习、文献资源建设、读者服务、读书节系列活动等工作，通过扎扎实实的努力，圆满完成了××××年的各项工作。

一、主要工作完成情况

（一）政治理论和业务学习有序推进

不断完善学习制度，根据学院的统一部署和馆内安排，通过个人自学与集体学习相结合的方式组织员工开展政治理论和业务学习。先后围绕全国两会、“两学一做”和《普通高等学校图书馆规程（××××年修订版）》、学院“管党治党宽松软问题”专项治理实施方案等文件开展专题学习、讨论，对照学习找差距，提高思想认识。举办数据库使用培训讲座3场，安排6人次去北京、合肥、铜陵等地学习培训，回来后给全馆同志作报告、谈学习心得和体会。通过交流学习，员工们思想认识得到转变，业务技能得到提升，促进了图书馆的和谐稳定，为建设智能化新图书馆奠定了基础。

（二）文献资源建设工作稳步推进

文献资源建设是图书馆的基础性工作，藏书总量和平均年进书量是学院办学水平的重要指标之一。××××年全年共新增纸质图书28012册，光盘2093张，过刊合订1982册，现刊8022册，报纸1万余份，续订“龙源电子期刊数据库”和“中国知网数据库”，新增“中文读秀数据库”“机械实训视频库”“中国知网”两个专辑等数字资源，添置“歌德借阅机”“光盘管理软件”等设备，开通试用“云图数字有声图书馆”等5个数据库，完成××××年度资源采购预算和××××年度765种报刊征订等工作。以上工作的完成进一步丰富了馆藏资源，优化了馆藏结构，为读者服务开展打下坚实基础。

（三）读者服务工作不断提升

读者服务工作是图书馆的日常工作之一，也是办馆水平和效益的直接体现。全体员工始终坚持以“读者第一，服务至上”的服务理念，认真履行岗位职责，热情周到提供咨询、外借、阅览等服务。通过制作橱窗展板、发布图书馆新闻、充实图书馆主页内容等方式加强图书馆宣传力度。通过集中办理离校手续、安排节假日值班、催还逾期图书、举办阅读交流会、召开读者座谈会等形式创新服务内容，拓展服务功能。

全年共接待读者108846人次（电子阅览室12352人次、流通部23345人次、自修阅览室65933人次、期刊阅览室7216人次），办理离校手续3000多人次，图书流通量3.8万余册，光盘流通量400余张，电子资源检索次数247万余次、下载总量6.08万余次，电子书借阅机访问量3851次。并辅助做好经贸管理系实训1832课时、培训部考试92场次、创业模拟实训124课时和教学质量管理处信息员培训等服务工作。

（四）安全综合治理工作常抓不懈

始终坚持“安全第一、预防为主”的原则，强化安全责任意识，一级抓一级，层层抓落实，馆长与部门主任签订《安全稳定责任书》。确保用电、用水等安全和消防通道畅通，多次开展安全隐患排查，对发现的问题及时上报、整改，及时更换到期灭火器50只。按学院安全稳定工作的统一部署，召开安全稳定专题会议，宣传安全知识，提高全体员工安全防范意识和处理突然事件的能力，全年未发生安全责任事故，有力地保障了图书馆日常工作的开展。

（五）读书节系列活动精彩纷呈

为迎接第21个世界读书日的到来，陆续开展了自修室问卷调查、“阅读处处是旅途、书情诗意在机电”大型征文评选、百家讲坛周飞教授谈读书、年度“阅读之星”评选、“书香校园、诗意机电”阅读活动图片展等读书宣传系列活动，进一步激发了广大师生的阅读热情，营造了良好的校园读书氛围，扩大了图书馆的影响力，也丰富了校园文化。

（六）馆藏布局优化工作有序开展

随着学院对图书馆的投入加大，造成馆藏空间不足，经多轮集体讨论并上报学院领导同意后，对现有空间布局进行了优化调整。过刊阅览室和期刊阅览室实现合并，原五楼过刊阅览室不再开放。流通书库集中下架打包老旧图书10万余册，共计2370包，文科书库西侧拆除书架9排，调整出约200平方米空间，用于集中堆放旧书，理科书库腾空的书架全部用于放置今年新购图书。此外，按学院要求，压缩自修室面积，移交三楼自修室供学院他用。

二、存在的主要问题

（1）员工服务意识和业务素质有待进一步提高，服务内容和方式需要拓展。

（2）图书馆空间布局不合理，藏书空间严重不足。

（3）图书馆信息化、智能化建设仍需加强。

三、改进措施

××××年图书馆将紧紧围绕学院改革发展的中心工作，以新馆建设为契机机遇，不断总结经验教训，认真谋划新馆建设，切实提高管理服务水平，使图书馆各项工作更上一个台阶，为学生的成长成材和学院的改革发展贡献一份力量。

×××图书馆
××××年×月×日

评析：这是一则图书馆工作总结，从主要工作、存在的问题及改进措施三个方面行文，结构完整。主要工作是全文的重点内容，围绕业务学习、文献资源建设等六项工作展开叙述，内容全面且重点突出，并能够在事实基础上加以分析、总结，做到“理实结合”。

三、写作指导

（一）撰写总结需要避免的六大误区

误区一：总结一定要低调

总结中要增加实质内容，用事实说话，客观叙述自己的成绩，而非过多的官话、套话。

误区二：总结就是要格式化

年终总结既不能只有客观数据、理性分析的“一目了然”，也不能是纪实文学似的长篇报道，而应该将二者有机结合，既要有客观数据理性的定量分析，又要有相应的文字表述。

误区三：报喜不报忧是上策

许多人都会有报喜不报忧的错误倾向。正确的做法是：问题和不足一定要提，而且要客观，但切忌长篇大论。

误区四：总结就要面面俱到

成绩和经验要重点写，但也不是面面俱到。要突出某一时间段的重点工作和亮点工作或新情况进行阐述，不能让领导产生“事情做了不少，但都印象不深”之感。

总结的主要内容所占比例：基本情况概述占10%；成绩和经验占60%；问题和教训占20%；今后努力方向占10%。

误区五：总结难免临阵磨枪

一份好的年终总结不是临阵磨枪、拍拍脑袋就能写就的，它其实也需要日常的积累和阶段性的总结。只有把平时的总结做好了，才能“多快好省”地写出一份到位的年终总结。更为重要的是阶段性的总结能及时修正工作的思路和方法，不断地提高工作效率。

误区六：总结写成流水账

总结要认真、反复地分析事实，通过自此及彼、由表及里的反复分析研究，找出规律性的东西，绝不能把所做事情简单罗列。

（二）病文分析

通过病文分析，问题诊断，更好地体会总结的写作要求。

×××公司上半年工作总结

半年来，本公司在精神文明和物质文明方面做了许多工作，取得了很大成绩。半年来，主要做了以下工作：动员组织公司干部和广大群众学习中央文件；安排、落实全年生产计划；推行、落实工作责任制；修建子弟小学校舍；建方便面生产车间厂房；推销果脯、食品、编织产品；解决原材料不足问题；美化环境，栽花种草；办了一期计算机技术培训班；调整了工作人员，开始试行干部招聘制。

半年来，在工作繁杂，头绪多而干部少的情况下，能做这么多工作，主要是：

一、上下团结。公司领导和一般干部都能同甘共苦，劲往一处使。工作中有不同看法，当面讲、共同协商。互相间有意见能开展批评与自我批评，不犯自由主义。例如，有干部就经理未进行商议，擅自更改果脯销售奖励办法，影响产量一事有意见，经当面提出，经理做了自我批评，并共同研究了新的奖励办法，又出现了增产势头。

二、不怕困难。本企业刚刚起步，困难很多，技术力量薄弱，原材料不足，产品销路没有打开，等等。为此，领导干部共同想办法，他们不怕个人辛苦，放弃自己的休息时间，忍饥挨饿受冻，四处联系，终于解决了今年所需要的原料，推销了一些产品。

三、领导带头。公司的几位主要领导带头苦干、实干。他们白天到下边去调查了解情况、解决问题；晚上开会研究问题；寻找解决的办法。领导干部夜以继日地工作，使公司工作上了一个台阶。

××公司

××××年×月×日

分析：

1. 材料不足、不具体，更谈不上有典型材料

本来，文中首段所写的一些做法，如“动员组织公司干部和广大群众学习中央文件；安排、落实全年生产计划；推行、落实工作责任制；修建子弟小学校舍”等做法，客观上必定存在许多材料和思路的，这也是总结的重点内容，但作者却未对材料进行展开、分析和提炼，由此导致的结果是：使人对该公司上半年的工作情况不甚明了。

2. 经验体会缺少特点

文中所写的三条“经验”，即“上下团结”“不怕困难”和“领导带头”，基本上任何单位都可以用，而且任何时候都可以用，经验体会缺少特点。

3. 结构内容不完整，层次不清

比照总结主体的结构和写法，本文漏写“问题与教训”“今后的努力方向”等内容，层次混乱不清晰。

（三）参考模板

参考模板1：工作总结模板

××××工作总结

××××年，在×××的领导下，在××××的共同努力下，××××开展了××××工作，取得了××××的成绩，现将本阶段工作总结如下：（基本情况概述）

一、取得的成绩（主要工作）

（一）××××××××××××××××××。（略）

（二）××××××××××××××××××。（略）

（三）××××××××××××××××××。（略）

（四）××××××××××××××××××。（略）

……

二、存在的问题

（一）××××××××××××××××××。（略）

（二）××××××××××××××××××。（略）

……

三、今后努力的方向

××。

×××

××××年×月×日

参考模板2：经验总结模板

×××（单位）关于××××工作的经验总结

××××年来，我们开展××××工作，取得了显著成绩，××××，××××。现将主要经验总结如下：

一、做法

（一）×××××××××××××。（略）

（二）×××××××××××××。（略）

（三）×××××××××××××。（略）

（四）×××××××××××××。（略）

……

二、效果

×××××××××××××。

三、体会

×××××××××××××。

×××

××××年×月×日

四、实战演练

（1）请按照总结的要求写一份学期总结。

（2）方法有时候比努力更重要，你有没有好的学习方法，写下来与同学分享。

拓展阅读

提高工作效率的方法总结

一、将想法付诸笔端

成功的一个重要法则就是：将想法付诸笔端。

只有区区3%的成年人有自己明确的目标，并且以书面方法将目标表达出来。和那些教育程度、工作能力与之相当、甚至比他们更高一筹的人相比，前者取得的成就常常是后者的5～10倍。导致这种差异的原因何在？问题就出在，大多数人出于各种原因，不愿意花费一丁点儿时间，将他们想要获得的东西写下来。通过坚持实施简单易行的七个步骤，短短几年，甚至几个月的时间里，会有很大进步。

第一步：确定自己究竟想要什么。

第二步：将自己的目标写下来。

没有以书面形式描述出来的目标将是模糊的、混乱的，它最终会使你迷失方向，甚至造成不计其数的错误。

第三步：为自己的目标设定一个最后期限。

第四步：将实现目标要做的所有事情列出来。

第五步：整理这份清单，使之变成一份可实施的计划。

花上几分钟时间，考虑一下哪件事情更重要，哪些事情可以推后一点，以及先做什么，后做什么，根据轻重缓急来安排处理事情的顺序。

第六步：根据自己制订的计划立即采取行动。

第七步：每天做一些能够接近自己目标的事情。

每天温习一遍为自己制订的目标。每天早晨开始工作时，先着手处理那些最重要的工作——这样做有助于你实现最重要的目标。

二、专注于最重要的工作

全神贯注的确切含义就是，把全部注意力集中在一件事情上的能力。

——科马尔

你永远没有足够的时间做完所有的事情，但是你总是有足够的时间去做最重要的事情。

为了让自己的精力总能集中在日程表里最重要的项目上，你可以经常思考这样三个问题。

第一个问题是："对我而言，什么是最有价值的事情？"

第二个问题是："什么事情只能由我来做，而且这件事关系重大？"

第三个问题是："此时此刻，怎样才能最有效地利用我的时间？"这是时间安排方面最重要的一个问题，想要克服拖沓现象、提高自己的工作效率，你必须认真思考这个问题。

对以上三个问题的回答越准确，你就越容易确定优先事件，进而避免拖沓，集中精力迅速处理那些最重要的工作。

只做最重要的事情，决不做不重要的事情。歌德曾经说过："最重要的事情永远不能向最不重要的事情做出让步。"

无论多少困难，做事有方的人总是先处理那些最重要的事情。结果，他们总是卓尔不群，遥遥领先于一般人，他们比芸芸众生更快乐。这也应该成为你工作和生活的方式。

三、当前的选择和行为要与远景目标协调一致

哈佛大学的爱德华·班菲尔德博士经过50余年的研究，得出这样一个结论：是否具有"长期远景"，是准确判断美国社会和经济发展程度与水平的一个最为精确的指标。

成功人士对自己的未来都有一个清晰的打算，他们能够设想未来5年、10年甚至20年的情景。所以，他们总是对自己当前的选择与行为做细致的分析，以确保它们与自己的长远目标协调一致，这样你的工作效率就会大大提高。

成功者往往是那些愿意推迟享受、在短期内做出牺牲的人。从长远的角度来看，他们能够获得丰厚的回报。相反，失败的人往往只看到眼前利益，追求短暂的满足，而很少顾及未来。

一位成功的励志演说家，曾经说过一句著名的话："失败者只想缓解自己的压力，成功者则致力于实现个人目标。"比如：每天清晨早早去公司上班，定期阅读图书杂志，了解自己从事领域的最新动态，参加各种培训班以提高自己的工作技能，以及专注于能够体现个人价值的重要工作。相反，最后一分钟才走进办公室，上班时间看报纸、喝咖啡、与同事聊天……这些行为也许能给人带来短暂的快乐，但是从长远来看，却会令职位长期不变，工作业绩平平，久而久之，你整个人就会产生一种挫折感。

四、用成就感来克服拖沓

一旦确定了自己的主要职责范围，接下来，你就该对自己的优势和劣势进行分析了。你的强项是什么？弱项又是什么？你擅长哪些方面的工作？哪些方面你比较薄弱？你工作中最薄弱的那个环节，决定了你发挥自己能力的最大限度。

在工作中造成拖沓和失误的主要原因是，人们总是避免去做那些自己并不擅长的工作。面对困难，他们不是想方设法提高自己解决问题的能力，而是干脆采取逃避政策，结果只能是雪上加霜。

与此相反的是，你在某一领域内做得越出色，你的干劲儿就越足，决心就越大，克服拖沓、迅速完成任务的能力也就越强。

不过你无须担忧，任何工作技能都是可以通过学习来掌握的。如果别人能够在某一领域内表现出色，那就证明你也一定能够做到，只要你有这个决心。

克服拖沓、迅速完成任务的一个最好办法，就是成为在工作上数一数二的人物。在你的人生目标中，这是一个应该受到特别重视的部分。

五、打造合适的办公环境

首先，你可以清理一下办公桌，使桌面上只摆放和你需要最先完成的任务有关的东西。如果有必要的话，你可以把所有可能用到的东西如信息、报告、资料等，全部收集在一起，然后把它们统统放在你身边，这样，在整个工作过程中，用不着站起来，或者走很远，你就能拿到自己所需要的东西。

办事效率高的人不惜花费时间，为自己打造一个合适的办公环境，从而把工作变成一种享受。在开始工作之前，你的桌面和房间越干净、越整齐，你的心情就越愉快，处理复杂事务的动力也越充足。

当一切准备就绪，你坐下来开始工作的时候，一定要表现出效率很高的样子。挺直腰杆，上身向前倾，后背离开椅子的靠背。从心底里把自己看成一个能干、高效、表现出色的人。

六、通过完善自我来提高效率

正如篮球教练帕特·赖利所说："不进步就意味着退步"。

在所有关于时间安排的技巧中，最重要的一条就是："在自己的领域内精益求精。个人生活方面的完善和工作技能的改进，是节约时间最有效的方法之一。"

在任何一个领域，要想获得成功，不断学习都是最起码的要求。

每天至少要花一小时进行阅读，以了解业内最新动态。每天早一点起床，用多出来的时间浏览相关的文件或书籍，这样有助于你获得提高工作质量与效率的有益信息。

参加那些提高自己工作技能有帮助的各种课程或者讲座，参加业内的研讨会和业务会议，更不要错过高水平的培训和讲习。一定要坐在前排并认真地做笔记。

学识越渊博，你就越自信，对自己的工作就越有把握。同样，你做得越多，任务完成得越出色，你的能力也就越强，效率也就越高。

（摘自博恩·崔西《吃掉那只青蛙》，有删改）

第三节 述职报告

情境导航

《孟子·梁惠王下》:“诸侯朝于天子曰述职——述职者，述所职也。”这种述职可以是口头的，也可以是书面的，书面的陈述，实际上就是一种“述职报告”。目前我国已经普遍实行了岗位责任制和工作人员聘任制。无论何种工作，无论职位高低，大到国务院总理，小至一名普通的基层员工，作为受聘人员，在一定时期内都要向有关部门汇报自己在任期内的任职情况，评议自己的任职能力，接受上级领导的考核和群众监督，这就是述职报告。

唐糖是入职不久的新员工，三个月的试用期已到，公司人事部要求唐糖提交一份试用期述职报告。如果你是唐糖，如何来撰写这份述职报告呢？与我们平时写的工作总结又有什么不同呢？

一、文书常识

（一）述职报告的概念

述职报告是党政机关、社会团体和企事业单位领导干部及工作人员向所在单位的组织人事部门、主管领导机关或本单位干部群众，陈述自己在一定时期内履行岗位职责情况，评议自己任职能力，接受上级领导考核和群众监督的一种应用文体。

述职报告是一种新的自我评述性的实用文体，述职者不仅包括党政机关领导干部，而且一般公务员、专业技术人员及其他工作人员，他们在职务晋升、技术职务考核、岗位目标考核时，都需要在一定范围内进行述职。

（二）述职报告的类型

述职报告按时间分，有年度述职报告、任期述职报告和临时述职报告；按内容分，有综合性述职报告和专题性述职报告；按述职者分，有个人述职报告和集体述职报告；按性质分，有晋职述职报告和例行性述职报告；按表达方式分，有口头述职报告和书面述职报告。

（三）述职报告的特点

（1）规定性

述职者应当根据自己所在岗位的职责和目标，述说做了哪些工作、取得了哪些成绩、工作效率如何、还有哪些地方存在着不足、工作上是否存在失误、工作作风如何等，不能离开自己的工作范围，漫无边际地东拉西扯。

（2）自评性

述职者除了在述职报告中陈述自己的工作情况之外，还必须进行自评。对于考核者而言，仅仅根据述职者对工作的陈述，还不足以对述职者的成绩做出客观的考核。因此，由述职者进行自评。

（3）严肃性

述职是一种十分严肃的公务活动，述职报告作为干部考核、评优、晋升的一个重要依据，要求述职者必须客观地陈述自己履行岗位职责的情形，不允许随意夸大事实，甚至虚构事实，更不允许刻意掩盖工作中的失误。

（四）述职报告的写作格式

述职报告一般包括标题、主送机关（称谓）、正文和落款四部分。

1. 标题

述职报告的标题通常有两种写法：单标题和双标题。

（1）单标题

通常由时限、职务和文种名称三部分构成，如《××××年总经理述职报告》。也可以直接以文种名称为标题，如《我的述职报告》或《述职报告》。

（2）双标题

将内容的侧重点或主旨概括为一句话做主标题，以时限和文种名称或只以文种名称做副标题，如《全心全意为群众服务——××××年度述职报告》《一手抓物质文明，一手抓精神文明——我的述职报告》。

2. 主送机关（称谓）

述职报告以书面形式向组织呈送，要写主送机关名称，如“××党委”“××组织部”“××人事处”等；如果是向有关领导、群众进行口头陈述，则可写称谓，如“各位代表”“各位委员”“各位领导、同事”。

3. 正文

正文包括开头、主体和结尾三部分。

（1）开头。简要说明任职者的基本情况，包括何时起担任何职，岗位职责和考核期内的工作任务，以及工作实绩评价。

（2）主体。根据上级要求，汇报任期内履职情况，主要包括两个方面的内容：

一是任职期间的主要工作实绩、做法或基本经验。其主要内容包括履行岗位职责的情况、工作目标完成情况和突出的业绩以及自我评价等。换句话说，就是写述职者做了哪些工作，怎么做的；取得了哪些成绩，其效益如何，从质和量两方面，进行自我评价。自己主持的工作和协助别人做的工作要分开写。另外，对自己做出突出成绩的工作，有新举措、新进展的工作要重点写，一般性的工作、日常事务性工作要略写。

二是问题和今后的打算或建议。这部分主要明确讲述在履行职责中存在的主要问题和述职者应负的责任及今后改进的具体办法，问题要找准，态度要诚恳，措施办法要可行，切忌问题含糊、措施空泛。

主体部分可采用以下三种结构形式：

一是工作项目归类式。即把自己所做的工作按性质加以分类，如生产方面、销售方面、后勤方面等，一类作为一个层次依次进行阐述。

二是时间发展顺序式。即把任期内的工作按时间先后顺序分成几个阶段，然后逐段叙写。这种形式在任期述职报告中经常使用，因为任期时间较长、涉及面广，所做的工作和存在的问题较多，为了便于归纳总结，以展示工作的全貌，所以将一个时期的主要工作按时间分段，这样也便于在各个阶段中详细叙述所取得的成绩和经验。

三是内容分类集中式。这种形式是最常用的，一般分为主要工作、成绩效益；经验教训、存在问题；今后拟采取的对策等。

（3）结尾。必要时，可以安排一个专门的结尾。可以对自己做一个基本的评价，也可以简要说明自己的一些体会或今后的打算。这些内容如果前面已经说过，也可以省略。

最后一般要用模式化的结束语收束全文，常用的是“特此报告，请评议”“专此述职，请评议”。

4. 落款

正文右下方签署姓名和日期。

二、案例分析

例 3-3-1

×××总公司办公室文秘科科长述职报告

各位领导、同事们：

大家好！

我叫封月，于今年1月竞聘上岗，担任总公司办公室文秘科科长（试用期半年）一职。我职责内的工作内容有：一般性公文的拟定、公文的来文处理、各种会议的会务材料的准备、各种会议的记录及纪要的编写、信息的归集和整理。半年来，在办公室主任的正确领导和合理部署下，在同事们的支持、帮助和配合下，我认真履行职责，使文秘科的工作正常有序、高效地运转，使各项工作任务能保质保量地完成。

下面我从三个方面将半年内任职的情况向各位领导和同事们进行汇报：

一、履职情况

（一）虚心学习，不断提高业务素质和能力

在公司工作期间，我真正体会到了工作的高节奏、高效率、高标准和高要求。我本着学习和探索的态度，虚心向前辈和同事们求教，边学习边提高个人的工作能力。半年中，我学习了党的十八大精神和市委六届三次全会精神，把政治理论知识和自身的工作相结合；利用工作之余系统地学习了上级主管部门规定学习的书目、办公室业务部门的资料及相关理论，同时尽快熟悉了公司的各项管理规定。经过半年的努力，我对于公司的有关政策和文秘工作的认识有了较大的提高。

（二）改进工作方法，高效率完成各项工作

1. 公文的来文处理不断规范和完善。在工作中，始终坚持按照《党政机关公文处理工作条例》的要求来完成各种公文的处理。每天来自各单位的文件数量很多，公文处理稍微有遗漏、处理不及时，就会给各项工作带来不利影响。因此，公文的来文处理关键是要有清晰、明确的流程，以达到随时查阅来文去向和处理结果等。通过工作实践，我设计出更加适合公文来文处理的各种表格，使来文处理规范化、具体化、程序化，使科室其他的成员能随时补位、及时处理来文。对于各分公司上报的公文，如有存在不规范的行文格式，通过电话告知，及时给予纠正。

2. 发文处理的把关工作更加严谨。各部门的发文汇集到文秘科时，我们要对每篇发文进行认真审核，保证所有发文的规范性，到目前为止，发文200余篇，在半年中，经过我审核的发文没有出现过问题。

3. 会议记录的速写技能不断提高。各种会议记录的整理，是一项需要大量时间和精力的工作。而原始材料记录得越完整，对后期工作越能达到事半功倍的作用。只有提高会议记录的速度，才能适应繁忙的工作，以高效率地完成工作。半年当中，我自费参加过速记的培训班，并利用业余时间不断地练习速记的技能，掌握速记的技巧，使会议记录的速度进一步提高。半年来，整理会议记录50多篇，形成纪要20余篇。

4. 信息管理工作更加规范到位。信息能及时、全面反映整个企业的精神面貌和工作动态，这就要求及时、迅速地对各分公司上报的信息进行整理、加工，同时对分公司发生的大事进行催报，使信息管理工作更加规范到位。

（三）以身作则，加强过程管理

文秘科的工作繁忙、琐碎，且具有很强的时效性，在处理紧急的事情时，需要加班加点，我经常带头和同志们一起加班，及时处理各项工作。对于领导临时交办的工作任务，我乐于接受并能够较好地完成。半年中，在时间短、任务重的情况下，两次积极配合监察部门整理有关材料。××××年召开了全集团公司的工作会议，文秘科被安排做会务前各项事项的准备工作，这是我入公司以来第一次参与如此大型的会议，所担负的责任之重大，工作之紧张，是可想而知的。在我和大家的共同努力下，工作会议的会前各项准备工作做到了周密、细致，没有出现任何差错，我们较好地完成了工作任务。

在科室的具体管理工作上，我始终认为文秘科是一个整体，不管是哪位同志工作上出现问题，都直接关系到文秘科整体工作的好坏。因此，在布置安排每项工作后，及时提醒、把关、随时过问工作的完成情况，确保文秘科的工作为领导服务到位，为各部门工作的开展协调沟通到位。

二、存在的不足

半年来，在办公室领导和同事们的指导帮助下，自己虽然做了一些力所能及的工作，但还存在很多的不足：主要是阅历浅、经验少，有时遇到相对棘手的问题考虑欠周密，视角不够灵活，缺乏应变能力；对集团公司整体发展情况了解不多；理论和专业知识不够丰富，导致工作有时处于被动等。

三、今后努力的方向

针对以上不足，在今后的工作中，一是要加强学习、深入实践、勤于动笔，不断提高思维能力和文字功底；二是继续坚持正直、谦虚、朴实的工作作风，摆正自己的位置，尊重领导，团结同志，共同把办公室的工作做细做好；三是进一步强化服务意识，积极协助主任做好对内、对外的沟通、协调工作，发挥好办公室的窗口示范作用。

最后，衷心希望各位领导和同事们能够给我提出宝贵的意见和建议，以便我今后更好地胜任本职工作，争取更大的进步。

特此报告，请评议。

述职人：封月

××××年7月10日

（来源于百度文库，有改动）

评析：这是一则常见的向有关领导、群众进行口头陈述的个人述职报告。文章采用内容分类集中式结构形式，重点从自己的履职情况、存在不足和今后努力的方向三个方面进行述职，结构完整，层次清晰，重点突出，是一篇较规范的述职报告。

三、写作指导

（一）注意事项

1. 要做到理实结合

“理”指理论观点，“实”指具体工作情况。述职报告应该以叙事为主，讲理为辅，采用叙议结合的方式来表达。最好的做法就是，在事实的基础上加以分析、归纳、总结，做到理实结合。

2. 要写出个人的作用

个人述职必须交待清楚在每项工作和取得的成绩中自己所起的作用，是起主要的作用，还是支持他人或部下的作用；是起组织协调，还是亲自带头的作用；是起决策，还是提合理化建议的作用。只有讲清个人所起作用，才能看出述职者与业绩的关系，准确评价述职者的功绩。同样，对于存在的问题和过失，也要分清责任，是负领导责任，还是负直接责任。在讲个人作用的时候，要摆正关系，切忌把成绩都记在个人账上，也不能笼统摆政绩，看不出个人的作用。

3. 避免离开岗位职责泛泛而谈，面面俱到

述职报告要围绕岗位职责，讲清楚自己“该干什么、怎么干的、干得怎么样”。着重反映在自己的职权范围内进行的具有个人特色、个人优势的领导、决策和实践活动，这是述职报告的写作重点，是述职报告的精华之所在，也是组织和群众对述职人进行评议的主要依据。凡重点部分须详细、具体、充分、全面；次要部分可略写，甚至有些还可一笔带过。避免离开岗位职责泛泛而谈，面面俱到。

4. 避免把述职报告写成经验材料，谈喜不谈忧

经验材料是指党政机关、群众团体和企事业单位为了表彰先进、传播事迹、交流推广经验所写的材料。经验材料侧重于成绩与经验，可以谈喜不谈忧。而述职报告必须贯彻实事求是的原则，要尊重客观事实，如实地反映情况，坚持一分为二的原则。成功的述职报告不但善于总结成绩，还要善于归纳问题，做到谈喜又谈忧。

5. 注意“述职报告”与“工作总结”的区别

在实际写作中，注意述职报告与工作总结的区别，具体区别见表3-2。

表 3-2 述职报告与工作总结的区别

文种 比较要素	述职报告	工作总结
立足点	立足于个人的工作	立足于单位的工作
目的和作用	主要是为组织部门、有关领导、群众考核述职者提供依据	主要是为了总结经验教训，把今后工作搞得更好。同时，也有助于不断提高自身的工作能力
内容侧重点	以汇报履行职责情况、报告德才能绩为主，重点在于展示履行职责的思路、过程和能力，重点和范围有确定性，仅限于职责的范围之内	一般以归纳工作事实、汇总工作成果为主。重点在于阐述主要工作，取得的成绩都可以归纳其中
表达方式	夹叙夹议	叙述

（二）参考模板

×××××述职报告

××组织部（人事处）：

×××。现将任期内的履职情况汇报如下：

一、履职情况

（一）×××××××××××××××××。（略）

（二）×××××××××××××××××。（略）

（三）×××××××××××××××××。（略）

（四）×××××××××××××××××。（略）

……

二、存在的不足

（一）×××××××××××××××××。（略）

（二）×××××××××××××××××。（略）

……

三、今后的打算或建议

×××。

特此报告，请评议。

述职人：×××

××××年×月×日

四、实战演练

学期末，学院团委要求各学生会主席向全体学生会成员做一次述职，请你以某一学生会主席的身份，撰写一篇述职报告。

拓展阅读

我的述职报告

尊敬的唐太宗陛下：

我叫唐三藏，又名唐僧。为弘扬佛法，普度众生，超度亡魂，根据《公元627年大唐工作安排》（唐发〔627〕1 号）的精神，成立唐三藏取经办公室，奉命到西天拜佛求经。取经办公室师徒 4 人历时 14 年，行程十万八千里，经历九九八十一难，终于取得了我佛大乘真经，圆满地完成了取经任务。

取经过程中，我们师徒 4 人严格按照佛祖指示，牢记职责使命，明确任务分工，爬山涉水，斩妖除魔，涌现出了大量好人好事和可歌可泣的动人事迹。一路上降魔无数，转移解救被困群众 4 万余人，捣毁妖怪聚点 48 处，感化、转化各路魔王 128 人次，除八戒同志外其余 3 人先后拒绝各类美女诱惑 240 余次（其中，当面拒绝 200 余次）。

回顾整个历程，我们深刻感觉到之所以能取得真经，主要得益于我佛如来的精心策划，得益于观音菩萨的具体指导，得益于唐王陛下的大力支持，得益于悟空、悟能、悟净三位徒弟的精心保护，得益于各路神仙的积极配合。

一、取经所取得的成绩与经验

1. 思想高度重视，组织领导得力

首先，佛祖英明。

佛祖经过反复论证，认为取经是拯救苍生的最基本、最正确的道路，专门派观音菩萨到实地考察寻求合适取经人，经过严格筛选、考察、考评，最终选定合适人选（也就是我），体现了严谨、扎实的领导作风。

其次，唐王支持。

唐王任人唯贤，不拘一格，体现了以民为本的科学发展思路和英明领导；善于从长远发展观出发，大胆启用新人，并且认我为“御弟”，充分表现出了对取经事业的大力支持。

再次，本人重视。

自从和唐王一别，我就在思想上牢固树立降妖除魔为人民、取得真经报佛恩的思想观念，高度重视这次任务。当初只身一人，就先后经历了强盗、野兽、重病、天气恶劣等困难，其中滋味是不可言喻的。但我在思想上从未放弃，因为只有取得了真经才可以拯救苍生，只有取得了真经才可以成佛。

为确保此次取经任务圆满完成，专门成立了由我挂帅，大徒弟孙悟空任组长，二徒弟猪八戒任副组长，三徒弟沙僧任成员的领导小组，加强了对此项工作的组织领导。

2. 过程注重转变，结果力求实效

受领取经任务的最初，我就开始了从一个“当一天和尚撞一天钟”的小僧到一个取经人的转变。不但自己转变，也要让徒弟们、妖魔鬼怪转变。

大徒弟孙行者，生性刁蛮，出身荒山野岭，不识大体，有前科，曾大闹天宫，使玉帝不得安宁，也曾在佛祖手上小便，严重影响佛门声誉，要使他转变是十分困难的。在观音菩萨的直接领导下，我救他于五指山下，给他念我佛的经文，让他认识到错误的严重性，经过我的耐心说服教育和每天三十遍紧箍咒之后，就服服帖帖地留在了我的身边，并成为我的得力助手。

二徒弟猪八戒，曾为天篷元帅，生活作风有过问题，因调戏嫦娥被贬下界。我在高老庄收他为徒，给他讲空即色、色即空的道理，动之以情，晓之以理，使他有了很大转变。虽然在途中对个别女同志还存在言语冲动等过激行为，但没有造成严重后果。剖析问题根源，也只是因为他六根未净，外界影响太深所致，况且都是背着我干的，我并不知情。

三徒弟沙悟净，本是天上卷帘大将，因工作标准不高，摔坏玉帝酒杯，被贬流沙河，心中充满怨气。看在他把前边取经人都吃掉的份上收他为徒，使他从吃取经人的妖怪转变成一个取经人。我也常给他讲别和领导过不去的道理，加速他转变。

3. 工作认真负责，坚持多措并举

抱着未成佛要先有佛心的态度，在任何时候，任何情况下都以佛的行为来约束自己。我们杀死的妖怪其实只是冰山一角，更多的妖魔在我的一番苦口婆心的劝说下将我送回。我主要给他们讲道理，使他们明是非、知罪过。（具体事例太多，从略。）只有那些顽固不化或者是背景后台比较硬的还一时执迷不悟，但结果那些执迷不悟的已被我所铲除，有背景的均已遣返给原主人。声明一点，我工作中注重讲求方式方法，本人不曾动他们半根毫毛。

4. 奖惩实施严格，统一标准要求

没有严格的纪律就不会有内部的团结，奖惩不分明就不能服众。取经路上我注重建章立制，明确奖惩，该奖的就奖，该罚的就一定要罚！

奖的时候可以让其多吃点、多喝点、少值个夜班。罚的时候决不能心慈手软，在三打白骨精时，取消了孙悟空的取经资格，只因他平时太居功，有越俎代庖之嫌。八戒闹分家的时候，及时叫悟空给他一点教训，让他认识到危害团结、有害健康，使他的思想和行动统一到共同取经上来。

5. 做到遵纪守法，积极争取民心

在取经的路上所受到的钱、权、色的诱惑具体事例太多，不胜枚举。我能够牢记唐王的指示要求，做到不为金钱、权力、女色所动。一共拒金银十五万八千六百五十四两七钱，拒权利 76 次，拒女色前面讲过了是 240 余次，其中当面拒绝（个别在床边拒绝）的就有 200 次之多。

那些都是过眼云烟，不是我所需要之物，虽然说在取经的路上没有金钱是万万不能的，可我仍坚持靠化来的斋饭度日。后来又听说有人以我的名义擅自收受财物，可都是在我不知道的情况下进行的，我并不知情。如果让我发现是谁，我会从严处理。尤其是在女儿国，国王陛下执意要嫁给我，并用让出皇位的高官厚禄诱惑我，但我始终牢记自己的职责使命，从严要求自己，拒绝了她。

二、取经历程中存在的不足及今后打算

一是思想上太单纯，领导水平有待进一步提高。

有好几次因听信妖怪谗言，险些失身，尤其是冤枉误会悟空，导致六耳猕猴趁机而入，险些酿成重大事故。我感到失身事小，取经事大，这种单纯的思想是十分有害的。深究根源，主要责任在我，有时候不讲究领导艺术，领导方法简单粗暴，官僚思想严重，不能采纳群众的正确意见。

二是管理不够严格，精细化管理程度亟待加强。

3 名徒弟都有一些本事，经常一溜儿就是几千公里，管控难度比较大。尤其是悟空，八小时以外经常跑到天上、水里找朋友聊天、叙旧，有时还酗酒。3 名徒弟，途中还偷了金蝉子家的人参果，悟空不讲大局，不讲原则，把人参果树给拔了，严重影响了僧民关系，破坏了取经人的良好形象。八戒背着我去调戏民女，居然还被菩萨当场捉住。

三是记性不够好，个人修养仍需要长期锻炼。

我们把经都取了，却忘了给河里的千年老龟询问寿命，渡河时被老龟忽悠到水里，导致部分真经受损。

以上是我在取经途中的几个方面，不能代表全部。我的成绩远远不止这一点。顺便说一点，在贫僧的指挥下，我们师徒4人广泛开展了为民办实事活动，一路上赢得了群众的广泛赞誉。

汇报完毕，不足之处，请批评指正。

汇报人：唐三藏

××××年×月×日

（来源于佚名文章，有改动）

第四节 调查报告

情境导航

大学生是当代社会的生力军，是富有活力的一个特殊群体。他们既是当前消费的主体之一，也是未来消费潮流的引导者。目前，绝大多数学生的经济来源都来于父母，经济独立性差，大部分是第一次走出家门，走向独立生活，自控能力不强。因此，关注大学生消费，特别是培养和引导大学生形成科学、理性、文明的消费观，在当前经济环境下显得尤为重要。

××学校学生处最近正在准备一场关于“大学生如何做到理性消费”的专题报告会。这场报告的听众就是全校学生。为了让这场报告会更加贴近学生生活，更加生动和有现实的说服力，学生处决定对本校大学生的消费情况进行一次摸底调查，如果你也参与了这项工作，并承担调查报告的起草任务，你将如何完成这项任务？

一、文书常识

（一）调查报告的概念

调查报告是针对社会生活中的某一情况、某一事件、某一问题，进行有目的的、系统的调查研究之后，所写的有事实、有观点、有结论的书面报告。调查是报告的基础，报告是调查的反映；调查是报告的依据，报告是调查的综合；调查是报告的灵魂，报告是调查的体现。总之，没有调查研究就不能产生报告。

调查报告在日常生活中使用非常广泛。它可作为公文使用（一般是附件形式），也可以作为新闻报道在报纸、期刊上刊登，更多的时候是一种内部文书，是用来向上级机关、有关部门汇报的。它为领导决策和制定政策提供参考和依据，或为单位部门提供经验教训。调查报告有时也写作“调查”“调查与思考”“考察报告”“调查汇报”等。

（二）调查报告的类型

1. 新生事物的调查报告

这类调查报告主要针对现实生活中涌现出来的具有典型意义的新形势、新事物、新情况。通过调查研究，让人们了解这些新形势、新事物、新情况的产生原因、产生过程及产生的意义和前景，引起人们的关注和支持，以促进新生事物迅速成长。这类调查报告重在对新生事物的前景和意义进行展示和分析。

2. 反映情况的调查报告

这类调查报告主要为读者提供必要的信息，使读者了解社会生活诸方面的情况、变化、发展的过程以及值得注意的倾向。它包含的信息比较大，反映的社会情况比较全面，对领导部门的决策很有参考价值。这类调查报告重在以数据和实例来反映基本面貌和发展状况，同时还会提出建设性意见。

3. 典型经验的调查报告

这类报告用来反映开展某项工作的典型经验，要求写明开展工作的具体做法和实际效果。这类调查报告重在以点带面，推广经验。

4. 揭露问题的调查报告

这类调查报告主要是揭露某个方面或某项工作中存在的弊端，揭露社会上的种种不良倾向，分析这些弊端和不良倾向产生的原因以及造成的后果，指出它的危害性，以期引起有关部门与社会的重视和警惕，从而达到汲取教训、解决问题、教育群众的目的。这类调查报告重在对问题和矛盾的危害性的分析，以及解决措施和办法的提出。

（三）调查报告的特点

1. 真实性

它的真实性就是要以事实为根据，不仅报告中涉及的人物、事件要真实，事件发生的时间、地点、背景、过程、原因和结果也必须真实。

2. 针对性

社会调查报告就是要有针对性地调查研究一些社会实践中的具体问题，回答广大群众关心的问题，解决“面”上迫切需要解决的问题。

3. 典型性

调查报告就是通过反映具有一定的代表性和说服力的典型事例来说明问题的。

（四）调查报告的写作格式

调查报告一般包括标题、正文和落款三部分。

1. 标题

调查报告的标题比较灵活，通常有三种写法：

（1）由调查范围（对象）、调查内容和文种名称三部分构成，“调查报告”也可写成“调查”，如《大学生犯罪现象调查》《一个富裕居委会的财务调查》《××市工薪阶层生活状况调查》。

（2）公文式标题。通常省略发文机关，由事由和文种两部分构成，如《关于大学生应用文写作能力现状的调查报告》《关于手机短信问题的调查》等。

（3）新闻式标题。包括单标题和双标题两种。单标题，如《海拉尔区大力实施计生幸福工程》《小企业也能创造高效益》《为什么××县招商引资这么热》；双标题，正标题即单标题的内容，副标题则说明调查对象及内容，如《腾飞的法宝——苏州外向型企业调查》《三月桃花始正红——××市关于发展个私经济的调查》《走活资产重组一盘棋——寿县国有企业改制的调查》等。

2. 正文

正文包括三部分。

一是基本情况。概括介绍调查所掌握的基本情况，包括调查的时间、地点、对象、目的、方法、主要内容和观点等。

二是调查结果分析。即对调查的情况进行具体分析，并得出结论。应注重具体事实、统计数据分析，文字应简明、准确，条理分明。

三是提出建议措施。在具体分析的基础上，根据实际情况，提出相应的建议和措施，为有关部门恰当处理提供参考。

集中表述调查结果，有三种结构形式：

一是纵式结构。按照事情发生、发展的先后顺序安排材料，即根据事件发展过程的先后次序或按调查的顺序安排结构层次。有些反映新生事物的调查报告即采用此种结构。有些揭露问题的调查报告，有时也要按调查的经过或事件本身演变的顺序反映问题。

二是横式结构。即把调查得来的情况、经验、问题等，分别冠以小标题或序号，从不同的方面围绕全文中心叙述说明。这种结构多适用于反映情况、介绍经验或研究问题的调查报告。

三是综合式结构。将上述两种方法结合起来，但应确定以某一种结构方式为主，另一种为辅的写作要求。

3. 落款

署名和日期。署名为撰写调查报告的个人或集体，署名和日期也可以放在标题的下方。

二、案例分析

例 3-4-1

大学生应用文写作能力现状调查报告

一、调查的基本情况

本调查以南阳师范学院为调查样本，通过对南阳师范学院学生应用文写作能力的调查，收集大学生应用文写作方面真实的、可参考的调查研究数据，了解大学生应用文写作能力水平的现状，为大学生应用文写作能力的培养提供可支撑依据。本调查主要采取随机抽样的方法，从图书馆、教室、宿舍等地点随机抽取学生参与问卷调查，时间为 2012 年 6 月。实际参与调查学生 640 人，收回有效问卷 630 份。其中，文科生 300 人，占 48%；理科生 270 人，占 43%；艺术生 60 人，占 9%。

二、大学生应用文写作现状及分析

目前在校大学生的应用文写作能力相比较而言是薄弱的，据调查结果来看，主要表现在以下几个方面：

（一）在校大学生应用文写作水平整体较弱

大学生应用文写作能力整体水平偏低。在调查中，只有 10% 的学生认为自己具备大学生应有的应用文写作能力。从调研数据结果来看，主要表现在以下几个方面：

1. 应用文基础知识薄弱。在问卷调查中，我们对问卷中的第 8 题至第 11 题，关于“应用文基础知识题”设置的选项都有明确的答案，可以多选，但只有 10%的学生选择完全正确，有将近 90%的学生缺选或未选。由此可看出，学生对应用文的常识性知识了解不多。

究其原因，一方面是学生对应用文写作知识的缺乏。在各高校中，只有文科院系开设有写作课，但也只是开设一个学期，还不到 36 课时，而理科院系则很少开设写作课。教学设置上的空白和教学时数的偏少，使得学生无法通过正常的教学途径获得应用文写作方面的知识。另一方面，学校对应用文写作的重视程度不够。诸多学校将应用文写作作为一门公共课开设，教学时往往是一刀切，内容同一，不能因材施教，因专业而教。教师在教学过程中，也多是采用填鸭式教学，重视课堂理论的灌输，而对于应用文写作的实践操作方面重视不足，也没有较为客观科学的评价体系检验学生的实际学习效果，至于学生是否真正掌握了应用文写作的技巧以及是否能够熟练的应用，更是重视不足。这些原因使得学生的应用文基础常识的构建出现了问题，既无法从学校教育中获得全面系统的应用文写作理论知识和技能，也没有能够主动地进行个人应用文写作素养的提高。

2. 应用文写作实践操作能力欠缺。大学生在平时的写作过程中遇到很多的问题，从调查问卷的第 15 题中（见表 1），我们可以看到，对应用文写作内容和格式的写法不熟悉是目前大学生写作的最大的问题，占到了 40%；其次是在文体的应用上不够准确；三是不能正确把握遣词造句的准确度；四是行文时内在的逻辑条理不清晰。

表 1

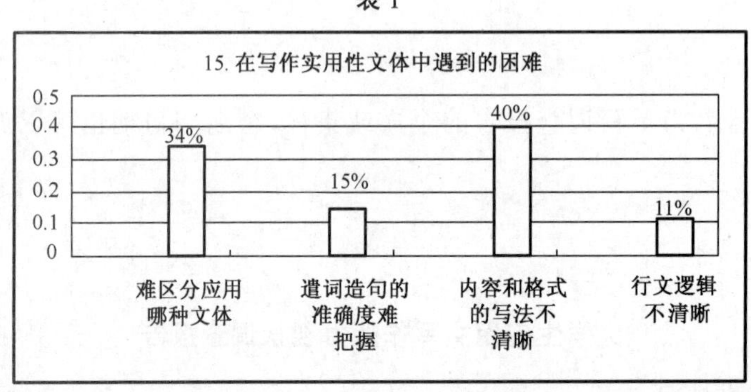

一个人的应用文写作能力的高低是由多方面的因素组成的，无论哪个环节出现问题，都会导致应用文写作能力的下降。通过调查，我们发现造成学生实践操作能力弱有两个方面原因：

（1）学生的成文水平低。一方面是大学生对应用文写作知识欠缺，具体在写作时，不清楚应该运用哪种文体，也不了解各类文体的内容与格式。另一方面是因为当前的在校大学生在阅读时，除了阅读专业书籍外，很少阅读其他书籍，造成知识面狭窄，在写作中词汇匮乏，语言表达上苍白无力。

（2）在校大学生缺乏应用文写作的实践机会。在校的大学生由于本身生活范围的限制，接触应用文写作的机会就少，而且主动进行应用文的实践写作的意识很薄弱。应用文的写作练习，也多是在老师要求下进行的。加之有些学生在写作中投机取巧，一写作就是上网搜索，自己不去主动认真思考，向老师请教，无形中就失去了宝贵的锻炼机会。上述原因的存在，使得在校大学生在实际的应用文写作实践中，就笔下生涩，写不出东西来了。

从这些现状上看，在校大学生因为客观的原因缺少应用文写作的实践机会。而且，在学生的观念中本身就缺乏对应用文写作的认知，所以在学校的生活和学习中，不能有效地利用各种实践进行写作的机会，自觉地锻炼自己的应用文写作能力，使得在真正使用应用文写作时没有可以调用的存贮知识，只好就从现有的案例中现学现卖，草草了事。使得写作成为一种不负责任的行为，也使得学生从心理上轻视应用文的写作，认为应用文写作没有什么可以值得重视和锻炼的地方，导致写作的水平难以提高。

（二）相当多的学生认为应用文写作难

我们在调查中发现，无论文科生还是非文科生，都认为应用文写作很难。就调查问卷中的第 16 题“您认为应用文写作难吗”这一题的整理结果显示，总体有超过 45%的学生选择的是“难”，其中，文科生是 30%，艺术生是 55%，理科生则高达 60%（见表 2）。

在校大学生认为“应用文写作难”主要表现在三个方面：第一，在应用文写作过程中对应用文格式、文体把握不清；第二，对应用文行文的语言规范和特点把握不清楚，在调查问卷中我们发现，大多数学生对应用文的特点和语言特色把握不准确；第三，写作能力不足，调查显示，被调查的学生中有 70%的人在写作过程中经常碰到各种问题，而这也是写作能力不足的一个表现。根据我们的调查和采访，分析产生这个结论的原因如下：

1. 学生的心理抗拒因素很重。通过对学生的走访调查，许多学生反映，在长期的应试教育阶段，写作多为考学而为，教师、家长也多偏重考场作文训练，而且过分夸大写作的难度，无形中给学生造成巨大的心理压力，滋长了学生的写作畏惧情绪。这不仅湮没了学生的主体意识和写作潜能，而且严重制约了学生写作能力的提高。

2. 写作过程较难。主要表现在以下两个方面：第一，文体、内容、格式等区分不准确。文体的正确使用是应用文写作的关键环节，尤其是在行政公文的写作方面，行政公文在相当大的程度上反映着管理部门或单位处理日常业务工作的质量和效能。在撰写行政公文时，首先要考虑的就是根据工作的实际需要，选择正确的文种。而且在内容和格式方面，如果失去了应用文写作的规范，对于阅读者来说，会造成阅读的障碍，甚至会影响到文书内容的实施。我们不能设想，一个单位发出的文书表述不准确、格式不规范，财务部门写的经济状况报告让人摸不清头绪，会给大家带来什么样后果。第二，行文语言的表达不准确。这主要表现在学生在写作时行文逻辑条理不清，难以把握遣词造句的准确度。对于应用文写作来说，语言要求规范和准确，而在当前大学生的写作中，对于语言的训练虽然重视，可是结合应用文写作的语言特点来说，还是缺乏相应的专项训练，致使在具体的写作中，行文缺乏条理和逻辑，遣词造句时也忽略了应用文写作的要求，使得应用文写作对于多数在校学生而言，成为了“难”的事情。

3. 应用文写作本身的枯燥致使相当多的学生感觉写作难。应用文写作的实用特点使得其在内容和形式上都有明确的规范，而且在写作中往往受到各种因素的限制，使得在写作中单一枯燥乏味。应用文写作不同于散文语言生动优美，也不似小说使学生容易产生兴趣。应用文本身的特点，如内容枯燥、语言平淡和格式统一，都使得学生在学习和应用过程中很难产生情感的共鸣，缺少创新的动力。另一方面，应用文写作在在校大学生的日常生活中很少被运用到。在校大学生缺少社会实践活动，也缺乏应有的写作锻炼机会，课余时间也没有主动关注各种与写作相关的社会实践锻炼，并且对于写作这样的软性能力没有引起足够的重视，无视各种丰富的社会锻炼机会，以致缺乏应有的社会经验，写作内容匮乏。

（三）在校大学生对应用文写作的兴趣偏低

大学生对应用文写作的兴趣偏低。在具体的写作教学过程中，我们发现，大学生中普遍存在着口头和书面语言表达能力差，写作水平低，文章错别字、语病多，词不达意，表意不清，条理和逻辑混乱等问题。然而奇怪的是，没有多少学生对应用文写作感兴趣，相反有许多学生把应用文写作课作为一种负担，能逃避的就逃避。表现为以下两个方面：

表2

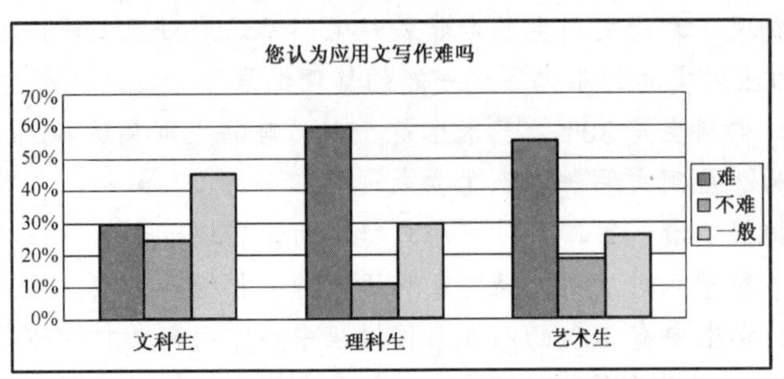

第一，大学生不喜欢写作。在回答问卷中的第2个问题“您是否喜欢写作”时，只有25%的学生选择的是喜欢，48%的学生选择的是不喜欢，27%选择的是一般。而在回答第6个问题“您对应用文写作的兴趣如何”时，也只有8%选的是浓厚，选择一般的是55%，选择没有的是37%（见表3）。从这些数据中，我们可以很清楚地看到，大学生对应用文写作的兴趣偏低，甚至到了讨厌的地步。

第二，大学生被动写作。在对问卷中的第3个问题“上学以来，您通常是在什么情况下进行应用文写作”的结果统计中，有55%的学生写作是因为老师要求，20%是情感需要，17%是消磨时间，8%是娱乐（见表4）。通过对一些学生的访谈，我们也了解到，现在的大学生平时很少进行应用文写作，有些大学生甚至是一两个月也不写一篇文章，即使提笔进行写作，也多半是老师布置的课程作业。对于现代大学生对应用文写作兴趣如此之低，我们采访了一些相关的专业老师和一部分学生，从他们的回答中，得出以下几个方面原因：

表3

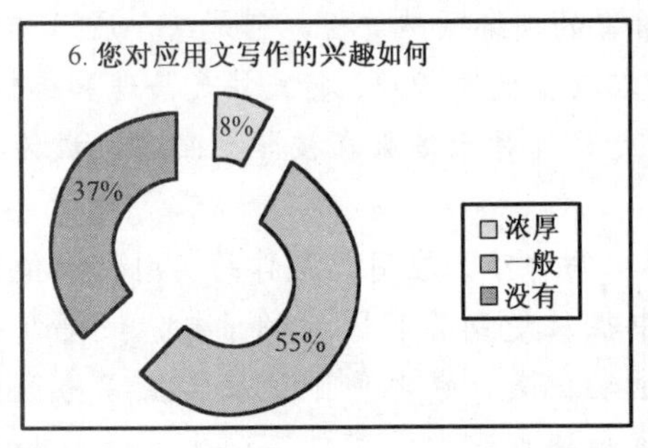

表4

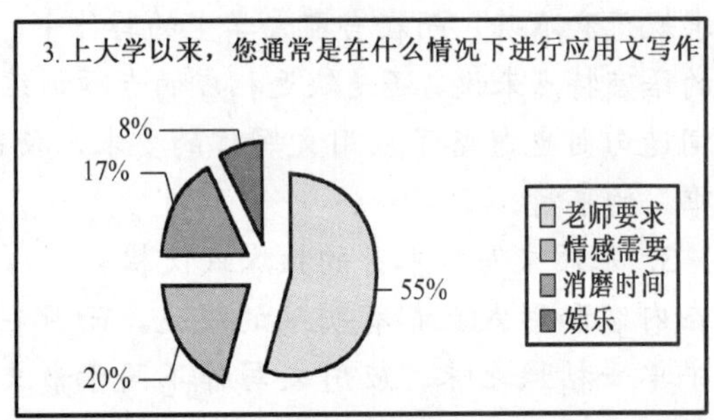

1. 应用文写作难。这个问题我们在前文中已经提到，其实，大学生对应用文写作的兴趣低，很大一部分原因是因为应用文写作较之一般写作来说，有很高的专业性和问题的限制性。再加上现代大学生平时缺乏对应用文知识的积累，以及应用文的实践训练，所以在实际写作中就会遇到很多困难。

2. 应用文写作枯燥。一方面，应用文立意的受命性，成文的程序性，格式的规范性，语言表达的明确、庄重、简约性，这些特征，无形中限制了学生思想认识、情感体验的自由展开，也抑制着学生创造个性的自由发挥。另一方面，应用文的写作多是围绕具体的工作而进行，不能充分调动学生的兴趣。所以，在写作时便显得单调、枯燥、乏味，制约着学生创造个性的自由发挥，从而导致学生写作时常常处于一种机械、被动、单调甚至冷漠、厌恶的状态，缺乏写作兴趣。

3. 学生对应用文写作有抗拒心理。在长期的应试教育阶段，写作多为考学而做。教师、家长偏重作文训练，而且过分夸大写作的难度，无形中给学生造成巨大的心理压力，使学生对应用文写作产生恐惧和排斥心理。对学生来说，积极的情感比渊博的知识和高度的责任感都重要，带着沉重的心里惶恐感，学生怎么能自主写作呢？

（四）理科生对应用文写作的重要性认识不够

应用文是人们在日常工作、生活、学习中最常用的基本文体，特别是在当今我国经济正处于快速稳定发展时期，各个行业和单位的管理也日趋规范化和科学化，应用文作为重要的管理工具，在当下的社会生活中用途更为广泛。

在调查中发现，在对问卷中的第 7 个问题“您认为大学生是否有必要掌握应用文写作的技巧”和第 13 个问题“您是否认为应用文写作对您以后的工作有很大的帮助”两题中，占调查总数 43%的理科生中有将近 20%的学生选的“否”。这说明，有相当多的理科生对应用文的重要性认识不够。我们通过对调查数据的分析和对在校学生的走访中发现，产生这个问题的原因，主要有以下两点：

1. 在校大学生写作常识缺乏。在对第 5 题“您了解什么是应用文写作吗”一题的回答中，理科生中有 66%选择的不清楚。我们在对一些理科生的采访调查中也发现，很多理科生对应用文的范围很不明了，他们不知道一份实验报告、一篇学术论文、一篇演讲稿、一份申请书、一份调查报告等都属于应用文写作，而这些也是在平时的学习中经常用到的。理科生对应用文的界限不清楚，觉得平时的学习和工作中用不到应用文写作，因而就对应用文写作的知识不关注。再者，大多数理科生在高中时期语文基础薄弱，写作能力较差。进入大学后，由于专业的划分，认为自己无须掌握应用文写作技巧。也就没有认识到在日后的找工作及工作过程中，应用文写作的水平，会是衡量大学生综合素质的关键因素。正是理科生的这种无意识，造成了他们对应用文常识的缺乏。

2. 在校大学生平时的应用文写作实践训练少。当下很多大学的理科院系并未开设写作课程，这就使理科学生失去了学习应用文知识的机会，也失去了平时课堂上锻炼写作的机会。再者，由于理科生专业的限制，认为理科不需要写作知识，也不用写作，就使他们在大学期间很少有机会进行应用文写作的训练。理科生应用文写作的实践锻炼的缺乏，就想当然地认为应用文写作对自己来说是没有多大用处的。其实，近年来，许多公司、企业在聘请员工时，不管是笔试，还是面试，都十分注重考查应用文的写作。因此，掌握应用文写作的技巧对于理科生日后的工作、就业同样起到至关重要的作用。所以，不论是对于文科生，还是理科生来说，应用文写作的重要性是毋庸置疑的。

三、提升大学生应用文写作能力的几点建议

根据此次调查，我们发现当代大学生的应用文写作水平整体较低，普遍认为应用文写作难，对写作的兴趣低，以及对应用文写作重视程度不够等问题，对于怎样提高大学生的应用文写作能力，我们有以下几点建议：

（一）提高大学生对应用文写作的重视程度

1. 从课程设置上，加大课程讲授力度。在当前的在校大学生的人才培养方案中，对于应用文写作课程的开设，重视程度还需要加强。不仅在文科院系要开设写作课程，理科也要普遍开设。而现在的大学，文科院系应用文写作大都只开设一个学期，每周 2 课时，总课时数最多不过 36 学时，课时量根本不能满足教学需要。因此，加大文科生的写作课时量是非常必要的，此外，文科专业还可在现有人才培养方案的基础上，强化不同专业的应用文写作类课程的专业性，使学生了解各种应用文体的写作内容和格式，可以学以致用。非文科专业至少应开设公选课，课时量至少也在 40 课时左右，使学生对应用文有基本的了解，并初步掌握基础的应用文写作技巧。

同时，在应用文写作的课程讲授中，教师也要加大讲授力度。第一，教师要时时关注当下社会对于应用文写作的新需求和新的研究成果，能够把一些关于应用文写作的最新研究成果和信息扩充到教学中；第二，教师在授课中，强化应用文写作思路教学，从思维模式及思维认识方法的角度，引导和启发学生的应用思维能力，打破强制学生被动感知的单一教学方法；第三，教师应着眼于社会的实际需求，传授学生急需用到的一些应用文体，比如入党申请书、电子邮件、求职信等；第四，根据使用频率的高低，对所学文种分为“必会”和“了解”两部分。对于“必会”部分，训练的重点是会写、写好，能通过写作训练，使学生熟练掌握这些常用应用文的写作规范和要求，并能够进行相应的写作实践。对于“了解”的部分，通过教师的课堂讲授，使学生能够掌握基本知识，了解其写作规范即可，从而让学生学会写作应用文。这样的安排，既可以保证学生的学习效果，又能根据学生的实际需求掌握应用文的写作技巧。

2. 从学生的学业考评上，把写作能力作为一项考评项目，引起学生的重视。我们建议可采取以下措施：第一，加大对学生假期社会实践的考察力度，把学生在假期做的实践论文与平时的量化挂钩，合格者方可取得一定的量化成绩，使学生重视社会实践的应用文写作；第二，文科院系可将应用文写作课的考查方式进行改革，在应用文写作课程的成绩中加大平时考核的比重，引起学生对于应用文写作实践的重视；第三，可以结合各个学校和院系的实际情况，每学年或者每个学期给学生一些与专业相关的应用文写作的题目，以学年论文和学期作业的方式，让学生独立自主完成应用文写作的练习，作为期末成绩的一个组成部分，从而使学生从心理上重视应用文写作。对于非文科生来说，可将应用文写作作为其在大学期间限定选修课程，考试合格方能取得相应学分。这样，结合在校大学生的学业考评实际，使学生重视应用文写作，自觉地锻炼、提高应用文写作能力。

（二）加大在校大学生对应用文写作的实践量

1. 通过教师在课堂上提供实践机会，使学生得到教师的有益指导，重视应用文写作能力的训练。这就要求教师在应用文教学中，除进行常规性应用文教学外，还可以根据学生的专业特点，因材施教，打破教材束缚，补充教材以外的与学生专业相对应的应用文种，进行与学生所学专业相关的应用文教学。如在讲授计划、总结、请示、报告、实习报告、毕业论文、求职应聘文书等文种的写作时，结合学生的所学专业进行一些补充文种的讲授。如旅游专业的学生，教师在讲授的过程中应补充演讲稿、欢迎词和导游词等的写作。这样教师在教学中将应用文写作教学与学生的专业有机结合，才会使应用文写作教学有助于提升学生的职业能力，这样才能使学生更快地适应将来的工作需要，并激发学生进行应用文写作训练的积极性和主动性。

2. 在校大学生自己应主动地参与到各种课外活动中，在活动中锻炼自己的写作能力。学生是学习的主体，在学习的整个过程中，能力的培养和提高都离不开学生自觉主动地追求和训练，写作也是同样。大学生除了上课以外，其他实践操作活动其实也比较多，如学校召开的校园风采大赛、运动会，举办的各种比赛活动，还有日常的班务活动、社会实践活动等。比如，为各种社团活动、运动会写开幕词、闭幕词、会议通知、会议讲话稿，为参加演讲比赛写演讲稿，为自己拟订学习计划、写学习总结等。还可根据社会的实际需要练习各种文体的写作，例如为一些单位、部门承担实际的写作任务或者写贺信、欢迎词、答谢词、祝酒词等，或者为他人写广告、合同、诉状等。这种兴趣教学法，既增强了学生学习应用文写作的趣味性，又提高了学生应用文写作的能力。

（三）调动各种手段，提高大学生对应用文写作的兴趣

1. 教师在课堂讲授中，可采取多样的教学方式，注意和学生的实际情况相结合，提高学生的学习兴趣。如教师在课堂上可以采用情境教学法、案例教学法、模拟现场写作法、范例教学法、比较法，等等，引导学生进入情境，使学生在特定的环境情势和具体的写作情境下，进入积极的写作实践。比如法学专业教师讲经济合同时，可以先给学生介绍合同有关的写作知识和背景材料，然后让学生充当合同双方当事人就合同条款进行谈判协商，最后达成一致再写作成文。在讲解具体文种的写作时，教师可以给学生介绍并分析一些规范的、典型的例文，运用范例引路。通过赏析典范例文，指出写作的难点与要点，借鉴写作方法与技巧，使学生对抽象的写作理论有具体、真切的了解，再通过学生自己的写作实践，就可以将写作知识转化为写作能力。当然，还可以适当介绍和分析一些不规范的反面例文，使学生从反面懂得哪种写法是规范的，哪种写法是不当的。这种范例引路的方法，可以使学生加深对理论知识的理解，掌握文章的具体结构形式和写作要求，引领学生步入实际写作能力的生成和发展轨道。

教师还可以将课堂教学同课外活动、社会实践活动结合起来，大大拓展教学内容的空间，把学生领入一种动态的、立体的精神活动领域，不断调整完善其写作行为，培养学生学好写作课的责任感、自觉性和积极性，从而全面提高学生的写作综合素质，培养出真正的写作人才。

2. 在校大学生应主动学习，把提高写作能力作为专业学习和全面发展的一个重要方面来对待。应用文写作与我们的日常学习、工作是息息相关的，学习和掌握好应用文，是大学生应聘就业找到理想工作的需要。随着社会的不断发展，人们交往的日益频繁，应用文越来越受到人们的重视。在校大学生首先应克服自己对应用文写作的排斥心理，从被动学习转换为主动学习，在主动学习的过程中寻找适合自身的学习方法，从而提高对应用文写作的兴趣。为提高学生主动学习的兴趣，还可以使用由易到难、由简到繁的学习方法。可以先广泛涉猎各种应用文体，从例文中借鉴应用文的写作格式和写作技巧，掌握应用文的写作特点、逻辑方式、文体类型，最后进行应用文写作的实践练习。这样在循序渐进的学习过程中，可以使学生提高应用文写作的兴趣，具备应用文写作的能力。

通过调查和分析，我们结合在校大学生的应用文写作能力的实际水平和存在的问题，为在校大学生的应用文写作能力的提高提出了相应的合理化建议：提高大学生对应用文写作的重视程度；加大在校大学生对应用文写作的实践量；调动各种手段，提高大学生对应用文写作的兴趣。相信，通过我们的努力，能为在校大学生的素养的提高贡献一份力量。

总之，对于在校大学生而言，要提高应用文写作的能力，一方面要从思想上端正态度，增强自信心，相信自己可以写好应用文。另一方面要多写多练，没有长期的、刻苦的写作实践，要写好应用文是不可能的，要老老实实地从一篇一篇文章练起，在练中学，在学中练，才能掌握应用文的写作技巧，从容地应对各种复杂的应用文写作，更好地适应社会发展的需要。

南阳师范学院文学院调查组
××××年×月×日

附：

大学生应用文写作能力的调查问卷

应用文是人们在日常工作、学习和生活中处理公私事务时使用的一种具有固定或惯用格式的文体。其使用非常广泛，实践性很强。我们想通过这次调查，有针对性地提出大学生应用文写作的培养方案，以提高大学生的应用文写作能力，更好地适应社会发展的需要。

我们诚恳地希望得到您的支持与配合，占用了您宝贵的时间，我们向您致以深切的谢意！请您就以下问题在您认为合适的地方打“√”。

性别：　　　　　　　　　年级：　　　　　　　　　院系：

1. 您在大学除学生外的身份（可多选）

□班委　　□学生会成员　　□协会干事　　□无

2. 您是否喜欢写作

□喜欢　　□不喜欢　　□一般

3. 上大学以来 ，您通常在什么情况下进行写作（可多选）

□老师要求　　□情感需要　　□消磨时间　　□娱乐

4. 您在大学期间写过以下哪些文体（可多选）

□通知通报　　□计划、总结　　□简报　　□调查报告

□演讲稿　　□学术论文　　□实验报告　　□毕业设计

□消息通讯　　□请柬、欢迎词

5. 您了解什么是应用文写作吗

□熟知　　□了解部分　　□不清楚

6. 您对应用文写作的兴趣如何

□浓厚　　□一般　　□没有

7. 您认为大学生是否有必要掌握应用文写作的技巧

□是　　□否

8. 您认为应用文的种类有哪些（可多选）

□行政公文类　　□通用事务类　　□个人事务类　　□专用类

9. 您认为应用文具有以下哪些特点（可多选）

□直接功用性　　□内容真实性　　□思维逻辑性　　□格式稳定性

10. 您认为应用文的语言应该是（可多选）

□严谨庄重　　□准确恰当　　□朴实得体　　□简明生动

11. 您认为应用文写作的用途有哪些（可多选）

□传递信息　　□处理事务　　□交流感情　　□用作凭证

12. 您是怎样学习到应用文写作规范的（可多选）

□老师教导　　□上网搜索　　□范文借鉴

□自我领悟　　　　□相关书籍

13. 您是否认为应用文写作对您以后的工作有很大的帮助

□是　　　　□否

14. 您在应用文写作方面是否经常碰到问题

□是的，经常　　□偶尔碰到　　　　□平时不写　　　□基本没问题

15. 如果写作实用性文体中碰到困难，比较常见的是以下哪种情况（可多选）

□难区分应用哪种文体　　　　□遣词造句的准确度难把握

□内容和格式的写法不清晰　　　　□行文逻辑条理不清晰

16. 您认为应用文写作难吗

□难　　　　□不难　　　　□一般

（来源于百度文库，有改动）

评析：这是一则关于大学生应用文写作能力现状的调查报告。全文从调查的基本情况、大学生应用文写作现状及分析、提升大学生应用文写作能力的几点建议等三个方面进行阐述，条理清晰、分析透彻、格式规范，具有较高的参考价值，是调查报告中的典范。

三、写作指导

（一）注意事项

1．深入细致调查，广泛占有材料。深入实际，搞好调查研究，占有丰富的材料是写好调查报告的前提和基础。因此，在调查阶段，就要广泛地搜集材料。无论正面材料还是反面材料、事实材料还是数据材料、历史材料还是现实材料等都要尽可能地掌握。只有这样，才能准确、全面地了解调查对象。

常用的调查方法：开调查会、个别访问、问卷调查、实地考察、网上调查、查阅资料等。

2．分析研究材料，从中提出观点。运用科学的方法对搜集到的材料进行分类、鉴别、筛选，研究和归纳，去粗存精，去伪存真，并从材料中总结出规律性的东西。

3．用事实说话，做到观点与材料的统一。作者应善于抓住那些最能说明问题的材料，并合理安排，用材料说明观点，观点从材料中来，做到观点与材料的统一。切忌空发议论、堆砌材料。用材料说明观点的方法有：选择典型材料说明观点，运用对比材料说明观点，用精确的统计数据说明观点。

4．详略得当，重点突出。有些人误认为调查报告越长越好，并试图将搜集到的所有信息均纳入调查报告之中，从而导致面面俱到、重点不突出。因此，一份优秀的有价值的调查报告应该是简洁、有效、详略得当、重点突出。

5．调查报告的主要表现手法是叙述，也可以带一些议论。多数调查报告使用第三人称。

6．在实际写作中，注意“调查报告”与“工作总结”的区别，具体区别见表3-3。

表3-3　调查报告与工作总结的区别

文种 比较要素	调查报告	工作总结
写作目的	用来向上级机关、有关部门汇报情况，为领导决策和制定政策提供参考和依据，或为单位部门提供经验教训	重在对工作进行回顾和总结，得出经验教训，指导实践

续表

比较要素＼文种	调查报告	工作总结
反映范围	可以是本单位，也可以是外单位，更多的是社会上的人和事	局限于本单位、本部门、本人过去的工作内容
使用人称	第三人称	第一人称

（二）参考模板

××××××××调查报告

一、调查的基本情况

××（包括调查的时间、地点、目的、对象、事项、方法及基本结论）。

二、调查结果及分析

（一）×××××××××××××××××。（略）

（二）×××××××××××××××××。（略）

（三）×××××××××××××××××。（略）

（四）×××××××××××××××××。（略）

三、建议措施

（一）×××××××××××××××××。（略）

（二）×××××××××××××××××。（略）

（三）×××××××××××××××××。（略）

（四）×××××××××××××××××。（略）

×××调查组

××××年×月×日

四、实战演练

针对本校学生在课余生活、课外活动、课外阅读、消费、考证等某一方面的情况进行调查，并形成相应的书面调查报告。

拓展阅读

怎样设计调查问卷

1. 调查问卷的关键就是开头，能否有一个很好的开头是至关重要的。开头主要包括问候及填写说明，以亲切的口吻问候被调查者，使被调查者感到礼貌、亲切，从而增加回答问题的热情。开头要简要说明填写要求，以提高调查结果的准确性。简单明了，不繁杂，使人看一眼就觉得方便，能够配合你的工作。

大学生消费观调查问卷

您好！我们是×××，我们正在进行一项大学生消费观的调查，想邀请您用几分钟的时间帮忙填写这份问卷。本问卷实行署名制，所有数据只用于统计分析，请您放心填写。题目选项无对错之分，请您按照自己的实际情况填写，谢谢！

2. 内容也是最重要的部分之一，因为它本就是问卷的重心。问卷上所列问题应该都是必要的，可要可不要的问题不要列入，顺序应该得当，要有连贯性，这样别人回答起来也会比较简单。

一、计划购车时间

1. 半年内　2. 一年内　3. 两年内　4. 尚无计划

二、购买汽车的价位

1. 5万元以下　2. 5～10万元　3. 20～30万元　4. 30万元以上

三、家庭月收入

1. 1万元以下　2. 1～2万元　3. 2～3万元　4. 3万元以上

四、买车最看中汽车哪些要素？

1. 品质性能　2. 外形　3. 价格　4. 油耗及经济性　5. 安全性　6. 品牌名气　7. 售后服务

五、对自主品牌的接受程度

1. 完全接受　2有选择接受　3. 不会考虑

六、购车最大的顾虑

1. 售后服务不贴心　2. 品质性能不好　3. 用车成本太高　4. 购车后降价　5. 保值不好

3. 在询问问题时不要转弯抹角，如果想知道客人为什么喜欢到你家来吃火锅，就不要问：“你为什么不去他家吃火锅？”你这时得到的答案是他们为什么去他家吃火锅的原因，不是你想调查的结果。那样的话，你就只有根据他们为什么不去他家吃火锅来推测，误差就会比较大。所以问题直截了当的好。

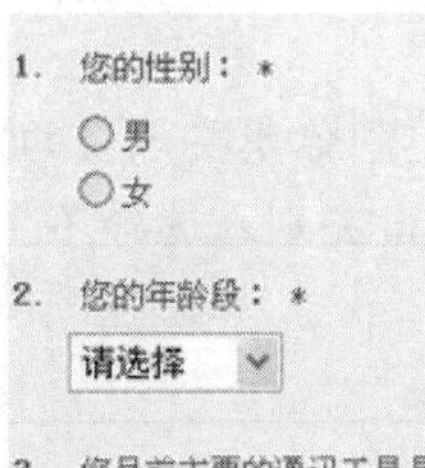

1. 您的性别：*
○男
○女

2. 您的年龄段：*
请选择

3. 您目前主要的通讯工具是
○手机
○固定电话
○小灵通

4. 问题答问形式尽量选用选择题的方式，一个问题答案最多3个，这样选择起来既快捷，你得到的答案也准确。

1. 您平时是否关注健康、养生话题？

A. 不太关注　B. 一般

2. 您的健康养生知识一般从哪些渠道获得？（可多选）

A. 图书、报纸、杂志　B. 电视广播　C. 亲友间传播

3. 您有吃早餐的习惯吗？

A. 基本不吃　B. 不是很固定，视情况而定　C. 已养成良好习惯

4. 炎炎夏日您一般采取什么方式解暑降温？

A. 空调　B. 电风扇　C. 扇子等传统方式

5. 问题不宜太多，10 分钟左右的简短调查就差不多了，时间长了别人可能不是很愿意配合你。

1. 你认为你的计算水平怎样？（B）
A. 很好，我很满意　B. 一般，有长进　C. 很不满意，要努力提高
2. 你做错计算题的原因大多数是因为:（B）
A. 不会做　B. 粗心　C. 紧张
3. 对于计算结果你通常:（A）
A. 详细反复检查验算　B. 估算后，再验算
C. 一次就能做对，基本没有必要验算
4. 在做计算题时，你一般:（A）
A. 审题，弄清运算顺序和计算方法进行计算
B. 读一遍题后就开始计算
C. 太简单没有必要审题，直接计算
5. 对于口算题，你通常:（B）
A. 按照题目要求口算
B. 简单的口算，有难度的进行笔算
C. 先口算，检验时笔算
6. 对于笔算题，你失分的主要原因是:（B）
A. 其中一步的口算得了　B. 没有进位或错位
C. 粗心，等号后面的答案没写

6. 设计问卷问题的时候就应该考虑到你想要调查的是怎样的一群人，根据这群人的年龄或是性格来设计问题，不然你的问题拿出去别人选择不上，或是不知道你所提的是什么问题，那样就比较尴尬，也浪费时间。

1. 你家用水最多的是哪些方面？
A. 洗澡　B. 淘米洗菜　C. 打扫卫生　D. 其他
2. 请你为你家用水量的大小排列。（写序号）
3. 你家剩余茶水如何处理？
A. 直接倒掉　B. 刷牙洗脸　C. 洗锅刷碗　D. 其他
4. 你家是怎样洗衣服的？
A. 洗衣机洗　B. 手洗　C. 零散洗　D. 其他
5. 你家淘米洗菜时怎样用水？
A. 直接冲洗用　B. 用盆接水洗　C. 用淘米水洗菜　D. 其他
6. 你家水费支出的情况？
A. 经常超支　B. 偶尔超支　C. 极少　D. 其他

7. 问卷问题尽量准确，不要出现偶尔、差不多的字眼。如:“多少时间打一次英雄联盟？”不要设置“偶尔”“经常”这些答案，应直接设置为一个月 4 次，一个月 10 次等这些准确的答案。

（来源于搜狗指南，有改动）

第五节 顶岗实习报告

情境导航

据调查显示，60%以上的应届生认为得到相关实践经验才是实习的真正目的。他们希望从实习的工作中找到自己的工作方向，同时也是一个对社会了解的机会。实习作为学习与工作的缓冲，对于个人职业生涯的发展确实起着重要的作用。实习可以帮助学生实践所学知识、积累社会经验，并可以亲身体验目标工作的具体内容，认清自身距离职业化的差距。

尽管不少实习生对工资待遇和“打杂儿”的身份抱有消极情绪，但是从长远的利益来看，实习更能便于他们找准自己的职业定位，让自己的求职简历变得充实生动。有计划、有针对性的实习，会帮助你了解你希望从事的职业的“真面目”，提前做好继续坚持或者转行的准备，也是为一些在校生毕业后的正式就业铺路。

钱途是××职业学院保险专业的一名学生，在一家保险公司进行了为期4个月的顶岗实习。学校要求顶岗实习后提交一份实习报告，可这个报告怎么写却成了难题。

一、文书常识

（一）顶岗实习报告的概念

顶岗实习报告指的是在校大学生在完成部分或全部专业课程，依据教学计划实习后，向学校提交的有关顶岗实习工作的记录和总结的书面材料。

实习是理论联系实际的重要环节，实习报告是对学生实习过程的全面总结，是学生学习深化与升华的重要过程。它既是理论学习与技能实践的全面总结，又是对个人素质与能力的一次全面检验。

（二）顶岗实习报告的特点

1. 专业性

它要求对实习中运用有关专业的知识解答问题的情况进行报告，内容具有很强的专业特色。

2. 总结性

它要求对实习情况进行全面的回顾总结，并概括出规律性的东西，使自身素质和能力得到不断提高。

（三）顶岗实习报告的写作格式

完整的顶岗实习报告应由前置、正文和附件三部分构成。

1. 前置

前置部分包括封面和目录。

（1）封面。需要列出学校、系别、专业班级、学生姓名、校内外指导教师及实习报告的标题等内容。标题一般格式为“关于在××单位的顶岗实习报告”或“关于在××单位从事××岗位的实习报告”。

（2）目录。用以反映实习报告的结构和主要内容，也可以省略。

2. 正文

顶岗实习报告主要包括以下四个部分：

（1）实习的目的及意义。要求言简意赅，点明主题。

（2）实习单位及岗位介绍。要求详略得当，重点突出，重点应放在实习岗位的介绍上。

（3）实习内容和过程。这是重点，要求内容详实、层次清楚；侧重实际动手能力和技能的培训、锻炼和提高，但切忌记账式的简单罗列。

（4）实习总结及体会。这部分要求条理清楚、逻辑性强，着重写出对实习内容的总结、体会和感受，特别是自己所学的专业理论与实践的差距和今后努力的方向。

3. 附件

附件指的是实习鉴定，由实习单位签章，附在顶岗实习报告正文之后。

二、案例分析

例 3-5-1

关于在××××××有限公司的顶岗实习报告

一、实习目的与意义

为了将有关会计的专业知识、基本理论、基本方法及结构体系变为自身的职业素质，避免纸上谈兵，今年7~8月，我有幸来到了××××××有限公司进行了为期一个月的会计实习。本次实习中，我学到了许多书本以外的知识，对企业各个专业职业职能部门有了全面的了解，增强了对企业财务管理系统的认识，扩大了视野。

二、实习单位及岗位介绍

××××××有限公司始建于××××年，是一个注册资金×××万，包括建筑安装、水泥构件制造、装饰装修的国家建筑三级资质小型企业。公司财务部设有材料会计、成本会计、销售会计、总账会计、税务会计以及出纳等岗位。本次实习先后从事了材料记账、成本核算、出纳等工作岗位。在财务部安排的会计老师的指导下，我做到按时上下班，认真处理每项具体业务，慎重填写、计算每一张报表、账单中的每一项科目。

三、实习内容和过程

在实习的过程中，我主要的实习任务有三项：

第一，成本及费用的核算。建筑企业产品生产成本的构成，主要包括建筑（生产）过程中实际消耗的直接材料、直接工资、其他直接支出（如运输、机械等）和建设（生产）费用。成本核算主要包括建设（生产）费用核算和建设（生产）成本核算。建设（生产）费用核算，是根据经过审核的各项原始凭证汇集建设（生产）费用，进行建设（生产）费用的总分类核算和明细分类核算，然后，将汇集在有关费用账户中的费用再进行分配，分别分配给各成本核算对象。建设（生产）成本的计算，是将通过建设（生产）费用核算分配到各成本计算对象上的费用进行整理，按成本项目归集并在此基础上进行产品成本计算。如本期开工的项目本期全部完工，则所归集的费用总数即为完工项目成本；如果期末有尚未完工的在建项目工程，则需采用适当方法将按成本项目归集起来的各项费用在完工项目工程和在建项目工程间进行分配，计算出完工项目工程的成本。在实习过程中，对于进行成本核算的原始凭证，我主要做的工作是收料单、领料单、产成品交库单，月末盘点表等归集。同时，在进行费用归集的时候，我将对相应的发票进行费用计入。

第二，财务报表的编制。根据公司的规定，每个月的月底 3 天和次月月初 2 天是公司出具财务报表的时间。总账会计即主管会计，主要负责公司主要财务报表的出具。在实习期间，我主要学习了资产负债表、现金流量表、损益表、利润表、所有者权益变动表以及各种附表，并对财务报表进行分析，计算出本期应纳税所得额并进行纳税申报。通过编制财务报表还能对公司的资产负债率以及销售利率等财务指标进行分析。财务报表一式十份，固定的是三份，上交给国税及地税各一份，本公司自己留底一份，其余呈交公司正副经理和有关项目部。

第三，发票和支票的开具。公司财务部还设有出纳及增值税（水泥构件用增值税发票，项目工程用建筑发票）发票开具处。出纳主要管理日常现金收付业务，编制现金及银行存款日记账等，开具收款收据以及票据的办理，专用收款收据需到税务局领购且每次只能购买一本。通过出纳岗位的实习，我还了解到真实的现金支票、转账支票的开具以及银行承兑汇票的办理。在增值税专用发票的开具中，必须核对单位的每一项税务信息，包括税号、名称、电话、地址等，在开具过程中，必须真实准确，如发生错误的增值税发票，需向税务局提出申请，开具红字发票等。

此外，在实习的过程中，我接触了一项较为特殊的内容，就是税务。税务处理是公司财务处理的重要部分，主要是公司税务的申报（包括增值税、所得税、房产税、车船使用税、印花税等）以及办理公司税务的缴纳、查对、复核，办理税务登记及变更事项，编制相关税务报表以及相关分析报告，申请开具红字发票，办理相关免税业务等。在实习过程中，我们主要利用网上办税大厅进行申报以及增值税认证抵扣，利用××进行税务报表的填制，并对于本期应交及未交税金进行查对和复核。

四、实习的心得与体会

通过本次实习，使我学到了在书本上学不到的财务知识，基本掌握和接触了各类财务报表、凭证和账册。学到了在学校体会不到的会计岗位工作、业务流程和人际关系。通过本次实习，我开阔了视野，丰富了知识面，为毕业投入实际工作打下良好基础。对此，我具有以下体会：

1. 会计人员必须具备较高的专业素质和敬业精神。作为一名会计人员，可以说掌握着企业的经济命脉，直接关系着企业经济的正常运行，保证国家有关经济政策在该单位的贯彻执行。因此，工作中一定要具有良好的专业素质、职业操守以及敬业态度。

2. 会计人员必须具有严谨、务实的工作态度。会计工作是一门细致、精确、原则性强的工作，会计人员必须准确地核算每一项指标，牢记每一条会计法则，正确使用每一个公式和核算工具。会计不是一件具有创新意识的工作，它是靠一个又一个精准的数字来反映问题的工作。所以我们一定要加强自己对数字的敏感度，养成认真、务实的习惯，严肃、谨慎的态度。

3. 会计人员必须具备良好的人际交往能力。会计部门是企业管理的核心部门，会计人员在企业中应当起到承上启下的作用，对上要及时提供财务信息，特别是账面资金、事实库存等关系企业正常运行的关键问题，给领导当好参谋。对下要收集会计信息，及时掌握原始的

“第一手”资料，有利于准确核算。对内要相互配合整理会计信息，对外要与社会公众和政府部门搞好关系等。在与各个部门、各种人员打交道时一定要注意沟通方法，协调好相互间的工作关系。要具备正确的心态和良好的心理素质，做到既讲原则又平易近人，树立良好的会计形象。

总之，在这次实习中，我学会了很多事情，明白了很多道理，也注意或改正了很多缺点和问题。我知道了掌握理论知识只是基础，还要到实际工作中去磨练成长，才能成为一名合格的财务会计人员。最后，非常感谢实习单位给我提供这样一次难得的实习机会，感谢所有给予我帮助和指导的老师们。

评析：这是一则关于会计专业学生的顶岗实习报告，实习的目的、实习单位及岗位介绍、实习内容和过程、实习总结及体会等几项内容齐备，条理清晰，详略得当，重点突出。

三、写作指导

（一）注意事项

（1）要素齐全。应注意涵盖以下四大要素：实习的目的及意义、实习单位及岗位介绍、实习内容和过程、顶岗实习总结及体会。

（2）重点突出，详略得当。实习内容与过程是实习报告的重要内容，需要详细介绍。开头、主体和总结篇幅长短比例大体应是：实习的目的、实习单位及岗位介绍占10%，实习内容和过程占70%，实习总结占20%。

（二）参考模板

关于在×××单位的顶岗实习报告

一、实习目的

通过对××××××××实习认识，我对××××××有了一次全面的感性认识，加深了我对所学课程知识的理解，做到了学习和实践相结合。

二、实习单位及岗位介绍

×××。

三、实习内容和过程

（一）××××××××××

1. ××××××××××××××××。

2. ××××××××××××××××。

……

（二）××××××××××

1. ××××××××××××××××。

2. ××××××××××××××××。

……

（三）××××××××××

……

四、实习总结及体会

（一）××××××××××

（二）××××××××××

××××××××××××××××××××××××××××××××××××（综述全文并致谢）。

四、实战演练

完成暑假或寒假顶岗实习报告。

拓展阅读

大学生实习应该选择大公司还是小公司

关于大学生实习选择大公司还是小公司这个问题，很多人会认为大公司更好，其实不然。不管你选择大公司或者小公司，都有它的利与弊，你一定要慎重选择。

✧ 大公司优势

1. 大公司的起点高，被直接录用后的工资也高。大公司培养人才都有他们的一套体系，你可以在里面学习到很多知识。大公司可以开阔你的眼界，甚至以后的简历上可以添加在某个大公司实习过。

2. 大公司的优势是经过长时间的实习，可以明确自己今后的岗位职责。选择大公司，可以让你脚踏实地，一步步做起。而且大公司的福利好，环境好，待遇好，体制健全。

✧ 大公司的缺点

1. 大公司的人才多，竞争大，如果没有实力的话，可能不太容易显露出来，到最后可能就会被埋没了。大公司的工作灵活性不高，你只能做你分内的事，供你发挥的空间就不高了。

2. 大公司实习期工资低，大部分都是要租房子的，生活过得可能会比较困难。

✧ 小公司的优势

1. 小公司在工作方面灵活性高，可以培养出一职多能的员工，你可以有较大的发挥空间，利于你的发展。有些小公司的人员少，你就可以很快地接触到公司内比较重要的东西。有些小公司的实习内容也比较丰富、优质，可以锻炼你的能力。

2. 很多人不愿意去小公司，认为小公司不行，其实这是错误的想法，小公司更适合你的多方位发展。

✧ 小公司的缺点

这就比较多了，小公司的办公环境可能会很差，待遇低，工作不稳定，制度上会存在很多的缺陷。

不管是在大公司还是小公司实习，都有利与弊，你也可以选择在大公司实习，在大公司实习过的经历可以给你求职带来很大的帮助。你也可以选择在小公司里发挥，磨练自己，最后一步步往上升。不管在哪里，都要保持一颗上进心。

（来源于百度经验，有改动）

第六节　倡议书

情境导航

衣着打扮可以体现一个人的文化修养、审美情趣和精神风貌。衣着整洁、大方、得体是一个人素养的外在体现，是文明校园的重要标志，也是对他人的尊重。但是随着夏天的临近，有些女同学开始穿超短裤、超短裙、吊带衫；许多男同学则只图凉快，穿着拖鞋进教室。这些不文雅的衣着打扮，不仅使自身的形象大打折扣，而且还破坏了学校的文明环境，给自己和他人造成了不良影响。

假如你是某学校团委的成员，请以团委的名义，选择合适的应用文体，号召全体同学文明着装。

一、文书常识

（一）倡议书的概念

倡议书是个人或集体提出建议并公开发起，希望共同完成某项任务或开展某项公益活动所运用的一种专用书信。

倡议书的内容一般是同人们的日常生活紧密相关的一些事项，如倡议爱护花草树木、保护生态环境等，是开展精神文明建设的一个有效手段。

（二）倡议书的类型

倡议书从作者角度分，有个人倡议书和集体倡议书；从传播角度分，有传单式倡议书、张贴式倡议书、广播式倡议书和登载式倡议书。

（三）倡议书的特点

1．群众性

倡议书不是对某个人、某一集体或某一单位而言的，它往往面向广大群众，或对一个部门的所有人发出，或对一个地区的所有单位发出，甚至向全国发出，因此其对象具有广泛的群众性。

2. 对象的不确定性

倡议书是要求广大群众响应的，然而其对象范围往往是不确定的。它即便是在文中明确了参与的具体对象，但实际上有关人员可以响应，也可以不响应，它本身不具有约束力，而与此无关的别的群众、团体却可以有所响应，体现出倡议书的对象不确定性。

3. 号召性

倡议书就是向公众发出的一些公开性的号召。它就是要让广大的人民群众知道和了解，从而激起更多的人响应，以期在最大的范围内引起共鸣，发挥号召的作用。

（四）倡议书的写作格式

倡议书一般由标题、称谓、正文和落款四部分构成。

1. 标题

倡议书的标题通常有两种写法：一是直接以“倡议书”为标题；二是由倡议内容和文种名称共同构成，如《文明着装倡议书》。

2. 称谓

有明确倡议对象的，写上倡议对象的名称，如“全国未婚的青年朋友们”“广大的妇女同胞们”。有的倡议面很广，可以写“亲爱的同学们”，或省略称谓。

3. 正文

正文是倡议书主体部分，包括开头、主体和结尾三部分。

（1）开头。写倡议书发出的背景、原因和目的。倡议书的发出贵在引起广泛的响应，只有交待清楚倡议活动的原因，以及当时的各种背景事实，并申明发布倡议的目的，人们才会理解和信服，才会自觉地行动。

（2）主体。写明倡议的具体内容和要求，这是正文的重点部分，倡议的内容一定要具体化。开展怎样的活动，都做哪些事情，具体要求是什么，倡议的具体内容一般是分条列出。

（3）结尾。要表示倡议者的决心和希望，或者写出某种建议。倡议书一般不在结尾写表示敬意或祝愿的话。

4. 落款

在正文右下方写明倡议者单位、集体或个人的名称，署上发倡议的日期。

二、案例分析

例 3-6-1

校园文明倡议书

亲爱的同学们：

如此美丽的校园，你忍心丢下手中的废纸，去玷污它的一尘不染吗？

如此美丽的校园，你忍心大声喧哗，去打破它的宁静和谐吗？

如此美丽的校园，你忍心践踏草坪，去破坏它的美丽吗？

校园是我家，文明靠大家，为了使我们能够更好地学习、生活，我们需要一个优美和谐、秩序井然的校园环境。

在此，学生会向全校的同学们倡议：

一、爱护公共卫生环境，不随地吐痰，不乱扔垃圾，不损坏花草树木。

二、教室里专心学习，杜绝大声喧哗、打电话、吃东西等不文明现象。

三、仪表端庄，不穿不雅衣装进入教室，塑造大学生良好形象。

四、排队就餐，提高用餐效率，主动收拾餐具，创造良好的就餐环境。

五、以校为家，爱护公共设施，不损坏公物，拒绝课桌文化。

亲爱的同学们，让我们从自我做起，从身边的小事做起，把道德规范落实到每一个人的言行上。让我们争做文明大学生，一起共创文明校园。

××大学学生会

××××年×月×日

评析：这是一则倡导校园文明的倡议书。开篇连续使用了三个问句做铺垫，在此基础上提出倡议，倡议事项明确、具体。

例 3-6-2

光盘行动倡议书

亲爱的同学们：

当前，餐桌上浪费的粮食数量巨大，“舌尖上的浪费”触目惊心，身边的浪费比比皆是。据调查，仅我国 13 亿人口在餐桌上浪费的粮食一年高达 2000 亿元，被倒掉的食物相当于 2 亿多人一年的口粮。有关数据显示，我国每年浪费食物总量折合粮食约 500 亿公斤，接近全国粮食总产量的十分之一。即使按保守推算，每年最少倒掉约 2 亿人一年的食物或口粮。与此同时，饥饿却仍是人类的头号杀手。全球平均每年有 1 千万人因饥饿丧生，每 6 秒就有 1 名儿童因饥饿而死亡。

在此，我们提出倡议：

1. 爱惜粮食，适量定餐，避免剩餐，减少浪费。
2. 不攀比，以节约为荣，浪费为耻。
3. 吃饭时吃多少盛多少，不留剩饭剩菜。
4. 提醒身边的同学和朋友，积极制止浪费粮食的行为。
5. 做节约宣传员，向家人、亲戚、朋友宣传节约粮食的好处。
6. 积极参加文明餐桌行动，营造节俭用餐的良好风气。

让我们一起，从今天午饭开始：不剩饭，不浪费，吃多少，要多少，吃不了，兜着走！加入光盘族，一起对“浪费”说不！

××职业技术学院学生会

××××年×月×日

（来源于百度文库，有改动）

评析：这是一则倡导光盘行动的倡议书。倡议的内容紧跟国家政策，理由充分，有理有据，“六点”做法具体明确。全文言辞恳切，情感真挚，极富鼓动性和号召力。

三、写作指导

写倡议书应注意以下几点：

（1）倡议书的内容要符合时代精神，对国家、对人民有利的好事，才会有广泛的群众基础。

（2）倡议书必须是简便易行的，这样才能吸引更多的人响应。

（3）倡议的背景、目的要写清楚，理由要充分。

（4）言辞要恳切，情感要真挚，同时要富于鼓动性，行文中不能出现命令式的语气。

（5）倡议书篇幅不宜太长。

（6）在实际写作中，注意“倡议书”与“建议书”的区别。二者都是在工作、生活中有所建议，有所提倡，希望推广某种意见的应用文书。但它们又有区别，具体区别见表3-4。

表3-4　倡议书与建议书的区别

文种 比较要素	倡议书	建议书
对象	面向群众	面对领导或主管部门
内容	除建议外，还有号召之意	仅提建议

四、实战演练

4月23日是世界读书日，请在当天以学生会的名义拟写一份“书香满园”的读书倡议书，号召全体学生养成“爱读书、会读书、读好书”的习惯。

拓展阅读

你有多久没有读完一本书了

01

我们都知道双11、双12和白色情人节等各种名目繁多的节日，但很可能不知道还有一个和读书有关的节日，这就是世界读书日。

1972年，联合国教科文组织向全世界发出了“走向阅读社会”的号召；1995年，联合国教科文组织正式宣布4月23日为世界读书日。为什么选择4月23日？1616年4月23日，西班牙著名作家塞万提斯和英国著名作家莎士比亚在这同一天与世长辞。

世界读书日的宗旨是“希望散居在世界各地的人，无论你是年老还是年轻，无论你是贫穷还是富裕，无论你是病患还是健康，都能享受阅读的乐趣，都能尊重和感谢为人类文明做出过巨大贡献的文学、文化、思想大师们，都能保护知识产权。”

2004年，中国图书馆学会开始在全国范围内举办大型活动宣传“世界读书日”，并开始实施“倡导全民读书，建设阅读社会”为宗旨的“知识工程”，由此也开始了超过10年的“全民阅读”行动。“全民阅读”从2014年开始连续3年被写进了政府工作报告，2016年更是开启了相关立法进程。一定意义上，“全民阅读”是“世界读书日”宗旨在中国的落实。

02

4月23日，世界读书日，在这个特别的日子，请静下心来面对一个问题：你有多久没读完一本书了？

面对这个问题，很多人会心头一惊，蓦然回首，已想不起来上次读完一本书是什么时间了。

我们想读书的念头一直都很强烈，我们列了一个长长的书单，我们甚至买了不少好书放在床头，但事实是我们很久都没有读完一本书了。

工作太忙，要考试了，朋友聚会推不掉，想去看场电影，拿起书本就犯困，好不容易翻了几页但忍不住拿起手机开始刷微信，然后，就没有然后了……

无法读完一本书无外乎有两个原因，一是太忙没有时间，二是没有兴趣，两者共同的结果是很久都不能读完一本书。

03

我们为什么忙到连读书的时间都没有了？

1928 年，著名的经济学家凯恩斯曾经预测："随着科技的发展进步，到 2028 年，人们每天只需工作 3 小时左右，其余时间用来休闲。"

时光走到了 2016 年，比起几十年前，我们没有变得更加悠闲，反而变得越来越忙碌，觉得时间越来越不够用。

我们越来越忙碌的一个原因是，工作与休息的界限越来越模糊。我们的工作和生活已经密不可分，当我们上班时，我们可能也在刷微信朋友圈；当我们回家吃晚饭时，可能也在回复邮件；就算我们在陪伴孩子时，也可能不断回复各种工作群消息。完全不工作的时间已经不存在了，我们觉得每时每刻都在忙碌，一刻都不得放松，更不可能有时间读书了。

我们越来越忙碌的另一个原因是，"选择做什么"耗费了大量时间和精力。华盛顿邮报的 Brigid Schulte 写了一本书《不堪重负》，他在书中指出，我们感觉越来越忙的一个重要原因是，互联网在带来便捷的同时也给我们提供了过多的选择。我们时刻需要做出选择，例如决定中午吃什么、看哪一场电影、去什么地方旅游，这些给我们增加了额外的压力。我们总觉得有很多书没有读，很多地方没有去，很多新事物没有体验。APP 闪退一次，一个页面加载需要等待 2 秒以上，我们就会放弃并作出新的选择。我们苦于做事情没有时间，却把很多时间花在了选择"该做什么"上面。

我们感觉自己越来越忙，忙到很难挤出时间来读完一本书。但我们真的忙到没时间读书了吗？

04

两个惊人的发现及"有书共读行动"。

我们在启动"有书共读行动"之前的持续调研中，有了一个惊人的发现：想读书的人很多，但是爱读书的人很少。很多人有强烈的阅读愿望，但是缺乏阅读的兴趣，更不用说养成规律性的阅读习惯，这就导致中国人均阅读量奇低（2014 年世界人均读书量排名前 5 位的国家分别是，俄罗斯 54 本，以色列 50 本，德国 47 本，日本 45 本，奥地利 43 本，而中国人均阅读量仅为 4.35 本）。

从全社会宏观的角度来看，应试教育磨灭了大多数人早期的阅读兴趣，大多数家庭中父母也没有阅读的习惯，日常生活中身边也没有良好的阅读氛围等，这些都是全社会缺乏阅读兴趣的重要原因。

在探索问题原因的过程中，有书团队也有了另外一个惊人的发现：从个人的微观角度来看，绝大部分人缺乏阅读兴趣，重要原因恰恰在于没有完整读过几本书。

“读一本好书，就如同和一个高尚的人交谈”，如果读完了几本好书，怎么会没有一点阅读兴趣呢？一旦激发了阅读兴趣，只要继续读下去，兴趣就会越来越强烈，最终也就能够养成规律性的阅读习惯。

基于以上两个重要发现，有书团队在2015年12月12日正式发起了“有书共读行动”，通过“每周共读一本书+语音领读+早晚读签到+读书笔记+组队对抗惰性”的整体方案，帮助有强烈阅读愿望的朋友扎扎实实地读完几本好书，克服早期的阅读障碍。

4个多月的时间过去了，众多书友在参加共读行动的过程中，已经找到了阅读乐趣，并开始养成读书习惯。

如果因为各种客观的原因，你还没有找到阅读的乐趣，此刻你可以发挥觉醒的力量，要做的就是下定决心，认真读完几本好书！

（来源于有书CEO·雷文涛）

第七节　申请书

情境导航

有一种文书，它的应用非常广泛，我们入团、入党时需要它，勤工俭学时需要它，转学科专业时需要它，复职申请需要它，工作调动也需要它……这种文书就是申请书。

项明从××大学管理学院营销专业毕业后，被××厂人事处安排在××车间统计员的岗位上。工作一段时间后，感觉所学专业与实际工作相差甚远，个人的知识水平与工作能力无法施展，经慎重考虑，准备向人事处提出调换工作岗位的要求。如果你是项明，你如何写这样的申请书？

一、文书常识

（一）申请书的概念

申请书是个人或集体向组织表达愿望，向机关、团体、单位领导提出请求时使用的一种文书。

申请书的使用范围广泛，个人对党团组织和其他群众群体表达志愿、提出请求时可以使用申请书；个人在学习、工作、生活上对机关、团体、单位领导有所请求时，也可以使用申请书。因此，申请书就成了沟通个人与组织、个人与领导的一种媒介。

（二）申请书的类型

（1）按内容分，有入党申请书、入团申请书、入会申请书、勤工俭学申请书、开业申请书、调动申请书、专利申请书等。

（2）按表现形式分，有条文式申请书和表格式申请书。

（3）按申请主体分，有个人申请书和集体申请书。

（三）申请书的特点

（1）事前性。申请书必须在形成事实之前书写。

（2）期复性。从写作动机看，申请书的写作带有明显的请求目的，希望得到批准和回复。

（3）单一性。申请书要求一文一事，内容单一明确，不能把不同的愿望和请求同写在一份申请书中。

（四）申请书的写作格式

申请书都有固定的格式，一般由标题、称谓、正文和落款四部分构成。

1. 标题

标题通常有两种写法：一是直接以“申请书”为标题；二是由申请内容和文种名称构成，如“入党（团）申请书”“复职申请书”“勤工助学申请书”等。

2. 称谓

第二行顶格写接受申请书的单位、组织、机关、团体名称或有关负责同志的姓名，但在实际写作时都在接受申请的名称前加上“尊敬的”“敬爱的”等形容词。如入党申请书是“敬爱的党支部”；转岗申请书是“尊敬的人事部”等，名称后加冒号。

3. 正文

正文是申请书的主要部分，主要写清申请的事项和理由。申请的事项要求具体明确，申请理由要陈述具体、充分、有条理。

结尾一般要写表示祈请的用语，如“以上申请，请批准”“请领导批准”或“请××组织在实践中考验我”，再写上“此致敬礼”。

4. 落款

署上单位名称或申请人的姓名及日期。如果是单位的申请还应加盖公章。

二、案例分析

例 3-7-1

入党申请书

尊敬的党组织：

我志愿加入中国共产党，并愿意为共产主义事业奋斗终身。

中国共产党是中国工人阶级的先锋队，同时是中国人民和中华民族的先锋队，是中国特色社会主义事业的领导核心，代表中国先进生产力的发展要求，代表中国先进文化的前进方向，代表中国最广大人民的根本利益。党的最高理想和最终目标是实现共产主义。党以马克思列宁主义、毛泽东思想、邓小平理论、“三个代表”重要思想和科学发展观作为自己的行动指南。党的宗旨是全心全意为人民服务。

自1921年建党至今，我们的党已经走过了近百年艰苦卓绝的奋斗历程。这几十年，中国共产党从小到大、从弱到强、从幼稚到成熟，不断发展壮大。从建党之初的50多名党员，逐步发展到今天这样一个拥有七千多万党员的执政党。党的辉煌历史，是中国共产党为民族解放、人民幸福和国家繁荣富强前赴后继、英勇奋斗的历史；是马克思主义普遍原理同中国革命和建设的具体实践相结合的历史；是坚持真理、修正错误、战胜一切困难，不断发展壮大的历史。中国共产党无愧是伟大、光荣、正确的党，是中国革命和建设事业的坚强领导核心，是建设中国特色社会主义和领导中华民族走向伟大复兴的根本保证。

本人××××年2月11日出生于农村家庭。在小学三年级就加入了中国少年先锋队。初中时期加入了中国共青团，并多次被评为“三好学生”“优秀团员”。××××年9月到××××年7月，我在×××县第一中学读高中，在此期间担任了班上的学习委员和生活委员，任职期间得到了老师和同学的一致好评，并多次获得“优秀班干”“三好学生”“优秀团员”称号。

××××年9月至今在西安政法学院读书。在此期间，我不断提高自身的理论水平，认真学习党的十八大精神，加深了对党的理性认识，端正了入党动机。在追求思想进步的同时，我也时刻铭记我是一名学生，学习是自己的主业。共产党员只有精通自身业务，才能在群众中起到良好的模范带头作用。为此，我努力学习各门文化课，学习成绩优良，大二学年获得专业二等奖奖学金。此外，我还担任班级的班长工作。工作中踏实肯干，任劳任怨，曾获“优秀学生干部”荣誉称号。同时，我还参加了校团委组织的“三下乡”暑期社会实践活动。通过社会实践活动的锻炼，我的综合能力得到了明显增强。今后，我将一如既往地努力学习和工作，同时不断地总结经验，反省自己的不足，以求完善自己更好地服务同学。

如果这次能批准我加入党组织，我一定会戒骄戒躁，以党员的标准严格要求自己，在今后的学习、工作和生活中，牢记党的宗旨，勤奋学习，把自己培养成为一名合格的共产党员。如果组织上没有接受我的请求，说明我与党的要求还有差距，我也不会气馁，继续按照党员标准更加严格要求自己，改正缺点，弥补不足，提高素质，争取早日入党。

请党组织在实践中考验我！

此致

敬礼！

申请人：×××

××××年×月×日

（来源于中国大学网，有改动）

评析：这是一篇典型的入党申请书，开篇即点明申请事项，态度明确。之后主要从三个方面来写：一是对党的认识和要求入党的动机；二是个人自传，包括个人的学习、工作和生活经历；三是申请入党被批准后的态度和决心。这也是写这一类申请书的基本模式。

例 3-7-2

复学申请书

尊敬的院领导：

我是物流管理专业××××级三班的学生张婷婷。我在去年的一次体育课上，由于不慎摔了一跤，造成左腿骨折。经过一年的治疗和调养，现已基本痊愈，为了不耽误下学期的课程学习，特提出申请，请求复学。

去年住院以后，由于不能上课，我向学院提出了休学申请。在家休养这一年中，我从未放弃过自己的学习。出院不久，我就给自己制定了学习计划。这一年来，我虽未在校学习，但并未停止学习，还读了不少提高个人修养方面的书籍。

因此，我希望院领导考虑能否让我重新跟原班学习，我不知道这种提法是否妥当，但我希望学校请有关老师对我进行考试后再做决定。

请院领导批准。

此致

敬礼!

申请人：××××

××××年×月×日

（来源于百度文库，有改动）

评析：这是一则复学申请书，开门见山提出复学申请，申请事项明确，理由充分合理，言辞恳切，格式规范。

三、写作指导

（一）注意事项

（1）申请书主旨单一，要求一文一事，切忌一文数事。

（2）理由要充分合理，实事求是，不能虚夸和杜撰，否则难以得到上级领导或部门的批准。

（3）语言要准确简洁，态度要诚恳朴实，切忌东拉西扯、有意渲染。

（4）在实际写作中，注意“请示”与“申请书”的区别，具体区别见表3-5。

表 3-5 请示与申请书的区别

比较要素 \ 文种	请示	申请书
性质	党政公文	事务文书
作者	机关、团体	机关、团体或个人
适用范围	用于下级机关向直接上级提出请求，下级只能在上级机关的职权范围内报请需要批准的事项	可用于下级向直接上级请求，也可用于向银行、保险、公安、海关、土地管理、工商管理等专门办理有关业务的无隶属关系的机构部门请求
结束语	妥否，请批复	请予批准或请领导批准，再写上“此致敬礼”

（二）参考模板

××××申请书

×××：

兹有××××××因××××××需向××××××申请办理××××××事宜（开门见山地说明申请事项）。

××（申请的理由，内容较多可以分条列出）。

请予批准。

此致

敬礼!

申请人：×××

××××年×月×日

四、实战演练

（1）假如你们班准备在下周二晚上7:00～9:00举行一次辩论赛，需借用本系多功能报告厅，请给系里写一份申请书。

（2）学生处公布了新一期的勤工俭学岗位，其中需要图书馆助理管理员2名。对同学们来讲这是个很好的锻炼机会，请思考一下该如何写一份申请书，向学生处说明自身情况和意愿，使你成功获得这一岗位?

拓展阅读

转正申请书

××局领导:

××××年×月×日进入××局以后，我就在电编部工作。三个月以来，我遵守单位的劳动制度，恪守新闻工作者的职业道德，认真学习，努力工作。在领导与同事的帮助下，经过一段时间的磨炼，现在，我已经能够独自承担的工作如下:

1．能够使用和维护摄影设备;

2．基本了解并能初步编辑新闻录像带;

3．基本学会电视新闻稿的写作方法和技巧，并能独立编写部分电视新闻稿。

入职三个月来，我不仅可以较好地配合各位同事进行采访拍摄工作，而且可以独立外出通过采写完成具体的新闻作品。我与同事一起完成新闻采写作品19篇，自己独立完成采写作品6篇。

在这期间，我工作上最大的不足主要有:

1．新闻拍摄技术相对落后，画面的稳定性不够;

2．新闻的采写比较古板，缺乏新意。

在接下来的工作中，我会不断学习，增强对新闻的敏感度，力求写出新且快的、有质量的新闻稿件。我真诚地希望成为××局的正式员工，与大家一起出色地完成新闻工作，为单位争得荣誉。

申请人：×××

××××年×月×日

第八节　简报

情境导航

××学院团委在3月份以“传颂雷锋事迹，践行雷锋精神”为宣传主题，通过“雷锋生平事迹图片展”“雷锋事迹书画大赛”“雷锋事迹朗诵比赛”“春风入校园、净化校园义务劳动”“向鳏寡孤独老人献爱心”等一系列活动，在校园内营造了良好的积极向上的环境，形成了崇尚雷锋精神、奉献爱心的良好氛围。在学院团委的精心组织和全院师生的积极参与下，活动历时1个月，终于圆满落下帷幕。

简报作为一种报道工具，以其灵活的形式在组织内部传递信息，使上情下达，下情上达。如果你是团委宣传部的一员，你该如何以简报的形式报道这次的活动？

一、文书常识

（一）简报的概念

简报是党政机关、人民团体、企事业单位内部编发的用于汇报工作、反映情况、交流经验、沟通信息的一种事务性文书。简报是单位或机关内部专用的带有新闻性质的简要情况报道，是传递某方面信息的简短的内部小报。

简报是一种事务文书，它不属于国家规定的党政公文的范畴，所以不公开发表，也不列入正式档案。它可以发上行文、下行文或平行文。简报只是一种统称，常见的“简讯”“快讯”“快报”“动态”“内部参考”等都属于简报这个范畴。

（二）简报的类型

简报种类繁多，可以从不同角度进行分类：如按刊期分，有定期简报和不定期简报；按性质分，有综合简报和专题简报；按时间分，有常规简报和阶段性简报；按容量分，有一期一文简报和一期数文简报。这里主要介绍按内容分的工作简报、会议简报、动态简报和典型经验简报。

1. 工作简报

工作简报是专门反映本部门、本系统各方面工作情况的简报，也称情况简报。如《学生工作简报》《课改快讯》等。

2. 会议简报

会议简报是专门报道、交流有关重要会议内容和情况的简报。这种简报专门报道会议期间的情况，包括会议的进程、中心议题、领导讲话、讨论情况及与会人员的重要发言以及会议的议决事项。

这里需要强调的是：要写成简报向上级汇报的会议必须是比较重要的会议，或者根据上级工作安排必须召开的会议，以便让上级部门了解工作开展的进度和情况。

3. 动态简报

动态简报所反映的是本单位新情况、新动态。又可分为思想动态简报和业务动态简报。思想动态简报反映员工对工资、福利等问题的认识与看法等；业务动态简报则主要反映与本部门、本企事业有关的业务动向、人事变动等。

4. 典型经验简报

这类简报主要用于介绍典型经验，以配合某项工作的开展。“交流性”“指导性”是这类简报的特点。

（三）简报的特点

简报的特点可以用四个字来概括：简、快、新、实。

（1）简

即简明扼要。简报为了能快速传递信息，要求主旨集中，篇幅短小精悍，语言简明精练，表达开门见山。

（2）快

即时效性。简报具有快写、快编、快审、快发、快送的特点。如果慢了，就失去了报道的价值和意义。

（3）新

即选材新颖，内容有新意。简报要注意反映新情况、新问题，总结和推广新成就、新经验，发现和扶植新事物，提供新的信息，给人以新的启示。

（4）实

即简报具有客观、真实、准确的特点。简报不可随意夸大或缩小事实真相，更不能传达错误的信息。

（四）简报的写作格式

简报一般由报头、报体和报尾三部分构成。三个部分之间用间隔线隔开。报头与报体之间是红色间隔线，报体与报尾之间是黑色间隔线。其基本结构如图3-1所示。

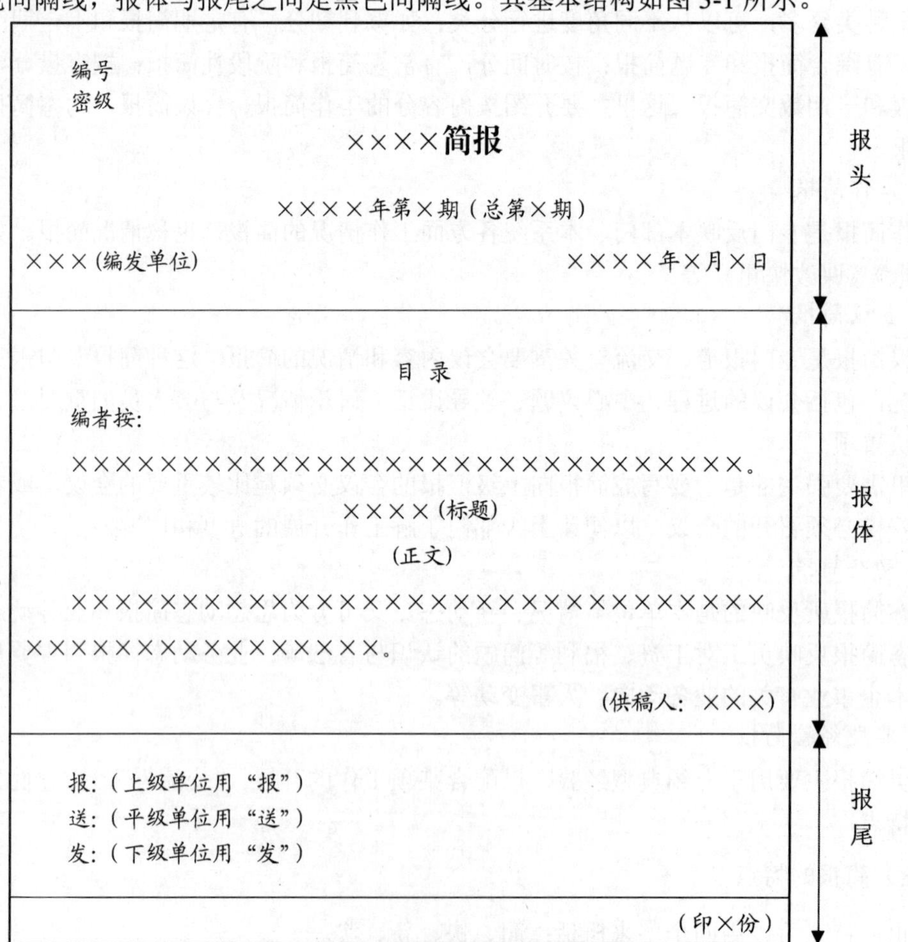

图3-1　简报的基本结构

1. 报头

报头一般占首页三分之一的上方版面，用间隔红线与正文部分隔开，报头内容按照由上到下的顺序分别是：

（1）编号和密级。同党政公文格式。

（2）报名。占第一页的1/3，居中书写，可以回行。“××简报”“××简讯”，一般用大字套红，醒目大方。注意不要通行（栏）。

（3）期数。报名下方，居中书写。流水号（一年一编号）、总期数（如不定期编发，只可注明“第×期”）。形式为：××××年第22期（总第55期）。

（4）编发单位。期数左下方（可以酌情空行），左顶格书写，要求写全称或规范化简称。

（5）印发日期。期数右下方，右对齐书写，与编发单位在同一行，用阿拉伯数字书写，完整标识形式为：××××年6月25日。

2. 报体

报体是简报的核心内容，一般由目录、按语、标题、正文和供稿者五部分构成。

（1）目录。居中写“目录”（可以拉开字间距），按重要程度依次排列，后标识页码。篇目少可以不写，也可以写“导读”“目录索引”“本期要目”等，用项目符号形式。

（2）按语（编者按）。按语（编者按）写在目录下，按语是表明办报单位的主张和意图的文字。一般有三种写法：

一是说明性按语。介绍稿件的来源、编发原因和发至范围。

二是提示性按语。提示稿件内容，帮助读者理解稿件的精神。一般加在内容重要、篇幅较长的文稿前面。

三是评介性按语。表明编者对简报的倾向性态度。按语（编者按）较为正规，不能随便发言表态，并且要精、要简，不能拖泥带水。编发重要文章或专题简报或首期简报时才有。

（3）标题。是简报内容的总提要，在拟标题时，通常要直言其事，力求简短，醒目准确。可采用单行式高度概括主要内容，或采取主、副标题的形式，注意不要通行（栏）。

（4）正文。一般包括开头、主体和结尾三部分。

一是开头。用一句话或一段话概括文章的主要事实，揭示主旨。

二是主体。简报的主干，一般紧扣开头内容，对开头叙述的事实和提出的问题，进行阐述或展开。

三是结尾。结尾要简短有力，给读者留下深刻的印象。一般是指出事实的意义，或者揭示事件发展的趋势，起到画龙点睛的作用。如果简报内容较多，篇幅较长，读者不易把握，就应在结尾概括一下；如果简报内容单一，篇幅较短，且在主体部分已把话讲完，就不必另写结尾。

正文结构一般有以下三种形式：

一是纵式结构。按事件发生发展的自然顺序来叙述，有头有尾，脉络清晰，适合报道一个完整的事件过程。

二是横式结构。按事件的性质进行归类来写，即将材料归纳成几种情况、几个问题来写，这种结构逻辑性较强。

三是综合式结构。这种方式从大的方面来看，是分类安排的横式结构，但从每一类中的叙述方式来看，却又是以时间为线索，采用“纵”的方式来叙述。

（5）供稿人。正文右下方或文后用括号标识部门名称或个人姓名。如果供稿者就是发文部门，也可以不写供稿者。

3. 报尾

报尾位于两条平行线之间，在平行线内写明本期报、送、发的单位名称，或个人姓名、职务（职称）。在平行线外的右下角还要注明本期的印发份数。

二、案例分析

例 3-8-1

会 议 简 报

××××年第 1 期

××××会议秘书组编　　　　　　　　　　　　　　　　××××年×月×日

××××函授大学全国教学工作会议在京召开

经过一段时间的积极筹备，××函授大学全国教学工作会议于××××年×月×日在北京正式召开。

参加今天会议的有中国××研究会的部分理事、各地辅导站代表、学员代表和校部教职员 70 余人。

今天上午和下午都召开了全体会议。

上午，校务委员会主任××同志在开幕词中讲了这次会议的宗旨。他说：我们召开这次会议，是要交流、总结各地辅导站的工作经验，研究如何提高教学质量，明确今后的办学方向，希望大家畅所欲言，为“函大”开创新局面献计献策。

紧接着，各地代表分组进行了讨论。讨论会上，××同志对如何开好这次大会，提出了许多宝贵意见。

在下午的会议上，教务长×××同志结合一些辅导站的情况，进一步强调：要办好面授辅导站，必须争取当地文教部门领导的支持，必须要有一个坚强的领导班子和高水平的教师队伍，以切实保证教学质量的稳定，以质量取信于社会，同时还必须严格财务管理制度，坚持勤俭办学的原则。

“函大”顾问、××大学×××教授，虽逾八十高龄，但仍不顾天气炎热，到会看望大家并讲话。他指出，函授教育是一种很好的形式，这种形式有很多好处：一是节约人力，学员可以边工作边学习；二是花钱不多，却能为国家培养出大量人才；此外，面授辅导要搞好，就得搞资料交流，资料要有针对性，要解决学员提出的实际问题。×老的讲话给了与会者以巨大的鼓舞，受到大家的热烈欢迎。

抄送：校长办公室，校教务处，各地辅导站。

（共印××份）

（来源于百度文库，有改动）

评析：这是一份会议简报，会议进程交代得具体、清晰，格式规范、完整。

例 3-8-2

工 作 简 报

××××年第 1 期（总第 8 期）

徽州区新型农村合作医疗管理中心主办　　　　××××年 4 月 24 日

编者按：自××××年 7 月以来，区委、区政府高度重视新型农村合作医疗工作，始终把建立新型农村合作医疗制度，解决农民群众基本医疗保障问题作为推进和谐社会建设的重要举措。区合管中心在实施过程中，紧紧围绕国家和省新农合政策要求，完善各项措施，强化监督管理，扎实有效开展工作。

徽州区合管中心召开慢性病专家委员会会议

为稳步推进我区新型农村合作医疗制度，进一步提高参合农民受益水平，扩大参合农民受益面，按照《黄山市徽州区新型农村合作医疗实施方案（修订）》文件精神，××××年 4 月 8 日，区合管中心组织召开慢性病专家委员会成员会议，对××××年度各乡镇上报的所有资料进行鉴定。在鉴定开始前，专家委员会对本年度规定的 14 种慢性病提出了统一鉴定标准。委员会成员本着公平、公正的原则，对 231 份慢性病申请材料进行了审评讨论。其中通过专家组一致认可的材料 200 份，不符合核定慢性病种或需要补充材料再次鉴定的有 31 份。通过鉴定并领取《慢性病门诊医疗卡》的慢性病人，凭《慢性病门诊医疗卡》、门诊病历、费用清单、收费收据、就诊证复印件等相关材料每半年到区合管中心办理一次补偿。

全面开展新农合定点医疗机构督查工作

加强定点医疗机构监管，规范定点医疗机构医疗服务行为，对推进新农合健康持续发展具有重要意义。为保证参合农民得到规范有效的医疗服务，××××年 4 月 16 日至××××年 4 月 18 日，区合管中心组织有关人员对区内定点医疗机构开展督查。通过查看资料、现场核实等方式，对定点医疗机构是否存在不合理住院、不合理收费、不合理用药及票据管理等方面进行了全面检查。主要目的是切实加强对定点医疗机构管理，有效控制医疗费用的不合理上涨，进一步规范定点医疗机构诊疗行为。

通过督查发现，各定点医疗机构基本能按照新农合有关政策执行。在目录外用药方面，××××年比××××年度有明显改进，大部分定点医疗机构均能按照《安徽省新型农村合作医疗药品目录（××××年）》执行，特别是市三院严格把好药品采购关，从源头上控制目录外用药，在一定程度上提高了参合农民的受益水平。在督查过程中，对少数定点医疗机构存在票据管理不规范、医务人员对新农合政策不熟悉、住院资料书写不及时等问题提出现场整改意见，要求各定点医疗机构限期整改，并以书面形式向区合管中心提交整改报告。

送：省合管办，市卫生局，区委办、人大办、政府办、政协办、纪委、财政局、民政局、发改委、人事局、广电办、审计局、农委、物价局、监察局，各乡镇合管站，各医疗单位。

（共印 40 份）

（来源于百度文库，有改动）

评析：这是一份工作简报，内容简洁明了，格式规范，起到了内部交流和沟通的作用。

三、写作指导

（一）注意事项

（1）选材要得当。简报不能有事就报，应紧紧围绕中心工作，在众多的事件中选取那些最有指导意义或必须引起重视的经验、情况和问题，予以全面的、实事求是的报道。写出的简报要有一定的典型性、代表性和启发性。

（2）内容要真实。编发简报要求内容真实准确。所用材料必须认真核实，做到准确无误，客观报道，有成绩就总结经验，有问题就反映问题。

（3）编发要及时。快速反应是简报的一大特点，这就要求简报的编写应该求快，对于工作中、会议中出现的新动向、新经验、新问题，编写者要及时地予以捕捉，并用最快的速度予以报道。否则，失去了时效性，简报就会降低指导意义，甚至完全失去应有的作用。

（4）文字要简明。在编写简报时，首先要注意选材精当，不求面面俱到；其次要求文字简洁，对事物做概括的反映。一篇简报最好是千把字，至多不超过两千字。

（5）在实际写作中，注意“简报”与“新闻”“报告”的区别。简报与新闻都具有新闻性，都以叙述为主，兼有议论，但二者也有区别，见表3-6；简报和报告都是以事实说话，都以叙述为主要方式，但二者也有区别，见表3-7。

表3-6　简报与新闻的区别

比较要素＼文种	简　报	新　闻
报道范围	内部报道，仅限于本部门、本单位、本地区，有一定的保密性，阅读对象明确	面向全社会公开报道，阅读对象不限
表达方式	叙议结合，很少采用描写、抒情等表达方式	可采用叙述、议论、描写等多种表达方式
风格	一般要求简洁明了、庄重大方，无论标题、内容还是版面设计都不宜活泼	活泼多样

表3-7　简报与报告的区别

比较要素＼文种	简　报	报　告
性质和适用范围	属内部互通情况、信息交流的事务文书	属下级向上级汇报工作、反映情况的党政公文
篇幅和写法	要求短小精悍，写法较灵活	篇幅较长，写法较庄重

四、实战演练

×××学院团委在××××年暑假发动全校团员搞了一次爱心助学活动，请你以“×××学院团委”的名义，编一期简报，报道这次活动的情况。

拓展阅读

要断了用文件简报“上位”的念头

近日，光明日报记者进行了一项调查：一个会议，准备的文件材料摞起来有6层楼高。

会议一散，多数文件即被扔掉。（相关报道见《光明日报》2月6日一版）

可以肯定的是，会议没散，有些文件就已经被扔掉了，甚至，它们还没“出生”就已经注定了被扔掉的命运，根本没有存在的意义，用“胎死腹中”形容我们见到的大多数会议文件、简报及其他材料，是不过分的。

据统计，某地级市每年编发各类简报50万份以上，每位市级领导每年接受简报4000多份，最多的一个单位编发6种简报。其工作方针、方法大致说来如下：编写简报的主旨是让领导知道自己的工作成绩，选题必须积极正面，报喜不报忧；编写的程序是采、编、审分工，一份简报至少要耗费三四个人的精力；编写过程必须字字小心，领导不爱看、不喜欢、不习惯的字眼和表达方式不可用，比如有的领导喜欢“现报上，请审示”，有的领导喜欢“现将**呈上，请批示”，一定不能搞混，否则前功尽弃。因此，彻底完成一份简报或会议文件没有4个小时拿不下来；简报必须当天出，要送到领导的早餐桌上，深夜或凌晨印简报是常事；简报能得到领导的批示是最大的成功，但绝大多数简报只能在领导手里停留一两分钟。

一般说来，对简报的质和量有很“高”的要求。比如标题只写“省内外记者参观我市高新科技园区”是不行的，一定要加上“反响热烈、一致称赞”等词语；只写“本次大会胜利闭幕”也是不行的，一定要加上“与会人员充分肯定、积极贯彻”等句式。至于“量”，更有讲究，一般是一定要比同类上次会议的简报总量高出20%左右，即体现出本次会议的进步，也为下次同类会议的“发展”预留一些空间。

可以看出，所谓简报或其他什么会议材料，一般来说都要以领导为中心，表扬与自我表扬相结合，以官话套话为形式，以官场规则和潜规则为宗旨，对实际工作几乎没有任何意义，是很大的浪费。

中央八项规定强调“切忌走过场、搞形式主义”“开短会、讲短话，力戒空话、套话”“没有实质内容，可发可不发的文件、简报一律不发”等，切中时弊。习近平同志在甘肃调研考察时强调，改进作风，最终要落实到各级干部特别是领导干部身上。各级党委要把作风要求贯穿于干部培养选拔和管理监督全过程。要树立正确用人导向，使那些对群众感情真挚、深得群众拥护的干部，那些说话办事有灼见、有效率的干部，那些对上对下都实实在在、不玩虚招的干部，那些清正廉洁、公众形象好的干部，得到褒奖和重用；使那些享乐思想严重、热衷于形式主义、严重脱离群众的干部，受到警醒和惩戒，用为民、务实、清廉的良好形象凝聚党心民心。

诚哉斯语！只有彻底断了那些官员用文件、简报“上位”的念头，打印机才会轻闲一些，会议浪费才会刹车。

（蔡闯：《要断了用文件简报“上位”的念头》载于《光明日报》2013年2月7日第2版）

第九节 会议记录

情境导航

大学刚毕业，小麦就幸运地进入了一家国企做办公室文员。她的英语很好，但作为办公室文员，她的应用文写作的知识还有待学习，然而，还没等小麦开始补课，问题就来了。

在小麦上班的第二天，单位就组织召开了一次重要的工作会议，包括企业老总在内的许多领导参加了此次会议。小麦接到办公室主任交代的工作任务是做好会议记录。小麦心想，虽然自己是第一次做会议记录，没什么经验，但是应该不至于有什么问题吧。

会议结束后，当小麦将会议记录本交给办公室主任看时，她发现主任的脸色非常不好看，紧接着就是一连串的批评。原来小麦做的会议记录，不仅格式有误，而且内容杂乱无章。领导重要的讲话没有记录下来，与会议议题无关的发言却都被记录了下来，决议事项和遗留问题在会议记录上反映的也不够明确。

遭遇难堪的小麦痛下决心，要把工作中常用的应用文文体学好。

会议记录是工作中常用的事务文书，如果你是小麦，在做这次会议记录时，你该注意什么问题、把握什么原则呢？

一、文书常识

（一）会议记录的概念

会议记录是记录人员在会议现场将会议内容和有关情况如实记录下来的一种书面文字材料。会议记录一般用于比较重要的会议或正式的会议，它要求真实、全面地反映会议的本来面貌。

记录人员在开会前要提前到达会场，并落实好用来做会议记录的位置。记录人员的位置要注意尽可能靠近主持人、发言人或扩音设备，以便于准确清晰地聆听他们的讲话内容。从某种程度上讲，记录人员比一般与会人员更为重要，安排记录席位要充分考虑其工作的便利性。

（二）会议记录的类型

会议记录有“记”与“录”之分。“记”有详记与略记之别，“录”有笔录、音录和影像录三种；根据会议的重要程度划分，会议记录有全面记录和重点记录两种。

1. 全面记录

即对会议的全过程、会上每个人发言原话、听众反应、会场情况等做详细的记录。对涉及政策性、原则性重大问题的会议通常采用这种形式进行记录。

2. 重点记录

即有选择地记录与会议议题有关的发言内容和情况，甚至只记录重要内容，适用于记录讨论或解决一般事务性问题的会议。

（三）会议记录的特点

1. 真实性

会议记录者只有记录权，没有创作权。会议是什么样就记成什么样，与会者发言时说了些什么就记下什么，记录者只能如实反映，不能进行加工、提炼、增添、删减，也不能移花接木或张冠李戴。

2. 原始性

会议记录是会议情况和内容的原始化的记录。所谓原始，就是未经整理、未经综合。在这一点上，它跟会议简报、纪要有着很大不同。会议简报、纪要也是真实的，但不是原始的。

3．完整性

会议记录对会议的时间、地点、出席人员、主持人、议程等基本情况，对领导讲话、与会者发言、讨论和争议、形成的决议和决定等内容，都要一一记录下来，有些重要会议对其他会议动态，诸如发言中插话、笑声、掌声、临时中断及别的重要的会场情况，也应予以记录。

（四）会议记录的写作格式

会议记录一般包括标题和正文两部分。

1．标题

一般由单位名称、会议名称（含届、次）和文种名称构成，如《××学校职工代表第四次大会会议记录》；也可直接以文种名称为题。

2．正文

正文包括开头、主体和结尾三部分。

（1）开头。分条列出会议时间、地点、出（缺、列）席人员、主持人、记录人等会议情况。

出席人：根据会议的性质、规模和重要程度的不同，出席人的详略也会有所不同。有时可以只显示身份和人数，如“各系、部主任 21 人”“各部门经理 10 人”等。如果出席人员身份复杂，既有上级领导，又有本单位各部门的主要领导，还有各种有关人员，最好将主要人员的职务、姓名一一列出，其他有关人员则分类列出。如果是群众性大会，只要记录参加的对象和总人数，以及出席会议的较重要的领导成员即可。

列席人：包括列席人的身份、姓名，可参照出席人的记录方法。

缺席人：如有重要人物缺席，应做出记录。

主持人：要注明职务、姓名。

记录人：包括记录人的姓名和部门。如“××办公室主任”。

（2）主体。包括主持人讲话、会议议题、发言或报告的内容、讨论发言的情况、决议事项、遗留问题等。这是一般会议都有的项目，但侧重点会有所不同。

（3）结尾。包括散会说明和核稿签名。会议结束，另起一行写“散会”两字，并由主持人和记录人分别签名，以示负责。

二、案例分析

例 3-9-1

××公司项目会议记录

时间：××××年×月×日×时

地点：公司办公室

出席人员：公司各部门主任

缺席人员：×××　×××

主持人：×××（公司副总经理）

记录人：×××（办公室主任）

一、主持人讲话

今天主要讨论一下《中国办公室》软件是否投入开发以及如何开展前期工作的问题。

二、发言

技术部××总经理：类似的办公软件已经有不少，如微软公司的Word、金山公司的WPS系列，以及众多的财务、税务、管理方面的软件。我们的首要问题是确定选题方向，如果没有特点，千万不要动手。

资料部××主任：应该看到的是，办公软件虽然很多，但从专业角度而言，大都不是很规范。我指的是编辑方面的问题，如Word中对于行政公文这一块就干脆忽略掉，而书信这一部分也大多是英文习惯，中国人使用起来很不方便；WPS是中国人开发的软件，在技术上很有特点，但中文应用方面的编辑十分简陋，远远达不到专业水准。我认为我们定位在这个方面是很有市场的。

市场部××主任：这是在众多航空母舰中间寻求突破，我认为有成功的希望，关键的问题就是必须小巧，并且速度极快。因为我们建造的不是航空母舰，这就必须考虑到兼容性的问题。

三、会议决议内容

各部门都同意立项，初步的技术方案将在10天内完成，资料部预计需要3个月完成资料编辑工作，系统集成约需要20天。该软件预定于元旦投放市场。

散会。

主持人（签名）：

记录人（签名）：

（本次会议记录共×页）

评析：这是一则××公司的项目会议记录，详细记录了各主要部门负责人的讨论发言，并在文末记录下了会议的决议内容，条理清晰，格式完整规范。

例3-9-2

×××党支部会议记录

时间：××××年×月×日

地点：×××会议室

出席人员：支部全体党员（详见点名簿）

列席人员：×××（职务）、×××（职务）

缺席人员：×××（缺席原因，如学习、出差、生病、无故等）

主持人：×××（职务）

记录人：×××（职务）

会议主题：

1. 讨论支部工作报告；

2. 讨论通过预备党员×××、×××转正。

×××（主持人、书记）：今天，我们召开支部全体党员大会，有××人出席，超过应到会人员半数，会议有效。今天我们还邀请×××、×××等几位同志参加，请大家向他们表示热烈欢迎。

今天会议是讨论通过去年支部的工作报告和讨论×××、×××同志的转正。下面让我来向大会做支部工作报告。（书记做支部工作报告）请与会同志酝酿，充分发表意见。

×××：……………………………………………………………………………………。

×××：……………………………………………………………………………………。

（详细记录每位同志的发言）

×××（主持人）：刚才，同志们对我们的工作提出了许多宝贵的意见，我们会认真加以考虑，不断改进工作。接下来讨论预备党员转正（记录详见《发展党员专用记录本》）。

会议到此结束。

主持人（签名）：

记录人（签名）：

（本次会议记录共×页）

评析：这篇会议记录虽然在内容上有所节选，但总体格式上非常完整和规范，能清晰地反映出这次会议的内容和概貌。

例 3-9-3

××市城南开发区管委会办公会议记录

时间：××××年×月×日上午 8:00 至 11:30

地点：管委会会议室

主持人：李××（管委会主任）

出席者：杨××（管委会副主任）、周××（管委会副主任）、李××（市建委副主任）、肖××（市工商局副局长）、建委和工商局有关科室人员、街道居委会负责人

列席者：管委会全体干部

记录人：邹××（管委会办公室秘书）

一、讨论议题

1. 如何整顿城市市场秩序；
2. 如何制止违章建筑、维护市容市貌。

二、讨论发言（按发言顺序记录）

杨××副主任作主题报告：我区过去在上级党委领导下，各职能单位同心协力、齐抓共管，在创建文明卫生城市方面取得了一定成绩，相应的城市市场秩序有一定进步。可近几个月来，市场秩序倒退了，街道上小商贩逐渐多起来，水果摊、菜摊、小百货满街乱摆……这些情况严重破坏了市容市貌，社会各界反应很强烈。因此，今天请大家来研究：如何整顿市场秩序？如何治理违章建筑、违章作业……

肖××（市工商局副局长）：个体商贩不按规定到指定市场经营，这主要是因为管理不力、处理不坚决，我们有责任。我们要重新宣传市场有关规定：坐商归店、小贩归点、农贸归市……工商局全面出动抓，也希望街道居委会配合，具体行动方案我们再考虑。

罗××（工商局市管科科长）：市场是到了非整顿不可的地步了。我们的方针、办法都有

了，过去实行过，都是行之有效的。现在的问题是要有人抓、敢于抓，落到实处……只要大家齐心协力，问题是能够解决的。

秦××（居委会主任）：整顿市场秩序我们居委会也有责任。我们一定发动居民配合好，制止乱摆摊、乱叫卖的现象。

李××（市建委副主任）：去年上半年创建文明卫生城市时，市里出过7号文件，其中规定施工单位不能乱摆战场。工棚、工场不得临街设置，更不准侵占人行道；沿街面施工要有安全防护措施……今年有些施工单位不按规定，在人行道上搭工棚、堆器材。这些违章作业严重地影响了街道整齐、美观，也影响了行人安全。基建时挖出的泥土，拖斗车装得过多，外运时沿街撒落，破坏了街道整洁。希望管委会召集施工单位开一次会，重申市政府7号文件，要求他们限期改正，否则按文件规定惩处。

陈××：对犯规者一要教育，二要处理。我们应首先做好宣传教育工作，如果施工单位仍我行我素，那么按文件的有关规定严肃处理，他们也就无话可说了。

周××：城市管理不能仅仅停留于规章制度上，应重在执行。职能部门是主力军，就要着重抓，其他部门要配合抓。居委会要把居民特别是“执勤老人”（退休工）都发动起来。只要坚决按7号文件办事，我们市区就会文明、清洁、面貌改观……

三、与会人员经过充分讨论、协商，形成决议

1. 由工商局牵头，居委会及其他部门配合，第一周宣传，第二周行动，做到坐商归店、摊贩归点、农贸归市，彻底改变市场紊乱状况。

2. 由管委会牵头，城建委等单位配合对全区建筑工地进行一次检查，然后召开一次施工单位会议，责令违章建筑、违章工场限期改正。力争一个月内改变面貌，对到时不改者则坚决照章处理。

散会。

主持人（签名）：×××

记录人（签名）：×××

（本次会议记录共×页）

评析：这是一篇比较典型的全面的会议记录，格式完整规范，对会议组织情况的各个要素记录得齐全、清楚，在讨论发言后归纳出了两点决议。

三、写作指导

（一）注意事项

1. 真实准确

要如实地记录别人的发言，不论是详细记录，还是概要记录，都必须忠实原意，不得添加记录者的观点、主张，不得断章取义，尤其是会议决议之类的内容，更不能有丝毫出入。真实准确的要求具体包括：不添加、不遗漏，依实而记；清楚，首先是书写要清楚，其次是记录要有条理；最后会议记录要求突出重点。

2. 详略得当

根据会议的性质、重要程度来判定采用何种方法记录。一般有“三详三略”：重要的会议要详记，一般性会议要略记；讨论的关键问题要详记，一般性问题要略记；意见有分歧的发

言要详记，意见一致或交叉较多的问题要略记。

3. 掌握一定的速记技巧

由于会议记录与会议发言同步，记录人不仅要听得准还要能及时记得下，因而很有必要掌握速记技能。一般说来，有四条：一快、二要、三省、四代。

一快，即记得快。字要写得小一些、轻一点，多写连笔字。

二要，即择要而记。就记录一个人的发言来说，要记其发言要点、主要论据和结论，论证过程可以不记。就记一句话来说，要记这句话的中心词，修饰语一般可以不记。要注意上下句子的连贯性。

三省，即在记录中正确使用省略法。如使用简称、简化词语和统称；省略词语和句子中的附加成分，省略较长的成语、俗语、熟悉的词组，句子的后半部分画一曲线代替；省略引文，记下起止句或起止词，会后查补。

四代，即用较为简便的写法代替复杂的写法。一可用姓代替全名；二可用笔画少易写的同音字代替笔画多难写的字；三可用一些数字和国际上通用的符号代替文字；四可用汉语拼音代替生词难字；五可用外语符号代替某些词汇。

但在整理和印发会议记录时，均应按规范要求办理。

在实际写作中，注意“会议记录”与“纪要”的区别，详见第二章“纪要”一节。

（二）参考模板

×××会议记录

会议时间：××××年×月×日××时至×日××时

会议地点：×××××

出席会议人员：×××、×××、×××、×××

列席会议人员：×××、×××、×××、×××

缺席人员：×××、×××

主持人：×××

记录人：×××

一、主要议题

1. ×××××××××××。

2. ×××××××××××。

二、发言记录

1. ×××××××××××。

2. ×××××××××××。

三、与会人员经过充分讨论、协商，形成决议

1. ×××××××××××。

2. ×××××××××××。

散会。

主持人（签名）：×××

记录人（签名）：×××

（本次会议记录共×页）

四、实战演练

为自己在学校参加的某次会议做会议记录。

拓展阅读

如何制作会议议程

第一步，了解会议召开的内容。在这一步，我们主要是要总结会议的主题，便于拟定会议的名称，利于安排会场布置。例如，现在召开一个公文写作的会议，我们可以将题目拟定为“××单位公文写作培训会议”。

xx单位公文写作培训会议

第二步，确认会议召开的时间。做这一步的时候，我们要积极与上级领导沟通，避免与上级领导的时间安排发生冲突。例如，各级领导正好在30日都没有任何安排，那么我们可以把时间定在30日。

xx单位公文写作培训会议

11月30日上午				

第三步，确认每个环节的所需时长。比如，培训师讲解要60分钟，正职领导发言要30分钟，副职领导发言要20分钟，知道时间后将各个环节有序安排。

xx 单位公文写作培训会议

	序号	时间	议程内容	发言人
11 月 30 日上午	1	9:00—10:00（60 分钟）		李教授
	2	10:00—10:20（20 分钟）		张副局长
	3	10:20—10:50（30 分钟）		陈局长

第四步，了解各个环节的内容。例如，李教授要在本次会议中培训公文写作技巧，张副局长要在本次会议中通报本单位公文写作情况，陈局长要在本次会议中明确下一步公文写作提升方向。

xx 单位公文写作培训会议

	序号	时间	议程内容	发言人
11 月 30 日上午	1	9:00—10:00（60 分钟）	公文写作技巧	李教授
	2	10:00—10:20（20 分钟）	通报本单位公文写作情况	张副局长
	3	10:20—10:50（30 分钟）	明确下一步公文写作提升方向	陈局长

第五步，如果会议议程较多、较长，那么我们可以安排一个休息时间，这样可以让参会人员在休息时间上一下卫生间等。如果我们这个会议还有一个现场讨论的环节，那么可以穿插一个现场讨论在里面。

xx 单位公文写作培训会议

	序号	时间	议程内容	发言人
11 月 30 日上午	1	9:00—10:00（60 分钟）	公文写作技巧	李教授
	2	10:00—10:30（30 分钟）	现场讨论	全体人员
	3	休息 10 分钟		
	4	10:40—11:00（20 分钟）	通报本单位公文写作情况	张副局长
	5	11:00—11:30（30 分钟）	明确下一步公文写作提升方向	陈局长

第六步，确认是否要安排食宿。比如，这个会议结束已经到了午饭时间，而有许多人员是从外地过来参会的，那么就要给他们安排午饭。同理，如果会议结束后参会人员已经无法赶回去，那就要安排住宿。

XX 单位公文写作培训会议

	序号	时间	议程内容	发言人
11 月 30 日上午	1	9:00—10:00（60 分钟）	公文写作技巧	李教授
	2	10:00—10:30（30 分钟）	现场讨论	全体人员
	3	休息 10 分钟		
	4	10:40—11:00（20 分钟）	通报本单位公文写作情况	张副局长
	5	11:00—11:30（30 分钟）	明确下一步公文写作提升方向	陈局长

午餐安排在单位一楼食堂，采用签到用餐的方式

第十节　启事

情境导航

寻人启事

张××，女，20 岁，身高 1.62 米，圆脸，肤白，大眼睛，嘴角有颗黑痣，身穿浅粉色连衣裙，白色皮凉鞋。于 5 月 12 日离家，至今未归。

本人若见到此启事，请尽快同家人联系。有知其下落者，请与李××联系，联系电话：××××；或与××市××路派出所联系，联系人：吴××，电话：××××。

有重谢。

××××年×月×日

这是一则寻人启事，准确地描述了走失人的体貌特征、衣着装束，并将联系的方式具体详细地列了出来。语言精练，篇幅短小精悍。

那么除了寻人可以写启事，还有哪些情况要用到“启事”呢？“启事”又该如何写呢，有什么需要注意的吗？

一、文书常识

（一）启事的概念

启事是机关、企事业单位、社会团体或个人公开申明某件事情，希望有关人员参与或协助办理而使用的告知性应用文文体。

启事多刊登在报刊杂志上，或张贴在街头、路边等公共场所，或在广播电台、电视台中播出。

（二）启事的类型

启事种类繁多，依据不同用途大致可分为以下三类：

（1）寻找类

这类启事有寻人、寻物、招领等。

（2）征招类

这类启事有征稿、征婚、征集设计与招聘、招生、招考等。

（3）告知类

这类启事有开业、迁址、变更、婚庆、庆典、房屋租赁、遗失、作废等。

（三）启事的特点

1. 事件的单一性

启事应一“事”一“启”，如果有两件或两件以上的事，可写成两份或两份以上的启事。

2. 传播的广泛性

启事是一种告知性文体，常通过张贴、登报、广播、电视等各种新闻媒体公开传播消息，同时启事的对象也具有广泛性。

3. 告知的回应性

启事要求通过告知得到社会公众广泛的回应，以期公众或有关人员帮助解决相关事宜。

4. 参与的自主性

启事不具备法令性，也没有强制性和约束性，启事要求人们有着参与的自主性，不对别人发生任何支配作用，公众可以参与或不参与。

（四）启事的写作格式

启事通常由标题、正文和落款三部分构成。

1. 标题

标题的写法通常有两种：

一是完整式标题。由启事者、启事内容和文种名称三部分构成，如《××公司招聘启事》。

二是省略式标题。省略启事者的，如《招领启事》《征稿启事》等；省略启事者和启事内容的，如《启事》；省略启事者和启事名称，如《征婚》《寻物》等。

另外，依据启事重要性和紧迫性，可以标明“重要启事”或“紧急启事”。

2. 正文

这是启事的主体部分，不同类型的启事正文内容有所不同，一般包括：启事的目的、意义、具体办理方法、条件、要求等。所写内容务必真实，语言简洁明了。

正文通常的写法有两种：

一是直陈式，直接陈述有关的事情和要求，根据内容的多少，可写一段，也可分段写。

二是条款式，有些启事由于事项较多，可在开头一段先简述启事的缘由、目的及主要内容，然后分条列项地写明启事的具体事项，如招聘启事、征稿启事等往往采用这种写法。

正文结尾可以写上“此启”或“特此启事”等结束语，也可以不写。但现在一般启事往往写一些总的要求或表态的话。

3. 落款

包括署名和日期。在标题和正文中已写明启事者，署名可省略，只写日期；报刊上刊登的启事也可以不写日期。

二、案例分析

1. 寻找类启事

（1）寻人启事

要写明被寻人的姓名、性别、年龄、身高以及外貌、衣着、口音等方面的特征和走失原因，如果有照片可以附上，便于辨认。

例 3-10-1

寻 人 启 事

×××，女，8岁，身高1.1米，圆脸，大眼睛，头上带有粉色蝴蝶结发卡，身穿红色毛连衣裙、黑线裤，脚穿红色皮鞋，有很重的河南口音。3月31日上午外出玩耍，至今未归。有知其下落者，请速与我联系，必有重谢。联系电话：×××××××××××。

×××

××××年×月×日

（2）寻物启事

要写明物品丢失时间、地点、名称、数量、特征等。

例 3-10-2

寻 物 启 事

本人不慎于9月25日中午在食堂吃饭时，将内装学生证、身份证、驾驶证和钱包的黑色手提包遗失。有拾到者请与××系××班××联系，必有重谢。

电话：159××××××××。

××××年×月×日

（3）招领启事

一般应写明于何时何地拾到何物，以及认领的具体地址。至于拾物的具体特征和数量则不宜写出，等认领人认领时便于核对，以防冒领、错领。

例 3-10-3

招 领 启 事

有人在校门口拾到钱包一个，内装人民币若干元，还有银行卡、信用卡等物，望失主前来认领。

地点：教学楼四楼校广播站

电话：×××××××××××

××××年×月×日

2. 征招类

（1）征文启事

例 3-10-4

征 文 启 事

党的十八届三中全会，是继十一届三中全会开启改革开放大门后，中国改革开放的伟大事业又一次全局意义上的战略性深化和革命。为了深入学习宣传贯彻全会精神，中共金华市委宣传部和金华日报决定联合举办“婺城新区杯”学习贯彻十八届三中全会精神征文活动。征文由婺城新城区管委会协办。

一、时间：××××年1月至××××年1月。

二、内容：对十八届三中全会通过的《中共中央关于全面深化改革若干重大问题的决议》进行全面、深入的解读和理论思考；各地各单位理论结合实际创造的新做法、新经验、新思路、新举措，等等。字数在2000字左右。

三、评奖：征文活动结束后，由金华市委宣传部和金华日报邀请省、市有关领导和专家评出一二三等奖若干名，并召开表彰会。

四、来稿请寄：金华日报社会文化部理论副刊或将稿件发送至jhrbswb@163.com邮箱。

××××年1月20日

（来源于金华新闻网，有改动）

（2）招聘启事

主要包括用人的单位、部门、业务、目的、对象、条件、待遇、询问事宜、联系办法、联系时间等内容。

例 3-10-5

招 聘 启 事

本公司因业务需要，现诚聘汽车销售人员10人，具体要求如下：

一、应聘条件

大专及以上学历，要求男性身高1.70m以上，女性身高1.60m以上，形象气质佳，普通话标准、表达流利，热情、有亲和力，汽车专业或有汽车从业经验者优先。

二、应聘办法

应聘者请先递交个人简历（含相关证书、成果等复印件）到本公司人力资源部，经我公司初步筛选后，预约面试。详细安排请登录本公司网站主页。

三、联系方式

联系人：王×× 联系电话：×××××××××××

联系地址：××市××路××号××大厦605室

××汽车股份有限公司

××××年1月30日

3. 告知类

（1）迁移启事

要写明迁移的时间、迁移的新址（××街××号）、电话号码等。还可以标明乘车路线或附上位置图。

例 3-10-6

迁 移 启 事

各位新老顾客：

本火锅店从××××年3月11日起，将搬至××街××号新址营业，恭请各位新老顾客光顾。

××火锅店

××××年3月10日

（2）庆典启事

庆典启事正文中的各项内容要写得具体、清楚，要让人明白邀请的是哪些人，参加庆典活动应做什么准备。对在异地工作前来参加庆典活动的，还应交代接待时间、地点及自行乘车的交通路线等事项。

例 3-10-7

××大学建校80周年校庆启事

××××年×月×日，将是××大学建校80周年纪念日，届时将举办盛大的校庆活动。为迎接校庆，学校已成立了“80周年校庆筹备委员会”，恭请各地校友届时返回母校参加校庆活动。同时，学校拟编《校名人录》，请各界校友踊跃提供有关资料。拟参加校庆或提供资料者，请函告、电告姓名、单位、职务、毕业届次或直接与校庆筹备办公室联系。热烈欢迎海内外校友为母校的发展做出贡献。

学校地址：××市××路×号

邮政编码：××××××

联系电话：××××××××

××大学建校80周年校庆筹备委员会

××××年×月×日

三、写作指导

（1）启事应一事一启，事项单一，使人容易明确启事的目的与具体要求。

（2）标题一般要醒目，使人一看就能明了启事的性质与内容。切忌将“启事”写成“启示”，启事的本意是公开陈述事情；启示是启发指示，使人有所领悟的意思。

（3）情况要真实，不得弄虚作假。

（4）在实际写作中，注意“启事”与“通告”“通知”区别。

启事：是把需要公开地向大家说明或希望大家协助办理的事情，写出来张贴在公共场所或刊登在报刊上。公众可以参与或不参与，启事不具有强制性和约束力。

通告：在一定范围内公布应当遵守或周知的事项用“通告”。企业有时为公布重大事项，让人知道，也常用通告。通告涉及的对象和范围较小，专业性较强，一般包括法规性通告和知照性通告。

通知：发布行政法规和规章，转发上级机关、同级机关和不同隶属机关的公文，批转下级机关的公文，要求下级机关办理和需要周知或共同执行的事项，用“通知”。同级单位之间相互通气，有活动安排，也可以用通知。

四、实战演练

（1）学生处即将在全校发起一次以“我的中国梦”为题的征文活动。请按照启事的要求拟写一则征文启事，包括征集的目的和意义、征集要求、奖励办法、作品评审、作品寄送等内容。

（2）某同学于 5 月 15 日下午，在学校篮球场上拾到一黑色书包，内有课外书 2 本，红色小米手机 1 个，黑色眼镜盒 1 个。该同学将书包上交了学校保卫处。请根据以上内容，以保卫处的名义写一则招领启事。

拓展阅读

一则有趣的招聘启事

一直以来，我们为了成为那个有才的人，悬梁刺股，发奋苦读，追逐着人们口中的高薪目标。是的，物质生活是好了，但总觉得生活缺点什么，时常感觉心累，时常觉得生活无聊。当看到百代旅行的那条招聘广告时，如梦初醒：我们过着物质逐渐丰富的生活，却忽略了我们心中对乐趣的那份惦念。回想过往的三十几年，有趣的我大概只存在于童年时代，疯玩、乱跑、乱涂乱画，现在偶尔整理母亲收藏的旧物，翻出当年我画的学校，色彩大胆，想象可谓无边无际，却有着无限乐趣在其中。现在呢，每天忙碌着，自己逐渐变成了一个有着众多套路的人，生活再无新意。

对一个人最高的评价，是有趣！非常喜欢！最后终于在网上找到了那家有趣的招聘广告，分享给大家。

为一篇游记
我会披荆斩棘
徐霞客

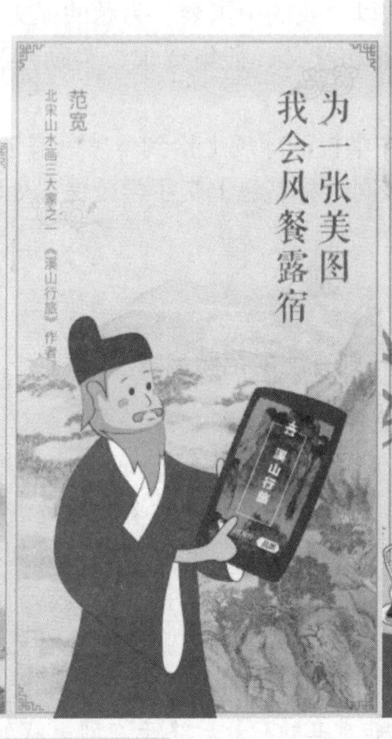
为一张美图
我会风餐露宿
范宽
北宋山水画三大家之一《溪山行旅》作者
溪山行旅

为一份美食
我会写一首诗
苏东坡
唐宋八大家之一 宋词代表
东坡肉

为一个社群
我会谈辞如云
阮籍
竹林七贤之一《咏怀》作者

为一家民宿
我会亲临长驻
陶渊明
中国第一田园诗人

为一次旅行
我会百里挑一
李白
中国诗仙 酒仙

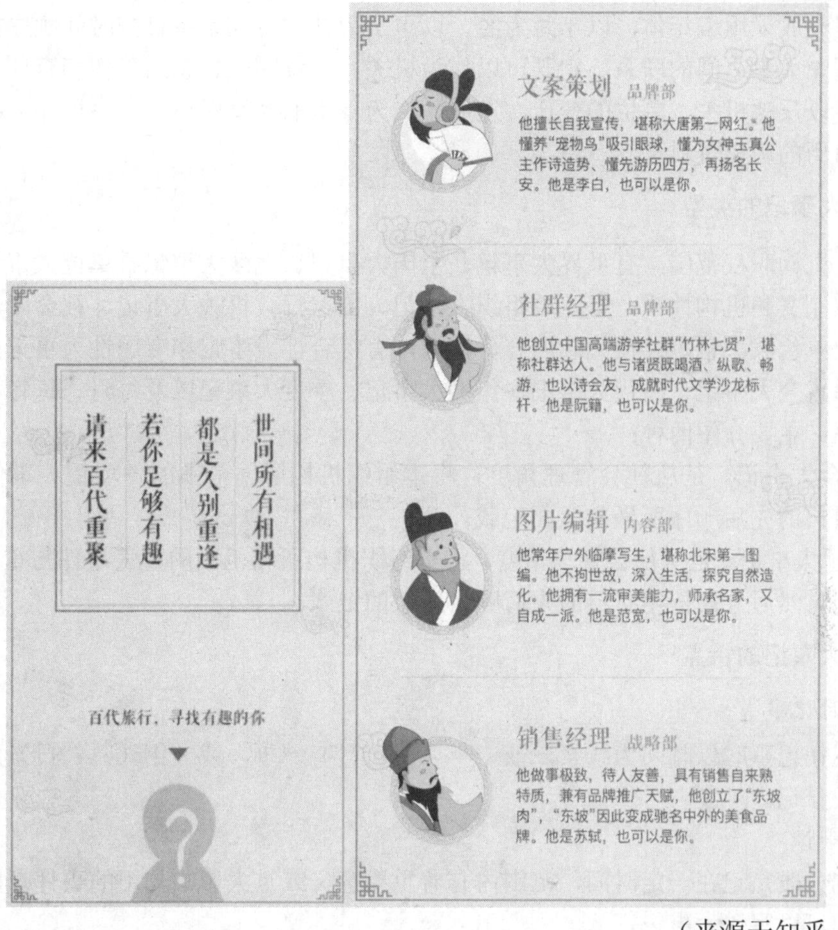

（来源于知乎，有删改）

第十一节 大事记

情境导航

××公司将举办10周年系列庆典活动，其中有一项工作就是梳理公司10年来的重大事件或活动，形成××公司十年大事记。郑棋是该公司的行政秘书，负责大事记的编撰工作，工作完成后请领导审阅，领导一看，马上不高兴了，拿了一本应用文写作指导书给他，并嘱咐说：我看你还是好好学一学什么是“大事记”吧！

于是他查找了相关资料，学习了“大事记”的相关知识。

一、文书常识

（一）大事记的概念

大事记指的是按照时间顺序，简要地记载一定时期内发生的重大事件或活动的一种记事性文体。

大事记一般采用编年体，以年月为经，以事实为纬，将大事条目按时间顺序排列，以便反映同时期中大事之间的联系。它既可以作为机关、单位回顾、总结工作和查证历史的重要依据，也可以反映机关、单位的变迁、发展，成为珍贵的档案资料，还可以作为编撰地方年鉴或个人简历的历史资料。

（二）大事记的类型

按制文机构职权范围，有世界大事记、全国大事记、地区大事记、单位大事记、部门大事记等；按制文和机构性质，有党政组织大事记、国家行政机关大事记、社会团体大事记、企业或事业单位大事记等；按记载内容、性质，有综合性大事记和专题性大事记；按时间跨度，有贯通古今大事记、断代大事记、年度大事记、季度大事记以及每月、每旬、每周、每日大事记等。主要介绍两种：

1. 综合大事记。是从社会管理角度，将本组织机构所辖范围的各项重大事件与重大活动，按年月日的先后顺序所做的全面记载。

2. 专题大事记。是从社会管理角度，将本组织机构所辖范围的重大事件与重大活动，分成若干专题，然后分别按年月日的先后顺序所做的记载。

（三）大事记的特点

1. 以时记事

大事记在记事时以时间为线索，或一年（月、日）一事，或一年（月、日）几事，每事一条，每条一记。

2. 大事性

大事记一般是记在一定时间、范围内有着重要意义或重大影响作用的事件。因此，不是所有的事都可以写入大事记。

3. 摘要性

大事记要选择重要、重大之事而记，内容应以简练的文字准确地记述，一般每条用十几个字或一二百字概括。

4. 史料性

大事记是对组织机构的重要工作与重大活动的真实历史记载，具有一定的史料价值。

（四）大事记的写作格式

大事记的格式单一、固定，一般由标题和正文两部分组成。

1. 标题

大事记的标题通常有两种写法：

（1）完整式标题。通常由制文单位、时限、记事内容和文种名称四部分构成，如《陕西省××××年教育大事记》。

（2）省略式标题。省略记事内容的，如《××学校××年大事记》；省略时限的，如《××厂技术改造大事记》；省略时限和记事内容的，如《××人民政府大事记》；省略制文单位和时限的，如《薪酬制度改革大事记》。

2. 正文

这是大事记的主体部分，主要由大事时间和大事内容两部分构成。

（1）大事时间

大事时间是大事记的主要组成部分。时间应当按照事件顺序写清××××年×月×日。记载重要发文的，以文件的发文时间为大事时间。记载会议的，可分别记开始和结束时间，也可记起止时间；有些延续性时间，可分阶段记录，也可集中一条以结束时间为大事时间。有些重大事件则需要写明具体的时、分、秒，如果同一天有数件事需要记，则可以将同一天大事时间、大事内容分行列出，或用“同日”标明大事时间。

（2）大事内容

大事内容是大事记的主体，主要记本机关的组织变动情况、重要会议、上级机关的领导活动、本机关组织的主要活动和重大事件等，要求提纲挈领、文字简洁、真实准确。

同一日内有数件大事要记载的，则各列一条，分开记录。大事内容应以简练的文字准确地记述，一般每条用十几个字或一二百字概括。记载事件的详略要因事而定，有的只记事件名目，有的要求记载事件地点、起因、主要过程、结果、涉及的单位和当事人。大事记还要注意系统性和完整性，该记的不能遗漏，不该记的不能勉强凑数。

二、案例分析

例 3-11-1

2010 年中国网络大事记

1 月 12 日——百度被黑客攻陷

从 2010 年 1 月 12 日上午 7 点钟开始，中国最大搜索引擎“百度”遭到黑客攻击，长时间无法正常访问。这是自百度建立以来，所遭遇的持续时间最长、影响最严重的黑客攻击事件，百度旗下所有子域名均无法正常访问。

此次百度大面积故障长达 5 个小时，在国内外互联网界造成了重大影响。在百度被黑客劫持域名事件发生后，李彦宏在百度贴吧上发言，连称“史无前例，史无前例呀！”

2 月 28 日——局长日记门

2 月 28 日，网友在天涯社区发帖展示的“局长日记”，包括从 2007 年 9 月 24 日至 2008 年 1 月 31 日的日记，以及之后的 5 篇，共计 145 篇，每篇一般几十字。被网友海量围观的“局长日记”，除载明先后与 5 名女子婚外有染外，还记录了他收受钱财的时间、地点、数额。日记呈现了一名官员的日常生活，导致城市官员的私生活越发引人关注。“局长日记”一经网络曝光，当事人广西来宾市烟草专卖局局长韩峰成为媒体采访的焦点人物，网络的关注和媒体的介入让局长日记门事件逐渐升级。3 月 1 日，官方宣布纪检部门对韩峰立案调查，12 月 14 日，南宁市中级人民法院依法对被告人韩峰受贿一案作出一审判决，以受贿罪判处被告人韩峰有期徒刑 13 年，并处没收个人财产 10 万元。

3 月 23 日——谷歌退出中国大陆

1 月 13 日，谷歌宣布由于部分 Gmail 邮箱遭到网络攻击和监视，考虑退出中国市场。有网友不舍，到谷歌中国总部献花，事件引起广泛关注。3 月 23 日，谷歌终于宣布搜索业务退出中国大陆，并将搜索服务跳转到谷歌在中国香港提供的搜索服务。谷歌的退出在中国引发了大陆网友的热议，月光博客也写了篇评论《后谷歌时代中国的互联网生态》，从各个方面分析后谷歌时代中国的互联网生态。

4月14日——青海玉树地震

4月14日清晨，青海省玉树县发生里氏7.1级地震，地震震中位于县城附近。4月20日国务院决定，2010年4月21日举行全国哀悼活动，全国和驻外使领馆下半旗致哀，停止公共娱乐活动。截止4月25日下午17时，玉树地震已造成2220人遇难，70人失踪。

5月1日——上海世博会开幕

5月1日，2010年上海世界博览会正式开园，上海世博会的主题是“城市，让生活更美好”（Better City, Better Life）。主办机构预计吸引世界各地7000万人次的参观者前往参观，总投资达450亿元人民币，超过北京奥运会，是世界博览会史上规模最大的。上海世博会的这个“城市，让生活更美好”口号，被年末上海的一场高楼大火无情地粉碎了。

5月26日——富士康跳楼事件

2010年上半年，全球最大代工厂富士康密集发生一线员工跳楼自杀事件。5月26日，台湾鸿海集团旗下的深圳富士康发生今年以来的第12起员工跳楼事件，在社会上引起强烈反响，关注员工的工作强度以及心理压力成为社会讨论的焦点。鸿海集团董事长郭台铭亲赴深圳安抚员工，回应关于富士康是血汗工厂的批评，并向公众道歉。

富士康对于这一系列跳楼事件处理上进退失据，导致了自身处于极为被动的局面。在第8跳的时候，集团董事长郭台铭不思考实际对策，反而去请五台山高僧做法事，祈求公司平静下来，被业界传为笑柄。在第11跳之后，富士康又一度要求员工签署一份“不自杀协议”，被解读为如果今后再有员工跳楼，公司将不承担任何法律责任，有员工痛斥富士康冷血，拒绝签署。

富士康系列跳楼事件引发网民热议，舆论分析认为“富士康跳楼事件”折射出中国新一代产业工人的发展困境，这些工人每天上班、下班、睡觉——这种“钟摆式”的生活，挤压着他们的私人时间，人与人之间变得十分孤立，造成幸福感缺失。

7月28日——南京大爆炸

7月28日，南京市已停产的原第四塑料厂厂区发生丙烯管道泄漏爆炸，造成13人死亡。南京市政府将事故责任确定为施工队违法施工挖裂了管道，而这起事故也反映了在城市规划上的无序和行政上的不作为。

8月23日——菲律宾人质劫持血案

8月23日，乘坐一辆观光客车的21名中国香港游客在菲律宾首都马尼拉遭劫持。因菲警方解救行动不力，直接导致香港旅游团中8人死亡、2人重伤、5人轻伤。美联社撰文评论，救援看起来像是慢动作：警察匍匐来到巴士边，用大锤敲破一扇车窗，然后敲另一块……警方试图把车门打开的行动也宣告失败。当他们最终得以靠近时，却向世界宣布在车内发现了9具尸体：8名香港游客和1名被击毙的劫匪。全世界的人们通过电视直播亲眼目睹了这部长达12个小时的血腥纪录片。

香港政府迅速反应，派出专机接同胞返港，特首曾荫权在事件处理中的人情味得到港人赞赏。8万港人还参与了一场悼念大游行，用沉默理性的方式，向暴行和不作为的菲政府抗议，而事后一些菲律宾人来到被劫大巴前合影留念。

10月16日——“我爸是李刚”红遍网络

10月16日晚，河北传媒学院学生李启铭驾车在河北大学校区内撞到两名学生，肇事者没有下车关心伤者，反而继续开车去接女友，其中一名女生陈晓凤不治身亡。在被学生和保安拦下后，李启铭嚣张地高喊：“我爸是李刚”，将身为保定城北区公安分局副局长的父亲摆上了台，一时招来全国对“官二代”愤怒地批判。“官二代”“醉酒驾车”“肇事逃逸”等词刺激着网友的神经。此事一出迅速成为网友和媒体热议的焦点，“我爸是李刚”语句也迅速成为网络最火爆的流行语。

11月3日——腾讯大战360，“一个艰难的决定”

9月27日，360公司发布“360隐私保护器”软件，指控腾讯QQ涉嫌窥探用户隐私，10月底，腾讯和360两家公司的争斗逐渐升级，360推出“扣扣保镖”工具，拦截QQ弹窗广告，过滤QQ聊天窗口的广告，禁用QQ相关软件插件等功能。11月3日，双方长久以来累积的矛盾终于达到了高潮，腾讯终于向360摊牌，腾讯在公开信中称：“当您看到这封信的时候，我们刚刚作出了一个非常艰难的决定。在360公司停止对QQ进行外挂侵犯和恶意诋毁之前，我们决定将在装有360软件的电脑上停止运行QQ软件……”此举使得网民只能在两个常用软件中选择一个使用，一时间用户的电脑变成软件公司的战场，引发网友的热议，“一个艰难的决定”也引发了网络上的造句热潮。

11月21日，工信部通报批评360与腾讯，责令两公司停止互相攻击并公开向社会道歉，在工信部的干预下，腾讯与360恢复了兼容。

11月15日——上海高层住宅大火

11月15日14时，上海胶州路高层住宅发生重大火灾，造成58人死亡。官方调查起因为无证电焊工违章操作，引起住宅脚手架起火。11月21日是传统的“头七”，10万上海人自发到胶州路献花哀悼，让人感受到上海公民意识和市民精神的萌发。这一事件通过网络迅速传播出去，引起全国网民集体关注，网友们通过各种形式祭奠死难者。

（来源于新客网，有改动）

评析：这是一则中国网络大事记，以时间为线索清晰地记录了2010年这一年内发生的网络大事件，一事一记，内容全面、完整，详略得当，体例规范，便于查阅。

例3-11-2

中国载人航天工程神舟飞船飞天大事记

1999年11月20日至21日，中国成功发射神舟一号飞船进行第一次无人飞行试验，主要目的是考核运载火箭的性能和可靠性，同时，验证飞船返回控制等主要关键技术和系统设计的正确性。

2001年1月10日至16日，中国成功发射神舟二号飞船进行第二次无人飞行试验，主要目的是对工程总体和各系统从发射到运行、返回、留轨的全过程进行全面考核，进一步检验总体技术方案和各系统技术方案的正确性和匹配性。

2002年3月25日至4月1日，中国成功发射神舟三号进行第三次无人飞行试验。这也是一艘正样无人飞船，飞船上除了没搭载航天员之外，其技术状态与载人状态完全一致。在运载火箭、飞船和发射测控系统上，采用了许多新的先进技术，进一步提高了载人航天的安全性和可靠性。

2002年12月30日至2003年1月5日，中国成功发射神舟四号飞船进行第四次无人飞行试验。其配置、功能及技术状态与载人飞船基本相同，在零下29摄氏度低温下发射，飞船突破了中国低温发射的历史纪录。

2003年10月15日至16日，中国成功进行首次载人航天飞行，中国航天员杨利伟乘坐神舟五号载人飞船在太空运行14圈，历时21小时23分，顺利完成各项预定操作任务后，安全返回主着陆场。中国成为世界上继俄罗斯和美国之后第三个能够独立开展载人航天活动的国家。

2005年10月12日至17日，中国成功进行第二次载人航天飞行，中国航天员费俊龙、聂海胜乘坐神舟六号载人飞船在太空运行76圈，历时4天19小时33分，实现多人多天飞行并安全返回主着陆场。

2008年9月25日至28日，中国成功进行神舟七号载人航天飞行，航天员翟志刚与刘伯明、景海鹏在太空飞行46圈，历时68小时，翟志刚身穿中国研制的“飞天”舱外航天服，实现了中国航天员首次空间出舱活动。

2011年11月1日，神舟八号由改进型“长征二号”F遥八火箭顺利发射升空。3日凌晨，与组合天宫一号成功实施首次交会对接任务，成为中国空间实验室的一部分。

2012年6月16日下午，执行我国首次载人交会对接任务的神舟九号飞船发射，景海鹏、刘旺和刘洋（中国首位女航天员）三位航天员进入太空。6月18日下午，神舟九号成功与天宫一号目标飞行器实现自动交会对接。6月24日，航天员刘旺操作飞船顺利完成与天宫一号的手控交会对接。标志着中国完全掌握了载人交会对接技术。

2013年6月11日17时38分，神舟十号搭载三位航天员飞向太空，在轨飞行15天，并首次开展了我国航天员太空授课活动。飞行乘组由男航天员聂海胜、张晓光和女航天员王亚平组成，聂海胜担任指令长。

（来源于中新网，有改动）

评析：这是一则中国载人航天工程神舟飞船飞天大事记，编写了自1999年神舟一号飞船飞天至2013年神舟十号飞船飞天的大事记，以时间为线索，一事一记，体例规范，具有一定的史料价值。

三、写作指导

大事记在撰写的过程中须注意以下事项：

（1）把握标准，选好大事，要做到疏而不漏、要而不繁。有大事就记，无大事就不记，不能漏掉大事、要事，也不能勉强凑数。

（2）注意记叙的客观真实性，做到事实准确无误，保留历史的本来面目。

（3）注意内容的全面性、完整性，相关事件要前后连续，做到有头有尾。

（4）大事记虽然要求言简意明、摘要记载，但有些记载要因事而定，做到详略得当。

（5）时间不可笼统，不可使用诸如“近日”“月初”“年底”等模糊的时间代词。

四、实战演练

请把你入学以来的大事记下来。

拓展阅读

怎么才能成大事

1. 敢于决断，克服犹豫不定

遇事不要瞻前顾后，成大事者在看到事情的成功可能性到来时，敢于做出重大决断，因此抢得先机。

2. 挑战弱点，善于纠正弱点

成大事者善于拿自己的弱点开刀，把自己变成一个克服弱点的人。一个连自己的弱点都不能纠正的人，注定是个失败者！

3. 抓住机遇，善于选择创造

有些人熟视无睹地浪费大好机遇，一个个有巨大潜力的机遇都悄然溜跑；成大事者绝对不允许机遇溜走，并且会狠狠抓住。

4. 发挥强项，做自己最擅长的事

术业有专攻，每个人都有自己擅长的方面，成大事者会在自己的强项领域突破掘进，施展才智，一步一步地拓宽成功之路。

5. 调整心态，积极乐观向上

心态消极的人，面对生活的重担和压力往往感到无力；成大事者即使在事情毫无希望时，也能在内心给自己点亮一盏灯。

6. 立即行动，只喊口号没用

一次行动胜过百遍口号。有些人是“语言的巨人，行动的矮子”，成大事者每天都靠行动来落实自己的人生计划。

7. 善于交往，巧妙利用人力资源

成大事者的特点之一是：善于靠借人、借力去营造成功的局势，从而能把一件件难以办成的事做好，实现自己的人生规划。

8. 重新规划，站在更高的起点上

成大事者懂得从小到大的原始积累过程，所以在实现了一个个小成功之后，能够继续规划下一个人生新的起点和高度。

（来源于百度经验）

第十二节　条据

情境导航

话说从前有一个老财主，很是吝啬。老财主每年都要为孩子聘请一位私塾先生来家里授课，可是每到年末结账时，都舍不得拿出钱财，故意刁难私塾先生，所以教书先生们都不愿意到他家教书。

有一天，来了一位外乡的教书先生来应聘，其实老财主的吝啬先生早有耳闻，而今天他是专为教训老财主而来。寒暄过后，先生与老财主商订合同。见老财主果然吝啬，便一言不发提笔写到：“无鸡鸭也可无鱼肉也可唯白菜豆腐不可少不得一文工钱立字为据不可反悔”写毕，递给老财主说：“你看这样可否？”

老财主接过来一看，不知其中有诈，反倒喜上眉梢。因为他按照自己的理解觉得自己占了便宜：“如此这般甚好”。光阴荏苒，日月如梭，转眼一年时光过去了，先生尽心尽力使老财主的孩子学业大有长进。该是先生讨要工钱的时候了，吝啬的财主把眼睛一瞪：合同明明写着“无鸡鸭也可，无鱼肉也可，唯白菜豆腐不可少，不得一文工钱。立字为据，不可反悔。现在为什么向我讨要工钱?”两人话不投机，双双对簿公堂。二人各自向县官申诉了自己的理由，县官令:“拿字据来”。财主呈上合同，县官看了，自觉文化人理应向着文化人，也显得自己有文化，便一字一句地念到:“无鸡，鸭也可，无鱼，肉也可，唯白菜豆腐不可，少不得一文工钱。立字为据，不可反悔”。读毕，县官略一沉吟，把惊堂木一拍，厉声叱道:“大胆刁民，须知本县也是读书人出身，你竟敢谬读合同，欺负教书先生，糊弄本官，该当何罪?”财主见情形于己不利，赶紧跪地求饶。县令责罚财主二十大板，限令即日付清先生工钱。财主明知被先生算计，但也毫无办法，却也无半点悔悟之心，自认吃了哑巴亏，敢怒不敢言。

一个小小的条据，里面藏着大文章，今天我们就来学一学!

一、文书常识

（一）条据的概念

人们在工作和生活中，常常为办理涉及钱财和物品的各种手续而留下存根，或者为说明某种情况和理由而留下字据，这种作为依据的字条就叫做条据。

（二）条据的类型

根据条据的内容和格式可以分为两大类：一是凭证式条据，也叫单据，有借条、收条、欠条、领条等；二是说明类条据，也叫便条，有请假条、留言条、托事条等。

（三）条据的特点

（1）内容单一。条据内容单一，要求一文一事，忌讳一文两事或多事。

（2）简单明了。条据应力求简短，内容的各种要素要求写得清楚明白。

（四）条据的写作格式

1. 凭证式条据的写作格式

凭证式条据通常由标题、正文和落款三部分构成。

（1）标题

在条据的上方中间，一般要写上“借条”“欠条”“收条”或者写“今借到”“今收到”“今领到”等字样作为标题，醒目地说明是什么性质的条据。既扼要地提示了内容，又便于归类保管。

（2）正文

条据开头有较为固定的惯用语，一般为“今（现、兹）借到”“ 今（现、兹）领到”等。切记凡是涉及钱物，一定要写明数量，数量要用大写汉字，如果是钱，末尾还要加上个“整”字。数字如有写错的情况，改正后必须加盖印章，或重写一张。另起一行空两格，以“此据”作为结束语。

（3）落款

即签署姓名和日期。个人名字要求写齐全，如是单位，则除写明单位名称外，还应写明经办人姓名，然后再下移一行写明日期。

2. 说明类条据的写作格式

说明类条据的写作格式与一般书信大体相同。

（1）请假条的写作格式

请假条通常由标题、称谓、正文和落款四部分构成。

标题：居中写"请假条"。

称谓：写给谁，即对方的称呼。

正文：写清楚什么事，即是谁因为什么原因请哪几天假，结尾有"此致，敬礼"等祝颂语。

落款：即写条人姓名和写条时间。

（2）留言条的写作格式

留言条通常由称谓、正文和落款三部分构成。由于留言条的时限较短，落款部分应注意时间一般不写年、月，但要写留言当天的日期，有时甚至要具体到几时几分。

二、案例分析

1. 凭证式条据

（1）借条。借到个人或单位的现金、财物时写给对方的条据，就是借条。钱物归还后，把条据收回作废或撕毁。

例 3-12-1

借　条

今借到王东海同志人民币陆仟元整，将于下个月十五日前还清。

此据。

借款人：李霞

××××年×月×日

例 3-12-2

借　条

今借到席琳同学的《金属工艺学》壹本，叁个月内送还。

此据。

借书人：王靖宇

××××年×月×日

（2）欠条。借了个人或单位的钱物，归还了一部分，还有部分拖欠，对拖欠部分所打的条据，叫欠条。注意不能与借条混淆。

例 3-12-3

欠　条

原借张武人民币捌佰元整，已还叁佰元整，尚欠伍佰元整，壹个月内还清。

此据。

白雪

××××年×月×日

（3）收条。在收到别人或单位的钱款、财物时写给对方的条据，就是收条或收据。如果是代收，要写上代收人姓名。

例 3-12-4

收　条

今代收到刘洪同学还给张琼老师网球拍壹副，完好无损。

此据。

代收人：梁超

××××年×月×日

（4）领条。向单位领取钱、物时，写给负责发放人留取的条据，称领条。

例 3-12-5

领　条

今领到总务处发给汽车检测系办公室惠普 1020 激光打印机壹台，联想笔记本电脑贰台。

此据。

经手人：汽车检测系胡言

××××年×月×日

2. 说明类条据

（1）请假条

例 3-12-6

请　假　条

王经理：

我因家里有急事，今天不能前去上班，特请假一天，请予以批准。

此致

敬礼！

职工：方颖

××××年×月×日

（2）留言条

例 3-12-7

马老师：

今天上午 10 点二楼会议室开会，手机打不通，特留言，请务必准时参加。

孙立

即日上午 8:10

例 3-12-8

廖老师：

家乡来人带了点土特产，现托人送上 2 包，请笑纳。

×××即日

三、写作指导

1. 凭证式条据写作注意事项

凭证式条据一经签订，一般对签约的各方就有了约束力，特别是经济性质的条据。因此，条据写得是否准确，权利与义务规定得是否严密、完备，关系到当事人的切身利益，影响到发生纠纷时，是非曲直的判断和鉴别。所以，写此类条据时应该认真、谨慎，并特别注意以下事项：

（1）对外使用的条据，写对方单位名称要用全称，署名要亲自签写真实姓名。署名下方要写清条据日期。借条或欠条中，必须写清归还期限，以免无理拖延。

（2）是物品要写明名称、规格、数量；是金钱要写明金额，必须用大写，以防涂改。数字前不留空白，数字后面要写量词，数额末尾加“整”字，以示完结。

（3）条据内容表述不清。切忌将“买”写成“卖”，“收”写成“付”，“借给”写成“借”等。

（4）条据的内容部分与签章署名之间的空白不宜留得太大，容易被持据人增添补写其他内容，或将原内容裁去，在空白处重新添加内容。

（5）条据中的文字如果确实需要改动，要在涂改处加盖印章，以示负责。

（6）还款时切记索回条据。还款还物时，对方若称一时找不到借条，应该让其写一张收据留存，这样才不至于给日后留下隐患。

（7）条据的文字必须工整，文面必须整洁。打印稿格式不变，但必须有签名、盖章。

2. 说明类条据写作注意事项

（1）请假条和留言条，务必写清：写给谁，什么事，谁写的，何时写的，使人一看就明了。要将所说的事写清楚，使他人一看便知。

（2）要言语简洁，篇幅短小，以写某一件事为主，切忌长篇大论。

四、实战演练

（1）指出下面条据的错误之处并改正。

借　条

今借到张平650元，3天后归还。

此据。

王刚强

收　条

今学生处金亮同志收到×××系××班交来体检费共计1200元。

金　亮

2008年9月21日

领　　条

今领到计算器一个。

此据。

领用人：李先锋

2008年4月9日

（2）0622班学生李逍遥腹泻，经医生诊断，属于急性肠炎，需要休息三天，请你代李逍遥向班主任皮老师写张请假条。

拓展阅读

一生的欠条

大学毕业那年，父亲求亲告友，在家乡小城给我找了份他认为蛮体面的工作，我却毫不犹豫地放弃了，决定到外面闯一闯。那晚，我和父亲深谈，描绘自己的理想抱负。父亲说我心比天高，母亲则在一旁抹眼泪，都苦口婆心地劝我留下。我却冥顽不化，非要“走出去”。

父亲终于问：“你决定去哪里呢？”

我思虑半天，摇摇头。

父亲抽着劣质烟，良久，才一字一顿地说：“儿大不由爹呀，你已经是成年人了，以后的路怎么走自己看着办吧。”

父亲同意了！那一刻，我为父亲无奈的妥协和“支持”而感激涕零，默默发誓，一定不让父母失望！

第二天一早，我收拾好简单的行囊，踌躇再三，还是硬着头皮向父亲索要路费。从小学到大学毕业，十几年里，我不知向父亲伸手要了多少次钱，但总觉得都是天经地义的，唯有这一次，我心里特别发虚。我劝自己说：这是最后一次向父亲伸手要钱！

于是，我怯怯地去找父亲，不想屋里屋外到处找都找不到。正在做早饭的母亲戚然地说：“你父亲一早就到集镇上给你寻钱去了。出门在外，人地两生，没钱咋行。可咱家的情况你也知道，为了给你找工作，家底已掏空了。”母亲说着，皲裂的双手仍在冰凉的水盆里搓洗着红薯，眼圈红红的，有些浮肿。我不知道该如何抚慰母亲，只能木然地站着，心如刀绞。

父亲回来时已是半晌，身后还跟着一个人，原来是个粮贩。父亲要卖家中的麦子。那几年丰产不丰收，粮食贱得要命，父亲一直舍不得卖。可是那天，父亲一下子卖了几千斤，装了整整一三轮车。

还没等我开口，父亲就把2000元卖粮款交到了我手里，我感激涕零，讷讷不能言。可出乎我意料的是，父亲竟然板着脸，冷冷地说：“写个欠条，这钱是借给你的。你已经长大了，该自己负责自己了！”他语气果断，不容置疑。我目瞪口呆地看着父亲，像看一个陌生人，难以置信。可是父亲已经拿来了纸和笔，摊在桌上。父亲的不近人情，让我失望到了极点，内心五味杂陈。就要离家远走，父亲一句祝福和叮咛的话都没有，只让我留一张冷冰冰的欠条！

恼恨、气愤一并涌上心头，我抓起笔，以最快的速度写下欠条，头也不回地走了，泪水流了满脸，但更憋着一股劲：一定要尽快赎回欠条，哪怕再难，让父亲看看儿子不是孬种！

我辗转漂到了省城。一天、两天、三天……我像一只无头苍蝇在这个城市里东闯西撞。人才市场、街头广告、报纸招聘，不放过任何一次希望。

一个星期后，凭着自己的一支笔，我在一家广告公司谋得了一份文案的工作。在工作之余，我没忘给自己充电，时有文章在省内外的报刊上发表。半年后，我又跳槽到了一家报社。这期间，我只应景式地往家里打了两次电话，每次都以工作忙为借口匆匆挂断，心里仍然对父亲满怀怨恨。

到报社发了第一笔工资后，我径自回了家。父亲对我的不期而归大感意外，一迭声问我在省城怎么样，坐啥车回来的，回来有急事吗……听得我心烦意乱。我冷冷敷衍着，同时郑重地掏出2000元钱，向父亲索要欠条。

父亲一愣，然后缓缓地走到里间，打开箱子，从一本旧书里取出了那张崭新的欠条。没等我伸出手，父亲就当面把欠条撕了，又一把推开我的2000元，坐了下来。他抽着旱烟，有些伤感地说："当时让你写欠条，也是怕你年少轻狂，半途而废，逼着你往前走呢。你走时那种眼神，让我心里不好受到今天！要说欠的，2000元你以为就能还清吗？"

我脸红了。一张欠条就让我气愤难平，哪能体谅父亲的一片苦心？

"城里花销大，钱你留着。孩子给父母最好的回报，就是自个儿能自立自强，过上好日子！"

父亲说着，用粗黑的大手抹了抹眼角，让我陡然心酸。我蹲下身去，把地上的小纸片捡了起来。我要把它重新粘好，随时带在身边，时刻铭记这张欠条里蕴含的绵长的情意……

（来源于小故事网）

第十三节 介绍信

提档介绍信

×××单位（管理档案处的全称）：

兹有×××（人名）的档案属于贵单位管理，现因本公司招聘×××（人名）到本公司任职，签订正式劳动合同××（数字）年，从××（日期）起生效，在此期间，本公司×××（公司名）将负责管理该员工的档案，负责该员工与档案有关的各项事宜。（注：本公司为××××，具有保存档案资质。）

特此申请批准提档。

此致

敬礼！

（印章）

×××××公司

负责人：×××

××××年×月×日

这是一则提档介绍信，有了这份加盖印章的介绍信，个人才能顺利办理提档事宜。很多情况下，我们需要一种介绍身份的文书。

一、文书常识

（一）介绍信的概念

介绍信是国家行政机关、社会团体、企事业单位派人外出联系工作、洽谈事宜、参观学习或出席会议时所出具的一种专用书信。

介绍信是机关团体必备的书信，用来证明某人身份、联系接洽事务，具有介绍和证明的双重作用。

（二）介绍信的类型

介绍信通常分为两种，即手写式介绍信和印刷式介绍信。

1. 手写式介绍信

手写式介绍信是一种较常见的介绍信，一般采用公文信纸书写或书写在机关、团体、单位自制的信笺上，最后只要加盖印章即可。

这是一种比较便捷的介绍信方式，但因其用纸、书写没有什么严格的要求，所以容易被人伪造，故而，在更为正规的场合下可以少用这种介绍信。

2. 印刷式介绍信

这是一种正式的介绍信，铅印成文，内容格式等已事先印刷出来，使用者只需填写姓名、单位，另加盖印章即可。

印刷式介绍信又可以细分为两种，一种为有存根的介绍信，一种为不带存根的介绍信。

带存根的介绍信通常一式两联，存根联由开具介绍信一方留档备查，正式联由被介绍人随身携带。格式统一制作的介绍信使用时简单方便，只需填写个别内容，可以提高工作效率，是公用介绍信中使用较多的一种。

不带存根的介绍信内容格式同带存根的介绍信在正文的印制上没有差别，也是随用随填，只是未留存根而已。

（三）介绍信的特点

1. 介绍性

介绍信是机关团体必备的具有介绍、证明作用的书信。持介绍信的人，可以凭借此信同有关单位或个人联系，商量洽谈一些具体事宜，而收看介绍信的一方则可以从对方的介绍信中了解来人的职业、身份、要办的事情、要见的人、有什么希望和要求等。介绍信是联结双方关系的一个桥梁，其目的旨在证明来人的身份，以便防止假冒。

2. 时效性

介绍信就相当于一个在一定时间内的有效证件，它可以帮助对方了解你的身份、来历，同时也赋予了你一定的责任和权利，所以介绍信一般都开列出一定的时日期限，这是一种在限期内才具备有用性的一种专用文书。

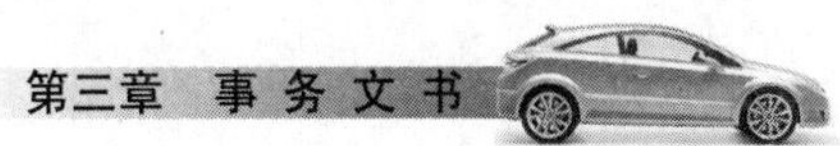

(四)介绍信的写作格式

1. 手写式介绍信

手写式介绍信由标题、称谓、正文和落款四部分构成。

(1)标题。居中写“介绍信”三个字。

(2)称谓。顶格写对方名称或负责人姓名及尊称。

(3)正文。用“兹”“今”“现”等起首;然后依次简要介绍持信人的姓名、随行人数、联系事宜等,有必要时也可在姓名前或后介绍持信人的职务或职称,介绍随行人数时数字一般要大写;最后用“请接洽为盼”“请接洽为荷”等礼貌得体地提出请求。另起一行空两个汉字位置写“此致”,再起一行顶格写“敬礼”。

(4)落款。签署单位名称,另起一行写出具日期,并在名称和日期上加盖出具单位印章。

2. 印刷式介绍信(带存根)

在统一印制的介绍信表格上填写相关内容,一般由本文、存根和间缝组成。

(1)本文。内容与手写式介绍信相似,但一般在标题下一行要填写介绍信的字号,如“××××介字第××号”,在日期下一行要填写有效期。

(2)存根。内容和本文一致,但针对的对象不同,本文是对外介绍,存根是对内留底备查,所以表述的角度不同。

(3)间缝。本文和存根之间有虚线分开,在虚线中间横向或纵向填写字号,并在字号上加盖骑缝章。

二、案例分析

例 3-13-1

介 绍 信

××公司负责同志:

兹介绍我校×××等叁位同志前往贵公司联系学生毕业顶岗实习事宜,请接洽为盼。

此致

敬礼!

(印章)
××学校
××××年×月×日

(有效期限×天)

评析:这是一则手写式介绍信,格式规范,要素齐全。

例 3-13-2

介 绍 信

______介字第____号

______:

兹介绍______等同志______人前往______办理____________________事宜。请接洽为荷。

此致

敬礼！

（印章）

×××

××××年×月×日

（有效期限×天）

评析：这是一则印刷式介绍信，使用时只须填上有关内容即可。

例 3-13-3

介 绍 信（存根）

______介字第____号

兹介绍______等同志____人前往____办理____________________事宜。

×××（印章）

年 月 日

………………………………______介字第___号………………………………

介 绍 信

______介字第____号

________：

兹介绍________等同志_____人前往_____办理________________________事宜。请接洽为荷。

此致

敬礼！

×××（印章）

年 月 日

（有效期限×天）

评析：这是一则带有存根的横排印刷式介绍信，有规定格式，使用时只需填上有关内容，要保持本文与存根内容的一致性，同时在本文与存根之间的骑缝线上加盖印章。

三、写作指导

在写作介绍信时需注意以下事项：

（1）真实可靠。填写被介绍人情况时要填写真实姓名、身份，不得虚假编造，冒名顶替。

（2）简明扼要。所接洽办理的事项要写清楚，与此无关的不要写。

（3）保证有效性。介绍信务必加盖印章，以免以后造成不必要的麻烦。查看介绍信时，也要核对印章和介绍信的有效期限。

（4）有存根的介绍信，存根联和正式联要内容完全一致。存根底稿要妥善保存，以备今后查考。

（5）介绍信书写不得涂改，要工整。有涂改的地方，可加盖印章，否则此介绍信将被视为无效。

四、实战演练

××大学教师马霖等两位同志到陕西××电子信息公司洽谈校企合作事项。请根据材料开具一封介绍信。

拓展阅读

自我介绍

自我介绍是向别人展示你，自我介绍得好不好，甚至直接关系到你给别人的第一印象的好坏及以后交往的顺利与否，同时，也是认识自我的手段。自我介绍是每一个职场中人都必然要经历的一件事情，只不过，有的人一年用不上几次，而有的人则一个星期可能需要做N次。众所周知，自我介绍是日常工作中与陌生人建立关系、打开局面的一种非常重要的手段，因此，让自己通过自我介绍得到对方的认识甚至认可，是一种非常重要的职场技术。

一、以求职为目的的自我介绍

这一类自我介绍主要应用于面试过程中，因为其目的是应聘某个职位，所以，自我介绍的信息除了个人的自然情况以外，通常还要涉及既往所取得的成绩、对目标岗位的认识、与目标岗位匹配的原因、特殊的才能或才艺等信息。但由于面试过程中的自我介绍环节往往只有2-5分钟，很难把这些信息详细地表述出来，所以，在这个过程中就要掌握一个技巧——悬念！制造悬念的方式包括：

1. 突出数字。如做市场的求职者可以用几组数字的对比来描述过去的成绩；搞研发的人可以说出研发成果转化率以及所取得的市场收益；做宣传的可以说说品牌知晓度、影响力的变化情况；即便是在校大学生，也可以用数字说说兼职过程中的成绩。面试官会因此而觉得求职者言之有物，从而会从心理上首先接纳你，认为你确实有才能！

2. 使用适当的副词或形容词。比如“通过我和团队的努力，××项目取得了突破性的进展”“与以往的任何一次年会相比，都有很大差异”等，面试官往往会关注到“突破性”“很大差异”这样的字眼，从而他们有兴趣再就这个问题深入地问你。要知道，虽然面试沟通的时间长短与最终的结果没有直接关系，但至少大部分情况下时间很短的面试基本上不会带来好结果的。

3. 个人特点的总结与归纳。这个方法在应届大学生求职过程中用得比较多，所以，要想通过表述个人特点达到脱颖而出的目的，还是有一定难度的，因为普遍来看，相当大的一部分求职者所使用的个人特点的词汇比较接近，而且其中的大部分没有实际的实例作为佐证。所以，除非你的个人特点真的很特别，而且有实际事例，否则尽量不要采取这一方式。

二、以推销为目的的自我介绍

与求职为目的的自我介绍不同，这里说的主要是对具体产品或服务的推销，基于这一目的的自我介绍，关键是要从客户的兴奋点出发，抓住对方的需求甚至是潜在需求，引导对方说出他们对产品或服务的预期（包括功能、便捷性、后续服务、性价比，等等），逐步地引出公司的产品或服务，分析其优势，甚至可以与同类竞争性产品做简单比较。当然，这些应该是事前已经做过邮件或电话沟通的前提下，如果是纯粹的第一次陌生拜访，基本上只能重点介绍一下公司了，个人介绍不会涉及得过细，除非时间允许。

三、以便利日常工作为目的的自我介绍

这个主要涉及的是日常工作中可能会有较多接触的部门或个人，第一次去办事时简单地做自我介绍，主要是介绍个人所负责的工作情况，并诚恳地希望得到对方的指导和帮助，关键在于表达诚意，别让人觉得看到你这个人就立刻没兴趣了就可以了；在之后的接触中可以逐步聊一些工作内容，对方感兴趣的话题，甚至可以“捧”一下对方，赞扬它的工作态度什么的。

相关禁忌

1. 不要夸耀自己的“丰功伟绩”，小心这些成绩在别人眼里不值一提。

2. 不要篇幅较短，那会显得你没有文化；也不要长篇大论，那会很冗长，让人对你没有兴趣。

3. 在不同的场合要有不同的自我介绍，不要用同一种，那会显得分不清场合，就是老人常言的“拎不清”。

4. 自我介绍切忌话多。比如说，面试时要求每个人用三句话介绍自己，不能只用姓名+专业+学校，要变通。如第一句话，英语好；第二句话，专业对口；第三句话，性格优势。然后稍微扩展讲几句，效果会非常好。

5. 要注意逻辑和结构。有些人的自我介绍信手拈来，随便讲，天马行空，没有重点和结构，势必让人摸不着头脑，因此要自己理出一条线，有条不紊地讲。

6. 语速要慢一点，注意抑扬顿挫。

7. 可以说一下自己的不足，但是可以以另一种方式来说，比如讲处理方式，如果有时比较急躁，可以说成太急于求成；有时对于细节不肯放过而误了大局，可以说成太过于追求完美，等等。总之，处理得好就可以了。

团队精神或者协调能力越来越受到用人单位青睐，因此，这一方面需要个人要表达自己的态度与信念。

8. 不能重复。

（来源于百度经验，有删改）

第十四节　证明信

情境导航

2013年，百姓“办证难”问题，一度成为举国关注的焦点。对于办证之难，几乎每个人都有过切身体验，很多基层政府因而长期饱受诟病。“办证难”之所以成为全民“痛点”，还有一个原因，那就是：我们一辈子需要办理的证件实在太多！据不完全统计，一个中国人一生可能需要证件总计有70多个，属于“必需”的有30到40个。有网民感叹，如果将这些证件（证明）按时间顺序铺开，那就是一个人的一生。

林舒是2014届毕业生，经过个人努力，在毕业半年前就获得了一个到国企工作的机会。可是毕业证还没领到，林舒目前拿不出任何可以证明其学历的有效证件。入职前公司人事部要求其提供一份学历证明。

如果你是林舒学校的学籍管理员，你将如何以学校的名义开具这份证明？

一、文书常识

（一）证明信的概念

证明信，通常也称“证明”，是单位或个人证明有关人员的身份、经历、职务或某件事情真实情况的专用书信。

（二）证明信的类型

按内容分，有证明某人身份、证明某人某一时期的工作经历和证明某件事情真相的证明信；按具体的存在方式分，有公文式证明信、书信式证明信和便条式证明信；按开具证明的人的不同，有以组织的名义开具的证明信和以个人的名义开具的证明信。现主要介绍以下两种证明信：

1. 以组织名义开具的证明信

这种证明信多数是证明某人曾在或正在该单位工作的证明信。它可以证明此人的身份、经历、职务，以及同该单位的所属关系等真实情况。这种材料的来源一般源于该单位的档案，或来自调查研究。

以组织名义开具的证明信可采用普通书信形式，一般都是该单位的负责人或文书根据真实的档案或调查的材料，来组织书写的一种证明性书信。篇幅可长可短，视具体情况而定。

以组织名义开具的印刷式的证明信则是一种较方便的已事先把格式印好的只需填进主要内容的一种证明信。这种证明信一般留有存根，以备今后查看。这是一种较为正规的证明信。

2. 以个人名义开具的证明信

个人所写的证明信一般以个人名义、采用书信体格式体现。证明信的内容完全由个人负责，写这样的证明信，个人一定要严肃认真、仔细回忆，不得信笔由缰、马虎大意。

（三）证明信的特点

1. 凭证性

证明信的作用贵在证明，是持有者用以证明自己身份、经历或某事件真实性的一种凭证，所以凭证性是证明信最为显著的特点。

2. 严肃性

无论是何种证明信，也不论证明信是以组织亦或是个人开具的，开具者都一定要严肃认真，如实书写，不得伪造。

（四）证明信的写作格式

证明信一般由标题、称谓、正文和落款四部分构成。

1. 标题

标题通常有两种写法：一是只写“证明信”或“证明”；二是由证明内容和文种名称构成，如《学历证明》《××事件经过证明》等。

2. 称谓

顶格写接收证明信的单位。没有特定接收单位的可以不写称谓。

3. 正文

根据被证明人的用途和接收证明信单位的需要写有关事实。以个人名义出具的证明信，根据需要可再由出具人所在单位签署意见。一般以“特此证明”作为结束，也有再加上“此致敬礼”的。

4. 落款

签署出具单位名称或个人姓名、出具日期。以单位名义开具的证明信要加盖印章。

二、案例分析

例 3-14-1 针对某事件真实性的证明信

证 明 信

×××局负责同志：

王××原为我校中文系××级学生，曾担任学生会主席职务。在校期间，该生遵守学校各项规章制度，没有参与任何不利于安定团结的活动。

特此证明。

证明人：龚××

××××年×月×日

例 3-14-2 针对个人身份、学历的证明信

证 明 信

××局党委：

××同志，男，现年 40 岁，一九六四年九月考入我校学习，系××教授的研究生，一九六七年九月毕业。由于历史原因，毕业时未能发给研究生毕业证书，现即将补发，特此证明。

此致

敬礼！

×××大学校长：×××

××××年×月×日

例 3-14-3 作为证件使用的证明信

证 明 信

我厂工程师××同志，技术员××同志，前往湖北、广东、海南等省，检查并修理我厂出产的××牌热水器，希有关单位给予帮助。

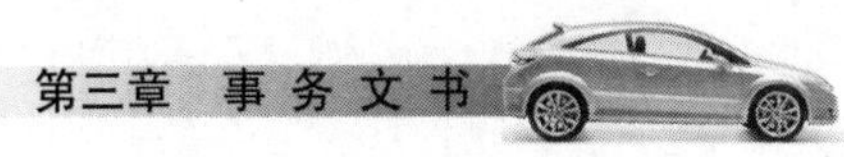

特此证明。

（印章）
×省×市×厂
××××年×月×日

例 3-14-4 作为材料存入档案的证明信

证 明 信

××大学党支部：

××××年×月×日来信收到。根据信中要求，现将你校××同志的爱人、××同志的情况介绍如下：

××同志，现年××岁，中共党员，是我校历史系教师，本人和家庭历史以及社会关系均清楚。该同志对教学工作认真负责，近年来多次被评为市级模范教师。

特此证明。

（印章）
××省××市××大学党支部
××××年×月×日

例 3-14-5 作为工作经历的证明信

工 作 证 明

兹证明×××，性别×，身份证号码是××××××，现在在我公司就职，担任×××一职。

特此证明。

（印章）
×××公司
××××年×月×日

三、写作指导

在写证明信时需要注意以下事项：

（1）内容要严肃、实事求是。针对个人所写的证明信，如果对其本人不太熟悉，应写“仅供参考”的提示性语言。因为证明信有时是作为结论性证据的，所以，要严肃认真，尽量言之有据。

（2）语言要十分准确，不可含糊其辞。证明信不能用铅笔、红色笔书写，若有涂改，必须在涂改处加盖印章。

（3）对于随身携带的证明信，一般要求在证明信的结尾注明有效时间、过期无效的字样。

四、实战演练

（1）王平同志从××财贸学院调往市财政局工作后表现突出，等待干部提拔。财政局希望原工作单位能够出具王平同志工作经历及表现的证明。王平，现年 45 岁，中共党员，在院财经系担任教师，副教授职称，工作认真负责，业务能力强，多次被评为优秀教师、教学能手。根据以上材料，写一封证明信。

（2）雷横是××公司的员工，请以××公司的身份给雷横开具一个在职证明，并证明其在××××年获得了优秀员工的荣誉。

拓展阅读

“人”证

在火车上，一个很漂亮的女列车员盯着一个民工模样的中年人，大声说“查票！”

中年人浑身上下一阵翻找，终于找到了，却捏在手里不想交出来。列车员朝他手上瞅了一眼，怪怪地笑了笑，说：“这是儿童票。”

中年人憋红了脸，嗫嚅着说：“儿童票不是跟残疾人票价格一样吗？”儿童票和残疾人票的价格都是全票的一半，列车员当然知道。她打量了中年人一番，问道：

“你是残疾人？”

“我是残疾人。”

“那你把残疾证给我看看。”

中年人紧张起来，说：“我……没有残疾证。买票的时候，售票员就向我要残疾证，我没办法才买的儿童票。”

列车员冷笑了一下：“没有残疾证，怎么能证明你是残疾人啊？”

中年人没有做声，只是轻轻把鞋子脱下，又将裤腿挽了起来——他只有半个脚掌。

列车员斜眼看了看，说：“我要看的是证件！是上面印着‘残疾证’三个字的本本，是残联盖的钢印！”

中年人一副苦瓜脸，解释说：“我没有当地户口，人家不给办理残疾证。而且，我是在私人工地干活，出了事之后老板就跑了，我也没钱到医院做评定……”

列车长闻讯而来，询问情况。

中年人再一次向列车长说明，自己是一个残疾人，买了一张和残疾人票一样价格的儿童票……

列车长也问：“你的残疾证呢？”中年人说他没有残疾证，接着就让列车长看他的半个脚掌。

列车长连看都没看，便不耐烦地说：“我们只认证不认人！有残疾证就是残疾人，有残疾证才能享受残疾人票的待遇。你赶快补票吧。”

中年人一下子蔫了。

他翻遍了全身的口袋和行李，只有几块钱，根本不够补票的。他带着哭腔对列车长说：“我的脚掌被机器轧掉一半之后，就再也打不了工了。没有钱，连老家也回不去了，这张半价票还是老乡们凑钱给我买的呢。求您高抬贵手，放过我吧！”

列车长坚决地说：“那不行。”

那个女列车员趁机对列车长说：“让他去车头铲煤吧，算做义务劳动。”

列车长想了想，说：“好。”

中年人对面的一个老同志看不惯了，他站起来，盯着列车长的眼睛，说：“你是不是男人？”

列车长不解地说：“这跟我是不是男人有什么关系啊？”

“你就告诉我，你是不是男人？”

“我当然是男人！”

“你用什么证明你是男人呢？把你的男人证拿出来给大家看看！”

周围的人一下笑起来。

列车长愣愣，说：“我一个大男人在这儿站着，难道还有假不成？”

老同志摇了摇头，说：“我和你们一样，只认证不认人，有男人证就是男人，没男人证就不是男人。”

列车长卡了壳，一时想不出什么话应对。

那个女列车员站出来替列车长解围，她对老同志说：“我不是男人，你有什么话跟我说好了。”

老同志指着她的鼻子，说：“你根本就不是人！”

列车员一下暴跳如雷，尖声叫道：“你嘴巴干净点！你说，我不是人是什么？”

老同志一脸平静，狡黠地笑了笑，说：“你是人？那好，把你‘人’证拿出来看看……”

四周的人再一次哄笑起来。

只有一个人没笑，就是那个只有半个脚掌的中年人。他定定地望着眼前的一切，不知何时，眼里蓄满了泪水，不知道是委屈，是感激，还是仇恨。

（来源于《读者》）

第十五节　规章制度

情境导航

宿舍是学生生活的重要场所，舒适的环境、文明的气氛，对学生的学习、生活和健康成长都是至关重要的，为了给同学们营造一个优美的作息环境，201 室宿舍长决定起草一份规章制度，用来规范宿舍人员的行为。如果你是宿舍长该如何写呢？

一、文书常识

（一）规章制度的概念

规章制度是国家党政机关、企事业单位、社会团体为了建立正常的工作、学习、生活、生产秩序而制定的具有法规性和约束力的文书。它是各种制度、公约、章程、条例、规定、办法、规则、细则、准则、守则、标准、须知等的总称。

（二）规章制度的类型

规章制度按照性质和制作权限划分，有行政法规、章程、制度、公约四类十一种。

1. 行政法规

国家行政机关依照法律制定的具有一定强制性和约束力的各类条例、规定、办法、细则等，统称为行政法规。

（1）条例。由国家最高权力机关或最高行政机关制定和发布，对某一方面的行政工作做出比较全面、系统的规定，具有法律性质的文书。如《党政机关厉行节约反对浪费条例》《中华人民共和国劳动合同法实施条例》等。

（2）规定。规定是规范性公文中使用范围最广、使用频率最高的文种。它是领导机关对特定范围内的工作和事务制定的相应措施，要求所属部门和下级机关贯彻执行的法规性公文。规定是局限于落实某一法律、法规，加强其管理工作而制定的，具有较强的约束力，而且内容细致、可操作性较强。如《女职工劳动保护特别规定》《国家公务员录用暂行规定》《学生学籍管理规定》等。规定大致可以分为方针政策性和具体事宜性两种。

（3）办法。由机关、企事业单位或社会团体制定的对某一具体事项的约束性规定。如《陕西省普及九年义务教育实施办法》《企业职工带薪年休假实施办法》《教学检查实施办法》等。"办法"与"规定"很相近，区别在于：办法是对某项工作所做的具体规定，包括处理某些问题的具体方法、标准；而规定则侧重原则性方面。办法可参照执行，而规定则要求按章执行。

（4）细则。细则也称实施细则，是有关机关或部门为使下级机关或人员更好地贯彻执行某一法令、条例和规定，结合实际情况，对其所做的详细的、具体的解释和补充。细则一般由原法令、条例、规定的制定机构或其下属职能部门制定，与原法令、条例、规定配套使用，其目的是堵住原条文中的漏洞，使原条文发挥出具体入微的工作效应。如《中华人民共和国国家安全法实施细则》《医疗机构管理条例实施细则》等。

2. 章程

政党或社会团体经民主协商议定的，用以说明该组织的宗旨、性质、组织原则、机构设置、职责范围等的纲领性文书，叫做章程。按性质、制定者和对象分，有政党章程，它是政治性的纲领；人民团体章程，有广泛的群众性；联谊组织章程，它的特点是交际性；学术团体（包括学会、协会、研究会等）章程，具有专业性和学术性；联合、协作（董事会）章程，具有制约性和互利性。虽然它们的特点各不相同，但它们都有各自组织成员行动的依据，具有准则性与约束性的作用。如《中国共产党章程》《中华全国总工会章程》《学术委员会章程》等。章程与行政法规的不同之处在于章程不是以行政名义发布的，因而没有行政法规的强制性，而是依靠明确的信仰去维系全体成员，并推动他们积极地为实现信念而工作。

3. 制度

广义的制度是具体制度、规则、规程、守则、须知的总称。

（1）制度。指机关团体、企事业单位及各部门制定的要求所属人员共同遵守的准则。如《考勤制度》《听课制度》等。

（2）规则。指为了维护劳动纪律和公共利益而由主管部门或单位制定要求大家遵守的条规。如《图书馆借阅规则》《考场规则》等。

（3）规程。指生产单位、科研机构或业务主管部门，为了保证质量和安全，使工作、试验、生产按程序进行而制定的一些具体规定。如《安全生产操作规程》《中药生产配制操作规程》等。

（4）守则。指机关团体、企事业单位要求其成员遵守的行为准则。如《高等学校学生守则》《全国职工守则》等。

（5）须知。指有关单位、部门为了维护正常秩序，搞好某项具体活动，完成某项工作而制定的具有指导性、规定性的事项。如《会场须知》《游客须知》等。

4. 公约

人民群众或团体经过民主协商并决议制定出来共同遵守的条文式约定。它是群众在提高觉悟的基础上，为了自觉地进行自我约束而自行制定的。如《市民公约》《爱国卫生公约》。公约往往强调社会公德，法规性和约束力没有其他规章制度强，写法也比较简单。

（三）规章制度的特点

1. 规范性

规章制度在内容上要符合国家的有关法律、政策规定，不得与之相抵触；在写作上有一定的程式要求，譬如执行的范围、执行的条款、执行的标准和要求都要尽可能考虑周全、齐全，便于实施执行。

2. 约束性

规章制度的目的就是要通过它来规范人们的行为，要求人们必须自觉约束，严格遵守，令行禁止，不能违反，否则就会造成不良后果，受到谴责或追究。

3. 严密性

严密性是指规章制度在语言表达上的特点。它要求在措辞上力求准确严谨，不得含糊不清，不得互相矛盾，以便人们遵照执行。

（四）规章制度的写作格式

规章制度一般由标题、题注和正文三部分构成。

1. 标题

规章制度的标题通常有两种写法：

（1）由单位名称、内容和文种名称三部分构成，如《陕西省普及九年义务教育实施办法》；也可以由内容和文种名称或组织名称和文种名称构成，如《教学管理制度》《图书借阅规则》《中国作家协会章程》等。

（2）公文式标题。由发文机关、事由和文种三部分构成，如《最高人民检察院关于渎职侵权犯罪案件立案标准的规定》。

若制发的制度尚不成熟或未经批准，则在标题中标明如“暂行”“试行”“草案”等。

2. 题注

规章制度一般在标题下都要加题注，注明发布机关和发布时间，有的还注明通过会议的名称和时间，因此，在正文之后不必署名，不写日期，不加盖印章。如《中国文学艺术界联合会章程》的题注是“1960 年 8 月 12 日通过”；有的还要写明通过的会议，如新的《中国共产党章程》的题注是“中国共产党第十五次全国代表大会部分修改，1997 年 9 月 18 日通过”。有些规章制度无标题下的题注或在正文中未注明发布机关和发布时间的则需要有落款。

3. 正文

正文是规章制度的重要组成部分，一般有以下三种形式：

（1）章条式

将规章制度的内容分成若干章，每章又分若干条。第一章是总则，中间各章是分则，最后一章是附则。

总则须写明制定规章制度的依据、目的、宗旨、背景、基本原则、意义、要求等。

分则按问题间的逻辑顺序，或按各部分内容的联系，或按工作活动程序以及惯例分条列项，集中编排。

附则是对制定的规章制度的补充和说明，要说明文件的制定权、修订权、解释权的归属者，还可以说明与其他相关制度的关系以及生效的范围等。

（2）条贯式

这种规章制度只分条目（款）不分章节，一般开头第一条说明缘由、目的、要求等，主体部分列出规章制度的具体内容，最后一条写相当于附则的内容。

（3）总冒分条式

这种规章制度正文先写个总冒，说明目的和根据，然后再分条列出各项规定。

二、案例分析

例 3-15-1

中华人民共和国劳动合同法实施条例

（《中华人民共和国劳动合同法实施条例》已经 2008 年 9 月 3 日国务院第 25 次常务会议通过，现予公布，自公布之日起施行。）

第一章　总　　则

第一条　为了贯彻实施《中华人民共和国劳动合同法》（以下简称劳动合同法），制定本条例。

第二条　各级人民政府和县级以上人民政府劳动行政等有关部门以及工会等组织，应当采取措施，推动劳动合同法的贯彻实施，促进劳动关系的和谐。

第三条　依法成立的会计师事务所、律师事务所等合伙组织和基金会，属于劳动合同法规定的用人单位。

第二章　劳动合同的订立

第四条　劳动合同法规定的用人单位设立的分支机构，依法取得营业执照或者登记证书的，可以作为用人单位与劳动者订立劳动合同；未依法取得营业执照或者登记证书的，受用人单位委托可以与劳动者订立劳动合同。

第五条　自用工之日起一个月内，经用人单位书面通知后，劳动者不与用人单位订立书面劳动合同的，用人单位应当书面通知劳动者终止劳动关系，无需向劳动者支付经济补偿，但是应当依法向劳动者支付其实际工作时间的劳动报酬。

第六条　用人单位自用工之日起超过一个月不满一年未与劳动者订立书面劳动合同的，应当依照劳动合同法第八十二条的规定向劳动者每月支付两倍的工资，并与劳动者补订书面劳动合同；劳动者不与用人单位订立书面劳动合同的，用人单位应当书面通知劳动者终止劳动关系，并依照劳动合同法第四十七条的规定支付经济补偿。

前款规定的用人单位向劳动者每月支付两倍工资的起算时间为用工之日起满一个月的次日，截止时间为补订书面劳动合同的前一日。

第七条 用人单位自用工之日起满一年未与劳动者订立书面劳动合同的，自用工之日起满一个月的次日至满一年的前一日应当依照劳动合同法第八十二条的规定向劳动者每月支付两倍的工资，并视为自用工之日起满一年的当日已经与劳动者订立无固定期限劳动合同，应当立即与劳动者补订书面劳动合同。

第八条 劳动合同法第七条规定的职工名册，应当包括劳动者姓名、性别、公民身份证号码、户籍地址及现住址、联系方式、用工形式、用工起始时间、劳动合同期限等内容。

第九条 劳动合同法第十四条第二款规定的连续工作满10年的起始时间，应当自用人单位用工之日起计算，包括劳动合同法施行前的工作年限。

第十条 劳动者非因本人原因从原用人单位被安排到新用人单位工作的，劳动者在原用人单位的工作年限合并计算为新用人单位的工作年限。原用人单位已经向劳动者支付经济补偿的，新用人单位在依法解除、终止劳动合同计算支付经济补偿的工作年限时，不再计算劳动者在原用人单位的工作年限。

第十一条 除劳动者与用人单位协商一致的情形外，劳动者依照劳动合同法第十四条第二款的规定，提出订立无固定期限劳动合同的，用人单位应当与其订立无固定期限劳动合同。对劳动合同的内容，双方应当按照合法、公平、平等、自愿、协商一致、诚实信用的原则协商确定；对协商不一致的内容，依照劳动合同法第十八条的规定执行。

第十二条 地方各级人民政府及县级以上地方人民政府有关部门为安置就业困难人员提供的给予岗位补贴和社会保险补贴的公益性岗位，其劳动合同不适用劳动合同法有关无固定期限劳动合同的规定以及支付经济补偿的规定。

第十三条 用人单位与劳动者不得在劳动合同法第四十四条规定的劳动合同终止情形之外约定其他的劳动合同终止条件。

第十四条 劳动合同履行地与用人单位注册地不一致的，有关劳动者的最低工资标准、劳动保护、劳动条件、职业危害防护和本地区上年度职工月平均工资标准等事项，按照劳动合同履行地的有关规定执行；用人单位注册地的有关标准高于劳动合同履行地的有关标准，且用人单位与劳动者约定按照用人单位注册地的有关规定执行的，从其约定。

第十五条 劳动者在试用期的工资不得低于本单位相同岗位最低档工资的80%或者不得低于劳动合同约定工资的80%，并不得低于用人单位所在地的最低工资标准。

第十六条 劳动合同法第二十二条第二款规定的培训费用，包括用人单位为了对劳动者进行专业技术培训而支付的有凭证的培训费用、培训期间的差旅费用以及因培训产生的用于该劳动者的其他直接费用。

第十七条 劳动合同期满，但是用人单位与劳动者依照劳动合同法第二十二条的规定约定的服务期尚未到期的，劳动合同应当续延至服务期满；双方另有约定的，从其约定。

第三章 劳动合同的解除和终止

第十八条 有下列情形之一的，依照劳动合同法规定的条件、程序，劳动者可以与用人单位解除固定期限劳动合同、无固定期限劳动合同或者以完成一定工作任务为期限的劳动合同：

（一）劳动者与用人单位协商一致的；

（二）劳动者提前30日以书面形式通知用人单位的；

（三）劳动者在试用期内提前3日通知用人单位的；

（四）用人单位未按照劳动合同约定提供劳动保护或者劳动条件的；

（五）用人单位未及时足额支付劳动报酬的；

（六）用人单位未依法为劳动者缴纳社会保险费的；

（七）用人单位的规章制度违反法律、法规的规定，损害劳动者权益的；

（八）用人单位以欺诈、胁迫的手段或者乘人之危，使劳动者在违背真实意思的情况下订立或者变更劳动合同的；

（九）用人单位在劳动合同中免除自己的法定责任、排除劳动者权利的；

（十）用人单位违反法律、行政法规强制性规定的；

（十一）用人单位以暴力、威胁或者非法限制人身自由的手段强迫劳动者劳动的；

（十二）用人单位违章指挥、强令冒险作业危及劳动者人身安全的；

（十三）法律、行政法规规定劳动者可以解除劳动合同的其他情形。

第十九条 有下列情形之一的，依照劳动合同法规定的条件、程序，用人单位可以与劳动者解除固定期限劳动合同、无固定期限劳动合同或者以完成一定工作任务为期限的劳动合同：

（一）用人单位与劳动者协商一致的；

（二）劳动者在试用期间被证明不符合录用条件的；

（三）劳动者严重违反用人单位的规章制度的；

（四）劳动者严重失职，营私舞弊，给用人单位造成重大损害的；

（五）劳动者同时与其他用人单位建立劳动关系，对完成本单位的工作任务造成严重影响，或者经用人单位提出，拒不改正的；

（六）劳动者以欺诈、胁迫的手段或者乘人之危，使用人单位在违背真实意思的情况下订立或者变更劳动合同的；

（七）劳动者被依法追究刑事责任的；

（八）劳动者患病或者非因工负伤，在规定的医疗期满后不能从事原工作，也不能从事由用人单位另行安排的工作的；

（九）劳动者不能胜任工作，经过培训或者调整工作岗位，仍不能胜任工作的；

（十）劳动合同订立时所依据的客观情况发生重大变化，致使劳动合同无法履行，经用人单位与劳动者协商，未能就变更劳动合同内容达成协议的；

（十一）用人单位依照企业破产法规定进行重整的；

（十二）用人单位生产经营发生严重困难的；

（十三）企业转产、重大技术革新或者经营方式调整，经变更劳动合同后，仍需裁减人员的；

（十四）其他因劳动合同订立时所依据的客观经济情况发生重大变化，致使劳动合同无法履行的。

第二十条 用人单位依照劳动合同法第四十条的规定，选择额外支付劳动者一个月工资解除劳动合同的，其额外支付的工资应当按照该劳动者上一个月的工资标准确定。

第二十一条 劳动者达到法定退休年龄的，劳动合同终止。

第二十二条 以完成一定工作任务为期限的劳动合同因任务完成而终止的，用人单位应

当依照劳动合同法第四十七条的规定向劳动者支付经济补偿。

第二十三条　用人单位依法终止工伤职工的劳动合同的，除依照劳动合同法第四十七条的规定支付经济补偿外，还应当依照国家有关工伤保险的规定支付一次性工伤医疗补助金和伤残就业补助金。

第二十四条　用人单位出具的解除、终止劳动合同的证明，应当写明劳动合同期限、解除或者终止劳动合同的日期、工作岗位、在本单位的工作年限。

第二十五条　用人单位违反劳动合同法的规定解除或者终止劳动合同，依照劳动合同法第八十七条的规定支付了赔偿金的，不再支付经济补偿。赔偿金的计算年限自用工之日起计算。

第二十六条　用人单位与劳动者约定了服务期，劳动者依照劳动合同法第三十八条的规定解除劳动合同的，不属于违反服务期的约定，用人单位不得要求劳动者支付违约金。

有下列情形之一，用人单位与劳动者解除约定服务期的劳动合同的，劳动者应当按照劳动合同的约定向用人单位支付违约金：

（一）劳动者严重违反用人单位的规章制度的；

（二）劳动者严重失职，营私舞弊，给用人单位造成重大损害的；

（三）劳动者同时与其他用人单位建立劳动关系，对完成本单位的工作任务造成严重影响，或者经用人单位提出，拒不改正的；

（四）劳动者以欺诈、胁迫的手段或者乘人之危，使用人单位在违背真实意思的情况下订立或者变更劳动合同的；

（五）劳动者被依法追究刑事责任的。

第二十七条　劳动合同法第四十七条规定的经济补偿的月工资按照劳动者应得工资计算，包括计时工资或者计件工资以及奖金、津贴和补贴等货币性收入。劳动者在劳动合同解除或者终止前12个月的平均工资低于当地最低工资标准的，按照当地最低工资标准计算。劳动者工作不满12个月的，按照实际工作的月数计算平均工资。

第四章　劳务派遣特别规定

第二十八条　用人单位或者其所属单位出资或者合伙设立的劳务派遣单位，向本单位或者所属单位派遣劳动者的，属于劳动合同法第六十七条规定的不得设立的劳务派遣单位。

第二十九条　用工单位应当履行劳动合同法第六十二条规定的义务，维护被派遣劳动者的合法权益。

第三十条　劳务派遣单位不得以非全日制用工形式招用被派遣劳动者。

第三十一条　劳务派遣单位或者被派遣劳动者依法解除、终止劳动合同的经济补偿，依照劳动合同法第四十六条、第四十七条的规定执行。

第三十二条　劳务派遣单位违法解除或者终止被派遣劳动者的劳动合同的，依照劳动合同法第四十八条的规定执行。

第五章　法律责任

第三十三条　用人单位违反劳动合同法有关建立职工名册规定的，由劳动行政部门责令限期改正；逾期不改正的，由劳动行政部门处2000元以上2万元以下的罚款。

第三十四条　用人单位依照劳动合同法的规定应当向劳动者每月支付两倍的工资或者应

当向劳动者支付赔偿金而未支付的，劳动行政部门应当责令用人单位支付。

第三十五条 用工单位违反劳动合同法和本条例有关劳务派遣规定的，由劳动行政部门和其他有关主管部门责令改正；情节严重的，以每位被派遣劳动者 1000 元以上 5000 元以下的标准处以罚款；给被派遣劳动者造成损害的，劳务派遣单位和用工单位承担连带赔偿责任。

第六章 附 则

第三十六条 对违反劳动合同法和本条例的行为的投诉、举报，县级以上地方人民政府劳动行政部门依照《劳动保障监察条例》的规定处理。

第三十七条 劳动者与用人单位因订立、履行、变更、解除或者终止劳动合同发生争议的，依照《中华人民共和国劳动争议调解仲裁法》的规定处理。

第三十八条 本条例自公布之日起施行。

（来源于中华人民共和国中央人民政府网）

评析：《中华人民共和国劳动合同法实施条例》是对《中华人民共和国劳动合同法》比较全面、系统的规定。第一章是总则，中间各章是分则，最后一章是附则。每章又分若干条列出，属典型的章条式结构。条文完备、明确、具体。

例 3-15-2

××市市民文明公约

一要爱国守法，不要违法乱纪；
二要爱惜市容，不要乱设摊棚；
三要讲究卫生，不要乱贴乱扔；
四要维护交通，不要乱行乱停；
五要爱护花木，不要毁草伤林；
六要移风易俗，不要铺张迷信；
七要言行有利，不要粗痞斗狠；
八要敬业守信，不要失职失诚；
九要团结互助，不要冷漠无情。

××市全体市民

××××年×月×日

（来源于××市人民政府网）

评析：这是一则市民文明公约，分条叙述，简明扼要，对市民的文明行为有一定的约束作用。

三、写作指导

（一）注意事项

（1）把握好政策

制定规章制度要以国家的方针、政策为依据，同时也要符合本地区、本系统、本单位的实际情况。

（2）内容要严肃

规章制度是人们工作、生产、生活的准则，必须具有一定的权威性。因此要求其内容周密严谨、切实可行，一经制定，任何人不可随意更改。规章制度还须广泛征询群众的意见，并吸收其合理意见。此外，要严格规章制度制定的程序。

（3）要求要明确

规章制度具有指导作用，是人们行为的准则。这就要求规章制度的条文必须完备、明确、具体；以准确、清晰的语言表述规章制度的内容。要注意不能越权制定，还要避免同上级已制定的相关规定相抵触。规章制度中的概念、判断都必须明确，以免发生歧义。不要过多地使用专用术语，文字要精练，通俗明了。

（二）参考模板

模板1　章条式

标　　题

（题注）

第一章　总则（说明缘由、目的和要求）

第一条　××××××××××××××××。

第二条　××××××××××××××××××××××。

第三条　××××××××××××××××。

第二章（分则）　×××××

第四条　×××××××××××××××××。

第三章（分则）　××

第五条　×××××××××××××××。

第六条　×××××××××××××××××××××。

第七条　××××××××××××××××××××××。

第四章　附则

第八条　××××××××××××××××××××××。

模板2　条贯式

标　　题

（题注）

第一条　××××××××××××××××。（说明缘由、目的和要求）

第二条　××××××××××××××××××××××××。（以下分条列出规章制度的具体内容。）

第三条　××××××××××××××××。

……

第 N 条（最后一条）：相当于章条式中附则的内容。

模版 3　总冒分条式

标　题

（题注）

××。（说明缘由、目的和要求）

第一条　　××××××××××××××××。

第二条　　××××××××××××××××××××××。

第三条　　××××××××××××××××。

……。

四、实战演练

（1）请你以所在宿舍舍长的名义，起草一份《宿舍卫生公约》。

（2）××职业学院学生社团活动搞得很活跃，经过一段时间的筹备，最近要成立“大学生创业协会”。请你为这个协会起草一份章程。

拓展阅读

规　矩

约翰又一次将车送到城里一家大的经销商那里维修，这已经是他第二次因为同样的问题修车了。取车时，负责接待的小姐告诉他修理费达数百美元。约翰想，只要车确实修好了，便也认了。

于是，他说道：“好吧，不过我要先试车，看看是否真的修好了。”

“可以，不过，您要先付修理费，才能把车开走。”

对他们公司来说，约翰可是位大客户，他私人每几年就从这里购买一辆新车。此外，约翰供职的一家大集团经约翰的手中每年从这家经销商购买的车能达四五辆，该经销商为此指派一名销售人员专门负责跟踪服务。

接待小姐对他的情况一清二楚，所以，当约翰听到让他先付费后取车时，简直难以置信。

“等一等”，他说道，“你是说，我不先付费，就不能把车开走？”

“十分抱歉，先生。可是，我不能坏了公司的规矩！”小姐说道，“这是公司的规定，我也毫无办法。”

小姐并非有意刁难，但如此做法的确让人不快。于是，约翰怒气冲冲地离开。回到公司，就给经销商打电话，他吼道：“你难道不相信我会付这区区一笔修理费吗？简直可笑！”经销商弄清事情的缘由后，马上向他道歉，保证一定会尽快妥善处理这件事，并表示要支付约翰取车未成的路费，并亲自将车交给了约翰。

然而，出人意料的是，这个经销商从此再也没有跟约翰做一笔生意，并断言："约翰要不了多长时间就得卷铺盖回家，他已经变成一个没有规矩的人了！"

果然，没过多久，约翰因为回扣问题东窗事发，被炒了鱿鱼。这件事，几乎让所有认识约翰的人大吃一惊，同时，也佩服经销商的预言。

"没有规矩，不成方圆"，不仅仅是一条经济定理、社会规范，更是一个人生铁律。一个集体、一个社会，没有"规矩"、没有制度是不可想象的；同样，一个人，如果没了"规矩"，就有可能游走在危险的边缘。

（来源于小故事网）

第四章　社交礼仪文书

第一节　求职信

情境导航

方成骏是××学校××××级的一名高职学生。毕业临近，他很想早日找到一份适合自己的工作。前段时间，他看到了某公司刊登在《西安晚报》上的一则招聘信息，非常想获得这份工作。在老师的指导下，他向那家公司投递了一份求职信。经过筛选，他获得了面试的机会，后又凭着扎实的基本功和良好的综合素质，成功地被该公司录用了。

方成骏求职成功的原因是什么？在竞争激烈的社会，尤其是就业形势严峻的今天，机会总是青睐主动的人，所以，再优秀的人，也要学会自我推销，而推销自己的第一步，就是写好求职信。求职信以特有的方式发挥着重大的作用，这是随着社会经济发展而产生的新的应用文体。

一、文书常识

（一）求职信的概念

求职信又称“自荐信”或“自荐书”，是求职者以书信的形式，有针对性地向用人单位介绍自己的学识、才能、经历等情况，并申请获得某个工作岗位的应用文书。

求职信是求职者向用人单位展示自我形象、成功推销自我的书面材料，是进入理想单位的一块“敲门砖”。从求职的角度讲，求职信是十分重要的，我们需要认真对待。

（二）求职信的类型

按其使用的具体情况，求职信可分为自荐信与应聘信两大类。

1. 自荐信

求职者在不知道用人单位是否需要招聘人员的情况下写的求职文书就是自荐信。

2. 应聘信

求职者在已经获知用人单位公开招聘人员的情况下写的求职文书就是应聘信。

（三）求职信的特点

1. 针对性

书写求职信时，求职人员要针对用人单位对岗位的具体要求，结合本人的特点、求职目标等情况来写。

2. 自荐性

求职信是沟通求职者与用人单位的一种媒介，在相互不了解的情况下，求职者要恰如其分地展现并推销自己，用自己的“闪光点”吸引对方的注意，以期引起用人单位的兴趣，从而获得心仪的岗位。

3. 独特性

求职信的内容和形式不同于一般书信，要结合个人的优势，力争富有个性，从而出奇制胜，在竞争中取胜。

4. 求实性

求职信要实事求是，不能夸大其词、言过其实。

（四）求职信的写作格式

求职信一般包括标题、称谓、正文、落款和附件五部分。

1. 标题

标题可直接标明文种“求职信”“求职书”“自荐信”“应聘信”，首行居中位置。

2. 称谓

写单位名称或联系人、负责人姓名。在标题下一行顶格写，称谓后要用冒号，表示下面有话要说。

求职信的称谓一般视具体情况而定，一般可称谓“××公司”“××经理”“××先生（女士）”等。有时，还可以在称谓前面加上表示尊敬的词语，如“尊敬的××”来称谓。

3. 正文

正文是求职信的主体也是求职信的重点，一般包括开头、主体和结尾三部分。

（1）开头。主要介绍个人的基本情况和求职意向。个人基本情况包括身份、年龄、学历、专业及毕业院校，无论是自荐信还是应聘信，一份简历求职意向只能列一个岗位。

（2）主体。即求职条件。这是求职的关键，主要目的就是向用人单位推销自己。求职者要善于扬长避短，针对求职岗位，展现自身的专业特长、相关资历、综合能力以及潜在的能力和优点。总之，要力求全方位立体展示，突出优势，引起用人单位的注意。但在陈述求职条件时，一定要恰如其分，过于卑怯或浮夸都是不可取的。

（3）结尾。再次表达希望被录用的愿望。最后还要写上简短的表示敬意、祝愿之类的祝词。常用“此致敬礼”“愿贵公司鹏程万里，事业发达”等。

4. 落款

在正文右下方写上求职人姓名，可以用“敬上”或“谨呈”等词以示礼貌和谦逊。姓名下面写日期，成文日期要年、月、日俱全。如用打印稿，在求职人姓名处最好使用亲笔签名。

5. 附件

在求职信后可以附有证明个人能力的有用材料，比如毕业证、学位证、职称证、身份证、职业资格证书以及各类获奖证书的复印件等。这样既方便招聘单位的审核，同时也给对方留下一个“有条不紊、办事周到”的好印象。

二、案例分析

例 4-1-1

求　职　信

尊敬的公司领导:

您好!

我叫郑××，生于××××年 3 月 15 日，目前是××学院汽车检测与维修技术专业××××级的学生，将于××××年 7 月毕业，是一名应届毕业生。近日在《××晚报》看到贵公司招聘汽车维修技工的启事，故大胆投函应征。

三年的大专生活，我勤奋刻苦，力求向上，努力学习本专业的知识和技能，掌握了汽车构造、汽车电气设备、汽车电工电子、汽车机械基础、汽车发动机电控、汽车底盘及车身电控、自动变速器、汽车故障诊断与维修等课程的基础理论知识，并在校内进行过钳工实训、整车认知和基础保养综合实训、汽车底盘检修综合实训、汽车电器与发动机综合实训、汽车电控系统检修综合实训、汽车整车电路故障检修综合实训等多个集中实训项目的训练，大大提高了实际操作能力和动手能力。学习成绩一直保持班里第一名，连续三年获得学院一等奖学金和“三好学生”荣誉称号。

此外，我也注重培养和锻炼自己的实践能力，在校曾担任学院学生会勤工助学部部长、系学生会副主席、班长等职务。在工作中，增强了自身的组织能力、团队协作能力和沟通交流能力。××××年 7 月到 9 月，我在西安市东海汽车修理厂维修实习，专业知识、动手能力得到很大的提高，对公司的基本运作有了一定的了解，并深刻认识到：作为一名合格的维修人员，必须具备过硬的维修技术、严谨的工作作风和良好的个人形象。

在专业技能方面，我掌握了汽车维修、技术检测及驾驶技能，并获得了汽车高级维修工、驾照等职业资格证书。

哲人说“器必试而先知其利钝，马必骑而后知其良驽”。我相信：我一定能胜任这份工作，为公司带来更多的效益。倘蒙录用，必当献身工作，以百倍的信心和勤劳踏实的工作为贵公司效微薄之力。

最后，衷心祝愿公司事业兴旺发达!

此致

敬礼!

附：个人简历及相关证明材料

求职人：郑××

××××年 4 月 17 日

（来源于百度文库，有改动）

评析：这是一封应届毕业生的求职信，在内容上突出了自己的专业特点和优势，有针对性地介绍自己了的工作实习经历，结构完整，条理清晰，语言朴实。

例 4-1-2

求 职 信

惠州市公路局：

我叫陈××，是广东交通学校公路与桥梁专业××××级学生，惠州市区人，将于今年7月份毕业。我希望毕业后到贵局工作，为家乡的公路建设贡献一份力量。

在校期间，我认真学习，比较扎实地掌握了一定的专业理论和技术，学习成绩一直名列前茅，连续三年被评为校“三好学生”，学习之余还担任校团委文体部委员。我虽然是个女生，但不怕吃苦，与男生一样胜任公路与桥梁建设工作。在半年多的实习里，我在茂名市电白县国道325线改建工程工地上参加过施工监理、质检等工作，被评为实习优秀分子。平时，经常协助老师运用计算机搞设计。另外，我学过打字，并通过自学，获得了国家颁发的“计算机初级程序员”资格证书。

我是一个积极向上、负责热心、既有耐心又细心的人，我想这些是任何一个工作岗位所不能缺少的。特别是责任更是一个工作人员应该具备的重要的基本素养。所以，只要您给我一个平台，我将会让您收获更多。

不知贵局是否同意接收，如蒙录用，我一定虚心学习，勤勉工作。现将本人简历、学校推荐表等资料随函呈上。

此致

敬礼！

附：本人简历、学校推荐表等资料

陈××呈上

××××年3月5日

（来源于百度文库）

评析：这是一封应届毕业生的求职信，能够结合本人特点较详细地展示自己的专长及相关的实践经验，但求职意向不明确，专业课程介绍不够具体，这是我们特别需要注意的。

三、写作指导

（一）注意事项

1. 求职意向明确，有针对性

求职意向就是求职目标岗位，简历的其他内容都必须围绕求职意向展开。不少人事经理反映，现在求职信中最常见的问题就是“千人一面”。有些求职者面对成千上万的职位采用了“天女散花”的方式投递求职信，事实上它的命中率很低。而有明确的求职意向的求职信可以让招聘人员感觉到求职者的诚意，在同等条件下，更能增加求职成功的几率，针对性已成为求职信奏效与否的“生命线”。

2. 扬长避短，切忌过分吹嘘

求职者应根据自身的实际情况实事求是，扬长避短，做到不卑不亢，切忌过分吹嘘。因为从求职信中，我们看到的不只是一个人的经历，还有品格。

3. 重点突出，简明扼要

由于招聘人员阅读求职信的时间有限，所以要在有限的文字中集中展现个人的优势，求职信的篇幅一定要适当，要简明扼要，一般以 A4 纸一页为宜。

（二）参考模板

求 职 信

尊敬的×××：

您好！

我是×××大学×××专业的一名学生，即将面临毕业。我在《×××报》看到贵公司的招聘信息，故大胆投函应聘××一职，现将个人情况介绍如下：

×××学校是我国×××人才的重点培养基地，具有悠久的历史和优良的传统，并且素以治学严谨、育人有方而著称。在这样的学习环境下，无论是在知识能力，还是在个人素质修养方面，我都受益匪浅。

×年来，在师友的严格教益及个人的努力下，我系统地学习了×××、×××等有关理论，掌握了扎实的专业基础知识，并在校内进行过×××、×××等实验（实训）项目的训练。

此外，我还积极地参加各种社会活动×××。

最后，真诚祝愿贵单位××××××！

此致

敬礼！

附：个人简历及相关证明材料

求职人：×××

××××年×月×日

四、实战演练

结合自己所学专业及自身实际状况，写一份求职信。

拓展阅读

求职信还可以这么写

2017 年，一档明星读信的节目《见字如面》火了。在第一季第三期节目中，林更新再现了当年罗永浩的一封求职信。这封信写于 2000 年，收件人是新东方校长俞敏洪。

28 岁的罗永浩，当时只有一份初中毕业证，以及闯荡十年的“江湖经验”。他高二辍学，筛过沙子，摆过书摊，烤过羊肉串，倒卖过药材，走私过汽车，卖过电脑配件，做过期货，搞过创作……至于英语，几乎是自学的。

他知道，自己的条件远远达不到成为新东方老师的标准。所以，便写下了这封长达万言的自荐信——

在这封信的最后，他写道——

我到新东方应聘不是来做教师的，我是来做优秀教师的，所以不适合以常理判断。给我个机会去面试或是试讲吧，我会是新东方最好的老师，最差的情况下也会是“之一”。

一个高中没毕业的“小混混”敢对着校长夸下如此海口，简直匪夷所思。但这也正是罗永浩最与众不同的地方，如他那句名言：“彪悍的人生不需要解释”。

而俞敏洪恐怕也被他的彪悍震慑到了，竟然真的破格邀请罗永浩来北京参加面试。而且还一而再、再而三地给罗永浩试讲机会，直到第三次试讲，罗永浩高分通过，成为了新东方学历最低的老师。当然，由此，他的命运也出现了转机。

2000年前，奇人东方朔也是靠一封信敲开了仕途大门。

公元前140年，刚坐上王位的汉武帝刘彻，决定在全国范围内举行一场公务员海选活动。彼时，长安城像块磁铁，吸引了四面八方而来的方正、贤良、有才能的士人，他们纷纷投递简历，“上书言得失，自衒鬻者以千数”。

东方朔也在其中，不过他的简历，绝对与众不同——足足有十多万字，用了三千片竹简，要两个人才扛得起来。据说后来汉武帝花了两个月的业余时间才把信读完。

开篇他这样介绍自己：

本人东方朔，从小是个孤儿，兄嫂打工赚钱，把我拉扯到大。本人十三岁开始读书，苦读三冬，文史精通；十五岁学习击剑；十六岁学习《诗》《书》，苦读了二十二万字；十九岁研习排兵布阵，学习武器使用，这方面的书我也读了二十二万字之多。我的偶像是子路，他的文采口才都令我钦佩。如今我已二十二岁，身高九尺三寸（相当于两米多）。双目炯炯有神，像明亮的珠子，牙齿洁白整齐得像编排的贝壳。我勇敢像孟贲，敏捷像庆忌，廉俭像鲍叔，信义像尾生。像我这样的人，应该配得上做天子的大臣吧！

这封信果然成功引起了汉武帝的注意。东方朔被招入公车署，由此开启了他的仕途之路。

再来看看达·芬奇的求职信：

显贵的大公阁下：

我对那些冒充作战器械发明家的人所进行的试验作了观察和思考，发现他们发明的东西稀松平常，所以斗胆求见阁下，以便面陈机密，但对他人不抱任何成见。

一、我能建造轻便、坚固、搬运便利的桥梁，也能焚毁、破坏敌军的桥梁。

二、在围攻城池之际，我能从战壕中切断水源，还能制造浮桥、云梯和其他类似设备。

三、一个无法用炮火轰击的据点，只要它的地基不是用石头筑的，我就能摧毁它的每一个碉堡。

四、我能制造一种既轻便又易于搬运的大炮，可用来投小石块，犹似下冰雹一般，其中喷出的烟雾会使敌军陷入混乱。

五、我能在任何指定地点挖掘地道，无论是直的或弯的，挖掘时不出半点声响，必要时还可以在战壕和河流下面挖掘。

六、我能制造装有大炮的铁甲车，可用来冲破敌军最密集的队伍，从而打开一条向敌军步兵进攻的安全通道。

七、我能建造既美观又实用的大炮、迫击炮和其他轻便军械。

八、不能使用大炮时，我能代之以弹弓、投石机、陷阱等不胜枚举的防御器械。

九、我能制造多种适用于海上攻防的器械。

十、在和平年代，我能建造公共建筑也能建造民用房屋，还能疏导水源，我自信技术决不逊于他人，而且保您满意。

此外，我还善于用大理石、黄铜或陶土做雕塑；在绘画方面，我也绝不逊色于当今任何一位画家。我还愿意承担雕塑铜马的工作，为您已故的父亲和声名显赫的斯福乐尔扎家族增添不朽的光彩和永恒的荣誉。如果有人认为上述任何一项我办不到或不切实际的话，我愿随时在阁下花园里或您指定的其他任何地点实地试验。

达·芬奇一连使用了十个“我能”，逐条列举自己的专业才能，语气坚定，毫不谦虚，并敢承诺随时接受检验，这是何等的霸气侧漏！

大公收到信后也许会想：这小伙儿既然敢口出狂言，想来也有点真才实学。很快大公便召见了达·芬奇。在进行了短暂的“面试”后，达·芬奇就被正式聘为军事工程师，并获得了优厚的待遇。

求职信就是一块敲门砖，一封不落俗套的求职信往往能让你比别人离成功更近一步。

愿你能写出属于你个人风采的求职信，早日敲开你心仪的事业的大门！

（来源于百家号，有改动）

第二节 简历

情境导航

对于一个求职的人来说，简历是求职者的“敲门砖”，通往面试的有效绿卡，和求职信一样是求职者不可缺少的应用文书。世界上一天发出的简历，据说可以围绕地球26圈，65万千米，其中98%都是无用功。HR对简历的阅读时间3秒到10分钟，要想在众多求职者中脱颖而出，就必须精心制作个人简历。

一、文书常识

（一）简历的概念

简历也称履历表，是求职者在向用人单位推介自己时，为了清晰、有效地介绍自己的基本情况、教育背景、经历特长而做的综合描述。

（二）简历的类型

从外在形式上，分为条文式和表格式。西方国家多为条文式，我国现在仍通用表格式。

从载体和版式上，分为电子简历和纸质简历。

（三）简历的特点

（1）综合性。简历中的内容较为全面地反映求职者的综合情况。

（2）客观性。简历中的各种内容必须是真实的，不能有虚假信息。

（3）灵活性。指简历的外在形式和内容组合上较为灵活自由。

（四）简历的写作格式

简历一般由以下八部分组成：

1. 个人基本信息

包括姓名、性别、出生年月、籍贯（出生地）、民族、政治面貌、学历、专业、联系方式（固定电话、手机、电子邮箱）等。

2. 求职意向

也称求职目标，指的是求职者应征的职位。这是整份简历的灵魂，简历的其他内容都必须围绕求职意向展开，而且有明确的求职意向可以让招聘人员感觉到求职者的诚意，在同等条件下，更能增加求职成功的概率，因此应清晰明确，放在醒目的位置，并且一份简历仅能填写一个求职意向。

3. 教育背景

主要介绍自大学以来的个人经历，从高中也可，并且是与专业、职位相关的教育经历。

4. 主修课程

列出所学专业核心课程，包括实验（实训）课程。

5. 社会实践

主要是指实践或工作经历，对于应届毕业生来说，可以从校内活动和校外实践两个方面描述。

一是校内活动，如参加社团活动情况、学生干部任职经历和参加各类比赛情况。

二是校外实践，如到一些单位参观实习的经历。

6. 奖励及证书

主要是指和求职意向相关的各类奖励和证书，比如奖学金的获得情况、职业资格证书等。

7. 特长爱好

可以简单介绍自己的技能特长，主要介绍与求职意向相关的特长爱好。

8. 个人评价

个人评价应遵循以下三条原则：一是找到真正的闪光点；二是实事求是；三是语言需要简练。

二、案例分析

例 4-2-1

个 人 简 历

<table>
<tr><td>求职意向</td><td colspan="4">汽车维修技工</td></tr>
<tr><td colspan="5">个人基本信息</td></tr>
<tr><td>姓　　名</td><td>李××</td><td>性　　别</td><td>男</td><td rowspan="4">（照片）</td></tr>
<tr><td>出生年月</td><td>××××年 6 月</td><td>籍　　贯</td><td>陕西宝鸡</td></tr>
<tr><td>民　　族</td><td>汉</td><td>政治面貌</td><td>中共党员</td></tr>
<tr><td>学　　历</td><td>大专</td><td>专　　业</td><td>汽车检测与维修技术</td></tr>
<tr><td>联系电话</td><td colspan="2">186××××××××</td><td>E-Mail</td><td>123××××@qq.com</td></tr>
</table>

续表

教育背景
1. ××××年 9 月—××××年 7 月　就读于陕西省宝鸡市第一中学 2. ××××年 9 月—××××年 7 月　就读于××汽车学院汽车检测与维修技术专业
主修课程
汽车机械基础、汽车电子技术、汽车电工技术、汽车电器设备、汽车发动机构造、汽车底盘构造、汽车性能与检测、汽车发动机电控技术、汽车底盘及车身电控技术、汽车检测与诊断技术、二手车鉴定与评估、汽车专业英语
实践经历
1. ××××年 9 月—××××年 9 月　在校进行"整车认知和基础保养综合实训、钳工实训、汽车电器与发动机综合实训、汽车底盘检修综合实训、汽车电控系统检修综合实训、汽车整车电路故障检修综合实训"等多个技能训练集中实训项目。 2. ××××年 7 月—××××年 9 月　宝鸡××4S 店做售后维修实习生。 3. ××××年 3 月—××××年 6 月　西安××汽车股份有限公司汽车维修工顶岗实习
获奖及证书
获奖： 1. ××××年 6 月 获校二等奖学金。 2. ××××年 6 月 获校"优秀学生干部"称号。 证书： 计算机 ATA 证书，英语 A 级证书，驾照（C1），汽车维修工（高级）
个性爱好
喜欢拆装各种家用电器、踢足球、攀岩
个人评价
踏实、肯干、吃苦耐劳；为人稳重、笃诚守信；有很强的团队意识；较强的组织、协调、沟通能力

评析：这是一份表格式简历。求职者紧紧围绕求职意向，集中展现了个人在汽车维修方面具备的知识和能力，给人以深刻的印象，结构清晰，内容一目了然。

例 4-2-2

个 人 简 历

个人信息			
姓　　名	YJBYS	性　　别	男
目前所在	白云区	年　　龄	24
籍　　贯	湖北	国　　籍	中国
婚　　否	未婚	民　　族	汉族
身　　高	178 cm	体　　重	65 kg
联系电话	×××××××××××	电子邮箱	×××@yjbys.com
求职意向			
求职职位	电力维修		
工作经验	4 年	专业职称	初级
工作类型	均可	就职时间	随时
期望薪资	2000～3500 元	求职地区	广州，深圳
工作履历			
上海××　起止年月：××××-03-01～××××-06-01			
公司性质	私营企业　所属行业：机械/机电/设备/重工		

续表

工作履历			
担任职位	维修电工		
工作描述	设备安装维修及调试，熟悉 RO 反渗透、搅拌锅等设备		
广州××机械　起止年月：××××-09-01 ～ ××××-01-01			
公司性质	民营企业　所属行业：机械/机电/设备/重工		
担任职位	电工		
工作描述	按图纸安装各机器线路及维修设备，对全厂线路的检修		
教育简历			
毕业学校	湖北××职业技术学院		
最高学历	专科	毕业时间	2010-06-01
所学专业	机电		
语言能力			
外　语	英语一般	粤语水平	一般
第二外语	无	国语水平	精通
自我评价			
能独立操作，熟悉一般的控制线路及电房高压操作，能按图纸熟练作业；熟练市电换发电的操作程序；服从安排、喜欢运动			

（来源于百度文库，有改动）

评析：这是一份有着丰富工作经验的求职者的个人简历，内容侧重于工作经历的描述，求职目标明确，条理清晰，较为全面地展示了个人的综合能力。

三、写作指导

在制作简历时需要注意以下事项：

（1）内容上突出个性。内容就是一切，所以一定要突出个人的能力，特别是与众不同的地方，使你的简历能脱颖而出。

（2）形式上与众不同。如果想在竞争中求职成功，首先就要将简历设计得新颖独特，任何一位招聘者都会对别出心裁的简历感到眼前一亮，但切忌过于花哨。

（3）篇幅上短小精悍。要使招聘者在最短的时间内读到更多的信息。篇幅最好不超过两页（A4 打印纸）。

（4）表达上转劣为优。每个人都有自己的优势和劣势，那么我们在写作时要注意巧妙处理，比如对于应届毕业生来说，与有工作经验的人相比，年轻、缺乏相关职业的丰富工作经历是弱势，因此要突出“勤奋苦干、学习能力强、能迅速掌握新技能”等，以此来弥补所欠缺的工作经验。

四、实战演练

请结合个人实际情况，制作一份个人简历。

拓展阅读

面试小技巧及细节

一、面试中的基本礼仪

1. 一旦和用人单位约好面试时间后，一定要提前 5～10 分钟到达面试地点，以表示求职者的诚意，给对方以信任感，同时也可调整自己的心态，作一些简单的仪表准备，以免仓促上阵、手忙脚乱。为了做到这一点，一定要牢记面试的时间地点，有条件的同学最好能提前去一趟，以免因一时找不到地方或途中延误而迟到。如果迟到了，肯定会给招聘者留下不好的印象，甚至会丧失面试的机会。

2. 进入面试场合时不要紧张。如门关着，应先敲门，得到允许后再进去。开关门动作要轻，以从容、自然为好。见面时要向招聘者主动打招呼问好致意，称呼应当得体。在用人单位没有请你坐下时，切勿急于落座。用人单位请你坐下时，应道声“谢谢”。坐下后保持良好体态，切忌大大咧咧，左顾右盼，满不在乎，以免引起反感。离去时应询问“还有什么要问的吗”，得到允许后应微笑起立，道谢并说“再见”。

3. 对用人单位的问题要逐一回答。对方给你介绍情况时，要认真聆听。为了表示你已听懂并感兴趣，可以在适当的时候点头或适当提问、答话。回答主试者的问题，口齿要清晰，声音要适度，答话要简练、完整。一般情况下不要打断用人单位的问话或抢问抢答，否则会给人急躁、鲁莽、不礼貌的印象。问话完毕，听不懂时可要求重复。当不能回答某一问题时，应如实告诉用人单位，含糊其辞和胡吹乱侃会导致面试失败。对重复的问题也要有耐心，不要表现出不耐烦。

4. 在整个面试过程中，要保持举止文雅大方，谈吐谦虚谨慎，态度积极热情。如果用人单位有两位以上主试人时，回答谁的问题，你的目光就应注视谁，并应适时地环顾其他主试人以表示你对他们的尊重。谈话时，眼睛要适时地注意对方，不要东张西望，显得漫不经心，也不要眼皮低望，显得缺乏自信，激动地与用人单位争辩某个问题也是不明智的举动，冷静地保持不卑不亢的风度是有益的。有的用人单位专门提一些无理的问题试探你的反应，如果处理不好，容易乱了分寸，面试的效果显然不会理想。

二、那些小动作绝不能做

1. 边说话边拽衣角。求职者在面谈时，由于紧张或不适应，无意间会拽衣角或摆弄纽扣。这个小动作很容易让考官看出你的紧张焦虑，给人留下不成熟、浮躁的印象。

2. 翘二郎腿或两手交叉于胸前。不停地轮换交叉双腿，是不耐烦的表现，而一直跷着二郎腿则会让考官觉得你没有礼貌。如果再把两手交叉放在胸前，那就表达出了拒绝或否决的心情。

因此，求职时一定要注意坐姿端正，双脚平放，放松心情。给予面试官良好的第一印象，如果实在是太紧张，可以深呼吸，想清楚要说的内容再慢慢道来。

3. 拨弄头发。频繁用手拂拭额前的头发，会透露出你的敏感和神经质，还会令人产生不被尊重的感觉。为避免这种习惯影响到面试的结果，求职者最好将长发扎起来，或将头发梳理整齐，这样既显得精神又能避免不经意间拨弄头发。

4. 夸张的肢体动作。面试时适当的手势能帮助你更好地阐释自己的观点，不过动作太过活泼、夸张则会给人留下不稳重的印象。因此，面试时应以平稳、平实的态度为原则。

5. 眼神飘忽。面试时两眼到处乱瞄，容易让主考官觉得这是一位没有安全感、对任何事都不抱有信任感的应试者。最好的方法是面带微笑，眼睛看着谈话者，同时头微微倾斜。

6. 不停地看表。不论是在面谈或与人交谈时，不停地看时间，会让人产生压迫感。因此，求职者要把握好时间，千万不要频繁看表。

三、应试者语言运用的技巧

1. 口齿清晰，语言流利，文雅大方。交谈时要注意发音准确，吐字清晰，还要注意控制

说话的速度，以免磕磕绊绊，影响语言的流畅。为了增添语言的魅力，应注意修辞美妙，忌用口头禅，更不能有不文明的语言。

2. 语气平和，语调恰当，音量适中。面试时要注意语言、语调、语气的正确运用。打招呼时宜用上语调，加重语气并带拖音，以引起对方的注意。自我介绍时，最好多用平缓的陈述语气，不宜使用感叹语气或祈使句。声音过大令人厌烦，声音过小则难以听清。音量的大小要根据面试现场情况而定。两人面谈且距离较近时声音不宜过大，群体面试而且场地开阔时声音不宜过小，以用人单位每人都能听清你的讲话为原则。

3. 语言要含蓄、机智、幽默。说话时除了表达清晰以外，适当的时候可以插进幽默的语言，使谈话增加轻松愉快的气氛，也会展示自己的优越气质和从容风度。尤其是当遇到难以回答的问题时，机智幽默的语言会显示自己的聪明智慧，有助于化险为夷，并给人以良好的印象。

4. 注意听者的反应。求职面试不同于演讲，而是更接近于一般的交谈。交谈中，应随时注意听者的反应。比如，听者心不在焉，可能表示他对自己这段话没有兴趣，你得设法转移话题；侧耳倾听，可能说明由于自己音量过小使对方难于听清；皱眉、摆头可能表示自己言语有不当之处。根据对方的这些反应，就要适时地调整自己的语言、语调、语气、音量、修辞，包括陈述内容。这样才能取得良好的面试效果。

四、应试者回答问题的技巧

1. 把握重点，简洁明了，条理清楚，有理有据。一般情况下回答问题要结论在先，议论在后，先将自己的中心意思表达清晰，然后再做叙述和论证。否则，长篇大论，会让人不得要领。面试时间有限，神经有些紧张，多余的话太多，容易走题，反倒会将主题冲淡或漏掉。

2. 讲清原委，避免抽象。用人单位提问总是想了解应试者一些具体的情况，切不可简单地仅以“是”和“否”作答。应针对所提问题的不同，有的需要解释原因，有的需要详细说明。不讲原委、过于抽象的回答，往往不会给主试者留下具体的印象。

3. 确认提问内容，切忌答非所问。面试中，如果对用人单位提出的问题，一时摸不到边际，以致不知从何答起或难以理解对方问题的含义时，可将问题复述一遍，并先谈自己对这一问题的理解，请教对方给以确认。对不太明确的问题，一定要搞清楚，这样才会有的放矢，不致答非所问。

4. 有个人见解，有个人特色。用人单位有时接待应试者若干名，相同的问题问若干遍，类似的回答也要听若干遍。因此，用人单位会有乏味、枯燥之感。只有具有独到的个人见解和个人特色的回答，才会引起对方的兴趣和注意。

5. 知之为知之，不知为不知。面试遇到自己不知、不懂、不会的问题时，回避闪烁，默不作声，牵强附会，不懂装懂的做法均不足取，诚恳坦率地承认自己的不足之处，反倒会赢得主试者的信任和好感。

五、知己知彼

1. 事先了解一些企业背景，也就是先在家做一些调查（homework or research）。具体了解的问题可包括：企业所在国家背景、企业所处整体行业情况、企业产品、企业客户群、企业竞争对手、企业热门话题以及企业的组织结构。若有可能最好再多了解些这个企业大老板和部门经理的情况。这些足以显示出你对该企业的热爱和向往。在当今这个信息时代，你不妨到企业的主页中转转，说不定会有意外的发现。当然，尽管你暗地里为自己灌输了这么多企业的信息，可是千万别一股脑全倒给人家，自然而然地流露出来才能达到你真正的目的，不要有卖弄之嫌，他们了解的一定比你知道的更深刻，随时会给你打分。

2. 准备问题，仔细考虑。他们会问我些什么呢？想对策－迎战，我想了解些什么呢？找问题－挑战。

3. 模拟面试练习。在国企的招聘中也许没必要，但你若要应聘外企，模拟面试练习至关重要。而在校学生则应更多地争取这种锻炼的机会。我们公司曾为北大、清华的经济管理学院的学生进行过模拟面试，学生们因此得到了实战的锻炼机会，到真的面试时，就没那么紧张了。

六、心理战术

1. 保证睡眠，不要采取消极态度，觉得能睡多少就睡多少吧。一定要按正常作息，保证足够的睡眠。不过有些人可能会兴奋过度或娱乐过头，导致自己第二天疲惫不堪，无精打采；有些人打破作息规律，早早就上床，睡得自己头昏脑胀，眼睛浮肿；还有一些人呢，紧张过度，死活睡不着。那怎么办？数绵羊吧。反正说到底，你必须睡个好觉。当年国民党拷打共产党党员套录口供时，便采取了疲劳战术。强灯照射下，不让你睡觉，结果怎样？由于长时间的失眠造成人的思维混乱，难以自制，持续受刺激，可能什么都说了。这种情况下说出来的话组织性和逻辑性都极差，更不用说分析力和说服力了。当然，面试不是套口供，但这个例子足以说明睡一个好觉的重要性。

2. 早饭，按日常习惯最好。为什么说要按日常习惯呢？这不仅是个生理问题同时也是个心理问题。如果你在面试时突然感觉饿了，你就极可能一下子变得很紧张，越紧张你就越觉得饿，而越饿你就越紧张。这样恶性循环，使得一个小的生理反应变成了一个大的心理反应。所以，为了使自己放松些，你可以早晨起来慢跑一会儿，以保证一个好心情。

3. 建立自信。对于失业者，再就业并重建自信心是很关键的。尤其是那些从“九重天”跌下来的人，摔得太狠，爬起来亦会更艰难。但一定要记住，阳光总在风雨后，乌云散了有晴空。还有一些人，由于面试了很多次，经常是到最后一轮给刷了下来。久而久之，信心全失，认为自己是等不到“中举”的那一天了。其实你一定要记住，付出了总会有回报，只是时间的问题。成功总属于执着的人。

最后要说的是，万一在面试当头的节骨眼儿，你碰上了晦气的事情，怎么办？其实想必大家都有这种体会，当一个人保持一种积极的态度和一个良好的精神状态时，坏事会变好事，好事也会变得更好，这样什么事你都能泰然处之；但当一个人情绪低落、态度消极时，眼前看到的便全是黑色事件，倒霉的事接踵而至。其实这都是一些心理的主观因素在作祟。用一颗平常心、一颗充满阳光的心去看这个世界，你会发现其实这个世界很美。乐观一些，你会天天充满自信。

（来源于百度经验，有删改）

第三节　演讲词

情境导航

西方有一句格言，世界上有两样东西最可怕，一样是原子弹，另一样是演讲术。的确，

成功的演讲，以机智的语言、诚恳的态度、自信的气势，让思想的清泉流进每个听众的心田。

良好的口才是成功者的鲜花和光环。今天，一个没有口才和演讲能力的人很难适应工作和生活需要。

要想演讲成功，那么请先学会写作演讲词吧！

一、文书常识

（一）演讲词的概念

演讲词又叫演讲稿，它是在较为正式的场合公开发表个人的观点、见解和主张的讲话文稿。

与一般议论文不同的是，演讲词的内容最终要诉诸于听众的听觉而不是读者的视觉，因而要富有感召力、感染力和说服力。只有这样才能引起听众情感上和思想上的共鸣，起到宣传、鼓动和教育的作用。演讲词是进行演讲的依据，演讲词的好坏直接决定了演讲的成功与失败。

（二）演讲词的类型

按照演讲内容的不同，可以将演讲词划分为四种类型。

1. 政治演讲词

凡是为了一定的政治目的、出于某种政治动机、就某个政治问题以及与政治有关的问题而发表的演讲均属此类。它包括外交演讲、军事演讲、政府工作报告、政治宣传、竞职演讲等。

2. 生活演讲词

指演讲者就社会生活中存在的各种问题、风俗、现象而作的演讲，它表达了演讲者对这些问题的看法、见解和观点。这种演讲涵盖的内容更加广泛，如亲情友谊、吊贺、迎送、答谢等均属此类。

3. 学术演讲词

指演讲者就某些系统、专门的知识和学问而发表的演讲。一般指学校和其他场合的专题讲座、学术报告、学术发言、学术评论。

4. 法庭演讲词

指公诉人、辩护代理人在法庭上所作的演讲，律师的辩护演讲。法庭演讲词有自己的突出特征：公正性和针对性。

（三）演讲词的特点

1. 针对性

演讲是一种社会活动，是用于公众场合的宣传形式。所谓针对性，首先是作者提出的问题是听众所关心的问题，评论和论辩要有雄辩的逻辑力量，要能为听众所接受并心悦诚服，这样，才能起到应有的社会效果；其次是写作时要根据不同场合和不同对象，为听众设计不同的演讲内容。

2. 可讲性

演讲的本质在于“讲”，因此在拟稿时必须以“易说能讲”为前提。因此，演讲词写成之后，作者要斟酌，是否通顺、易懂、易被听众接受。凡是讲不顺口或听不清楚之处，如句子过长，均应修改与调整。

3. 鼓动性

演讲是一门艺术。好的演讲自有一种激发听众情绪、赢得好感的鼓动性。要做到这一点，首先要依靠演讲词思想内容的丰富、深刻，发人深思和语言表达的形象、生动，富有感染力。如果演讲词写得平淡无味、毫无创见，即使在现场“演”得再卖力，效果也不会好，甚至相反。

（四）演讲词的写作格式

演讲词通常包括标题、称谓和正文三部分。

1. 标题

演讲词的标题通常有三种写法：一是直接以文种名称为题；二是由内容和文种名称两部分构成，如《竞聘演讲词》《就职演讲词》；三是新闻式标题，如《做一个有追求的人》，也可用正副标题，如《官居八品责尽十分——与乡镇全体干部初次见面时的讲话》。

2. 称谓

一般指演讲时要面对的听众，比如：“尊敬的各位来宾，各位女士们、先生们”。

3. 正文

演讲词的正文由开头、主体和结尾三部分构成。

（1）开头

这是演讲词中很重要的部分，在结构上处于显要的地位，好的开头能够紧紧抓住听众的注意力，为整场演讲的成功打下基础。一般在开头中可以点明演讲的主题、交代背景、提出问题等。

（2）主体

这个部分应该围绕演讲的主题，根据听众的情况，组织合适的内容。在写作时要突出重点、层次分明。

在层次安排上，可按时间顺序排列，也可以平行排列、正反对比、逐层深入。此外由于演讲材料是通过口头表达的，为了便于听众理解，各段落应上下连贯，段与段之间有适当的过渡和照应。

（3）结尾

演讲的结尾起着深化主题的作用。演讲词的结尾没有固定格式，或对演讲全文要点进行简明扼要的小结，或以号召性、鼓动性的话结束，或以诗文名言以及幽默俏皮的话语结尾。但原则是要给听众留下深刻的印象。

二、案例分析

例 4-3-1

中 国 梦

尊敬的老师、亲爱的同学们：

每个人都有自己的梦想，或是精神，或是物质，这体现出每个人对于生活状态的一种追求。一个有追求的、上进的人不可没有梦想，而一个想要发展壮大、完成民族复兴壮举的国家，就更不能没有梦想。

“中国梦”三个字，所涵盖的不仅是一个大国对未来发展方向的规划，更代表着十三亿中国人民共同的心声。

我们的国家像一艘大船，十三亿的人民都是组成船身的构件。这样一艘巨舰，他的风帆，他的旗帜，他乘风破浪的英姿和饱满紧绷的缆绳，作为人民的我们都触手可及。我们将生命融入其中，与他生死与共，而我们的思想与生命，就是推动这艘巨舰前进的动力。换言之，它的真正驾驶者是人民，是一艘真正汇集了无数人的智慧与勇气的巨舰，他与人民融为一体，人民的梦就是中国梦。

中国梦，不是一个宏大而虚无的概念，它承载着一个民族的梦想和决心。

如果要问你的梦想是什么？

农民可能会说，希望今年风调雨顺，有个好收成。

工人可能会说，希望今年能努力工作，为祖国的建设添砖加瓦。

学生可能会说，希望高考好好发挥，考上心仪的大学。

青年人会希望事业从此起步，走向辉煌。

中年人会希望家庭幸福和睦，老少平安，工作顺心。

老年人会希望身体健康，子女孝顺，儿孙绕膝，颐养天年。

军人会希望加强自身素质和军事技能，成为祖国需要时第一把出鞘的利剑。

……

有人想要结婚，有人想要买房，有人想要让生意更红火，有人想要让生活更幸福。中国有十三亿人，他们的梦想也许各不相同。他们是普通人，没有豪言壮语，也没有宏伟蓝图，普通人的梦想就如同他们自己一样，既不伟大也不卑微。而我们的梦，而中国梦，也是和这些梦想一样没有大小之分。

中国梦是十三亿中国人的梦，也是中华民族的梦。他是人民对于物质和精神的双重追求的体现，也是国家对于未来的发展与前进方向的规划。中国梦源于中国，属于中国，为了中国。他独一无二，从每一个中国人心中来。

中国梦，不单单是个梦，他是更加美好的未来。

从上古时期的神农伏羲，炎黄尧舜，有明君治世，流芳千古；到秦灭六国，一统天下，修万里长城，横扫山河；从大唐盛世，国富民强，以博大胸襟，迎万国来朝；到两宋繁华，舞榭歌台，多文人雅客，各领风骚。

李白歌罢“大鹏一日同风起，扶摇直上九万里”，洒脱激昂，对酒当歌；苏轼举头问月，看大江东去，浪淘沙。

神话中的嫦娥，莫高窟的飞天，庄严的佛像，奇幻的天宫。

遒劲的书法，诗意大气的文字。

……

历史长河生生不息，五千年文明的传承，凝结了古人的智慧与梦想。而如今十三亿中国人的梦想，将汇集成一股浪潮，成就一个宏大而庄严的中国梦。这梦想是风，这梦想如潮，这梦想推动着中国这艘大船向前航行。他需要我们所有人的努力，去共同推动，共同前进，共同实现，共同超越。中国梦，源于所有的中国人，把所有的中国人团结在一起，风雨同舟，荣辱与共。

只要你肯为实现自己的梦想出一份力，你就为实现全中国的梦想出了一份力。这些梦想的力量，将把中国这艘巨舰带入光明的新世界。

向中国梦，致敬!

向中国人民，致敬!

向伟大的中华民族，致敬!

（来源于豆丁网，有改动）

评析：本篇演讲词中心明确，感情真挚，具有强烈的感染力和鼓动性，能引起听众的共鸣。

例 4-3-2

班长竞聘词

同学们:

你们好!

今天，我走上演讲台的唯一目的就是竞选“班级元首”——班长。我坚信，凭着我新锐不俗的“官念”，凭着我的勇气和才干，凭着我与大家同舟共济的深厚友情，这次竞选演讲给我带来的必定是下次的就职演说。

我从没有担任过班干部，缺少经验。这是劣势，但正因为从未在“官场”混过，一身干净，没有“官相官态”“官腔官气”；少的是畏首畏尾的私虑，多的是敢作敢为的闯劲。正因为我一向生活在最底层，从未有过“高高在上”的体验，对摆“官架子”看不惯，弄不来，就特别具有民主作风。因此，我的口号是“做一个彻底的平民班长”。班长应该是架在老师与同学之间的一座桥梁，能向老师提出同学们的合理建议，向同学们传达老师的苦衷。我保证做到在任何时候，任何情况下，都首先是“想同学们之所想，急同学们之所急”。当师生之间发生矛盾时，我一定明辨是非，敢于坚持原则，特别是当老师的说法或做法不尽正确时，我将敢于积极为同学们谋求正当的权益。

班长作为一个班组的核心人物，应该具有统御全局的大德大能，我相信自己是够条件的。

首先，我有能力处理好班级的各种事务。因为本人具有较高的组织能力和协调能力，凭借这一优势，我保证做到将班委一班人的积极性都调动起来，使每个班委成员扬长避短，互促互补，形成拳头优势。

其次，我还具有较强的应变能力。所谓“处变不惊，临乱不慌”，能够处理好各种偶发事件，将损失减少到最低限度。

再次，我相信自己能够为班级的总体利益牺牲一己之私，必要时，我还能“忍辱负重”。

最后，因为本人平时与大家相处融洽，人际关系较好，这样在客观上就减少了工作的阻力。

我的治班总纲领是：在以“情”联谊的同时以“法”治班，最广泛地征求全体同学的意见，在此基础上制订出班委工作的整体规划；然后严格按计划行事，推选代表对每个实施过程进行全程监督，责任到人，奖罚分明。

我准备在任期内与全体班委一道为大家办好以下几点:

1. 借助科学的编排方法，制定出减轻个人劳动卫生值日总长度和强度的办法，提高效率；

2. 建立班组互助图书室，并强化管理，提高其利用率，初步解决读书难问题；

3. 组织双休日乡里同学的“互访”，沟通情感，加深相互了解；

4. 建立班级“代理小组”，做好力所能及的代理工作，为有需要的同学代购物件、代寄邮件、代传讯息等；

5. 设一个班长意见箱，定时开箱，加速信息反馈，有问必答。

我会是一个最民主的班长，常规性工作要由班委会集体讨论决定，而不是由我一个人说了算。重大决策必须经过“全民”表决。如果同学们对我不信任，随时可以提出“不信任案”，对我进行弹劾。你们放心，弹劾我不会像弹劾克林顿那样麻烦，我更不会死赖不走。我决不信奉“无过就是功”的信条，恰恰相反，我认为一个班长“无功就是过”。假如有谁指出我不好不坏，那就说明我已经够“坏”的了，我会立即“引咎辞职”。

同学们，请信任我，投我一票，给我一次锻炼的机会吧！我会经得住考验的，相信在我们的共同努力下，充分发挥每个人的聪明才智，我们的班务工作一定能搞得十分出色，我们的班级一定能跻身全市先进班级的行列，步入新的辉煌！

谢谢大家！

×××

××××年×月×日

评析：这是一篇竞聘班长的演讲词，写作者以退为进，较为巧妙地将自身的劣势化为竞聘优势。竞聘岗位明确，优势突出。竞聘后的打算，件件针对班级、学生的实际情况，很能打能人心。全文思路清晰，语言风趣，极富感染力和号召力。

三、写作指导

在写演讲词时需要注意以下事项：

（1）有针对性。准备演讲词前首先要了解听众情况，他们的思想状况、文化程度、职业状况和所关心的问题等。掌握了听众的特征和心理，在此基础上恰当选择材料、组织材料，是写好演讲词，同时也是演讲成功的必要条件。

（2）观点鲜明，主旨单一。观点鲜明的演讲词才具有说服力和感染力，鲜明的同时还要求主旨单一，即一篇演讲词只能有一个中心，全篇都必须紧紧围绕这个中心来论述，这样才能给听众留下深刻的印象。

（3）抒情与说理相结合。一篇好的演讲词，应该既有感性的情感表达，又有理性的事实分析，要把二者有机结合，做到动之以情、晓之以理。

（4）语言明白晓畅、生动感人。

（5）要控制篇幅。演讲词不宜过长，要适当控制时间。过长的演讲词会使听众产生厌倦情绪，所以，演讲词不在乎长，而在乎精。

四、实战演练

（1）请为自己竞选班长写一篇竞聘演讲词。

（2）请以“我的大学生活”为题写一篇演讲词。

拓展阅读

联合国秘书长的一分钟演讲

1976年1月8日周恩来总理逝世时，设在美国纽约的联合国总部门前的联合国旗降了半旗。这是非常罕见的事。自1945年联合国成立以来，世界上有多少国家的元首先后去世，联合国还从来没有降过半旗。

一些国家感到不平了。他们的外交官聚集在联合国大厦门前的广场上，言辞激愤地向联合国总部发出质问：我们国家的第一元首去世，联合国大旗升得那么高，中国的第二元首去世，为什么要为他降半旗呢?当时的联合国秘书长瓦尔德海姆站了出来，就在联合国大厦门前的台阶上发表了一次极短的演讲，总共不过一分钟。他说：

为了悼念周恩来，联合国降半旗，这是我决定的。原因有二：一是中国是一个文明古国，她的金银财宝多得不计其数，她使用的人民币多得我们数不过来。可是，她的总理周恩来没有一分钱的存款！二是中国有10亿人口，占世界人口的四分之一。但是，她的总理周恩来没有一个孩子。你们任何国家的元首如能做到其中一条，在他逝世的时候，总部照样为他降半旗。

说完，瓦尔德海姆转身就走，广场上的外交官个个哑口无言。随后响起雷鸣般的掌声。瓦尔德海姆机敏而锋利的谈吐，不仅表现了他机智无比的外交才能，同时也反映了我们敬爱的周恩来总理的高尚品格是举世无双的。

（摘自《文汇读书周报》）

第四节　感谢信 慰问信 贺信

情境导航

古老的中华民族源远流长，被誉为“文明古国，礼仪之邦”。在历史的长河里，我们不仅创造了灿烂的文化，更形成了优秀的美德。在新的历史条件下，我们也正在努力建设一个新型的和谐社会。这种和谐美好体现在人际关系上，要求我们常怀感恩之心，要关心帮助他人，要分享快乐、共度风雨。

因此在人际交往中，我们就会用到交流情感、密切联系的一类礼仪文书，比如感谢信、慰问信、贺信。这类文书既似冬日里的火炭，能驱走我们内心的寒冷，慰藉我们的心灵，又似夏日里的清风，能带给我们丝丝凉爽，鼓舞士气。

一、文书常识

（一）感谢信

1. 感谢信的概念

感谢信是向对方给予的关心、帮助、支援表示感谢的礼仪文书。感谢信既可以写给集体也可以写给个人。可以是公开张贴的，也可以是寄给单位、集体或个人的。

2. 感谢信的类型

根据感谢对象来分，有给集体的感谢信和给个人的感谢信。集体的感谢信一般是个人由于在困难时，受到了集体的帮助，使自己渡过了难关，走出了困境，所以要用感谢信的方式表达自己的感激之情。而给个人的感谢信，可以是个人也可以是单位集体为了表达某个人曾给予的帮助、照顾而写的。

根据感谢信的发表形式分，有张贴式感谢信、书信式感谢信、广播式感谢信和登报式感谢信。

3. 感谢信的特点

（1）感谢对象的确定性。感谢信都有确切的感谢对象，以便让大家都清楚是在感谢谁。

（2）表述事实的具体性。感谢别人是有具体的事由的，否则就会显得抽象空洞。

（3）感情色彩的鲜明性。感动与致谢的色彩强烈鲜明，言语里充满感激之情。

4. 感谢信的写作格式

感谢信一般由标题、称谓、正文和落款四部分构成。

（1）标题

写上“感谢信”或“致×××的感谢信”等字样，位置居中。

（2）称谓

第二行顶格写被感谢单位的名称或个人姓名，如果是写给个人的，还可以在姓名后加上称谓，如“先生”“校长”“同志”“师傅”等，称谓之后要加冒号。

（3）正文

写感谢内容和感谢之情。叙述事件过程，简明评议得到对方的关心、支持、帮助所产生的效果和影响；热情赞颂对方的可贵精神并表示向对方学习的态度和决心。感情要真诚，语言符合双方身份。

在正文结尾处一般写上“此致敬礼”“再次表示诚挚的感谢”等祝颂语。

（4）落款

最后在右下方写上发信的单位名称或个人姓名，再另起一行注明日期。

（二）慰问信

1. 慰问信的概念

慰问信是向辛勤工作的集体或个人表示慰劳、问候和致意，或对遇到重大损失和困难的群众、团体表示同情、问候、鼓励和关怀的礼仪文书。

2. 慰问信的类型

慰问信从内容上看，一般可分为三种类型：一是对先进的慰问；二是对受难者的慰问；三是节日慰问。

3. 慰问信的特点

（1）发文的公开性。慰问信可以直接寄给本人，但大多是以张贴，登报，在电台、电视上播放的形式出现的。公开性是慰问信的一大特点。

（2）情感的沟通性。无论是对有突出贡献者的慰问还是对遭遇困难者的慰问，情感的沟通是支撑慰问信的一个深层基础。慰问正是通过这种或赞扬表达崇敬之情，或同情表达关切之意的方式来达成双方的情感交流和相互理解的。节日的慰问，尤其是为某一群体而设的节日的慰问，更是起着相互沟通情感的作用。如“三八妇女节”“教师节”等的节日慰问。

4. 慰问信的写作格式

慰问信一般由标题、称谓、正文和落款四部分构成。

（1）标题

慰问信的标题通常有三种写法：一是直接以文种名称为题；二是由慰问对象和文种名称共同构成，如《给抗洪部队的慰问信》；三是由慰问双方和文种名称共同构成，如《朱德致抗美援朝将士的慰问信》。

（2）称谓

第二行顶格写慰问对象，一般是对某一类人员的泛称，譬如“坚持奋战在抗洪一线的全体军民”“我校全体教职工”，称谓之后要加冒号。

（3）正文

慰问信的正文一般由发文目的、慰问缘由或慰问事项等几部分构成。首先在开头部分，应该开宗明义，交代背景，写清楚发此信的目的是代表何人向何集体表示慰问。其次是慰问缘由或慰问事项，本部分要概括地叙述对方的先进思想，先进事迹，或战胜困难、舍己为人、不怕牺牲的可贵品德和高尚风格；或者简要叙述对方所遭受的困难和损失，以示发信方对此关切的程度。要表现出发信方的钦佩或同情之情。在正文结尾可以提出希望，予以鼓励。

（4）落款

最后在右下方写上发信的单位名称或个人姓名，再另起一行注明日期。

（三）贺信

1. 贺信的概念

贺信是向对方在某个方面做出的突出贡献表示表彰、赞扬、庆贺的礼仪文书。贺信兼有表扬和慰问的特点，比如重要会议的召开、某项工程的竣工或某一科研项目取得较大的成果时表示祝贺等。也有的是对个人的寿辰、婚姻喜庆表示祝贺的贺信。

2. 贺信的类型

贺信从行文方式上分为上级单位对下级单位或员工的贺信、同级单位之间的贺信、下级单位给领导机关的贺信、单位对个人或个人对个人的贺信。

3. 贺信的特点

（1）祝贺性。发出贺信的目的是恭贺对方，为对方取得的成就增加喜庆气氛，增进相互间的感情。

（2）信电性。贺信是通过书信的投递和电文的拍发达到祝贺的目的，庆贺者无法当面宣读，而由受贺者收后阅读。

4. 贺信的写作格式

贺信一般由标题、称谓、正文和落款四部分构成。

（1）标题

标题通常有三种写法：一是只写“贺信”二字；二是写由谁发出的贺信，如《××公司贺信》；三是写明谁给谁的贺信，如《××协会给××学校的贺信》。

（2）称谓

第二行顶格写被祝贺单位的名称或个人姓名，如果是祝贺会议则写会议名称。

（3）正文

正文由开头、主体和结尾三部分构成。

一是开头。用简练的语言写祝贺之由，并表示祝贺。如“值此……之际，谨代表……向……表示热烈祝贺”。

二是主体。根据受文对象的不同，主体的内容与措词有所区别。如果是祝贺对方取得了突出成绩，主体一般要充分肯定和热情颂扬对方所取得的成绩，述评取得成绩的原因及意义，表示向对方学习，或提出希望；如果是祝贺会议，主体侧重说明会议召开的重要意义和深远影响；如果是祝贺领导履新，主体就要侧重于祝愿，祝愿对方在任期内取得新的成就，并祝愿双方的友谊进一步加强。

三是结尾。可再次写祝愿、鼓励和希望方面的话。也可不另写结尾。

（4）落款

最后在正文右下方写上发信的单位名称或个人姓名，再另起一行注明日期。

二、案例分析

例 4-4-1

感　谢　信

尊敬的领导：

您好！

我是×××，是11月8号60位面试者中来自××大学的大四本科生。感谢贵公司给了我一个面试的机会。这次面试，从各个方面开阔了我的视野，增长了我的见识，给予了我各个方面不同的改进。您对我综合能力的肯定，一定能增强我的竞争优势，让我在求职的路上更加坚定自己的信心。感谢公司对我的关爱，感谢公司给我提供的这次毕生难忘的经历！

无论这次我是否能被公司录用，我更坚信——选择贵公司是明智之举。无论今后我会在哪个单位上班，我都将尽心尽责做一位具有强烈责任感、与单位荣辱与共的员工，一位扎根于单位、立志为社会创造最大价值的攀登者，一位积极进取、脚踏实地而又极具创新意识的新型人才。

大千世界，芸芸众生，如我者甚众，胜我者恒多。虽然现在我还很平凡，但我会勤奋进取永不服输。如蒙不弃，惠于录用，必将竭尽才智，为公司鞠躬尽瘁！

感谢的同时，祝贵公司事业蒸蒸日上，一帆风顺！

此致

敬礼！

×××

××××年4月9日

（来源于道客巴巴网）

评析：这是一封面试归来后写的感谢信。正文首先概述事由，清楚地交待了感谢的原因，表达了自己的感激之情；然后表明态度。完全符合感谢信的一般写法。该感谢信语言朴实自然，措辞亲切中肯，是一种真情实感的自然流露。

例 4-4-2

东风汽车公司致襄阳灾区人民的慰问信

灾区的父老乡亲们：

××××年8月4日至5日，襄阳市突遭暴雨袭击，南漳、保康、谷城部分乡镇受灾严重，群众生命财产遭受重大损失。东风汽车公司向你们表示深切慰问，向在灾害中遇难的群众表示沉痛哀悼，向日夜奋战在抢险救灾一线的广大干部群众、民政工作者以及武警、消防官兵、公安干警致以崇高敬意！

襄阳，是东风汽车公司重要的生产基地。东风在襄阳的事业发展离不开襄阳市政府和人民的大力支持，襄阳地方经济的跨越腾飞也离不开东风事业的发展与壮大。可以说，东风与襄阳多年合作发展，已经结下了深深的“鱼水情”。此次灾情发生后，东风高度重视，主动伸出援助之手，向襄阳市政府捐赠12辆价值200万元的多功能城市排涝车，用于支持地方政府抗洪救灾和恢复重建工作，表达东风对灾区人民的深情厚谊。

我们看到，在这场灾难面前，灾区广大党员干部不等不靠，及时组织投入抢险救灾；专业技术人员全力抢修道路、电力、通信等设施；医务工作者全力救治受伤群众；受灾群众友爱互助、自强不息。正因为你们万众一心，众志成城，同舟共济，迎难而上，才在最短时间内做好灾民转移和安置工作，部分交通、电力、通信等设施得到恢复，抗灾救灾工作取得初步胜利。你们大无畏的精神让我们钦佩，值得我们学习！

灾区的父老乡亲们，灾后恢复重建工作已全面展开，任务还十分艰巨，希望你们能迅速从痛失亲人的悲伤中走出来，从痛失家园的阴影中站起来，化悲痛为力量，振作精神，坚定信心，积极开展生产自救，重建家园。我们相信，有省、市各级领导的亲切关怀，有襄阳市委、市政府的坚强领导，有社会各界的无私支援，有灾区干部群众的团结拼搏，一定能够夺取抗洪救灾的全面胜利。

东风汽车公司

××××年8月8日

（来源于襄阳日报数字报）

评析：这是企业向遭遇洪灾的灾区人民发出的慰问信，言辞亲切，鼓舞人心。

例 4-4-3

贺　信

××××汽车公司：

欣闻你公司11月8日迎来了50年华诞，特发此信以示祝贺，并向全体干部职工致以最诚挚的问候！

你公司自××××年成立以来所走过的漫漫路程，展现了重专人自强不息、努力拼搏的精神，谱写了新中国汽车工人艰苦奋斗、坚韧不拔的创业史，折射了中国汽车工业发展的历程，更体现了党和政府的关怀。

50年的积淀厚重深长，数十载的跨越引以为豪。当前，在党的十六届四中全会精神鼓舞下，在全面建设小康社会的进程中，你公司正以全新的企业精神、经营理念致力于打造中国专用车第一品牌，为建设一个中国领先、积极参与国际竞争的现代化企业而努力奋斗。

在此，我们衷心祝愿你公司在××××集团领导下，进一步解放思想、开拓创新，为建设“百年专汽”、为××支柱产业的发展、为我国专用车事业再创新业绩。

××省经济贸易委员会

××××年11月8日

（来源于百度文库，有改动）

评析：该贺信情真意切，内容表达恰当，感情饱满充沛。

三、写作指导

在写感谢信、慰问信和贺信时需要注意：

（1）态度要诚恳，感情要真挚。

（2）语言要富有感染力，能打动人心。

（3）写作要及时，以迅速传递关心、问候之情。

四、实战演练

（1）我校扶摇同学拾金不昧，将拣到的5万元现金送还给失主，请替失主写封感谢信。

（2）请以公司名义向在春节期间坚守在岗位上的员工写封慰问信。

（3）我校演讲协会成立五周年，请你代表校团委写封贺信。

拓展阅读

别输在不懂礼仪上

有这么一家外资公司，其公关部要招聘一名职员，因为薪酬高、福利待遇好，来参加角逐的人非常多。公司通过十分烦琐的面试和笔试过程，一轮轮淘汰下去，最后只剩下了5个人。这5个人每一个都很优秀，要想从中挑选出最合适的那一个，一时难以抉择。于是，公司对这5个人说，最终的录用人员要经过公司管理层开会讨论才能决定，让他们先回去，等待后续的通知。

两天后，5人中的一位收到了一封电子邮件，是那家公司的人事部发来的。邮件中说：“经过公司认真研究讨论，很抱歉，你落聘了。不过你的能力和才华我们都很欣赏，只是由于名额有限，我们才不得不忍痛割爱。如果以后还有招聘名额，公司一定会优先通知你。另外，为了感谢你对我们公司的支持和信任，随信附赠本公司产品的电子优惠券一份。最后，祝你生活开心。”

这个人看到这封邮件就知道自己落聘了，虽然十分难过，但他还是感动于公司的诚意。于是，他花了3分钟的时间用电子邮件给这家公司写了一封感谢信，表达自己的谢意。没想到一周后，那家公司居然给他打来了一个电话，通知他已经被正式录用，让他尽快入职。原来，这只是公司在难以抉择的情况下出的最后一道考题，公司给5个人分别发出了同样的电子邮件，也都赠送了优惠券，但是做出回复并表示感谢的却只有他一个人。他能胜出，就在于他多花了3分钟的时间去表示感谢。

由此可见，礼仪能让人感受到你对别人的礼貌、尊重，让人对你产生深刻的印象，进而对你的未来产生重要的影响。哪怕是多花3分钟的时间去写一封感谢信，这样的细节也能成功地将你和其他人区分开来。

但是很多人即便知道礼仪的重要性，也仍然不懂在各个场合要遵循什么样的礼仪。举例说来，工作上取得了很大的成就，上司夸赞你时，你要谦恭地说一句："多亏您的提携和帮助，才有了我今天的成绩"；在办公室时，要衣着整洁、仪表清洁；和亲朋好友打照面时，要礼貌地打个招呼，问候一声……这些都是礼仪。

总而言之，礼仪在生活中无处不在。不懂得礼仪的人，很容易遭人嫌弃，就算有才华也会被认为是刚愎自用，自然容易失败。要记住，你的礼仪价值百万，学好礼仪，提高个人素养，增加内在修为，是我们每个人的必修课。同样有能力，你不懂礼仪，可能就不如别人吃得开；同样够勤奋，你不懂礼仪，可能就不如别人有前途。所以，既然已经付出了，就别让你的努力输在不懂礼仪上！

（来源于《别输在不懂礼仪上》，有删减）

第五节　迎送词

情境导航

俗话说，"良好的开端"是"成功的一半"。"欢迎词"好比一场戏的"序幕"，一篇乐章的"序曲"，一部作品的"序言"，富有艺术性且充满个性的欢迎词能给人留下较为深刻的印象。成功的欢迎词能增进双方的情感，拉近彼此的距离。

因此在我们的日常交往中，为了取得预期效果，准备好欢迎词可以让我们事半功倍。如果说"欢迎词"给人留下了美好的第一印象，那么，在送别时的"欢送词"，则给人留下了最后的、持久的、终生难忘的记忆，让人回味无穷！

一、文书常识

（一）迎送词的概念

迎送词包括欢迎词、欢送词，指的是行政机关、单位团体在正式场合中，对来宾表示欢迎、欢送的礼仪文书。

使用迎送词时大多在有宾主关系的特定仪式上，比如迎送会、招待宴会等场合。主要作用都是为了活跃社交气氛、交流宾主感情、密切相互关系、增强双方友谊。

（二）迎送词的类型

根据场合的不同，可以分为两类：

（1）欢迎词。是在迎接宾客到来的仪式上，主人对宾客或会议代表的到来表示热烈欢迎的文稿。

（2）欢送词。是在送别宾客的仪式上，主人对宾客的离去表示热情欢送的文稿。

（三）迎送词的特点

（1）感情真挚，语言文雅大方。如果是国际间的迎送往来还应使用适当的外交辞令。

（2）内容精要，篇幅简短。一般不涉及具体的细节问题，重在表示热情友好的交往态度。

（四）迎送词的写作格式

欢迎词、欢送词的行文格式基本相同，一般由标题、称谓、正文三部分构成。

1. 标题

首行居中写上“欢迎词”或“欢送词”，有时也可写上单位名称、活动内容等信息，比如《××××的欢迎词》或《×××在为××举行的宴会上的欢迎词》。

2. 称谓

有专称和泛称两种。专称要写明宾客的姓名，前面加上职务、头衔和表示尊敬、亲切的词语。泛称通常是“女士们”“先生们”“同志们”“朋友们”等，用以表示对所有到场者的尊重。

3. 正文

正文要针对致词的对象，将自己最想表达的情感写出来，一般包括以下内容：首先表示诚挚友好的欢迎或欢送之情；其次回顾主宾双方相互之间的交往，总结取得的成绩，特别是值得记忆的友谊；最后向对方表示良好的祝愿。

在正文的最后，欢迎词一般应写上再次对客人表示欢迎的话；欢送词一般写上“祝×××先生一路平安”或“希望××先生再次光临”等礼节性用语。

二、案例分析

例 4-5-1

欢　迎　词

各位来宾、各位同事：

大家好！

我是××公司董事长××。很高兴在各位新职员加入本公司的第一天，就和大家相识。首先，让我代表公司，代表公司领导和同事们，向各位新同事表示热烈的欢迎。

正如大家所知，我们公司在社会上有着良好的声誉与一定的影响力。但是我们依旧不断进取，毫不懈怠。今天，见到各位朝气蓬勃的新同事加入本公司，使我颇感欣慰。因为以大家所具有的真才实学，定然有助于使本公司更上一层楼。

相信各位都是有志之士，都是真正来这里干事业的。那么让我们一道友好合作，同舟共济，发奋图强吧！本公司鼓励各位出人头地，并愿意为此而向大家提供各种方便。

再一次向各位表示欢迎！谢谢大家！

（来源于豆丁网）

评析：这篇欢迎词首先自我介绍，再郑重表示欢迎之意，接着简单介绍公司情况，说明新同事的加入，有助于公司发展，而公司也为各位新同事提供了走向成功的舞台。情感真挚，富有感染力。

例 4-5-2

欢 送 词

尊敬的女士们、先生们：

首先，我代表×××，对你们访问的圆满成功表示热烈的祝贺。

两天来，我们本着平等互利的原则，经过认真协商，签订了《××协议》，为双方今后的合作和发展打下了良好的基础。明天，你们就要离开××了，在即将分别的时刻，我们的心情依依不舍。大家相处的时间是短暂的，但我们之间的友好情谊是长久的。我们之间的合作才刚刚开始，中国有句古语："来日方长，后会有期。"希望我们加强合作，不断往来，欢迎各位女士、先生在方便的时候再次来××做客，相信我们的友好合作会结出丰硕果实！

祝大家一路顺风，万事如意！

（来源于豆丁网）

评析：这篇欢送词先表示祝贺之意，再介绍来访取得的主要成果，说明分别时的心情，表达良好愿望，最后再表祝愿。

三、写作指导

在写迎送词时需要注意：

（1）要热情而有礼貌，体现出真情实感。

（2）要善于巧妙地表达自己的原则立场。

（3）要尊重对方的风俗习惯、宗教信仰等，不讲对方忌讳的内容。

（4）语言要精练、明快，语气要热情、友好，篇幅要简短适当。

四、实战演练

（1）某公司代表团应邀来你公司参观、交流，并商谈合作事宜，请你写一篇欢迎词。

（2）布鲁克先生是你们公司的外籍专家，他工作认真负责，一丝不苟，并且带出了许多中国徒弟，现在他工作期满，即将回国，临行前公司准备召开欢送会为他送行，请你为此写一篇宴会欢送词。

拓展阅读

古人送别的习俗

1．折柳送别。折柳送别是中国古代的一种行旅风俗，在诗文、戏曲和小说等文学作品中均有反映。《三辅黄图・桥》"霸（灞）桥在长安东，跨水作桥。汉人送客至此桥，折柳赠别。"这是有关折柳送别的最早文字记载。因此一般认为此俗形成于秦汉时期。

关于这个习俗的由来，相传是取自于《诗经》中的《采薇》："昔我往矣，杨柳依依。今我来思，雨雪霏霏。""柳"与"留"谐音，借此表达依依不舍之情。此外，俗语说，"有心栽花花不开，无心插柳柳成荫"。柳树生命力很强，柳条插土就活，插到哪里，活到哪里，年年插柳，处处成荫。折柳送别，也就寓含着希望远行的人，能够在他乡顽强地生活下去。

同时，折柳送别是对旅人行途安全的祝吉。古人称柳树为可以避邪驱鬼的"鬼怖木"，北魏贾思勰《齐民要术》载“正月旦取柳枝著户上，百鬼不入家。”行人带上它，可使鬼魅望而生畏，远远躲开，确保旅程的平安。

2．音乐相送。这多为唐代文人之间的送别方式。李白在《赠汪伦》中吟道：“李白乘舟将欲行，忽闻岸上踏歌声。”许浑《谢亭送别》“劳歌一曲解行舟，红叶青山水急流。”而白居易在《琵琶行》中更是描写了送别时音乐的重要性。

在此之前，《荆轲刺秦王》中也写到了音乐送别的方式“至易水上，既祖，取道。高渐离击筑，荆轲和而歌，为变徵之声，士皆垂泪涕泣。又前而为歌曰：‘风萧萧兮易水寒，壮士一去兮不复还！’复为慷慨羽声，士皆瞋目，发尽上指冠。于是荆轲遂就车而去，终已不顾。”

3．饮酒饯别。这也多出现在唐代的送别中，从唐诗中便可看出。送别诗中的名句，如王维的《送元二使安西》“劝君更尽一杯酒，西出阳关无故人。”李白的《金陵酒肆送别》“风吹柳花满店香，吴姬压酒唤客尝”等。酒是文人的最爱，在送别的场合也少不了它。

另外，古人送别的时间多为清晨或者傍晚，在诗词中也寻得到依据。

第六节　请柬　聘书

情境导航

张量利用暑假时间到一家企业实习，这段时间大家都在忙着为即将到来的公司十周年庆典做各种准备工作。张量看到大家忙得团团转，自告奋勇要帮助大家做一些力所能及的事情。办公室李主任了解情况后，分配给他一项任务，就是制发这次活动的请柬。张量信心满满，认为可以完成。于是，又主动承担了另外一项任务，就是为同意担任公司新技术总监的王教授写聘书。

张量在以往的日常生活中，收到过参加婚宴的请柬，接受过大学期间担任学生会干部的聘书，对于这两类文书，他并不陌生，可真正动笔后他却不知如何措辞了。于是他查找了相关资料，学习了制发请柬和聘书的一些知识。

一、文书常识

（一）请柬

1．请柬的概念

请柬也称请帖、简帖，是机关、团体或个人郑重邀请相关人员参加某种较为隆重的集会或活动时而专门制发的一种礼仪文书。

在日常交际活动中，如宴饮、游览、会议、观赏均可向相关人员送去请柬，邀请对方参加。

2．请柬的类型

（1）按书写形式分，有横式请柬和竖式请柬。竖式请柬在书写时要从右到左，文字排版时要竖排。

（2）按具体内容分，有会议请柬、仪式请柬、参展请柬、宴会请柬等。

3. 请柬的特点

（1）简明性。请柬的内容要简洁，尤其是时间、地点等信息要明确。

（2）礼节性。请柬要显示出对被邀请者的尊重、热情和礼貌。

（3）艺术性。请柬的款式和设计要讲究美观、庄重和精致。

4. 请柬的写作格式

请柬一般由标题、称谓、正文和落款四部分构成。

（1）标题

一般是在封面上写上“请柬”，通常要做一些艺术加工，如可采用美术体的文字，文字的色彩可以烫金，可以有图案装饰等。

（2）称谓

要顶格写出被邀请者（单位名称或个人姓名），如“某某先生”“某某单位”等。称谓后加上冒号。

（3）正文

另起一行空两格写，常用“兹定于”“谨定于”等开头，要写清活动内容，如开座谈会、联欢晚会、生日派对、国庆宴会、婚礼、寿诞等。特别是要写明时间、地点、方式。若有其他要求也需注明，如“请准备发言”“请准备节目”等。

在正文的结尾要写上礼节性问候语或恭候语，如“此致敬礼”“恭候光临”“敬请届时光临”等。

（4）落款

在正文右下方写上邀请者单位名称或个人姓名，再下一行写上请柬发出的时间。如果是竖式请柬则在左下方。

（二）聘书

1. 聘书的概念

聘书也称聘请书，是机关、单位、团体正式邀请有能力的人员在某个时间段内担任某个职务或承担某项工作时使用的文书。

伴随着我国人事制度的改革，聘书有了广阔的市场。比如学校、工矿、企业在某方面需要有专业特长或专业技能的人才时，就会面向社会向有意愿的人才发出聘书。有时社会团体需要提高自身的知名度和影响力，也常聘请有名望的人士加盟，以期更好地开展活动。当用人方和受聘方正式确立聘用关系时使用的文书就是聘书。

2. 聘书的类型

按照聘任方式，可以分为临时聘书和正式聘书。临时聘书是单位或团体由于自身力量不足，为某项活动或某项任务顺利进行，临时聘请有名望的人士做顾问、做指导，任务完成后，聘书即失效。正式聘书是单位与受聘人的协议，从有利于单位长远发展的角度出发，单位聘用专业人才，在聘期内，双方都要履行相应的权利和义务，期满则失效。

3. 聘书的特点

（1）证明性

聘书是用人方和受聘方聘用关系的凭据，也是受聘者能力和水平的书面证明，可以作为受聘者任用或升降级的某些依据。

（2）合约性

聘书是用人方和受聘方意愿的真实表达，在双方认可的情况下，一经签聘，双方要信守聘约，其内容甚至还要受到法律的保护。

4. 聘书的写作格式

聘书一般由标题、称谓、正文和落款四部分构成。

（1）标题

聘书往往在正中写上“聘书”或“聘请书”字样。如果是印制好的聘书，标题常用烫金或大写的“聘书”或“聘请书”字样组成。

（2）称谓

开头顶格写被聘请者的姓名，然后加上冒号。有的也可直接在正文中交代。

（3）正文

首先，交代聘请缘由及被聘请人所承担的工作、任务等，常以“为了……，兹聘请××……为……”开头。

其次，写明聘任期限，如“聘期两年”或“聘期自××××年2月20日至××××年2月20日”。

第三，是聘任待遇，可直接写在聘书之上，也可另附详尽的聘约或公函写明具体的待遇，这要视情况而定。还可以写上对被聘者的希望，也可省略。

聘书的结尾是致敬语，常以“此聘”或“此致敬礼”结束，也可以省略。

（4）落款

在正文右下方写清楚聘请方的全称，再下一行写日期并加盖印章。

二、案例分析

例 4-6-1

请　　柬

尊敬的×××女士/先生:

兹定于××××年8月8日晚7：00－9：00在市国际会展中心一号会议厅举办我公司十周年庆典活动，届时敬请光临。

此致

敬礼!

（印章）

××××有限公司

××××年8月4日

评析：这是一份邀请对方参加公司庆典的请柬，语言简洁，用语恰当，时间、地点等相关信息明确。

例 4-6-2

请　　柬

尊敬的×××先生/女士/小姐:

第56届全国电子产品展销会暨××××年（上海）国际消费电子展开幕仪式定于×××

×年×月×日（星期×）上午9:30在上海光大会展中心东馆（上海市漕宝路78号）举行。诚邀您届时莅临指导。

（印章）
第56届全国电子产品展销会组委会
××××年×月×日
（敬请持本柬的贵宾于上午9:00准时到会展中心贵宾休息室签到）
（来源于百度文库）

评析：这是一份仪式请柬，内容包括时间、地点、注意事项等。

例4-6-3

聘　书

为了改善公司管理现状，提高生产技术水平，兹聘请王××教授为我公司技术总监，参与本公司的技术指导、产品质量监督等工作。聘期为两年，聘任期间享受集团高级工程师全额工资待遇。

此致
敬礼！

××公司（印章）
××××年×月×日

评析：该聘书交代了聘请的原因、承担的工作、聘任的期限以及待遇等情况，语言简洁明了。

例4-6-4

聘　书

×××教授：

兹聘请您担任我校第十二届“挑战杯”大学生辩论赛评委。

×××大学团委（印章）
××××年×月×日

评析：该聘书短小精悍，信息简单明确。

三、写作指导

（一）注意事项

（1）内容要明确，要写明缘由、要求、注意事项等。
（2）措辞要礼貌，要典雅得体、大方和热情。
（3）书写要规范，如果是手写，字迹端正工整，以示尊重对方。
（4）送达要适时，面呈或邮寄均可。

（二）参考模板

（1）参考模板1：

请　　柬

尊敬的×××：

兹定于××××年×月×日×时，在×××举办×××活动，届时敬请光临。

此致

敬礼！

×××（印章）

××××年×月×日

（2）参考模板2：

聘　　书

尊敬的×××：

为了×××，兹聘请您担任×××。聘期为×××。

×××（印章）

××××年×月×日

四、实战演练

（1）请你为公司的新品发布会拟写请柬。

（2）聘请王品茗教授为××大学的客座教授，聘期两年，请你以学校的名义写份聘书。

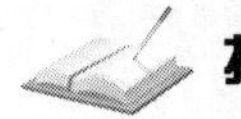

拓展阅读

"请柬"是最高档次的邀请

平常生活中很少用到请柬，除非是一些较大的场合，比如说婚礼、开业等才会发出请柬。对寿宴、婚宴这样的事情，如果只是打几个电话，那么可能会让人觉得过于轻率，不被重视，从而影响事情在客人心中的位置。

所以，在发出邀请的方式中，以请柬邀请是最高级别也是最正式的。

1. 哪些活动需要发出请柬

举行重大活动需要发出请柬，诸如寿宴、婚礼、同学聚会、公司开业等。发请柬这种形式，不仅表达了对客人的尊重，也表明了主人对这项活动的重视，从而也让客人重视起来。与之相应，请柬的装帧也要讲究，款式要新颖，最好淡雅美观、精致高贵，这样才能让客人体会到主人的诚意和热情，心中会无比高兴。

需要强调的是，请柬中不能出现错别字。如果你是客人，请柬上自己的名字都被写错，估计这场宴席就不想参加了，就算去了，心里也不舒坦。所以，出现错别字是对客人的不尊重，也显得没有诚意。

另外，邀请的场合中如果对客人有特殊要求，像宴会需要特定的服装之类的，应该在请柬中注明，语气也要委婉客气，像"请穿礼服""请准备发言"等。

2. 怎样发请柬

请柬最好提前半个月或者一个月发出，这样比较方便客人安排时间。如果等到宴会前一天才发，未免显得仓促，也让客人措手不及。请柬递送的方式多种多样，如果能亲自送去当然最好，显得诚恳而又正式，但是现实生活中往往做不到这一点，所以可以邮寄、委托他人转交等。一般情况下客人都会理解，并不会觉得你不礼貌。

不过要注意，转交也是分好几种情况的，在力所能及的情况下，最好不要让他人代劳。如果是同客人难以碰面，让别人转交倒也情有可原，如果是下面这种情况，就显得怠慢了。

小李调到了其他部门，但是他原来部门的关系还在。现在要结婚了，小李去给公司里的老同事送结婚请柬。当他要给办公室组长发请柬时，得知他开会去了，于是他将请柬交给了小张："等组长出来后，帮我把请柬交给他啊!"这种情况下的转交就显得很没有礼貌，都已经来到这里了，再等等又何妨，随意走掉就显得不够重视。

所以说，向别人发请柬一定要态度诚恳、方法得当，让别人感受到你的诚意。

第五章　经 济 文 书

第一节　经济合同

情境导航

杨威是汽车维修专业三年级的学生。暑假期间，他与同班另外两位同学一起去某 4S 店应聘，岗位有维修工、服务顾问、洗车工等，面试通过后，4S 店给他们 3 人出示了用工合同。

三人阅读了合同条款的相关内容，一致讨论通过。其中特别令人满意的是“月薪 800 元”“免费提供食宿”——暑假期间，吃住不愁，还可赚点生活费，又可积累一定的工作经验……三人欣然签订了合同。

合同签订后，4S 店要求三人每人先付 200 元押金，并当面开具了“合同违约金”字样的收据。次日，三人就参加了为期七天的短期培训。

第一天，三人穿着员工制服，从上午八点一直忙到晚上十点多，中途只有短暂的吃饭时间。工作内容主要就是打扫卫生。

第二天，一切照常进行。

第三天，一切仍旧照常。

第四天，三位同学商量，决定不干了。找到了主管要求退还 200 元钱，却被告知是他们不干活先违约，200 元不予退回。

杨威等三位同学虽然有一定的合同意识，但是忽视了对合同条款中工作细节的考虑，没有辨别“合同违约金”与“押金”的区别。签订合同时也没有注意用人单位的培训内容与岗位是否一致，除社会经验不足外，关键还在于对合同的知识了解甚浅。

一、文书常识

（一）经济合同的概念

《中华人民共和国合同法》第二条规定：“合同是平等主体的自然人、法人及其他组织之间设立、变更、终止民事权利义务关系的协议”。

合同中最常用的是各类经济合同，它是当事人为达到一定的经济目的而签订的明确相互权利义务关系的具有法律约束力的协议。

（二）经济合同的类型

1. 按内容和业务范围分类

（1）买卖合同；（2）供用电、水、气、热力合同；（3）赠与合同；（4）借款合同；（5）租赁合同；（6）融资租赁合同；（7）承揽合同；（8）建设工程合同；（9）运输合同；（10）技术合同；（11）保管合同；（12）仓储合同；（13）委托合同；（14）行纪合同；（15）居间合同。

2. 按合同的法律效力分类

（1）合同书；（2）协议书；（3）意向书。

3. 按表现形式分类

（1）表格式合同；（2）条款式合同；（3）表格条款结合式合同。

（三）经济合同的特点

1. 合法性

经济合同不仅是一项经济活动，而且还是一种法律行为，它是商品交换关系在法律上的表现。作为一种制约性的文书，要求当事人按照国家法令、政策签订。合同一经签订就受到法律的承认和保护，合同本身就具有法律效力。双方当事人就必须全面履行合同规定的义务，不得擅自变更和解除合同。若有违反，违反方必须承担由此引起的经济后果和法律责任，这就有力地维护了双方的合法权益。

2. 平等性

平等性主要指合同双方的法律地位是平等的。订立合同应遵循平等互利、协商一致的原则，不论是购与销、租与赁、借与贷，也不论单位的大小、部门级别的高低，任何一方不能以任何方式和手段把自己的意志强加给对方，任何组织和个人都不得非法干预。

3. 双向性

双向性即双方权利与义务的互转。为达到各自的经济目的，双方都享有要求对方履行义务的权利，同时也应承担保证对方权利实现的义务。如收货交货、付款收款等，甲方的权利就是乙方的义务，乙方的权利就是甲方的义务。

4. 时效性

经济合同的有效期是有限度的，只在确定的时间内有效，所以它必须写明执行的起止日期。在履行期间，未完成规定义务的一方，要承担违约责任，合同期满再签，没有自然延期的效能。

（四）经济合同的写作格式

无论是何种类型的经济合同，其基本结构要素一般都是由约首、正文和约尾三部分构成的。

1. 约首

（1）标题

合同的标题通常由合同的性质和文种名称组成，即标题就要标明该合同是哪一类合同，如《购销合同》《技术合同》等；有的标题中还可点明标的物，如《施工机械设备租赁合同》。

（2）当事人名称

当事人的名称写在标题的下方，先顶格书写“订立合同单位”或“订立合同人”，后面并列写上双方当事人的名称，要使用全称，再用括号注明规定的简称，如“以下简称甲方或供方”“以下简称乙方或需方”。

（3）为了进行合同的登记，标题下还应写明合同的编号。

2. 正文

正文是合同的主体内容，包括三方面的内容：首先说明签约的目的和依据，其次按经济

合同要素逐项进行具体说明，最后写清合同份数和有效期。

经济合同要素主要包括：

（1）标的

标的是合同当事人双方权利和义务所共同指向的对象，一般包括有形财产、无形财产、劳务和工作成果等四类。如仓储保管合同中的材料、设备和产品；货物运输合同中承运人将货物运达目的地的行为；技术合同中的技术、出版合同中作者的作品。它是合同成立的必要条件，是一切合同的必备条款。

（2）数量与质量

数量是标的在量方面的限度，是标的的计量。合同中必须明确地规定标的的数量、计量单位和计量方法。数量通常用数字和计量单位来表示，有时有的商品还应写明数量的正负尾差、合理磅差、自然减量和增量的计量方法。

质量是标的在质方面的规定，它不仅指标的物的优劣，还包括产品的规格、性能、款式、标准、材质等，标的的质量标准力求规定详细、具体、明确。有规定标准，如国际标准、国家标准等，按当事人双方认可的标准执行；没有规定标准的，由双方当事人协商确定。

（3）价款或酬金

价款或酬金，是标的的价值。价款是取得标的物应当支付的代价，酬金是获得服务应当支付的代价。价款或酬金要合理公平，有政府规定价或指导价的，执行国家政府的规定价或指导价；没有政府规定价或指导价的，由双方当事人参照合同履行地的市场价格协商定价。

价款或酬金一般以货币数量来表示。合同中还要明确价款或酬金的支付方式。

（4）履行的期限、地点和方式

履行合同的期限是合同当事人实现权利、履行义务的时间界限，包括合同有效期限和履行期限。

履行合同的地点指合同履行时的具体地点，包括交货、验货或承建工程的具体地点，必须具体、明确，不能产生歧义。

履行合同的方式指当事人以什么方式来履行合同，包括时间方式和行为方式。时间方式指的是一次性履行完毕还是分期履行；行为方式是指当事人交付标的物的方式，如标的物的交付、运输、验收、价款结算等的方式。

（5）违约责任

违约责任指当事人一方或双方因为自己的过错，造成合同不能履行或不能全部履行而应承担的责任。合同法规定当事人不履行合同义务或者履行合同义务不符合约定的，应当承担继续履行、采取补救措施或赔偿损失等违约责任。承担违约责任的主要方式是支付违约金、赔偿损失等。

（6）争议解决的办法

当事人关于解决争议的程序、方法等的约定，比如是选择和解、调解、仲裁还是诉讼。

除了以上六项主要条款以外，凡是法律规定的或按经济合同性质必须具备的条款以及当事人任何一方要求必须规定的条款，也都可以是合同的条款，比如发生纠纷时解决争议的方法，双方交易过程中的一些特殊要求等。

总之，正文的主体部分是保障经济合同双方当事人合法权益的主要依据，必须明确讲清双方当事人须共同解决的问题、达到的目的以及由此而产生的各自的权利和义务。

3. 约尾

包括署名和日期。

（1）署名。双方当事人的签名、盖章。单位合同要签署双方单位全称、法人代表姓名，加盖公章、专用章，还要有双方代表人签字。

（2）日期。以签订合同的日期为准。

二、案例分析

例 5-1-1

买卖合同

合同编号:〔××××〕0132

卖方: 成都市×××厂（以下简称甲方）

买方: 株洲市××商场（以下简称乙方）

经双方充分协商，签订本合同，以资共同遵守。

一、标的:“海洋”牌洗衣机，型号规格为 XPB，0-3。

二、数量和金额: 总共一仟台，每台单价为人民币壹仟零玖拾伍元整，总计金额人民币壹佰零玖万伍仟元整。

三、交货日期: ××××年 7 月 15 日前交 300 台，12 月 31 日前交 200 台。××××年第一季度交 200 台，第二季度交 300 台。

四、产品质量标准: 按部颁质量标准。

五、产品原材料来源: 由甲方解决。

六、产品验收方法: 乙方按质量标准验收。

七、产品包装要求: 用硬纸箱包装。

八、交（提）货方法、地点及运费: 由甲方铁路运输到株洲市车站，运费由乙方负责。

九、货款结算方法: 通过银行托收，验货承付。

十、经济责任: 按《中华人民共和国合同法》第 17 条第 2 款规定“供方必须对产品的质量和包装负责，提供据以验收的必要技术资料或实样。”因产品数量短少，不符合规定，甲方必须偿付不能交货部分总值的 5%的罚金；因包装不符合要求造成的损失，由甲方负责赔偿；因交货日期违约，比照银行延期付款规定，每延期 1 天，按延期交货部分总值的 0.03%偿付乙方。乙方半途退货，由乙方偿付退货部分货款总值 5%的罚金；乙方延期付款，比照银行延期付款规定偿付甲方罚金。

十一、非人力抗拒的原因造成不能履行合同时，经双方协商合同签证机关查明证实，可免于承担经济责任。

十二、本合同自签订之日起生效，任何一方不得擅自修改或终止。本合同有效期到××××年 6 月 30 日。

十三、本合同正本两本，甲乙双方各执一份；副本四份，甲乙方业务主管部门、签证机关、银行各执一份。

卖方:（甲方）　　　　　　　　　买方:（乙方）

成都市×××厂（盖章）
代表人：×××（章）
电话：（略）
开户银行：（略）
账号：（略）
地址：（略）
签订日期：××××年×月×日

株洲市××商场（盖章）
代表人：×××（章）
电话：（略）
开户银行：（略）
账号：（略）
地址：（略）
签订日期：××××年×月×日

（来源于豆丁网，有改动）

评析：这是一则买卖合同，结构完整，必备条款齐全，语言表述准确、严密，能够有效保护签约双方的合法权益。

例 5-1-2

租车合同

签订日期：××××年×月×日
合同编号：〔××××〕××××

出租方：×××××货运公司
承租方：×××××建筑公司施工三队

出租方根据承租方需要，同意将四吨载重量解放牌汽车租给承租方使用，经双方协商订立如下条款：

一、承租方租用的汽车只限于工地运砂子、水泥、砖、木料和预制板用。承租方只有调度权，行车安全、技术操作由出租方司机负责。

二、承租方要负责对所租车辆进行维护保养，在退租时如给车辆造成损坏，承租方应负责修复或赔偿，修复期照收租费。因出租方所派司机驾驶不当造成损坏的由出租方自负，如果致使承租方不能按合同规定正常使用租赁车辆，承租方不但不给付出租方不能使用期间的租费，而且出租方每天还要偿付承租方××元的违约金。

三、租用期定为一年，自××××年×月×日起至××××年×月×日止，承租方如果继续使用或停用应在 5 日前向出租方提出协商，否则按合同规定照收租费或按合同期限将车调回。

四、租金每月为××元，从合同生效日起计，每月结算一次，按月租用，不足一个月按一个月收费。

五、所用燃料由承租方负责。

六、违约责任。出租方不得擅自将车调回，否则将按双倍租金赔偿承租方。承租方必须按合同规定的时间和租金付款，否则，每逾期一天，加罚一天的租金。

七、其他未尽事项，由双方协商，另订附件。

八、本合同一式×份，双方各执正本一份，副本送有关管理机关备案。

出租方：（盖章）
法定代表人签字：××

承租方：（盖章）
法定代表人签字：××

（来源于零二七范文网，有改动）

评析：本合同是一则租车合同，符合合同的基本要素，条款完备、具体，表述准确、严密，是一则比较标准的经济合同。

三、写作指导

（一）注意事项

（1）条款要完备、具体。经济合同的基本条款一定要考虑全面并一一写入合同。涉及质量标准、数量等有可能发生争议的内容要在合同中规定得一清二楚。

（2）语言要准确、周密。不少合同纠纷都是因语言的疏漏所致。如价款与酬金的不同，定金与订金的区别。不使用“最近”“基本上”“大概”“可能”等模糊词语。

（3）行文要符合规范。价款与酬金数字必须大写，单位名称不能简写或缩写，格式要合乎规定。

（二）参考模板

×××××××合同

合同编号:〔××××〕××

××××××（以下简称甲方）

××××××（以下简称乙方）

根据××××××，经双方平等协商，一致同意签订本合同，以资共同遵守。（目的、根据、背景等。）

第一条××××××××××××××××××。（标的、数量、质量要求等。）

第二条××××××××××××××××××××××××。（价款或报酬等。）

第三条××××××××××××××××××。（合同履行期限、地点等。）

第四条××××××××××××××××××××××××。（违约责任等。）

第五条××××××××××××。（解决争议、未尽事宜的方法等其他条款。）

第六条××××××××××××××。（合同份数、保管及有效期，附件等。）

甲方：×××××××（盖章）	乙方：×××××××（盖章）
甲方代表：×××（签名）	乙方代表：×××（签名）
地址：××××××	地址：××××××
电话：××××××××	电话：××××××××
开户银行：××××××	开户银行：××××××××
账号：××××××××	账号：××××××××
签订日期：××××年×月×日	签订日期：××××年×月×日

四、实战演练

王女士是一名下岗职工，与邻居张太太交谈中透露出想租房开一家快餐店。正巧张太太有一套闲置门面房，愿意租赁给王女士，经协商，拟签订一份三年期合同，月租为6000元。请你代张太太起草一份租赁合同。

拓展阅读

签劳动合同你不得不知的 8 件事

求职找工作，拿到合同就万事大吉？连细节都没看清就要挥笔“签签签”？别急！合同里有哪些陷阱你清楚吗？劳动合同要包含哪些内容？试用期不是“白用期”，法律上有哪些规定？

一、劳动合同有时限

1. 用人单位自用工之日起即与劳动者建立劳动关系。

2. 建立劳动关系的 1 个月内，公司应找你签订劳动合同。

3. 超出 2 个月不满 1 年，未订立劳动合同，公司需向你每月支付 2 倍工资。

二、同一单位连续工作满 10 年，可订立无固定期限劳动合同

1. 劳动合同的期限分为固定期限劳动合同、无固定期限劳动合同和以完成一定的工作为期限的劳动合同。

2. 在用人单位连续工作满 10 年等情形，劳动者提出同意续订、订立劳动合同的，除劳动者提出订立固定期限劳动合同外，应当订立无固定期限劳动合同。

3. 用人单位不与劳动者订立无固定期限劳动合同的，自应当订立无固定期限劳动合同之日起向劳动者每月支付 2 倍的工资。

三、劳动合同应当具备的条款

1. 用人单位的名称、住所和法定代表人或者主要负责人；

2. 劳动者的姓名、住址和居民身份证或者其他有效身份证件号码；

3. 劳动合同期限；

4. 工作内容和工作地点；

5. 工作时间和休息休假；

6. 劳动报酬；

7. 社会保险；

8. 劳动保护、劳动条件和职业危害防护；

9. 法律、法规规定应当纳入劳动合同的其他事项。

四、试用期内应当包含在劳动合同期限内

1. 劳动者在试用期的工资不得低于本单位相同岗位最低档工资或者劳动合同约定工资的 80%，并不得低于用人单位所在地的最低工资标准。

2. 劳动合同期限 3 个月以上不满 1 年的，试用期不得超过 1 个月；劳动合同期限 1 年以上不满 3 年的，试用期不得超过 2 个月；3 年以上固定期限和无固定期限的劳动合同，试用期不得超过 6 个月。-

五、以下劳动合同无效或者部分无效

1. 以欺诈、胁迫的手段或者乘人之危，使对方在违背其真实意思的情况下订立或者变更劳动合同的；

2. 用人单位免除自己的法定责任、排除劳动者权利的；

3. 违反法律、行政法规强制性规定的。

六、劳动合同的解除和终止

1. 用人单位与劳动者协商一致，可以解除劳动合同。

2. 劳动者提前30日以书面形式通知用人单位，可以解除劳动合同。劳动者在试用期内提前3日通知用人单位，可以解除劳动合同。

3. 有下列情形之一的，劳动合同终止：

（1）劳动合同期满的；

（2）劳动者开始依法享受基本养老保险待遇的；

（3）劳动者死亡，或者被人民法院宣告死亡或者宣告失踪的；

（4）用人单位被依法宣告破产的；

（5）用人单位被吊销营业执照、责令关闭、撤销或者用人单位决定提前解散的；

（6）法律、行政法规规定的其他情形。

七、解除或终止劳动合同，经济补偿金怎么拿

经济补偿金是在劳动合同解除或终止后，用人单位依法一次性支付给劳动者的经济上的补助。

总的来说，经济补偿金=基数*年限。

经济补偿的基数为离职前12个月平均工资。经济补偿的基数可剔除加班工资，经济补偿的基数不低于最低工资，经济补偿的基数不高于3倍平均工资。

经济补偿按劳动者在本单位工作的年限，用每满1年支付1个月工资的标准向劳动者支付。6个月以上不满1年的，按1年计算；不满6个月的，向劳动者支付半个月工资的经济补偿。

八、这些合同要慎签

1. 口头合同

没有签署书面合同文件。

2. 简单合同

条文没有细节约束。

3. 抵押合同

要求缴纳证件或财务。

4. 双面合同

一份合法的“假”合同，一份不合法的“真”合同。

5. 生死合同

含有“工伤概不负责”等字眼。

6. “暗箱”合同

不向求职者讲明合同内容。

7. 卖身合同

要求几年内求职者不可跳槽至同行业公司工作。

8. 霸王合同

合同只从单位角度出发，求职者处于被动地位。

（摘自《人民日报》，略有改动）

第二节 市场调查报告

情境导航

男人长胡子，因而要刮胡子；女人不长胡子，自然也就不必刮胡子。然而，美国的吉利公司却把“刮胡刀”推销给女人，居然大获成功。

这一决策看似荒谬，却是建立在坚实可靠的市场调查的基础之上的。吉利公司先用一年的时间进行了周密的市场调查，发现在美国 30 岁以上的妇女中，有 65%的人为保持美好形象，要定期刮除腿毛和腋毛。这些妇女之中，除使用电动刮胡刀和脱毛剂之外，主要靠购买各种男用刮胡刀来满足此项需要，一年在这方面的花费高达 7500 万美元。相比之下，美国妇女一年花在眉笔和眼影上的钱仅有 6300 万美元，染发剂 5500 万美元。毫无疑问，这是一个极有潜力的市场。

根据市场调查结果，吉利公司精心设计了新产品，它的刀头部分和男用刮胡刀并无两样，采用一次性使用的双层刀片，但是刀架则选用了色彩鲜艳的塑料，并将握柄改为弧形以利于妇女使用，握柄上还印压了一朵雏菊图案。这样一来，新产品立即显示了女性的特点。

为了使雏菊刮毛刀迅速占领市场，吉利公司还拟定几种不同的“定位观念”到消费者之中征求意见。这些定位观念包括：突出刮毛刀的“双刀刮毛”；突出其创造性的“完全适合女性需求”；强调价格的“不到 50 美分”；以及表明产品使用安全的“不伤玉腿”等。

最后，公司根据多数妇女的意见，选择了“不伤玉腿”作为推销时突出的重点，刊登广告进行刻意宣传。结果，雏菊刮毛刀一炮打响，迅速畅销全球。

这个案例说明，市场调查研究是经营决策的前提，只有充分认识市场，了解市场需求，对市场做出科学的分析判断，决策才具有针对性，从而拓展市场，使企业兴旺发达。

（来源于范文网）

一、文书常识

（一）市场调查报告的概念

市场调查报告是市场调查的成果，即运用科学的方法，有目的、有计划地对商品市场的现状进行调查研究后撰写的书面报告。

市场调查报告既是调查报告的一个分支，又是经济文书的一种。

（二）市场调查报告的类型

市场调查报告类型很多，可以从不同的角度进行分类。按内容通常可以分为以下四种类型：

1. 商品情况市场调查报告

这类市场调查报告主要反映消费者对某种产品的质量、价格、款式、包装、使用的方便性和耐久性、技术服务方面的评价和要求，以及产品在市场上的占有率、老产品是否还有市场、新产品是否需要改进等内容。

2. 消费者情况市场调查报告

这类市场调查报告主要反映消费者的数量、分布地区、经济状况以及消费者由于年龄、职业、文化程度的不同所产生的消费习惯和消费方式上的差异。

3. 销售情况市场调查报告

这类市场调查报告主要反映商品的供求比例、销售能力、销售状况、影响销售的因素。

4. 市场需求情况市场调查报告

这类市场调查报告主要反映当前市场需求量，并分析预测未来国内、外市场的需求状况及需求量，从而为企业下一步的决策提供依据。

（三）市场调查报告的特点

1. 明显的专业性

市场调查报告是用于商品生产、营销等特定领域中的专业性调查报告，其内容主要反映生产变化情况。写作者应具备社会调查、市场营销等专业知识，要运用大量的数据，通过分析比较，反映市场动态、销售环境，并做出正确判断。因此，市场调查报告具有很强的专业性。

2. 内容的针对性

市场十分广阔，信息错综复杂，而市场调查只能是有针对性地、有选择性地进行。一般是针对市场经营中某一方面的问题，抓住产、供、销中的某一环节展开调查，写出调查报告。

3. 较强的时效性

市场时刻在变化，市场调查报告只有及时、迅速和准确地发现和反映市场的新情况、新问题，才能让经营决策者及时掌握情况，不失时机地做出相应的决策，调整经营方向，提高企业的应变力和竞争力，确保产销对路，减少风险。过时的市场调查报告是无价值甚至是有害的。

4. 材料的真实性

市场调查的范围是市场某一方面问题的过去和现状。通过调查获取真实的、反映市场现状和变化规律的信息，写出客观的市场调查报告，为企业经营决策服务。这是市场调查报告的价值所在。

5. 结论的新颖性

市场调查报告应紧紧抓住市场活动的新动向、新问题，引用一些人们未知的通过调查研究获得的新发现，提出新观点，形成新结论。

（四）市场调查报告的写作格式

市场调查报告的写作格式一般包括标题、正文和落款三部分。

1. 标题

标题通常有三种写法：

（1）由调查单位（对象）、调查内容和文种名称三部分构成，如《××市轿车市场调查报告》，标题的部分要素有时可省略。

（2）公文式标题，如《关于汽车信贷消费市场的调查报告》。

（3）新闻式标题，可分为单标题和双标题。单标题如《红富士苹果在××市场热销》《名酒价格几跌，仍然滞销有因》；也可采用双标题，如《努力提高债券资产比重——对工商银行××省分行各类债券的调查》。

2. 正文

正文包括以下三部分：

（1）开头

简单介绍市场调查的基本情况，包括调查的时间、地点、对象、目的和方法及简要概括全文的主要内容和观点。

（2）主体

市场调查结果及分析，即对市场的情况进行具体分析，并得出结论。这是调查报告的核心内容，也是对调查研究结果的具体引证、说明部分。为了使层次清晰，一般采用小标题的形式，把主体划分为若干部分。除文字说明外，还常用数字、图表等加以说明。

（3）结尾

可照应开头，也可概括全文，还可以强调观点加深印象。有些市场调查报告写完建议和措施就自然收尾。

3. 落款

即署名和日期。为了表示对调查内容负责，在全文结束之后，还要写上调查人员或单位的名字，并注明完稿日期。

二、案例分析

例 5-2-1

汽车信贷消费市场调查报告

近期，我国轿车消费正在不断升温，国内各商业银行纷纷推出相应的汽车贷款业务。那么，消费者是否愿意贷款买车？什么样的贷款是他们能够接受的？近日，上海一调查公司就汽车贷款的一些相关问题，对消费者进行了调查。

一、汽车消费潜力巨大

调查显示，有 32.3%的消费者计划在未来 5 年内购买小汽车，而没有购买计划的人占67.7%。调查人员分析认为，随着我国经济的持续发展，人们存折里的钱越来越多，居民的衣食住行各项消费都在向高层次转移，私人轿车作为享受型的交通工具，已经成为更多人的梦想。

如今，国内几大汽车生产厂商产品不断升级换代，不少品种和型号的车已经与国际同步，同时，成本不断下降直接导致销售价格降低，以前普通百姓不敢问津的价格逐步走低，个人购车欲望正在强化，未来 5 年将是我国家庭轿车普及化加速的几年。

二、贷款购车分歧较大

调查数据显示，对于贷款购车消费，41.4%的消费者表示接受，46.8%的消费者表示反对，表示不一定的占 11.8%。

进一步调查发现，表示接受贷款购车方式的消费者认为，贷款可以周转资金和提前消费，两者各占 56.1%和 33.9%；在反对贷款购车的人中，有 57.6%的人表示等有钱后再买，34.4%的人表示贷款买车不合算；另有 3.0%的人认为贷款的钱可能不安全。

调查人员分析认为，消费者对贷款购车的分歧较大。在国外非常盛行的消费方式和理念，在国人眼里还颇受争议。这除了和中国传统消费观念有一定冲突外，也和个人经济收入情况、消费者对国家经济形势的发展预期、消费信贷本身的操作等有着密切关系。

有超前消费意识的受访者往往具有如下特征：年纪较轻，有一定的经济收入，对生活质量的要求较高。他们认为，与其若干年后赚足了购车的钱，不如现在花明天的钱，提前享受。反对者则认为，消费应"量入为出，安分守己"。相对于赞成者，他们的经济收入水平较低，工作稳定性较差。

三、贷款期限4至5年最受欢迎

调查结果显示，34.0%的消费者认为汽车贷款期限4至5年最合适，19.8%选择10年以上，18.9%选择3年以下，17.0%选择6至7年，10.4%选择8至9年。

调查人员分析认为，消费者对贷款期限的选择因个人情况差异而不同。一般情况下，收入高、偿还能力强的消费者倾向于较短期限，收入较低、偿还能力较弱的倾向于较长期限。但也有例外，一些投资意识较强的消费者，尽管有购车能力，也会贷款且选择较长的期限，而把自己的资金用于其他投资上，做到理财和享受两不误。

四、贷款期望额度较高

调查数据显示，对于贷款金额，消费者的期望在4万至10万元之间。其中，10万元及以上的比例稍高，为25.5%；其次为6万至7万元，占22.6%；4万至5万元占20.8%；8万至9万元占19.8%；3万元以下比例较低，为11.3%。

调查人员分析认为，消费者对贷款倾向于较高金额，结合目前轿车市场的车价，经济型为10万元，中高档在20万至30万元。因此，较低的贷款额度满足不了消费者购车时的支付，反过来，如果消费者的购车资金缺口较小，往往也不会通过贷款方式解决。

贷款期望金额也折射出消费者购车的心理价位应该在10万元左右，低档轿车尽管价格具有优势，但其质量性能和外观不为大多数人看好，而10万元以上的中档经济型轿车的综合竞争力最强，受欢迎程度相对较高。

根据本次调查结果，调查人员指出，目前开办汽车贷款业务的服务机构还不多，品种形式较单调，尚不能满足消费大众的各级需求。提供服务的机构应力求形式的灵活、多样，真正把方便和实惠带给消费者。

上海××调查公司

××××年×月×日

（来源于第一范文网，有改动）

评析：这是一则汽车信贷消费市场调查报告。开门见山点出调查的目的，中间部分通过调查数据分析，用四个小标题阐明了本次市场调查的主要内容及结论，最后提出建议。整篇报告主旨鲜明，重点突出，条理清楚，言简意赅，适合初学者学习和模仿。

三、写作指导

（一）注意事项

（1）做好充分的市场调研

调查报告在写作之前，写作者应根据市场调查的目的，进行深入细致的市场调查，充分

占有第一手材料，并运用科学的方法研究、分析、归纳，为撰写市场报告做好准备。

（2）定量与定性分析相结合

一份优秀的调查报告既不能通篇是文字说明，又不能将所有的定量分析结果罗列，给人们的阅读及理解造成干扰和困难。因此，撰写调查报告要将定量分析与定性分析相结合。

（3）重点突出，篇幅适当

有些调查人员误认为报告越长质量越高，并试图将自己获知的所有信息均纳入报告之中，从而导致“信息冗余，重点不突出”。因此，应重视调查报告的质量，一份优秀的调查报告应该是简洁、有效、重点突出，避免篇幅冗长。

（二）参考模板

×××××× **市场调查报告**

一、市场调查基本情况

××（调查目的、时间、地点、对象、范围、方式、结果等，或简介主要内容和观点，给读者一个总体印象）。

二、市场调查结果及分析

×××。

三、建议（提出有针对性的对策或措施）

×××。

结尾：可概括全文观点，可说明存在问题或其他，也可省略。

×××

××××年×月×日

四、实战演练

手机在大学生中已基本普及，请参照文中案例，就本校大学生喜欢的手机品牌、款式、功能、价格、购买后的包装美化及意见和建议等方面做市场调研，并形成市场调查报告。

拓展阅读

如何设计市场调查问卷

一份调查问卷主要包括标题、前言、问卷指导和问题四部分。

调查问卷的标题一般要包括调查对象、调查内容和“调查问卷”字样，如“××口香糖的调查问卷”。

前言部分用来说明调查的意义和目的、调查项目和内容、对被调查者的希望和要求等，一般放在调查问卷标题下面的开头部分。

问卷指导是指导被调查者如何回答问题或解释问卷中某些信息的含义。问卷指导一般放在问卷相应问题的后面，用括号括起来，如“下列说法正确的有（可选多项）”，其中的“（可选多项）”即为问卷指导。

问题是调查问卷的主体和核心，是调查者与被调查者沟通信息的载体。问题部分的形式通常用问句形式，也叫题型。

问卷设计共有八个步骤。

第一，确定所要收集的信息、资料。

调查前，须仔细思考所要调查的对象。在市场细分的前提下，实行差别化营销策略还是无差别，须认清调查对象是否为自己所针对的目标对象，这样，方可提高调查信息的有效性。

第二，根据问卷的调查方式确定调查内容。

问卷调查方式的不同，问卷的设计方式及其内容的繁复程度也不同，所以，在确定问题内容时，问题必须切题，不要出现与调查目的无关的题目。

第三，决定问题形式。

问题的形式一般有以下几种：

1. 开放自由式问题，让被访者自由回答，不受限制。例如“请问您或您的家人最喜欢的牙膏品牌有哪些？”；

2. 二分式问题，把问题简化成是与否两种答案。例如“会不会开车？”（1）会（2）不会；

3. 多选式问题，对于一个问题列举几个答案，让被访者在限定的答案中选。例如“请问您使用过以下哪些品牌的洗发水？”（1）飘柔（2）海飞丝（3）拉芳（4）夏士莲（5）飘影；

4. 顺位式问题，在提出问题时，让被访者按要求以此回答。例如“请问您在选购电冰箱时，认为哪些方面最重要、次重要和最不重要？”“最重要”（1）功能多（2）制冷性强（3）省电（4）保修期长（5）服务好。“次重要”（1）功能多（2）制冷性强（3）省电（4）保修期长（5）服务好。“最不重要”（1）功能多（2）制冷性强（3）省电（4）保修期长（5）服务好。

第四，选择问题，注意用语。

询问用语在问卷调查中，应该注意以下几个方面：首先，询问的着眼点要明确；其次，要用平和、简易语句，让被访者易于回答；再次，要避免有诱导性作用的问题；最后，避免过于涉及隐私。

第五，决定问题的先后顺序。

第一个问题必须有趣且容易回答，重要问题放在突出的位置，容易的问题放在前面，慢慢引入比较难答的问题。问题要一气呵成，注意问题的前后顺序的连贯性，不要让被访者的思绪中断。

第六，问卷的版面布局。

问卷的形式以及体裁的设计对于搜集资料成效的关系很大，应力求纸质及印刷精美，在某些开放性的问题后面留出充足的地方让被访者填写其意见或建议，以便信息的搜集及日后的作业处理。

第七，试着进行调查。

在设计市场调查问卷之后，有必要根据计划举行小规模的试验检查，以得知问卷的格式

是否正确，调查的方式是否正确，调查的目的是否达到，调查的编组是否合理等，以便加以改正及控制调查的成本。

第八，修订及定稿。

将调查问卷进行修改后，印刷出来，供调查中使用。可以将问卷设计中应该注意的问题编辑成册，以供相关人员参考。

第三节 市场预测报告

情境导航

关于石油资源的不可再生是世人皆知的，最新研究显示：2010—2030年将是石油开采的峰值，以后将逐年锐减。中国现在已经成为世界第一的汽车生产和消费大国。中国的汽车低碳化将左右未来世界汽车格局，也将左右未来石油的价格走势。国家已经将新能源汽车提升到国家战略高度。

某国内汽车品牌公司市场部××经理敏锐地洞察到新能源汽车给汽车企业带来的商机，认为新能源汽车将是未来汽车业发展的一大趋势，于是迅速向公司决策层汇报，建议加大对新能源汽车的研发力度。如果你是市场调研部的业务员，××经理要你以市场部的名义，拟写一份新能源汽车的市场预测报告呈交集团总部，你能顺利完成这项任务吗？

一、文书常识

（一）市场预测报告的概念

市场预测报告是依据已掌握的有关市场的信息和资料，通过科学的方法进行分析研究，从而反映出市场未来发展趋势的一种预见性报告。

（二）市场预测报告的类型

（1）按预测范围分，有宏观市场预测报告和微观市场预测报告。

（2）按预测时间分，有短期、中期和长期市场预测报告。

（3）按预测方法分，有定性市场预测报告和定量市场预测报告。

（4）按预测内容分，有市场需求的预测报告、市场占有率的预测报告、市场价格的预测报告、生产预测报告和产品销售情况的预测报告。

（三）市场预测报告的特点

1. 预见性

市场预测报告具有事前反映的特点。它要勾画未来经济发展的轮廓，揭示经济运行变化的规律，预测经济活动变化的未来，展示经济发展的必然前景。这就要求预测者充分运用以往的事实材料，采用正确的预测方法，对预测对象的未来发展趋势和状况做出科学的分析和表述，使预测结果反映预测对象的客观运动规律和发展趋势。

2. 科学性

市场预测报告在内容上必须依据充分详实的资料，并运用科学的预测理论和预测方法，以周密的调查研究为基础，充分搜集各种真实可靠的数据资料，才能找出预测对象的客观运行规律，得出合乎实际的结论，从而有效地指导人们的实践。

3. 针对性

市场预测的内容十分广泛，每一次市场调查和预测，只能针对某一具体的经济活动或某一产品的发展前景，因此，市场预测报告的针对性很强。选定的预测对象越明确，市场预测报告的现实指导意义就越大。

（四）市场预测报告的写作格式

市场预测报告一般由标题、正文和落款三部分构成。

1. 标题

市场预测报告的标题比较灵活，一般由预测期限、预测对象、预测内容和文种名称构成，如《××××年西安市住房销售情况的预测》。也有些标题由预测对象和预测结论组成，直接揭示报告观点和主题，如《我国黑白电视机供应量即将达到饱和》。此外还有提问式标题，如《哪些行业将走红？》。

2. 正文

（1）开头

开头一般说明预测的目的、缘由，介绍预测的时间、地点、对象和预测方法。一般是概述经过，或概述预测对象的主要情况，或提出主要内容、观点，或指出预测活动的主要意义、影响等。

（2）主体

主体是正文的核心部分，它一般包括基本情况、分析与预测、对策与建议三方面内容。

一是基本情况。即选择具体数据和典型事例，对预测对象的历史性回顾和对现状的说明。

二是分析与预测。即针对大量的事实、数据，运用科学的分析方法，进行分析综合，准确预测市场发展的趋势。

三是对策与建议。是根据分析、预测的结果，提出改进的意见、设想和措施，为经营决策提供依据，这是市场预测报告的落脚点。

（3）结尾

即全文的结束部分，或照应开头，或重申观点，或加深认识，也可省略。

3. 落款

落款一般是在正文右下方写明单位名称或作者姓名，注明写作时间。有些在标题正下方已具明，这里可省略。

二、案例分析

例 5-3-1

未来几年哪些行业将走红

中国人事科学研究院发布的《中国人才报告》预计，到 2010 年我国专业技术人才供应总量为 4000 万人，而需求总量为 6000 万人。此项数据显示，专业技术人才在未来几年仍将出

现供不应求的局面。预计到2010年，第二产业人才缺口数字最大，将达到1220万人。而作为服务业的第三产业将是扩大就业岗位最多的行业，其中一些高端涉外人才需求很大，比如：涉外会计、涉外律师、涉外金融服务、同声传译、精算、数字媒体、物流、心理咨询等，人才缺口预计在325万人。

一、汽车服务人才全面紧缺

汽车产业是“十一五”规划重点产业之一。中国汽车人才研究会秘书处副主任汤海山提供的数字显示，“十一五”期间我国汽车研发人才缺口50万，汽车维修人才缺口80万。汤海山说，未来5年汽车人才全面紧缺，包括汽车研发人才、汽车营销人才、维修人才、管理人才等。

“值得注意的是，汽车服务人才却还没有得到大家的重视。”汤海山说，目前，全国只有几所高校设置汽车服务专业，规模也不大。但从国际标准来看，这类人才非常重要，缺口非常巨大。

据了解，目前在高校中开设汽车服务工程专业的院校有：同济大学、武汉理工大学、上海师范大学、西南石油学院、西华大学、吉林大学、辽宁工学院等。

汽车服务工程专业主要培养从事汽车技术服务及市场营销的应用型人才。经过4年学习，学生应掌握机械和车辆工程的基础理论知识；具备解决从新车使用到汽车报废回收全过程中各种技术问题和因汽车带来的能源消耗、有害物排放、废弃物等环境和社会问题的能力。

此外，在后汽车时代，汽车文化人才也非常紧缺。

二、民航业人才缺口24万

伴随着我国民航事业的迅猛发展，我国民航人才的需求规模也开始同步扩大。目前国际民航平均人机比是100∶1，而我国民航业平均人机比是200∶1，这意味着，仅以国际民航水平计算，未来20年我国至少需要民航类人才24万人。

事实上，民航人才的紧缺已成为各航空公司高速发展的瓶颈。近年来，国内各航空公司相继展开大规模招聘活动，揽才范围从飞行员、空乘到维修、地勤人员都有，涉及范围极广。其中，飞行员成为各大航空公司的招聘重点，薪酬一般都设在每月2万元。

中国民航学院教授都业富说，由于允许民营资本投资经营航空公司参与航空运输市场的竞争，也使得国内民航业对民航专业技能人才的需求进一步扩大。近年来，以奥凯、春秋、鹰联为代表的民营航空公司已经展开了一场人才争夺大战。

都业富认为，在未来几年内，飞行员、空勤人员、航空运输安全管理人员以及维修专业人才在我国最为吃紧。

三、机电一体化需要复合型人才

由于微电子高新技术迅速发展，使工业自动化程度大幅度提高。机电一体化已是当今世界及未来机械工业技术和产品发展的主要趋向，也是我国机械工业发展的必由之路。

智联招聘网日前发布的统计数字显示，北京市对该专业的需求比较旺盛，从职位看，每月需求量有200多个。可以说，机电一体化类专业属于人才缺口比较大的专业之一。

在上述需求职位中，技术类占到了40%，销售类占到了30%，客服类占到了20%，管理类占到了10%。而从行业来看，该专业的用人需求主要集中在制造业、生物制药业、环保业以及快速消费品业。业内专家分析，这个行业的人才比较强调技术性。用人方都希望招聘到既有专业知识，又会管理、懂开发、有销售知识和经验的复合型人才。所以，那些希望到外企工作的，除了专业知识要掌握好之外，外语能力绝对是不可忽视的因素。

四、精算师“钱”程无忧

精算师，是一个公认为“钻石领”、国外年薪过百万、国内月薪上万元的职业。目前，精算师是国内各大保险公司争夺的焦点。据中国保险监督管理委员会精算部相关负责人介绍，目前，我国仅有百余名精算师，随着国外保险公司进入中国，我国未来5年急需5000名精算人才。

精算师是运用精算方法和技术解决经济问题的专业人士。其传统的工作领域为商业保险业，主要从事产品开发、责任准备金核算、利润分析及动态偿付能力测试等重要工作。随着精算科学的发展和应用，精算师的工作领域逐步扩展到社会保险、投资、人口分析、经济预测等领域。

目前，每年高校精算专业的毕业生仅仅几十人，远远不能满足市场的需求。精算师是保险业的精英，是集数学、统计学、经济学和投资学等各类知识于一身的保险业高级人才，在保险企业中担当着极为重要的角色。一个合格的精算师不仅应具有扎实的精算知识，更重要的是必须熟悉所处保险市场的保险法规以及与保险相关的税务、会计、投资等领域的知识。

据了解，我国开设精算专业的高校有南开大学、中央财经大学、上海财经大学、复旦大学、中国人民大学、北京大学、中山大学等。

五、护理学就业前景看好

根据卫生部的统计，到2015年我国的护士数量将增加到232.3万人，平均年净增加11.5万人，这为学习护理专业的毕业生提供了广阔的就业空间。随着我国向老龄化社会转变，将来从事老人医学的人才将走俏，保健医师、家庭护士也将成为热门人才。另外，专门为个人服务的护理人员的需求量也将增大。

业内专家介绍说，护理职业一直是国际上地位较高、薪水丰厚的职业之一，同时，护理人才又是国际紧缺的人才之一。如护士在美国平均年薪达5万美元，而美国缺护士30万人；在澳洲，护士最容易找工作或获得升迁，同时，只要拥有了澳洲注册护士的资格，等于拿到了通向英联邦国家工作的“绿卡”；英、法、德等西方发达国家对护士均有许多优惠的政策。因此，有深厚的专业知识、较高的综合素质和流畅的国际交流语言的护士在国际上就业、发展前景十分广阔。

目前，国内很多大中城市的医院都设有涉外门诊，而一些合资医院以及“洋”医院更是如雨后春笋一般扎根北京、上海等地。所以，如果护理学人才在具备护理学、护理人际沟通、护理礼仪等专业知识外，还能具备一定的外语能力，那么就业选择将更为宽广，可以从事在华的涉外医护服务、国际技术合作交流和资料传递等。

六、材料类研发人才成为焦点

“十一五”期间，国家产业政策明显向以新材料产业为代表的高新技术领域倾斜，这对新材料产业发展无疑将产生重要的推动作用。同时，国内支柱产业及高新技术产业发展对新材料的需求不断扩大。在此背景下，研发新型材料的人才自然成为企业的注目焦点。

目前我国材料行业的人才缺失问题已经成了众多企业发展的桎梏。据一家科技产业公司的技术总监介绍，该公司主要从事碳化硼、碳化硅等产品的研发，但这方面的人才很少，因为高校相关的专业不是很多。“当前，我们的人才主要来自当地的化工研究所，都是具有一定工作经验的技术人员；还有就是引进的外国专家。但两者的成本都很高，并且不能从根本上解决企业人才缺乏的问题。目前企业正处于快速发展的时期，人才匮乏对企业发展的影响很大，我们急需大量的人才支持。”这位先生告诉记者，“目前我国整个材料行业都缺少高精尖人才”。

据了解，截至2006年年底，我国设有材料类专业的高校有420余所，占本科学位学校的66%;“211”工程高校中设有与材料相关专业的有80余所，占总数的88%。由此可见，我国对材料人才的培养是比较重视的，人才的数量也应该是比较充足的。但材料学专业涉及国民经济发展的多个领域，因此人才市场对材料学人才的需求也是持续增加的。

中国材料网理事会有关专家指出，目前我国在新材料研发上与国外还有一定差距，未来在材料学领域自主创新的空间非常大。因此材料学人才在强化基础知识的同时还应该拓展创造性思维。

（摘自《市场报》2007年6月4日 第22版，有改动）

评析：这是一则行业发展预测报告。采用提问式标题，醒目而有吸引力。全文在回顾历史和分析现状的基础上，对未来的行业发展趋势进行了精准的预测，分条论述，并在每一条之后提出对策建议，具有极大的参考价值。

三、写作指导

1. 做好调查，充分占有资料

市场预测必须在对市场的历史、现状进行深入分析的基础上进行，这是写好预测报告的前提。准备阶段所取得的资料不准确、不全面，不仅不能全面正确地把握市场变化的趋势和规律，而且很可能做出错误的结论，给生产和决策带来损失。因此，掌握市场历史和现状的资料是写好预测报告的前提。

2. 预测准确，建议切实可行

预测本身带有不确定性，而且由于市场变幻莫测，预测的结果与实际结果始终存在误差，有时甚至会相差甚远。这就要求我们在进行预测时，要全面掌握各方面的情况和科学的预测方法，尽可能地进行周密的论证分析和思考，坚持实事求是，从实际出发的原则，力求减少计算与表述的误差，以克服预测的盲目性，增强预测的准确性。尤其是在提出建议和意见部分，要做到切实可行，避免抽象、笼统。这样，预测的结果才能更好地服务于企业，并为其科学决策提供强有力的保障。

3. 在实际写作时注意“市场调查报告”与“市场预测报告”的区别

两者都是依据市场实际情况所作出的报告，但侧重点有所不同：市场调查报告侧重于了解过去和现在的市场状况，重点在于提出问题，它虽然也对市场前景进行预测，但目的是指导市场；市场预测报告虽然也分析市场的历史与现实，但是其重点是预测未来，侧重于展望和推测未来市场的发展趋势和变化的规律。

四、实战演练

请利用业余时间，就某一款新车的市场销售情况进行调查，并在调查的基础上，对该产品未来的销售进行预测，最终形成市场预测报告。

拓展阅读

未来五到十年，更有前景的行业

世界在变化，情况也在不断发生变化。

热门专业的选择不好把握，四年之后，曾经的热门可能消退，但是把握行业发展趋势可以增大把握未来的机会。

那么，未来五年甚至十年，究竟哪些行业发展潜力巨大？哪些工作岗位更能够迎合未来市场的需求？

以未来市场形势发展和大众需求变化来推断，我列出以下七种行业供你评估或者做出选择。

01 互联网服务行业，IT工程师最抢手

这两年，互联网行业正在以摧枯拉朽之势改变着越来越多的传统行业。

经过近几年互联网+的发展，现在的平台、电商、O2O、游戏这四大行业领域最受欢迎。除了少量不具备互联网基因的传统行业，暂时还未被互联网触及，比如医疗健康行业。整个互联网+颠覆了大部分传统行业的运营模式，在未来仍有巨大的发展机会。

教育行业是近几年获得VC投资最多的行业之一，企业服务依靠互联网+获得了效率和收益双方面的提升，互联网大大降低了学习的成本。

在未来的CRM、OA，甚至是HR，趁着互联网+的势头，都会得到提升。

此外，互联网+金融行业的发展也不可小觑。

互联网金融解决了很多银行不能解决的问题，无论是投资理财还是中小企业融资难的问题，在互联网金融行业得到了很好的解决渠道。

从长远来看，通过大数据、互联网改变金融业也是趋势之一。

从信息传播的方式看，过去是主流媒体传播，传播是自上而下的，而现在的传播模式发生了巨大改变，传播是多点对多面的，大众可以参与进来，具有自主性与选择性。

因此，用户围绕自己认同的价值观形成了一个又一个圈子，市场的细分为很多企业的发展带来可能。

所有这些与互联网相关行业的发展都离不开互联网工程师的开发与运维，项目经验多、技术掌握熟练的项目经理将成为众多企业疯抢的对象。

02 科技产品的研发，人工智能迎来大发展

这一趋势可以称为智能系统。

人工智能，这个行业的发展是随着深度学习取得的，特别是对语意的理解，以及对计算机图像的处理。

几年前人工智能取得了突破之后迅速应用到了众多行业。未来可能实现或取得突破的是机器人对感情、语气和人脑科学的理解等方面。

这一行业迎来发展的机会可不是简单的可穿戴设备，还包括智能家居、智能出行和无人机等。

统计数据显示，智能家电就国内而言拥有着过亿的潜在客户，特别是追求生活品质的年轻人，对智能家电的要求高、需求大，是最大的潜在客户群。

根据数据预估，人工智能在家电行业的规模2020年或将冲破一万亿元，成为家电行业发展最快的关键部分，前景广阔，市场潜力巨大。

而人工智能行业发展需要的是高精尖类的IT人才，这类人才具有综合系统化的理论和专业知识，并且具有钻研、研发的科学精神。

03 旅游行业，旅游体验师成为时尚

数据表明，近3年来，中国在线旅游行业复合增长率超过三成，使得传统旅行社越来越看重在线旅游市场的力量。

据有关数据显示，2011—2013年，在线旅游市场交易规模分别达到1313.9亿元、1708.6亿元和2204.6亿元，同比增幅分别达到38.5%、30.0%和29.0%，其增幅要高于国内旅游市场的整体水平。

从未来发展趋势看，中国在线旅游行业会持续保持快速增长态势，因此可以明确的是，市场对于旅游体验师的需求会越来越大。

04 医药行业，高端医药研发师需求量大

医药行业属于国家的战略性新兴产业，制药技术将成为未来创新主动力。

虽然目前在全球生物医药领域，美国在技术水平和投资上的一国超强局面短期内还无法改变，大量专利非一朝一夕所能追赶。

但以上海为例，目前上海正加快融入国际生物医药研发链和产业链，2017年，上海研发外包达到300亿元，打造了具有国际影响力的研发服务外包中心。

一方面，未来一段时间内国内相关领域对医药研发师，特别是高端医药研发师的需求会持续旺盛。

另一方面，尤其值得注意的行业趋势是，关注产业链上游的企业将大有机会。

05 健康管理行业，健康管理师有望普及

近年来，我国经济发展稳步增长，但在物质生活空前发达的当下，不合理的饮食习惯及不良的生活方式对人们的健康产生了巨大的负面影响。

相关数据表明，中国亚健康人群已经超过75%。

与营养相关的慢性病，如脂肪肝、糖尿病、高血压病、心脑血管病、肿瘤等已占死亡原因的80%。

人们的健康需求已由传统、单一的医疗治疗型，向疾病预防型、保健型和健康促进型转变。

社会各阶层的健康需求持续不断提升，健康管理师这一职业也由此应运而生。

具体而言，私人健康管理师主要从事的工作包括采集和管理个人健康信息、评估个人健康和疾病危险性、进行个人健康咨询与指导、制订个人健康促进计划、对个人进行健康维护，是融合营养师、保健师、中医师、心理师等多职业特点于一身的综合性职业。

06 老年用品和服务行业，将成为朝阳产业

目前，我国老年用品和老年服务的市场需求为每年6000亿元，但目前每年为老年人提供的产品和服务则不足1000亿元。

同时，绝对需求与供需之间的相对差距有进一步加大的可能，让老龄产业“商机无限”。

我国的老年用品和老年服务产业才刚刚起步。

涉及养老机构、医疗保健产品、旅游、房地产等领域，在各方面的专项产品及服务都还亟待开发。

07　文化娱乐行业，新文化的扩张带来机会

一个达沃斯论坛，给瑞士一个小镇带来全球性的影响力，并给当地的旅游、商贸、文化、酒店业带来巨大的推动。

中国很多地方也有客观条件大力发展新文化经济，但缺乏宏观大思路。

现代信息化时代的传播媒介，会加快这种新文化的扩展速度，会迅速产生全国性的、甚至世界性的影响力。

所谓的新文化的创造产品，不是去抢世界现成的“蛋糕”，而是创造自己特有的“蛋糕”。

例如，现在的浙江已经成为电商产业集群地和代名词，这得益于乌镇一年一度的互联网大会文化的熏陶，阿里巴巴总部也在此地。

这已经从一个经济行为变成了一种文化象征，吸引了大批电商人才聚集于此，发挥着越来越大的集群效应。

要提醒各位的是，由于学校开设专业具有滞后性，这些行业中很多的岗位在大学还未设立。这时候你可以了解该岗位的主要职责，然后在可选的专业中选择与之相近的也不失为一个聪明之举。

（来源于兴趣部落）

第四节　可行性研究报告

情境导航

××市××镇凤凰村，山清水秀，绿树成荫，是个旅游观光的好地方。××生态农业科技有限公司决定投资 1500 万元，占地 300 亩[①]，在凤凰村建造一个以生态开发为宗旨，集科研、种植、养殖、旅游休闲为一体的绿色生态园。

建造这样一个颇具规模的绿色生态园，是否符合政府的经济政策？项目建设是否符合市场需求？投资估算是否合理？选址是否符合环保要求？项目技术如何保障？实施方案和措施是否可行？收益如何？给当地会带来什么样的影响？诸如此类的问题，都必须经过充分的可行性论证和综合评估，才能保证决策的科学性。如果你参与了绿色生态园的可行性研究工作，并承担此项目可行性研究报告的起草任务，你将如何完成此项重任？

一、文书常识

（一）可行性研究报告的概念

可行性研究报告，是指在确定某一经济建设项目或科学研究项目之前，在调查研究的基础上，对该项目有关政策法规、投资规模、环境影响、技术水平、实施方案和措施等进行全面的技术论证和经济评价，从而确定该项目实施的可行性和有效性的书面报告。

---

① 1 亩=666.67 平方米——编者注。

可行性报告是确定项目建设前具有决定性意义的工作，是在投资决策之前，对拟建项目进行全面的技术、经济分析、论证的科学方法。国家计委发布的《关于颁发<建设项目进行可行性研究的试行管理办法>的通知》规定：利用外资的项目、技术引进和设备进口项目、大型工业交通项目（包括重大技术改造项目）都应进行可行性研究，并形成可行性研究报告。

（二）可行性研究报告的类型

1．按内容分，有政策性可行性研究报告，项目建设可行性研究报告，开拓新市场、开发新技术、采用新的管理方法的可行性研究报告。

2．按范围大小分，有一般项目可行性研究报告和大中型项目可行性研究报告。

3．按分析论证结果分，有可行性研究报告和弥补性可行性研究报告。

（三）可行性研究报告的特点

1．科学性

可行性研究报告的科学性，具体体现在两个方面：一是所运用的数据是在调查研究的基础上得出的，所依据的理论和原理本身是经得起实践检验的；二是其研究的方法必须是科学的。

2．系统性

可行性报告要围绕拟建项目或拟定方案的各种因素进行全面、系统的调查、分析和研究，既要注重现在也要关注未来，既要注重静态和动态分析相结合，又要注重定量分析与定性分析的全面综合，只有这样，才能得出正确的结论。

3．论证性

可行性研究报告不仅要论证拟建项目或拟定方案在经济上是否有效益，而且要论证在技术上是否切实可行，此外，还要论证是否符合现行的法律和政策，且论证的手段、角度和层次也是多种多样的。

（四）可行性研究报告的写作格式

可行性研究报告一般包括标题、正文和落款三部分。

1．标题

标题由编写单位、拟建项目名称和文种名称三部分构成。编写单位可省略，如《小水电站建设项目可行性研究报告》。

2．正文

正文包括开头、主体和结尾三部分。

（1）开头。一般是内容的概述，介绍项目的必要性、经济意义、背景资料、理论依据和采用的分析方法。

（2）主体。即可行性研究报告的基本内容，要求以系统分析的方法，围绕产生效益和影响项目投资的各种因素，运用各种数据资料加以论证。具体包括以下几个方面：

一是承办单位简介。包括企业现状，如生产能力、技术力量、劳动力情况、财务状况，以及企业发展规划等。

二是拟建项目规模和需求预测。对拟建项目规模设定的依据和项目投产后面向市场需求情况、发展方向做详尽的阐述和分析，这一部分是研究报告写作的重点之一。

三是项目建设条件和选址理由。主要说明拟建项目目前可以充分估计到的优势和劣势，其优势如何可以得到保证，其劣势如何克服解决，及对选址方案的详细论证。

四是规划设计方案。主要说明项目的构成设置及选择怎样的工艺流程及技术等级。这既解决了项目建成后处于何种工艺水平，也决定了投产后面向消费市场的哪类层次，更决定了项目本身的生命周期。

五是项目实施进度与监督。主要说明项目建设的工作量和工程进度。对工作量和工程进度的核定和质量监督如何进行，如何予以保障，同时要编出项目实施计划时间表。

六是投资估算和资金筹措。这也是可行性研究报告写作的重点。要详实地估算出项目所需总资金，也要估算出项目实施的各自部分和不同时间中所需资金的具体比例。要正确地估算固定资产和流动资金，要有针对性地分析项目的资金来源、筹措方式及贷款偿付方式。

七是效益分析。投资是为了回报，一切投资者都毫无例外地追求投资效益。但是，在讲究经济效益的同时，也要顾及社会效益。不仅要计算项目本身的经济效益，而且要衡量项目是否具有社会效益，要使两种效益有机地相互统一。

八是评价。综合以上技术、经济、风险情况，进行总概括。

九是其他方面。指同研究项目有关的其他说明。

（3）结尾。附件说明，包括项目建议书，批准书，有关合作意向书，可行性研究委托书，试验数据，论证材料，计算图表，选址报告，环境调查报告，市场预测资料，工程项目时间表，工程设备材料一览表，上级主管部门的有关文件批复等。

3. 落款

署名、日期。写上可行性研究的报告人和时间。

二、案例分析

例 5-4-1

××麦芽有限公司扩建立仓可行性研究报告

××麦芽有限公司从××××年投产以来，业务蒸蒸日上，销售量稳步增长，由于增加产量和提高质量的迫切要求，原有立仓的存储量已不适应这一发展的形势，急需进行扩建。

一、扩建立仓原因分析

（一）外部原因

据市场调查，目前××省啤酒年产量为××万吨，覆盖率不大，但啤酒毕竟是人们喜爱的营养饮料，随着人们生活水平的提高，估计今后的产量将不断上升，可达××万吨左右，与之相联系的麦芽共需要××万吨。而目前，全省只有××麦芽有限公司（年产××万吨）、××麦芽有限公司（年产××万吨）以及其他一些小型公司（加起来的总产量也只有××万吨）生产麦芽，尚有××万吨麦芽的缺口有待填补。另外，麦芽还有广阔的国际市场，仅美国××××年需求量就达××万吨。××麦芽有限公司所引进的是世界第一流的生产技术设备，质量有保证，生产费用低，价格有竞争力，只要公司以内涵发展为主，进一步提高麦芽质量，充分发展自有潜力，完全可以打入国际市场。因此，从效益的角度出发，扩建立仓是刻不容缓的。

（二）内部原因

（1）解决原料大麦早来无仓，迟来断粮的问题。

（2）稳定麦芽指标，提高麦芽质量。

（3）降低麦芽成本。

二、扩建立仓的个数

根据市场需求及历年来销售量，结合本公司的实际情况，扩建立仓数为××个。

三、扩建立仓的投资建设条件（略）

四、立仓扩建费用

立仓扩建资本××万元（土建费用××万元，设备费用××万元，不可预见费用××万元）；新增流动资金××万元；新增加维修人员××人（雇用期为一个月），每年增加支出××万元，每年增加维修费用××万元。

五、效益分析

（一）主要财务数据预测

扩建立仓总投资××万元；项目寿命××年；产量以年产××万吨计，××年为××万吨；价格以国内市场价格为基础，但由于波动变化较大，现按××××年（正常生产年份）的销售平均价××元计算；新增销售收入（以××××年为基础）为××万元，××年累计为××万元；新增工商税（按××计提）正常生产年份（××××年）为××万元，××年累计为××万元；总成本正常生产年份（××××年）为××万元，其中固定成本××万元，可变成本××万元，单位成本比年产××降低了××万元；新增利润正常生产年份（××××年）为××万元，××××年累计为××万元，新增可供分配利润在××××年免所得税的情况下为××元/年，××××年新增加可供分配利润为××万元。

（二）企业财务评估

（1）直接利益分析

年产麦芽××万吨利润率对比，年产××万吨比年产××万吨利润率上升×%，说明本项目的效益可观。投资回收期为两年；贷款偿还期，正常生产年份要追加流动资金××万元，主要由银行贷款解决，只要每年多付贷款利息××万元就可以保证长期使用这笔贷款，直到回收流动资金时可归还全部贷款。

（2）动态分析判断（略）

（3）盈亏平衡分析（略）

（4）其他因素影响（略）

（5）间接收益（论述社会效益，略）

六、风险分析

假如在其他因素不变的前提下，本项目的销售价格、投资额、建设期或成本依次发生变化，按×%折现率折现，净现值变化为：建设期增加一年，净现值从××万元下降到××万元；成本增加×%，净现值从××万元下降到××万元；销售价格下降×%，净现值从××万元下降到××万元。在以上各种不利因素的影响下，净现值会相应下降，但下降后的净现值仍远远大于零，说明本项目承受风险的能力大。

七、注意问题和建议（略）

通过以上的研究分析，本项目是在原有立仓的基础上进行扩建，技术上不成问题，建设条件有利，财务效益可观，扩建立仓后满足了年产量××万吨麦芽的满负荷生产能力，满足了生产出来的麦芽的品种搭配，保证麦芽的后熟期的存储，稳定并提高麦芽的质量，提高麦芽公司在麦芽市场的信誉，因此，扩建立仓这一建设项目是可行的。

×××

××××年×月×日

（来源于中华励志网，有改动）

评析：该文主体部分共涉及七个方面内容：一是扩建立仓原因分析；二是扩建立仓的个数；三是扩建立仓的投资建设条件；四是立仓扩建费用；五是效益分析；六是风险分析；七是注意问题和建议。通过对以上七个方面内容的分析，最终得出结论。全文格式规范，在遵重事实的基础上论证科学、系统、严密，有充分的说服力。

三、写作指导

可行性研究报告的写作要求如下：

（1）尊重客观事实

可行性研究报告的质量直接关系到项目能否成立以及项目实施的成败。因此，在整个可行性研究过程中，一定要恪守实事求是原则，以精益求精的科学态度对待研究中涉及的各种问题。撰写可行性研究报告时，必须从实际出发，尊重客观事实，摆脱个人偏见，集思广益，注意研究内容的全面性、完整性和准确性。报告中涉及的各种数据和有关内容必须绝对真实可靠，否则，将会给投资决策带来无可挽回的损失。

（2）论证充分有力

撰写可行性研究报告要进行大量的数据核算和理论与事实的论证，因此，一定要讲究科学性，所用的数据要做到准确无误。要按系统性原则，把项目分解为若干个部分，按步骤进行分析论证，做到既有精细的分析研究，又有综合的论证和评定，最终得出项目是否可行的结论。这样，才能保证论据充足，论证严密，使可行性报告的具体内容既建立在科学的基础之上，又具有充分的说服力。

（3）行文格式规范

可行性研究报告同其他经济文书的写作一样，具有相对固定的格式。写作时，必须严格遵守，同时又要注意根据项目的具体内容和行文要求，合理安排写作结构，既遵循规范，又超越规范，做到结构严谨，逻辑严密，表述简洁有序，条理清晰，使报告的内容更加确凿可信。

四、实战演练

两位大三学生拟在学校图书馆内开办一个书吧，兼营咖啡和清茶，让读者休闲聊天，并办理复印服务。请代其拟一份可行性研究报告。

拓展阅读

项目可行性研究

可行性研究是一种系统投资决策的科学分析方法，主要是在项目初步运行前对与项目或工程有关的经济、社会、工程技术等方面的条件进行调查、研讨和分析，并对各种可能的技术方案进行比照证明，对项目所能带来的经济、社会效益进行预测分析，是断定项目出资建设是不是可行的科学分析方法。

信息系统项目进行可行性研究包括许多方面的内容，以下将会详细地介绍。

1. 经济可行性分析

有道是兵马未动粮草先行，经济分析在可行性分析中占据了相当大的重要性，经济可行性分析的目的是为了将项目的范围由技术语言转化为财务视角，进而转变为可以读懂的投资回报信息。主要分析项目投资以及所产生的经济效益，可以从以下几个方面入手，对经济可行性分析。

一是支出分析。对项目中的支出项目进行分析，主要包含一次性支出（如开发培训费、差旅费、设备购置费等）和非一次性支出（软硬件租金、人员工资福利、水电设施费等）的费用。二是收益分析。对项目的收益进行分析，主要包含直接收益（如销售项目产品的收入）、间接受益（成本降低、制造工艺改进）和其他可能带来收益的因素。收益投资比和投资回收期对投入产出进行对比分析，以确定项目的收益率和投资回收期（很多产品寻求代理商，往往首先列出的信息便是投资回收期）。三是敏感性分析。对一些敏感的技术环节进行分析（如设备配置、处理速度、系统工作负荷等），分析当敏感信息发生变化时对支出和收益所产生的影响。此外，敏感性分析还需要对项目的社会效益进行分析（如通过某项目可以在管理水平、技术方法、人员素质方面获得的潜在效益），社会化效益的计算有时非常抽象，其计算结果仅作为参考。

2. 技术可行性分析

技术可行性分析主要是分析在当时市场技能、产品条件的约束情况下，能否使用现有或能够具有的技本能力、产品功用、人力资源来完结项目目标，以及能否在规定时间内完结整个项目。技术可行性分析一般需要从以下几个方面进行剖析。

一是进行项目开发的风险需要考虑在规定的时间期限内，能否设计出系统并满足功能和性能。二是人力资源有效性分析。项目开发的技术人员的队伍是否能建立，是否会出现资源不足、技术能力欠缺等问题，是否在市场上或者培训获得需要的技术人员。三是技术能力的可能性分析。当前相关技术的发展趋势和当前所掌握的技术是否支持该项目的开发，市场上是否存在支持该技术的相关开发环境以及开发工具。四是物资可用性分析。是否存在可以用于检测系统的其他资源（如某设备的代替产品）。

3. 运行环境可行性分析（信息系统的项目）

信息体系的项目的可行性分析不同于通常的可行性分析，因为大多数信息体系需求一套配套的硬件体系作为底层支撑，并且只有硬件正常作业，软件才能够正常运行。因此需要对用户单位的管理体制、管理方法、规章制度、作业习惯、人员素质、数据资本积累、硬件渠道等多方面进行评价，保证软件在交付后的可用性。

在实践的项目之中，软硬件通常需要再次的建立（除非遇到需求特别的甲方）。因此，在做运转环境分析时，通常只做能否建立所需环境以及劳动量估算即可，至于上边所说的分析内容，可在项目运转的后期交付训练时进行完善。

4. 其他方面可行性分析

除了以上的要点分析内容，在实践的项目过程中可能还会遇到比如法令可行性、社会可行性等方面的可行性分析。乃至有些项目分析还会包含在项目施行过程中对社会环境、自然环境影响的分析，以及所带来社会效益的分析。

总之，关于具体的项目分析还需要根据实际情况，选择要点进行可行性分析研究。

（来源于百度经验，有删改）

第五节　商业广告

情境导航

在我们赖以生存的现代商业文明中，商业广告已经成为商业文化、大众文化的一个重要组成部分，消费者需要商业广告，企业更离不开商业广告。因此，了解有关商业广告的常识，掌握一些写作商业广告的技能，已成为一名高技能职业人才必备的基本素质。

××公司决定在××××年9月推出一款新产品，为了唤起市场兴趣，增强推广效果，企划部主管说："你给写个广告文案吧！"碰上这样的情景，对你来说是机会，还是难题呢？你该怎么办？

一、文书常识

（一）商业广告的概念

广告是为了某种特定的需要，通过一定形式的媒体，公开而广泛地向公众传递信息的宣传手段。广告有广义和狭义之分，广义广告包括非经济广告和经济广告。非经济广告是指不以盈利为目的的广告，又称效应广告，如政府行政部门、社会事业单位乃至个人的各种公告、启事、声明等，主要目的是推广；狭义广告仅指经济广告，又称商业广告，是指以盈利为目的的广告，通常是商品生产者、经营者和消费者之间沟通信息的重要手段，是企业占领市场、推销产品、提供劳务的重要形式，主要目的是扩大经济效益。

（二）商业广告的类型

1．按传播媒介分，有报纸广告、杂志广告、广播广告、电视广告、邮政广告、网络广告、户外广告。用得频率较多的"五大媒体"是报纸、杂志、广播、电视、网络。

2．按表达形式分，有语言文字广告、实物图像广告和文图并用广告。

3．按广告功用分，有商品广告、服务广告和企业形象广告。

（三）商业广告的特点

1．真实性

广告的生命，在于真实。广告宣传应当遵守诚实守信的原则。《广告法》明文规定：广告应当真实、合法，符合社会主义精神文明建设的需要。不得含有虚假内容，不得欺骗和误导消费者。

2．思想性

广告不仅是一种经济现象，同时也是一种文化现象。广告应该通过健康、生动的文字、画面介绍商品，宣传服务，倡导行动，决不能采用消极、颓废的宣传手段引诱、毒害消费者。

3. 创造性

广告应在借鉴前人经验的基础上，推陈出新，独具特色，以不断开拓进取的意识来引导消费者。

4. 艺术性

广告综合运用语言、声音、画面等艺术表现形式给人以美的享受，同时激发消费者的购买欲望，促进销售，激发行动的热情。为了增强艺术感染力，广告文案经常借鉴文学创作的各种艺术手法，在语言组织、修辞手法、构思方法上，利用优美的诗词、章句、意境，使广告具有引人入胜的艺术魅力，吸引受众的眼球，引起受众的兴趣，激发其消费的欲望。

（四）商业广告文案的写作格式

商业广告文案一般包括标题、正文、广告语和随文四部分。

1. 标题

标题是每一广告作品为传达最重要或最能引起诉求对象兴趣的信息，在最显著位置以特别字体或特别语气突出表现的语句。

标题可以说是整个文案的灵魂，也是整篇文案创造力的凝聚点。只有思路开阔，并且尝试语言文字表达的多种可能性，才能写出有效传达信息或有效吸引读者的标题。商业广告常见的标题写法有：类比式、新闻式、疑问式、故事或叙事式、祈使式、悬念式、颂扬式、承诺式等。

2. 正文

广告的正文包括开头、主体和结尾三部分。

（1）开头。或解释标题，或设问引起消费者注意，或概述突出商品主要优点。起承上启下作用，语言简明扼要。

（2）主体。是正文的核心部分，围绕主题对商品、劳务展开介绍，或企业优势、或商品特性、或购买理由、或品牌价值等，以加深消费者对产品的了解。

根据广告目标，阐述商品的状况、品质。

（3）结尾。是正文的最后部分，它的主要作用是总括上文或激发行动。

3. 广告语

广告语又称广告口号，是在广告中反复使用、能鲜明体现企业或产品特征的简短的商业语言，它是企业产品的形象化身和语言标志。广告口号有两个鲜明的特点：一是简练醒目，朗朗上口，易读易记；二是富有鼓动性，往往在媒体上反复出现，以不断强化消费者对商品的印象。如耐克最经典的一句：“Just do it”；海尔的口号：“真诚到永远!”；钻石生产商戴比尔斯在中国的广告语：“钻石恒久远，一颗永留传”。

需要注意的是，广告只有一两句广告语，有时也可不用广告语。

4. 随文

随文是广告正文之后用于交代厂家名称、经销地址、联系方式、承诺保证等内容的附加性文字，位置一般在广告文案的尾部，也叫附文、尾文。广告随文并非可有可无，其目的是方便消费者购买，要求交代清楚，切记缺漏。

二、案例分析

例 5-5-1

瑞士欧米茄手表报纸广告文案

标题：见证历史 把握未来

正文：全新欧米茄碟飞手动上链机械表，备有 18K 金及不锈钢型号。瑞士生产，始于 1848 年。对少数人而言，时间不只是分秒的记录，亦是个人成就的佐证。全新欧米茄碟飞手表系列，将传统装饰手表的神韵重新展现，正是显赫成就的象征。碟飞手表于 1967 年首度面世，其优美典雅的造型与精密科技设计尽显贵气派，瞬即成为殿堂级的名表典范。时至今日，全新碟飞系列更把这份经典魅力一再提升。流行的圆形外壳，同时流露古典美态；金属表圈设计简洁、高雅大方，灯光映照下，绽放耀目光芒。在转动机件上，碟飞更显工艺精湛。机芯仅 2.5 毫米，内里镶有 17 颗宝石，配上比黄金罕贵 20 倍的铑金属，价值非凡，经典时尚，浑然天成。全新欧米茄碟飞手表系列，价格由八千至二十余万元不等，不仅为您昭示时间，同时见证您的杰出风范。备有纯白金、18K 金镶钻石、18K 金及上乘不锈钢款式，并有相配衬的金属或鳄鱼皮表带以供选择。

广告语：欧米茄——卓越的标志

随文：略。

评析：这是一则以报纸为媒介，以销售为目的的商品广告文案。整个文案结构严谨，始终围绕“豪阔大气”的主旨进行渲染，感性诉求与理性诉求相结合。在感情上，唤起社会成功人士的情感共鸣，并且理智客观地将自己的技术优势与奢华的外观展示在每个人面前，达到双重效果。

例 5-5-2

奥迪 A4 平面广告文案（刺绣篇）

标题：你眼中的 A4，我们眼中的艺术品。

正文：“对奥迪来说，制造一辆好车，就像制作一件艺术品。精工细作，精益求精，才造就了奥迪 A4 令人叹服的精细工艺。蜚声国际的‘零间隙’工艺，令装配连接处严丝合缝，如同天衣。”

随文：略。

评析：奥迪 A4 这则广告文案既有奥迪汽车制造工艺的深度，又有中国传统文化的广度，构思巧妙，运用比喻修辞手法，将中国的刺绣艺术完美地应用，绣花针形象地勾勒出一辆车界的艺术品。

三、写作指导

商业广告文案的写作要求：

（1）标题必须醒目。

（2）内容必须真实。

（3）构思要有创意。

（4）文字要简洁明了。

（5）编排注意艺术性。

（6）注意区分“广告标题”与“广告语”。

从形式上看，二者很相似，都是简短的语句，但还是有区别。一是作用不同。标题起导读作用，引导人们阅读正文；口号则起鼓动作用，强化印象，鼓动购买。二是位置不同。标题位置固定，口号则极为灵活，文首、文尾、文中都可以，甚至可以脱离广告文案，单独使用。

四、实战演练

请评析下列广告语。

孔府家酒：孔府家酒，叫人想家。

金利来：金利来，男人的世界。

舒肤佳：促进健康为全家。

农夫山泉：农夫山泉有点甜。

Kisses 巧克力：小身材，大味道。

新飞冰箱：新飞广告做得好，不如新飞冰箱好。

中国联通：情系中国结，联通四海心。

拓展阅读

优秀广告词赏析

1. 德芙巧克力——牛奶香浓，丝般感受

赏析：本广告语之所以称得上经典，在于那个“丝般感受”的心理体验。用丝绸来形容巧克力细腻的感觉，意境高远，想象丰富。本广告语充分利用联想，把语言的魅力发挥到了极致。

2. 戴比尔斯钻石——钻石恒久远，一颗永留传

赏析：事实证明，经典的广告语总是丰富的内涵和优美的语句的结合体，戴比尔斯钻石的这句广告语，不仅道出了钻石的真正价值，而且也从另一个层面把爱情的价值提升到足够的高度，使人们很容易把钻石与爱情联系起来，这的确是最美妙的感觉。

3. 可口可乐——永远的可口可乐，独一无二好味道

赏析：在碳酸饮料市场上可口可乐总是一副舍我其谁的姿态，似乎可乐就是可口。虽然可口可乐的广告语每几年就要换一次，而且也流传下来不少可以算得上经典的主题广告语，但还是这句用的时间最长，最能代表可口可乐的精神内涵。

4. 雀巢咖啡——味道好极了

赏析：这是人们最熟悉的一句广告语，也是人们最喜欢的广告语。简单而又意味深远，朗朗上口，因为发自内心的感受可以脱口而出，正是其经典之所在。以至于雀巢以重金在全球征集新广告语时，发现没有一句比这句话更经典，所以就永久地保留了它。

5. M&M 巧克力——只溶在口，不溶在手

赏析：这是著名广告大师伯恩巴克的灵感之作，堪称经典，流传至今。它既反映了 M&M 巧克力糖衣包装的独特 USP，又暗示 M&M 巧克力口味好，以至于我们不愿意使巧克力在手上停留片刻。

6. 百事可乐——新一代的选择

赏析：在与可口可乐的竞争中，百事可乐终于找到突破口，他们从年轻人身上发现市场，把自己定位为新生代的可乐，邀请新生代喜欢的超级歌星作为自己的品牌代言人，终于赢得青年人的青睐。一句广告语明确地传达了品牌的定位，创造了一个市场，这句广告语居功至伟。

7. 大众甲壳虫汽车——想想还是小的好

赏析：20 世纪 60 年代的美国汽车市场是大型车的天下，大众的甲壳虫刚进入美国时根本就没有市场，伯恩巴克再次拯救了大众的甲壳虫，提出“think small”的主张，运用广告的力量，改变了美国人的观念，使美国人认识到小型车的优点。从此，大众的小型汽车就稳执美国汽车市场之牛耳，直到日本汽车进入美国市场。

8. 耐克——just do it

赏析：耐克通过以 just do it 为主题的系列广告，和篮球明星乔丹的明星效应，迅速成为体育用品的第一品牌，而这句广告语正符合青少年一代的心态，要做就做，只要与众不同，只要行动起来。然而，随着乔丹的退役，随着 just do it 改为“I dream.”，耐克的影响力日渐式微。

9. 诺基亚——科技以人为本

赏析：“科技以人为本”似乎不是诺基亚最早提出的，但却把这句话的内涵发挥得淋漓尽致，事实证明，诺基亚能够从一个小品牌一跃为移动电话市场的第一品牌，正是尊崇了这一理念，从产品开发到人才管理，真正体现了以人为本的理念，因此，口号才喊得格外有力，因为言之有物。

10. 麦氏咖啡——滴滴香浓，意犹未尽

赏析：作为全球第二大咖啡品牌，麦氏的广告语堪称语言的经典。与雀巢不同，麦氏的感觉体验更胜一筹，虽然不如雀巢那么直白，但却符合品咖啡时的那种意境，同时又把麦氏咖啡的那种醇香与内心的感受紧紧结合起来，同样经得起考验。

11. 仲景六味地黄丸——药材好，药才好

赏析：用尽中文韵味！体现产品特点，揭示普遍真理。

12. 公益广告—请勇敢地呼吸，让我们的肺去净化污染的空气

赏析：强调了人类对空气污染的严重性，批评了冒着牺牲健康的代价去破坏环境的愚昧观念。故意正话反说，极具感染力量。

13. 太平洋保险公司——平时一滴水，难时太平洋。

赏析：广告语与公司名称巧妙结合，揭示了保险的作用，使用了比喻、对比、夸张的修辞手法，增强了表达的效果。

14. 联想广告——人类失去联想，世界将会怎样？

赏析：该广告一语双关。它既指人类的发展离不开联想，也暗指大家的生活里不能没有“联想集团”的产品，并以设问的方式引起读者的注意。一语双关，将思维现象与产品名称融为一体，使人不知不觉中接受了“‘联想’对世界很重要”这个宣传主旨。

第六节　产品说明书

情境导航

你是否曾因汽车配件的多样挑选眼花缭乱而心烦，你是否曾为汽车的磨合是否完美担忧，你是否曾为汽车加油的标号和地点细心打算，你是否曾为如何保养、去哪里保养大费脑筋……这时，如果你仔细阅读过你爱车的使用说明书，以上问题可能就迎刃而解了。

有多少车主仔细阅读过自己的汽车说明书？记者做过一个小小的调查，发现在被调查的十多个人里，仔细通读过本车说明书的车主竟然一个没有。提及阅读使用说明书的必要性，很多人会流露出不屑的神情。他们认为，那些都是理论性的东西，对实际用车帮助不大。

然而，随车说明书是汽车厂商为消费者提供服务很重要的说明文件，甚至是一种约定。说明书上的汽车使用常识、汽车救援电话、养护注意事项等实用信息，在紧要关头往往能帮到大忙。没有仔细读过这份说明书，车主不但不能完全认识自己的爱车，对自己的权利也无从知晓，甚至对面临的危险也会视而不见。所以，我们建议车主挑选一个充满阳光的午后，泡上一杯清茶，再加点轻音乐，仔细品读这本也许略显枯燥但绝对实用的汽车说明书，并从此随车携带。

（来源于易车网）

一、文书常识

（一）产品说明书的概念

产品说明书，简称说明书，是对产品的性能、规格、用途、使用方法、注意事项等进行说明的文书，它是帮助人们了解和正确使用产品的文字资料。

产品说明书一般由生产单位编写，印成册子、单页或者印在产品的包装、标签上，随产品发出。现在一些公司还将产品说明书放在自己公司的网站上，以供消费者参考。

（二）产品说明书的类型

（1）按内容分：工业品说明书、农产品说明书、科技商品说明书、旅游观光说明书、影视作品说明书等。

（2）按包装方法分：外包装式说明书和内包装式说明书。

（3）按表现形式分：文字式说明书和图表式说明书。

（4）按写作格式分：短文说明书和条目说明书。

（三）产品说明书的特点

（1）科学性

产品说明书的内容必须真实、客观、准确地反映产品的实际情况，经得起实践的检验。对有关知识、原理的介绍要恪守科学性，不能夸大其词，应遵守商业道德，向用户负责，维护消费者合法权益。特别是药品说明书，如果稍有不科学之处，就可能产生严重的后果。此外，还应该说清楚使用该产品应注意的事项或可能产生的问题，使产品更有效发挥使用价值。

（2）指导性

产品说明书向消费者介绍产品特点、性能、用途和使用方法等，使消费者全面地了解产品、认识产品，从而正确地使用产品，具有实际的指导作用。

（3）简明性

产品说明书是以用户为主要说明对象的，用户看不懂，就形同虚设。因此，产品说明书的语言应通俗浅显、简洁明了，要少用和不用专业术语和生僻词语。对产品的构造、装配方法、操作技术、注意事项等说明，要配以图样、表格及照片，作具体形象的解说，使用户准确掌握，牢记不忘。

（四）产品说明书的写作格式

产品说明书式主要包括标题、正文和附文三部分。

1. 标题

标题一般由产品名称和文种名称两部分构成，如《佳能 G12 使用说明书》。有时可采用省略式，只写产品名称或文种名称。

2. 正文

产品说明书的正文，应根据不同的产品和写作目的来决定内容的取舍和写法。但大体按照“是什么”“怎么样”“怎么用”的顺序展开。

一是“是什么”，包括产品的名称、产地、性能、特点、用途、设计目的等。

二是“怎么样”，包括产品的制作工艺、性能指标、主要技术参数、工作原理等。

三是“怎么用”，包括产品的使用方法、维修方法、注意事项等。

产品说明书可采用条款式、概述式、问答式、表格式等表现形式，而其中条款式和概述式最为常见。

3. 附文

一般包括企业名称、地址、电话、邮编、电子邮箱、传真、标准代号等。

二、案例分析

例 5-6-1

三精双黄连口服液说明书

【药品名称】

品　　名：双黄连口服液

汉语拼音：Shuanghuanglian　Koufuye

【成　　份】金银花、黄芩、连翘，辅料为蔗糖。

【性　　状】本品为棕红色的澄清液体；味甜，微苦。

【作用类别】本品为感冒类非处方药药品。

【功能主治】清热解毒。用于风热感冒，症见发热、咳嗽、咽痛。

【用法用量】口服，一次 2 支，一日 3 次。

【注意事项】

1. 忌烟、酒及辛辣、生冷、油腻食物。

2. 不宜在服药期间同时服用滋补性中成药。

3. 风寒感冒者不适用，其表现为严寒重，发热轻，无汗，鼻塞流清涕，口不渴，咳吐稀白痰。

4. 有高血压、心脏病、肝病、糖尿病、肾病等慢性病严重者、孕妇或正在接受其他治疗的患者，均应在医师指导下服用。

5. 服药三天后，症状无改善，或出现发热咳嗽加重，并有其他症状如胸闷、心悸等时应去医院就诊。

6. 按照用法用量服用，小儿、年老体虚者应在医师指导下服用。

7. 连续服用应向医师咨询。

8. 药品性状发生改变时禁止服用。

9. 儿童必须在成人监护下使用。

10. 请将此药品放在儿童不能接触的地方。

11. 如正在服用其他药品，使用本品请咨询医师或药师。

【规　　格】每支装10毫升。

【贮　　藏】密封，避光，置阴凉处。

【包　　装】玻璃瓶，每支装10毫升，每盒10支。

【有 效 期】二年。

【批准文号】国药准字Z10920053。

【生产企业】企业名称：哈药集团三精制药股份有限公司

地　　址：哈尔滨动力区哈平路223号　邮政编码：150069

电话号码：（0451）82262329　网　　址：www.sanjing.com.cn

如有问题可与生产企业直接联系。

（来源于百度文库，有改动）

评析：这是一份抓住了产品的特点，针对性强，语言准确、简明、通俗易懂的药品说明书。

例5-6-2

××剃须刀使用说明书

本说明适用于各类充电式剃须刀。

充电：将电源插头插入AC220V电源之中，视充电指示灯亮，充电12～16小时。注意充电时间不要过长，以免影响电池寿命。

剃须：将开关键上推至（on）开启位置，即可剃须。为求最佳之刮须效果，请将皮肤拉紧，使胡子成直立状，然后以逆胡子生长的方向缓慢移动。

修剪刀：如有修剪刀功能的剃须刀，请在剃须前，先将修剪刀推出，修短胡须后再用网刀剃净。

清洁：剃须刀要经常清洁。清洁前应先关上开关。旋下网刀，用毛刷将胡须屑刷净。清洁后轻轻放回刀头架，且到位。清洁时应轻拿轻放，避免损坏任何部件。

保修条例：保修服务只限于一般正常使用下有效。一切人为损坏例如接入不适当电源，使用不适当配件，不依说明书使用；因运输及其他意外而造成之损坏；非经本公司认可的维修和改造，错误使用或疏忽而造成损坏；不适当之安装等，保修服务立即失效。此保修服务并不包括运输费及维修人员上门服务费。

保修期外享受终身维修，维修仅收元器件成本费。

剃须刀中内、外刃属消耗品不在保修范围内。

保修期：正常使用六个月。

注意事项：充电时间12～16小时。

换刀网、刀头时一定要选用原厂配件。

评析：这是一篇剃须刀的使用说明书。就其使用说明来讲，该文谈到三个主要的步骤，一是充电，二是剃须，三是清洁。每一步骤的介绍详细具体，具有较强的可操作性。该使用说明书还附上了“保修条例”部分，严格来讲，“保修条例”不属于使用范围内的东西，可以略去。

三、写作指导

（1）了解产品情况，抓住产品特征。在动手写作时，首先要了解有关资料，抓住产品与众不同之处；其次要揣摩顾客心理，尽量消除他们的疑惑与顾虑，满足他们的求知欲；再次要善于运用比较、举例、引用等说明方法来揭示商品特征。

（2）注意做到“四要”。一要做到真实，即说明书内容必须符合产品的实际状况；二要做到简明，即语言多用短句，少用长句；三要做到通俗易懂，多用浅显通俗语，少用生僻词语；四要做到有序，即表达要言之有序，切忌缺乏条理。

（3）用“说明”的表达方式，忌用描写、抒情和议论。

（4）在实际写作中注意“产品说明书”和“商业广告”的区别，具体区别见表5-1。

表5-1　产品说明书与商业广告的区别

要素＼文种	产品说明书	商业广告
写作目的	主要目的是帮助人们了解产品，掌握产品用法	以促销为目的
写作重点	产品全面介绍	选取重要内容介绍
宣传手段	生产厂家，附在产品的内或外包装上，与产品一起	广告专业部门策划、制作，出现在各大媒体
表达方式	以说明为主，行文朴素、客观	叙述、描写、议论、抒情多种表达方式，配图画、照片等，突出艺术性和感染力

四、实战演练

（1）阅读下文，指出其中的错误之处。

产品说明书

在严寒的季节里，由于冻手而影响你的工作和学习，取暖用怀炉是一种理想方便的御寒工具，它为你的工作和学习创造了良好的条件。

我厂现生产出了性能超群、成本低的怀炉用的普通型和易燃型两种燃块，此两种燃块在燃烧温度及燃烧方面，任你选购一种均可使你满意。

一、性能

燃块重量十克，燃烧时间普通型为7～8小时，易燃型为5～6小时，无气味，灰尘少，温度达摄氏50～60度左右。

二、用途

取暖怀炉燃块体积小，重量轻，节省燃料，安全可靠。可用于冬季取暖、上班、出差、学习，在校学生观看体育比赛非常适用，还可用于室外冬季作业、站岗及冷冻车间等场所，同时对神经、肠胃、关节炎、腰痛病人有一定的疗效。

三、用法

普通型燃块：将燃块放入火上燃烧一至二分钟后取出，装入怀炉中，盖上盖子，即可取暖。易燃型：可用火柴或打火机点燃，此时燃块会立即冒出烟来，待冒完烟后，装入怀炉中，盖上盖子，即可取暖。用完后打开盖子倒出灰。如继续使用，普通型可在第一燃块未燃完时，加入第二块接燃；易燃型须在未装入怀炉前冒完烟后才能使用。对于易燃型燃块的使用、存放与携带希望广大用户必须注意勿与各种火源接近以免引起火灾。

××县×××厂

（2）根据条件，深入到一家工厂，详细了解其产品，然后写一份产品说明书。

拓展阅读

我们的人生很尊贵

——《人生使用说明书》序言

很多人都说世事艰难，纷纭繁杂。从前我也有过这样的想法，直到有一天，曾经给我启发的大师这样问我：

“究竟是世界复杂，还是你的头脑复杂？”

听到大师的话，我不得不低下了头。

因为怨天尤人是件很容易的事，所以我没能意识到原来是自己的头脑太复杂了。此时，我才终于想通了其中的道理：如果闭上双眼，即使是大白天，人们也会觉得世界黑暗如漆。

由于看待人生的眼光不同，原本被认为很复杂的世界也会表现出明显的差别。哪怕当前的处境并不令人满意，也要试着在其中找出蕴涵希望的因素。能够对你的人生负责的只有你自己，也只有你自己才能找到自己的幸福。

前不久我曾看到过这样一则新闻，德国的霍伊泽尔博士做了一项令人印象深刻的实验。首先以五十分之一秒的间隔向口渴之人展示生气者的照片，然后一边给他们水喝，一边问他们会捐赠多少钱，得到的答复为平均每人捐赠10美分。接下来以同样的间隔展示欢笑者的照片，再问捐赠数额，令人惊奇的是这次得到的答复是平均每人捐赠38美分。

看过这则新闻之后，我想，哪怕只是看看微笑的样子，人们都能敞开自己的心扉，那么，如果是亲自绽放笑容，世界将变得何其美好啊。我又忽然想到，难道世上的人们就不能面带笑容享受幸福吗？难道没有办法让所有认识我的人们露出灿烂笑容吗？难道没有办法让所有我认识的人们都快乐吗？

人生既有重要却不易领悟的东西，又有近在眼前渴望迅速得到的东西。如果说健康、笑容、爱情、幸福属于前者，那么金钱、荣誉、权势似乎就是后者了。

现在，最重要的就是选择那些曾经被忽视却又必须追求的价值。因为我们的人生很尊贵。

（来源于金洪信《人生使用说明书》）

第七节　招标书　投标书

情境导航

招、投标，是当今社会广泛流行的一种经济活动方式。招、投标使企业在公平的起点上进行竞争，优化了市场经济秩序，有效地促进了经济增长，在我国社会主义市场经济建设中发挥了重要作用。了解招、投标程序，掌握招、投标中各种文体的写法是企业发展的要求，也是现代职场中人必备的一种能力。

××××年×月，某校决定对全校学生所用的教材采购进行公开招标，本次招标工作将以公平、公开、公正及诚实守信为原则，充分利用市场公平竞争机制，择优选择教材供应商。白莉是此次教材采购招标的负责人，初次负责招标的白莉毫无经验。在网上了解了一下招、投标的程序后，开始着手拟写招标文件，也就是招标书。可这招标书怎么写？具体应该写明哪些内容？格式上有什么要求？白莉却不是很清楚。如果你是白莉，你能顺利完成这个任务吗？

一、文书常识

（一）招标书、投标书的概念

招标书是招标单位招人承包建筑工程、承接相关业务、承买大宗货物面向投标者公布招标条件和要求的书面文书的统称。招标书又称招标广告、招标公告、招标通告、招标通知书。

投标书是投标单位按照招标书提出的条件和要求，向招标单位提出承包项目或承买大宗货物时，填报价格等所写的书面文书的统称。投标书又称标书或标函。

招标与投标是一种成交的往来方式，也是一种现代贸易活动。在国际上广泛采用这种方式进行工程项目的建造或大宗货物的交易。

（二）招标书、投标书的类型

1．按范围分，有面向系统内部的项目招标书和投标书，有面向本地区或外地区、国内和全球范围的招标书和投标书。

2．按内容分，有大宗货物招标书和投标书，有承接经营项目招标书和投标书，有承包建筑工程项目招标书和投标书。

3．按方式分，有公开招标书和投标书，有邀请招标书和投标书。

（三）招标书、投标书的特点

1．招标书的特点

（1）公开性

这是由招标的性质决定的，因为招标本来就是横向联系的经济活动，凡是投标者需要知道的内容、条件、要求和注意事项等，都可在招标书中公开说明。

（2）规范性

招标文书的制作过程和基本内容要符合《中华人民共和国招标投标法》的基本规定和要求。

（3）效益性

通过公开招标，让众多的投标人进行竞争，从而以最低或较低的价格获得最优的货物、工程或服务，取得最佳的经济效益。

2. 投标书的特点

（1）针对性

投标书的内容是按照招标书提出的项目、条件和要求而写，针对性很强。

（2）真实性

投标书的内容一定要真实可信，切合实际。如果为中标而增加水分，就会适得其反，使招标单位产生怀疑，以致对中标产生不利的影响，真实性是投标书的生命。

（3）竞争性

投标者要中标，投标书就要有极强的竞争性，要表明自己的实力，列举自己的优越条件，以充分显示自己的竞争能力，战胜竞争对手。

（四）招标书的写作格式

招标书由标题、正文和落款三部分构成。

1. 标题

标题通常有以下五种写法：一是由招标单位、项目和文种名称组成，如《××省高速公路招标书》；二是只写招标单位和文种名称，如《××大学招标书》；三是只写招标项目和文种名称，如《建筑工程招标书》；四是广告式标题，如《试试看，你行不行》；五是简明式标题，只写《招标书》或《招标说明书》。

2. 正文

正文包括开头、主体和结尾三部分。

（1）开头。应写明招标目的、依据、招标项目以及招标单位的基本情况等。文字要精炼，开宗明义。

（2）主体。是招标书的核心，通常采用横式并列结构，逐条写明招标的有关内容，力求详尽、具体、准确。主要包括以下六个方面的内容：

一是招标方式，说明是公开招标还是邀请招标。

二是招标范围，说明是国际范围还是国内、省内、市内或是其他范围。

三是招标内容及具体要求，如果是基层单位招标承包，应该写清地理位置、固定资产、流动资金、人员情况、经营情况等；如果是工程项目，须写综合说明。无论何种招标，都要写明承包者在承包期内要达到的各项指标。

四是招标程序，写明招标、议标、开标、定标的方法和步骤，注明时间、地点。

五是双方签订合同的原则，明确双方的权利和义务。

六是其他事项，一般指上述内容未尽事宜。

（3）结尾。主要写明招标方的联系信息，如单位名称、地址和联系人、联系电话等。

3. 落款

写明招标单位和成文日期。

（五）投标书的写作格式

投标书一般包括标题、主送单位、正文和落款四部分。

1. 标题

标题通常有以下四种写法：一是由投标单位和文种名称构成，如《××建筑公司投标书》；二是由投标项目和文种名称构成，如《建筑安装工程投标书》；三是简明式标题，直接写明为《投标书》《标书》《标函》；四是其他灵活性标题，主要是指个人投标，如《我有妙招必获成功——我的投标书》。

2. 主送单位

主送单位应写在正文第一行的顶格，应署单位全称。

3. 正文

正文包括开头、主体和结尾三部分。

（1）开头。交代投标的目的和依据，并表明投标的意愿。

（2）主体。是正文的核心内容，主要包括三方面的内容：

一是写明投标项目的指标。如果是投标大宗货物，应写明保证按合同履行责任和义务。如果是投标承包经营项目，应写明几项经济指标。如果是投标建筑工程，就要写明工程总报价及对价格组成的分析，保证达到的工程质量标准等。

二是实现指标、完成任务的措施（组织、管理、技术等）。要求措施具体明确，切实可行，这部分是指标任务完成的保障。

三是对招标单位提出希望与支持的要求。

（3）结尾。主要写明投标方的联系信息，如单位名称、地址和联系人、联系电话等。

4. 落款

写明投标单位和成文日期。

二、案例分析

例 5-7-1

××公司办公楼工程招标通告

××市计委〔2002〕第三产业×号文已批准我公司办公楼工程项目并列入今年施工计划，工程所需资金已经安排落实。为确保工程质量，决定对该项工程施工实施招标，特通告如下：

一、工程地址：××路××段，××公园附近。

二、工程发包范围：办公楼、土方工程、室外排水及化粪池。

三、建设面积：10000 平方米。

四、结构类型：钢筋混凝土框架结构，主体 8 层。

五、工程质量：要求达到优良工程。

六、开工竣工日期：办公楼工期 400 天（包括电梯安装时间）。要求××××年×月×日开工，××××年×月×日竣工交付使用。

七、现场施工条件：办公楼工程所处地段交通便利，场地开阔，水、电、通信设施根据施工的需要，可及时接通，施工条件良好。

八、土方工程：目前基础尚未标明，土方工程、室外下水道及化粪池暂不编入标的。

九、脚手架：按金属脚手架计算。

十、垂直运输：采用塔吊。

十一、场内构件运输：有场内构件运输，如过梁、盖板等。

十二、木门窗按设计施工，自由门加地板弹簧，门加保险锁，可编入标的。造型和质量必须按建设单位要求进货。

十三、标的要提供三大材料（木材、钢材、水泥）及四小材料（玻璃、油毡、沥青、汽油）的数量，我公司只负责三大材料供应。四小材料及外地采购材料由施工单位进货，差价暂不编入标的，最后按实结算。

十四、大型临时设施费：先编入标的，以后按我公司提供临时设施数量及范围再扣。

十五、施工流动津贴：先编入标的，中标企业没有时再扣。

十六、取费标准：按一级企业取费，编入标的。

十七、二次材料运输：我公司不存在该问题，不编入标的。

十八、结算办法：分期付款。

十九、施工企业必须按基建程序办事，隐蔽工程记录、设计变更、材料试验资料、竣工图等工程资料，竣工验收时必须如数交建设单位。

二十、××××年5月20日上午9时在我公司会议室发放图纸及有关文件，然后组织投标单位查看现场，各投标单位务必于××××年5月30日下午5时前将投标书送交我公司基建办公室，过期不候。

二十一、××××年7月3日上午9时在我公司会议室开标，请各有关单位携带办公楼工程全套图纸按时与会。

招标单位：××公司　　　　法人：×××

地址：××省××市××路××号

邮政编码：××××××

联系人：×××，×××

联系电话：×××××××××

传真：×××××××××

E-mail：×××××××××××

××公司基建办公室（印章）

××××年×月×日

评析：这是一则××公司办公楼工程进行施工实施的公开招标。本文由标题、正文和落款三部分构成，格式规范，内容具体明确，详略得当，重点突出。

例 5-7-2

××课桌椅制造有限公司桌椅投标书

××学院招标工作组：

本公司研究了《××学院课桌椅招标书》的招标文件，我方愿意按照招标书中规定的要求，完成固定桌椅（标段一）的采购与安装项目。

1. 投标公司简介

××课桌椅制造有限公司是××省最大的校用课桌椅生产企业。本公司科技人员经过多年努力，终于成功研制出采用橡塑合金材料制作，经机械模压成型的校用课桌椅系列产品。日产能力达1000套，年产能力30万套。

……

我公司的宗旨是：面向学校，为教育服务，为培养新世纪人才贡献力量。

2. 产品简介、质保期、单价及总报价。

……

3. 验收标准和验收方法

……

4. 服务承诺细则及优惠条件

……

投标单位：××课桌椅制造有限公司（印章）

投标单位法人：×××（印章）

地址：××省××市××路××号

邮政编码：××××××

联系人：×××，×××

联系电话：××××××××

传真：××××××××

E-mail: ××××××××××××

××课桌椅制造有限公司（印章）

××××年×月×日

评析：这是一则固定桌椅的采购与安装项目的投标书，本文根据招标方的招标要求，有针对性地介绍了投标公司的基本情况，投标项目指标及采取的保证措施，内容完整，针对性强。

三、写作指导

（1）遵守规定，合法合理

招标、投标活动是现代经济活动的重要形式，国家为此颁布了一系列法律法规，招标、投标活动既受其保护，也受其监督。招标、投标活动要公平、公正、公开，以激励竞争，提高经济效益为目的。招标、投标方案既要科学、先进，又要适度、可行。

（2）吃透情况，内容周全

招标人要了解市场信息、投标人的情况，才能根据时间确定招标项目的标准、标底；投标人要全面了解招标项目情况、市场情况和竞争者情况，才能知己知彼，报价恰当，具有竞争力，以保证中标后取得一定的经济效益。不论是招标文书，还是投标文书，各个项目内容都要书写周全，要写细，写具体，不得疏漏，以防被钻空子。

（3）表述规范、简明、准确

由于招标、投标多数是一次性成交，没有反复磋商的余地，因此，各类招标书和投标书之间要相互统一、对应，各种提法、概念、用语、数字都要规范。文字表达要考究，方案要高度概括、简明易懂，要做到准确无误，避免含糊不清、产生歧义。

四、实战演练

以下一则招标书的主体事项不清，请指出并改正。

××集团公司修建计算中心大楼招标书

本集团公司将修建一栋计算中心大楼，由××市城市建设委员会批准，建筑工程实行公开招标，现将招标有关事项公告如下：

一、工程名称：××集团公司计算中心大楼

二、建筑面积：××××m^2

三、设计及要求：见附件

四、承包方式：实行全部包工包料

五、索标书时间：投标人请于××××年6月5日前来人索取招标文书，逾期不予办理。

投标人请将投标文书及上级主管部门的有关签证等，密封投寄或派员直接送本集团公司基建处。收件至××××年7月5日截止。开标日期定于××××年×月×日，在××市公证处公证下启封开标，地点在本集团公司绿湖楼第一会议室。

电报挂号：××××

电话：××××××××

联系人：××××

（印章）

××××集团公司招标办公室

××××年×月×日

拓展阅读

关于招标的那些事

1. 招标文件中含有指定设备品牌或参考品牌等限制性条款

案例1：某扩建项目设备招标采购，变电所二次设备继电保护装置标段要求投标人采用××企业的继保设备；高压开关柜标段要求投标人所投产品中的真空开关必须采用××进口品牌。

案例2：某工程开关柜采购项目的招标文件，在“申请人条件”项目里有两项条款，“投标产品中的断路器、接触器、智能仪表、继电器等元器件必须具有相应的使用业绩，其中主要元器件（断路器、接触器）必须是国际知名品牌（×××或×××）”。

★分析：招标文件中的指定，就意味着非上述“国际知名品牌”及国内生产企业最终都无法参与该项目的公开竞标。《招标投标法》中第三十二条规定，招标人不得以不合理的条件限制、排斥潜在投标人。同时《招标投标法实施条例》中对本条目做出的解释第五条“限定或者指定特定的专利、商标、品牌、原产地或者供应商”，属于“以不合理条件限制、排斥潜在投标人或者投标人”中的一种。很多专业技术人员认为在招标文件中，有些内容如果不通过列出“参考品牌”的方式，很难表达清楚技术要求，而且没有指定唯一的品牌且提供了三家及以上的品牌，自认为不属于违规行为。实际上招标人是在偷换观念，虽然招标人没有指定唯一品牌，但无论其推荐了多少种品牌，均属于限制了竞争，明显违背了招投标法的三公原则，极易产生投诉情况。所以当出现采购的货物或服务有“技术复杂或性质特殊”情况时，建议采用邀请招标方式进行采购，而不必要冒违规的风险。如果必须列出“参考品牌”，可参照《工程建设项目货物招标投标办法》第二十六条规定：招标文件规定的各项技术标准应当符合国家强制性标准。招标文件中规定的各项技术标准均不得要求或标明某一特定的专利技术、商标、名称、设计、原产地或生产供应者，不得含有倾向或者排斥潜在投标人的其他内容。如果必须引用某一生产供应者的技术标准才能准确或清楚地说明拟招标项目的技术标准时，则应当在参照后面加上“或相当于”的字样。

2. 资格审查条件中注册资金的设置不合理

案例 1：盲目提高注册资金门槛。某单位改造工程设备采购项目采用公开招标、资格后审方式招标。在招标文件中对资质条件中注册资金一项要求如下：2 标段采购设备预算金额为100万元，要求投标人注册资金不低于5500万元；4标段采购设备预算金额为200万元，要求投标人注册资金不低于6000万元。开标后评标委员会经审查，发现各标段满足注册资金要求的投标人均不足三家，并最终导致项目流标。

案例 2：有意降低注册资金门槛。某单位物资采购项目采用公开招标、资格后审方式招标。出于对某供应商的倾向，便按该供应商实际注册资金50万元，在招标文件中对资质条件中注册资金一项规定：标段采购物资预算金额64万元，投标人注册资金不低于50万元。开标后评标委员会经审查，满足注册资金要求的投标人为11家，其中注册资金超过500万元的6家。由于各投标人实力、业绩差异较大，加大了评标工作量。

★分析：很多招标人将注册资金作为招标入围的“门槛”，任意抬高注册资金以限制排斥部分供应商参与或故意降低注册资金以保证私下与自己达成协议的供应商能够参与进来，使采购过程无法体现公平竞争原则，甚至导致项目流标，影响工程进度。

那么如何判定采购人提出的注册资金要求是否合理呢？招投标法中对供应商注册资金要达到多少金额并未做出具体规定，我们可以在《中华人民共和国企业法人登记管理条例》上找一些依据。该条例规定企业必须在登记注册机关核定的范围内从事经营活动，且经营范围也必须与其拥有的注册资金数额一致。这一条就说明了供应商所承揽项目的总额不能超出其所拥有的资金数额，否则它没有足够的资金保障，结果可能导致项目无法完成。为了避免采购风险的发生，供应商注册资金数额必须高于采购预算金额。

招标人要在充分了解市场供求情况及潜在供应商经营实力的基础上，合理设置投标人注册资金资格条件，在保证有足够的供应商能够参与的前提下，提高注册资金资格条件，实现有序、公平竞争。

3. 资格条件中设置不适用该项目的条款

案例 1：某单位进行厂区施工公开招标，在资格条件中设置有“在某省获得过施工质量优秀奖项、鲁班奖”“本地企业注册资金1000万元，外地企业注册资金3000万元”“在某省建筑行业业绩不少于5个”，在投标阶段，合格的投标人只有3家，全部是本地建筑施工单位，达到招标人控制投标人的目的。

案例 2：某单位进行三层办公楼施工招标，在施工资质条件中设置“具有建筑施工一级企业资质”“项目经理具有一级建造师资格、具有10个类似工程业绩”“必须是国有建筑施工企业”等，由于设置此资质条件，第一次招标公告后只有一家企业报名参与投标，招标公司与招标人共同商定后，修改资格条件，重新发布了招标公告。

★分析：上诉两个案例，招标人用地域、奖项等与项目不相适应的资质、资格等设置不合理的条件，限制、排斥潜在投标人，达到某些预期的目的，该做法违反了《中华人民共和国招标投标法实施条例》第三十二条规定：招标人不得以不合理的条件限制、排斥潜在投标人或者投标人。

招标人有下列行为之一的，属于以不合理条件限制、排斥潜在投标人或者投标人：

（一）就同一招标项目向潜在投标人或者投标人提供有差别的项目信息；

（二）设定的资格、技术、商务条件与招标项目的具体特点和实际需要不相适应或者与合同履行无关；

（三）依法必须进行招标的项目以特定行政区域或者特定行业的业绩、奖项作为加分条件或者中标条件；

（四）对潜在投标人或者投标人采取不同的资格审查或者评标标准；

（五）限定或者指定特定的专利、商标、品牌、原产地或者供应商；

（六）依法必须进行招标的项目非法限定潜在投标人或者投标人的所有制形式或者组织形式；

（七）以其他不合理条件限制、排斥潜在投标人或者投标人。

（来源于百度文库，有改动）

第六章　新闻宣传类文书

第一节　消息

情境导航

××××年9月10日下午4～6时，某高校在报告厅举行了第×个教师节庆祝大会。参加会议的有校领导、全体教师及部分学生代表，共计五百多人。首先是校长讲话，紧接着是教师代表和学生代表发言，最后对本年度的优秀教师进行了表彰。

假如你是以校报记者的身份参加大会，你如何对此事进行报道？

一、文书常识

（一）消息的概念

新闻，有广义和狭义之分。广义的新闻是包括消息、通讯、特写、调查报告以及新闻评论在内的各种新闻体裁的总称。狭义的新闻专指消息。

消息是对新近发生的有社会意义并引起公众兴趣的事实的简短及时的报道。

（二）消息的类型

根据内容，消息可分为以下四种：

（1）动态消息

也称动态新闻，它用于报道国内外的重大事件、新人、新事、新成就、新经验。

（2）综合消息

也称综合新闻，是对同类事物或某一事物的多侧面进行报道的新闻形式。它的特点是从不同的侧面反映了共同的主题，报道面宽，气势大，给读者以全局性的认识。

（3）典型消息

也称典型新闻，是用具体的事实报道某部门、某地区的典型经验，是对其成功做法的具体介绍。

（4）述评消息

也称新闻评述，是以夹叙夹议方式传播新闻消息的一种新闻载体，特点是就事论事，夹叙夹议，观点鲜明。

（三）消息的特点

1．真实性

消息必须完全真实地反映客观事实，用确凿的事实来教育、影响读者，无论是构成消息要素的时间、地点、人物、事件和结果，还是所引用的背景材料、数字，都要完全真实、准确可靠。

2. 简短性

消息要用短小的篇幅，简练的文字来叙述事实、传达信息，要求内容集中、言简意丰。

3. 快速性

消息在反映现实的速度方面居于各种文体之首，它必须迅速及时地把最新的事实报道给读者，延误了的信息就失去了新闻价值。

（四）消息的写作格式

1. 消息的结构模式

消息的结构模式就是作者对新闻事实的安排或布局方式。常见的结构模式包括倒金字塔结构、金字塔结构和双塔结构三种。

（1）倒金字塔结构：它以事实的重要程度或受众关心程度依次递减的次序，先主后次地安排消息中各项事实内容，就像倒置的金字塔或三角形，所以称之为倒金字塔结构。这种结构模式现已成为消息的经典结构模式。它适用于时效性强、事件单一的新闻，特别是重大事件的报道。

例如：

肯尼迪遇刺丧命

路透社达拉斯1963年11月22日急电　肯尼迪总统今天在这里遇到刺客枪击身亡。

总统与夫人同乘一辆车中，刺客发三弹，命中总统头部。

总统被紧急送入医院，并经输血，但不久身亡。

官方消息说，总统下午一时逝世。

副总统约翰逊将继任总统。

（2）金字塔结构：按照事件的发生发展顺序来写。事件的开头就是消息的开头，事件的结尾就是消息的结尾。这种写法在一定程度上保持了故事的完整性。适用于报道故事性强、人情味重的事件性新闻。

例如：

洛杉矶电　巴贝·斯科特小姐昨天会见了本市某报编辑，请求刊登她所说的，她弟弟写的一首诗。

她说，这首诗写得相当精彩。她对编辑说，她弟弟的名字叫威顿·斯科特，今年25岁，是陆军航空飞行员，驻扎在加利福尼亚州的河边基地。

编辑读了这首诗，其内容是：飞行训练十分危险，预感早晚他要机毁人亡。

斯科特小姐说："我是不相信预感的，这是我的长处之一。"

编辑把视线从诗稿移开，瞧着斯科特小姐，她在微笑。

"写得不错，我们打算采用它。"编辑说。

于是，斯科特小姐告辞了。编辑没有对她说，一个小时前，一架军用飞机在哈密尔顿山上撞毁，25岁的威顿·斯科特在这次空祸中遇难。

（3）双塔结构：这是现代新闻写作中常见的一种手法，即在导语部分采用倒金字塔结构，主体部分采用金字塔结构，结合了两种结构的优点。

例如：

海口高粱酒仓库着火引发煤气瓶爆炸 烧伤两人

南海网9月10日消息 9月10日晚8时50分，海口市书场村菜市场旁的一栋二层楼房发生爆炸，两人被火严重烧伤。

据目击者陶先生介绍，晚8时多他在书场村菜市场旁边吃饭，突然听到一声巨响，一道火光从一栋楼房的一楼冒出，同时空气中弥漫着浓烈的酒精味道。

陶先生第一时间报了警，时间显示为晚8时50分。由于火势很大，周围目击者一时无法参与救援。晚8时56分，第一批消防官兵赶到，由于街道太狭窄，消防车一时无法接近火场，消防官兵便通过连接水带接近火场。据现场消防人员介绍，由于火势较猛，赶来灭火的有5个中队的10辆消防车、79名消防官兵，他们通过稀释浓烈的酒精，才渐渐控制了火势。

截至晚9时20分，火势已被完全控制，但书场村菜市场一带仍弥漫着酒精味。记者在火灾现场看到，楼房的一楼被烧毁，铁卷帘门被炸毁。

现场知情者告诉记者，被烧毁的门面是一个高粱酒仓库，仓库内高粱酒着火后，仓库内的一个煤气瓶没有被及时转移，大火高温导致煤气瓶发生爆炸。

据目击者称，大火导致两人被烧伤。晚10时10分，记者从海南省人民医院烧伤科了解到，大火造成两人被大面积烧伤。伤者之一的刘某是重庆人，他告诉记者，起火时他正在高粱酒仓库忙碌，突然仓库内一桶高粱酒着了火，由于酒精挥发火势蔓延非常快，他想往外跑都来不及了。记者看到，刘某头发被烧，胸前、胳膊和腿等部位的皮肤大面积脱落。而从刘某口中得知，刘某的同伴、另一名被烧伤者正在抢救中。

为什么会起火？刘某分析，着火原因可能是仓库内电线老化短路，点着了易燃的酒精，刘某被救出后，火势进一步蔓延才使煤气瓶爆炸。

2. 消息的组成部分

消息一般由标题、导语、主体、背景和结尾五个部分构成。但并不是每篇消息都必须有这五部分，除标题和主体外，其他部分视情况取舍。

（1）标题

消息的标题形式有单行式（主题）、二行式（引题加主题或主题加副题）和三行式（引题加主题加副题）三种。

引题：揭示消息的思想意义或交代背景，说明原因，烘托气氛。

主题：消息内容的高度概括。

副题：揭示报道的事实结果，或内容提要。

例如：

培育本地特色　坚持科学发展　　（引题）

山东莒县农产品走出深山步入国际市场　　（主题）

今年10月自营出口创汇实现1.32亿美元　　（副题）

（2）导语

导语是消息内容的开头部分，一般是第一自然段或第一句话。它用简明生动的文字，写出消息中最主要、最新鲜的事实，鲜明地提示消息的主题思想。导语要求做到“两要”：一是要抓住事情的核心，二是要能吸引读者看下去。

常见的导语形式有三种：

一是叙述式。用直接陈述的方式写作的导语，这种方式的导语直截了当，多用于事件性消息和内容较单一的非事件性消息。

二是描写式。对所要报道的事实做简洁、朴素而又有特色的描写，以渲染气氛，吸引读者。

三是议论式。对所要报道的新闻，在导语中进行精辟、简洁的议论，它反映了写作者对报道对象的观点。

此外，导语还有提问式、结论式和号召式等几种形式。

（3）主体

消息主体又称“消息躯干”“消息主干”，是消息中最基本、最重要的部分。它紧承导语，对导语中简要表述的内容进一步用事实做具体的阐述、解释或回答，对导语中未提到的次要材料进行补充说明。

主体是消息的主要部分，花费的笔墨最多，写作时要特别注意。主体的写作要中心明确，围绕导语确定的中心选择材料；主体的内容要和导语一致，而且要详略得当。因主体部分内容较多，所以要特别注意安排好结构，要做到结构严谨，层次清晰。

（4）背景

消息背景就是消息的历史背景、环境条件以及与其他方面的联系。写新闻有时要交代背景，目的在于帮助读者深刻理解新闻的内容和价值，起到衬托、深化主题的作用，背景材料的写作要选择适当，数字或解释准确无误，切忌喧宾夺主、主观臆断。

（5）结尾

消息的结尾是消息事件发展的必然结果。消息的结尾方式有小结式、启发式、号召式、分析式和展望式等。

二、案例分析

例 6-1-1

梅西最后时刻绝杀！阿根廷 1:0 伊朗

北京时间 6 月 22 日 0 时（巴西时间 21 日 13 时），世界杯 F 组次轮第 1 场在贝洛奥里藏特的米内罗球场展开较量，阿根廷 1 比 0 绝杀伊朗。上半场，阿圭罗射门被扑出，梅西任意球险些助攻加雷得分。下半场，古尚内哈德的头球和单刀、德贾加的头槌都险些破门，德贾加禁区内倒地未获点球。补时阶段，梅西世界杯绝杀。

（来源于新浪体育网）

评析：这是一则报道世界杯 F 组阿根廷与伊朗小组赛的消息。文字简明扼要。报道迅速及时。

例 6-1-2

澳大利亚800 只羊误食毒草如吸毒上瘾自杀而亡

东方网 6 月 22 日消息：据英国《都市日报》19 日报道，近日，在澳大利亚新南威尔士州的一个农场上，近800只羊因误食有毒的苦马豆属植物而死亡。令人意外的是，许多羊竟选择自杀的方式结束生命。

据报道，最近当地发生了一场丛林大火，大火烧毁了大片草地和树木。因此，许多羊别无选择开始吃有毒植物。食用后，许多羊像喝醉了一样。它们的体重不断下降，经常做出拖拉后腿的动作，并且精神抑郁。有的羊甚至用头撞柱子，直到把头撞裂身亡。

农民们试图把羊群和有毒植物隔离，让羊的中枢神经系统逐渐恢复健康。但由于许多羊已经中毒太深，因而无法挽救。

有农民甚至坦言，这些中毒羊的表现就像吸毒上瘾的人一样，很难控制。

（来源于凤凰网资讯）

评析：这是一则澳大利亚800只羊误食毒草自杀而亡的消息，全文采用了倒金字塔的结构模式，导语部分交代了基本事实，随后简要介绍了事件发生的过程，充实了消息的内容。

三、写作指导

（1）五要素齐全。消息的五要素：When（何时）、Where（何地）、Who（何人）、What（何事）、Why（何故）。写作时要认真写清这几个方面的内容。

（2）要用事实说话。

（3）观点要正确，分析角度要新颖，报道要及时。

（4）熟悉和掌握消息最常见的倒金字塔结构模式。这是一种把新闻中最重要、最新鲜的事实或结论首先呈现给读者的一种导语的写法。这种结构形式已成为消息的经典结构方式。

四、实战演练

院学生会组织学生开展义务献血活动。广大同学踊跃报名。经体检，231名同学符合献血要求。231名同学共献血69300毫升。活动结束后，血站打电话给院学生会主席表示感谢。根据以上素材写一则消息。

拓展阅读

“消息”探源

“消息”一词最早出现于《易经》。《易经》:“日中则昃，月盈则食，天地盈虚，与时消息。”意思是说，太阳到了中午就要逐渐西斜，月亮圆了就要逐渐亏缺，天地间的事物，或丰盈或虚弱，都随着时间的推移而变化，有时消减，有时滋长。由此可见，中国古代就把客观世界的变化，把它们的发生、发展和结局，把它们的枯荣、聚散、沉浮、升降、兴衰、动静、得失等变化中的事实称之为“消息”。只是到了近代才逐渐成为一种固定的新闻体裁，所以“消息”又叫新闻。

第二节　通讯

情境导航

××××年×月×日××职业学院与和××公司签署了校企合作协议，如果你是校报的一名记者，请你写一篇通讯稿来报道此事，你将如何来写？

一、文书常识

（一）通讯的概念

通讯是详细、深入地报道新闻人物、新闻事件、工作经验或地方风貌的一种新闻体裁。它比消息的内容更为详尽，还可直接抒发作者的感受，具有较强的形象性和感染力。

（二）通讯的类型

通讯一般分为四大类：人物通讯、事件通讯、工作通讯和风貌通讯。

（1）人物通讯

人物通讯是以报道人物为主的通讯，所报道的人物可以是各行各业的模范人物，可以是爱国人士、科学家、演员、运动员等社会名流，可以是生活和工作中取得巨大成绩的普通人，也可以是反面人物。通过对一个或几个人物的言行和事迹的报道，达到教育社会的作用。

（2）事件通讯

事件通讯是以记事为主，报道事件发生发展过程的通讯。事件通讯所选的事件，应当具有较强的情节性。事件通讯要完整深入地报道新闻事件的来龙去脉，阐明其典型意义，体现时代风貌。

（3）工作通讯

工作通讯是报道先进工作经验或某项工作成绩的通讯。介绍有典型意义的经验，总结工作中的教训，其目的是概括出具有规律性的东西，指导和推动各项工作的顺利开展。

（4）风貌通讯

也叫概貌通讯，它主要报道某一地区、部门、单位的自然风貌、风土人情、发展变化、生活状况或进行某一活动的基本面貌。与其他通讯相比，风貌通讯的时效性要求稍低些，更讲究知识性和文学性。

（三）通讯的特点

1. 现实性

通讯要求报道新近发生的有意义的事实，新时代涌现出来的新人、新事、新经验，紧密配合当前形势，为现实的中心工作服务。

2. 形象性

通讯常采用叙述、描写、抒情、议论相结合的手法，要求对人对事进行较为具体形象的描写，人物要具有音容笑貌，事情要有始末情节，以此来感染读者。

3. 评论性

通讯一般采用夹叙夹议的手法，直接揭示事件的思想意义，并评说是非，议论色彩较浓，常常表现出强烈的政治倾向和流露出作者的爱憎感情。

（四）通讯的写作格式

通讯一般由标题和正文两部分构成。

1. 标题

标题是通讯的重要组成部分。好的标题，可以鲜明的表现通讯的主题，增强通讯的可读性。一般来讲，通讯的标题为单行式，也有的加副标题，用来交代报道的对象和新闻的来源。

拟写通讯标题，可以直接突出新闻事实；可以相映成趣，曲笔达意；也可以提出问题，引人注目。如：

领导干部的楷模——孔繁森

急诊，你为什么急不起来？

平凡车间里的耀眼人生——记中石油独山子石化公司青年技师薛魁。

2. 正文

正文一般包括开头、主体和结尾三部分。

（1）开头

一般要点出报道的主要对象。

（2）主体

主体是通讯的主干部分，它是事件或事实报道的核心。通讯主体的写作一般可采用以下三种结构方式：

纵式结构：以新闻事件发生发展的时间顺序来安排材料。这种方式较为常见，易于使读者了解事件的来龙去脉。事件通讯常采用这种结构。

横式结构：以空间转换或事物性质归类安排材料，这种结构比较适用于报道那些场面宏大，无中心人物或中心事件，但主旨相同的新闻事件。

纵横式结构：以时间顺序为“经线”，以空间变化为“纬线”，纵横交织为一体，这种结构往往适合于报道复杂的社会现象和社会问题。

（3）结尾

通讯的结尾主要用于深化主题、引发思考和抒发情怀。

二、案例分析

例 6-2-1

从“校长亲吻小猪”谈诚信教育

（4月28日 新华网）当着全校4000多师生的面，洪耀明俯下身去，结结实实地吻了一头小猪。28日早晨，发生在湖北省咸宁市实验小学升旗仪式上的这一幕“惊呆”了众人，更多小学生则是对与他们朝夕相处的洪老师做出这样的举动乐不可支。“洪老师真是一个讲信用的人”，在采访时，学生们纷纷这样说。

事实上，“和猪亲吻”并不是洪耀明副校长的发明创造，他之所以说出“只要学生们不乱扔垃圾，我就当众亲吻一头小猪”的承诺，是被自己接受培训时所接触到的一个国外成功案例所启发。从目前的效果来看，洪校长的这次尝试也是成功的。

和猪当众亲吻，肯定是不怎么雅观的事，但正因如此，洪校长的行为才给人以足够的视觉和心灵撞击。表面上，这体现的是校长本人的个性、勇气——不怕丢面子、勇于兑现承诺；更深层面上，则体现了校长坚守承诺的诚信品质。“言必信，行必果”，洪校长用自己的亲身作为，为师生们上了一堂生动的德育课，在见证那一刻的全体学生心中播下了诚信的种子。

人们之所以关注并提升这一事件的诚信内涵，也与目前社会上广泛存在的诚信缺失有关。

假冒伪劣、以次充好、虚假宣传、染色馒头等企业失信现象层出不穷；老人摔倒扶不扶、做好事要先留证据“自证清白”等社会诚信困惑时时出现；每每“事”起，公众便质疑政府的应对方式和诚意……诚信危机在许多领域和层面蔓延开来。

社会诚信缺失，原因众多，改变也需要过程，但人人参与，主动从自我做起、改起，当是一个不可或缺的方面和环节。“校长亲吻小猪”，对倡导建设诚信体系的政府来说、对以诚信立世的世人来说、对视诚信为经营生命的企业来说，都是一面镜子，一堂对比课，需要深学、深思，主动自我纠偏。这才是呼唤改变社会诚信现状的人们应有的态度和做法。

（来源于新华网）

评析：这是一则事件通讯。文章选材典型而有趣，标题抓人眼球，给人耳目一新的感觉。正文部分先对事件进行了简单阐述，然后对该事件进行了评述。文章结构完整，条理清晰，很具典型性。

例 6-2-2

“钢城好人”郭明义

鞍钢矿业公司职工郭明义，19 年献血 5 万毫升，资助 100 多名贫困儿童读书；在他的影响下，他所在的铁矿 2000 多职工中，50%参加了各种爱心组织……

2009 年 7 月 29 日，鞍山钢铁集团矿业公司召开了一个动员大会，号召在全公司迅速掀起向郭明义同志学习活动的热潮。

郭明义，1958 年 12 月生于鞍山市千山区齐大山镇一个普通矿工家庭，当过兵，1982 年转业到齐大山铁矿工作，现为鞍钢矿业公司齐大山铁矿生产技术室采场公路管理员。

工友们称他是“郭菩萨”“活雷锋”，矿业公司领导则称因郭明义使整个“矿山人”的精神得到了升华。

19 年献血 5 万毫升，是他身体血液的 8 倍多

1990 年，齐大山铁矿号召职工义务献血，郭明义立刻报了名。郭明义说，看到对社会、对企业、对他人有意义的事情时，总会想到自己是一名共产党员。

这是郭明义第一次献血。也就是因为这次献血，他了解到他们献的血能挽救他人的生命，可血库却经常血源不足。

从此，他年年坚持无偿献血，有时一年两次，20 年了，从未间断。

2005 年，郭明义又开始捐献血小板，开始时从 800 毫升血浆中提取一个单位的血小板，后逐渐增加到从 1600 毫升中提取两个单位的血小板，每月捐献一次，已捐献 40 多次。

据介绍，一个体重 75 公斤的成年人，全身血液大约是 6200 毫升，截止到 2009 年上半年，郭明义已累计献血 5 万毫升，相当于他身体全部血液量的 8 倍多。2008 年 12 月，郭明义获得国家卫生部颁发的“全国无偿献血奉献奖金奖”。

郭明义还经常向工友们宣传无偿献血的意义和相关知识，带动更多人加入到无偿献血队伍中来。2007 年 2 月，鞍山市中心血站血源告急，向郭明义求援。征得领导的同意后，郭明义写了一份无偿献血倡议书，一个班组一个班组地进行宣传。

3 月 2 日这天，“齐矿”100 多名职工参加了无偿献血，总献血量达到 2 万多毫升。一次来这么多人献血，完全超出鞍山市中心血站的预想，血站职工非常感动。像这样较大规模献

血，郭明义组织了10余次，累计献血达到10万多毫升。

2008年，鞍山市第一支“无偿献血志愿者服务队”成立，郭明义被推选为队长。

资助100多名贫困儿童读书

1994年，郭明义看了鞍山团市委希望工程办公室号召向濒临失学儿童捐资助学的电视短片，孩子们渴望的目光，深深刺痛了他。第二天，他向岫岩山区一名失学儿童捐献200元，十几天后，又给这孩子寄去200元。

此时的郭明义月收入不足600元，上有年迈的父母，下有正在上学的女儿，一家三口，挤在市郊20世纪80年代中期所建的不足40平方米的单室里。到现在，郭明义依然住在这里，月收入也就2000多元，但是，为了让更多的孩子走进课堂，他15年来，已累计捐款7万多元，帮助了100多名贫困儿童。

为了挤出钱资助贫困儿童，在很长一段时间，郭明义不吃午饭；20世纪90年代，献血给点营养补助，这个钱他捐了；组织上给的各种奖励钱，他也捐了出来。

后来，单位怕给他钱就捐，干脆给办成购物卡，然而，他找同事、磨妻子，还是将购物卡换成现金捐了出去，他很少买新衣服，一年四季都穿工作服。

在他家采访时，看着还是水泥地面、没有任何装修的“陋室”，记者劝他也要善待自己和家庭。

郭明义略加沉思地说:“接触不同的社会群体，就会有不同的人生思考。我经常接触孤儿院的孤儿、上不起学的孩子、生活困难的职工，和他们相比，我就感觉自己非常富足，我就非常想去帮助他们。”

收入微薄的郭明义资助了100多个孩子，然而，他知道还有很多孩子需要帮助。

2008年3月4日，他发起成立了以捐资助学为主要活动的“郭明义爱心联队”，仅一年半时间，“爱心联队”的成员已经从开始的12人发展到30人，已资助了120多名贫困学生。

工友的贴心人

说起郭明义，齐大山铁矿汽运作业区大型车司机张国斌说，那是我亲哥。电铲司机刘孝强说，我们全家一辈子都忘不了郭哥。

2006年夏，郭明义听说工友张国斌的女儿张赫得了白血病，立刻到医院去探望，还给孩子留下200元钱。

郭明义知道，如果有能配上型的造血干细胞，孩子就可能得救。在矿工会的支持下，郭明义写了一份充满感情的倡议书，走进全矿机关科室和70多个班组，声情并茂地朗读倡议书，又动情地唱起《爱的奉献》。

过了不久，郭明义又得知工友刘孝强儿子刘壮得了再生障碍性贫血，也同样需要合适的造血干细胞。

于是，他找到鞍山市广播电台交通台，带着张国斌还有刘孝强的妻子邹玉红到交通台搞直播，向全市征寻造血干细胞。

郭明义的精神和两个孩子的命运，不知牵动了多少人的心，相继有1300多人签字并捐献了造血干细胞样本。

记者在采访时得知，张国斌的女儿已经有了合适的造血干细胞，小张赫有希望了。

郭明义两次组织工友为刘孝强捐款近3万元，然而，钱很快就用完了，正当刘孝强一筹莫展时，郭明义想出了办法：用自己的医保本开药。郭明义也知道，这是违反规定的，然而，为了孩子，他顾不得了。

按照规定，用医保本开药必须本人来，郭明义无论多忙也天天跑医院，后来，医生被郭明义的精神所感动，也同情小刘壮的命运，破了例。医保本上的3000多元钱，全都用在了刘壮身上。

2007年，小刘壮走了，带着希望、带着对郭伯伯的感激走了。刘孝强说，在最困难的时候，郭明义给了他们全家战胜困难的勇气、希望和精神安慰。

对郭明义的行为，开始好多人不理解，甚至有人送他一个绰号："郭傻子"。可是，随着人们对郭明义的了解，知道他不仅不傻，而且非常聪明。

他凭着自学和进修学习，获得了大学本科文凭、4个专业证书，能讲一口流利的英语。1993年齐大山铁矿投资4亿元从国外购进电动轮汽车，他担任翻译。

20多年来，越来越多的人理解了"郭傻子"并和他站到了一起：鞍山市先后成立了第一支无偿献血志愿者服务队、第一支红十字志愿者服务队、第一支红十字志愿者急救队、"郭明义爱心联队"。齐大山铁矿有职工2000多人，参加郭明义各种爱心组织的超过1000人，几乎占到全部职工总量的50%，参加这些组织活动的还有个体户、与齐矿有业务联系的私企老板……

感　言

郭明义，鞍钢一名普通职工，20多年来做了好事无数，人称"郭菩萨""活雷锋"，但是，他自己并不富裕，他一个月的收入，还不够大款们喝一瓶好酒。

物质上的贫困，没有阻挡他的助人善举。郭明义说："我经常接触孤儿院的孤儿、上不起学的孩子、生活困难的职工，和他们相比，我就感觉自己非常富足，我就非常想去帮助他们。"

在物欲横流的今天，郭明义对待财富和人生的姿态，足以让人深思。

人生天地之间，"俯仰一世"，财富永远只有相对的满足和不足，决定一个人幸福程度的更大因素，是他对财富和人生的态度。

人生的角度，决定了你生活的心态和姿态，也决定了人生的高度和幸福度。俯视财富，你就可能自足而友善；仰视财富，你就可能自卑而怨尤。

郭明义的义举，除了天性的善良，很大程度上在于，他在与困顿中的人们交往对比中找到了平衡，在帮助别人中找到了生活的姿态和做人的态度。

也许正因此，并不富裕的他，才有了自己的生活选择，他也就超越了平凡，成为了地道的"好人"和生活的强者。

（来源于中国冶金报-中国钢铁新闻网）

评析：这是一则人物通讯，文章主要介绍了"钢城好人"郭明义的感人事迹，最后以一段感言和评论升华了郭明义的义举。

三、写作指导

在写通讯时需要注意以下事项：

（1）选好典型。以通讯的形式无论是记事，还是写人，都应该贴近现实生活具有典型性。

（2）生动活泼。通讯等新闻稿不同于公文写作，一定要生动活泼，有感染力。因此，在写作时力求在"新、亮、活、丰"上下功夫。"新"就是要写出新意；"亮"就是要突出特色；"活"就是要求新闻稿鲜活、生动；"丰"就是要有丰富的层次，避免死板。

（3）注重细节描写。一条好的新闻通讯要想打动受众，细节的巧妙运用是关键。它会让新闻报道更加生动鲜活、真实可信，更有吸引力和感染力，起到“以一目尽传精神”的作用。

（4）在实际写作中注意“消息”与“通讯”的区别，具体区别如表6-1所示。

表6-1 消息与通讯的区别

文种 比较要素	消息	通讯
题材内容	侧重于记事，内容简短	既可以记事，也可以写人，特别要求典型，内容较详细，篇幅较长
表达方式	消息以叙述为主，也有描写，但很少议论和抒情	根据内容需要，叙述、描写、议论、抒情等表达方式都可运用
写作实效	要争分夺秒，抢先发表	也要求快，但不要求那么严格

四、实战演练

请你采访、调查学校或班级中某一位三好学生，根据其优秀事迹，围绕一个中心，选择几个不同侧面的材料，写一篇人物通讯。

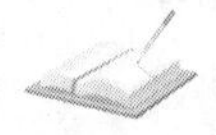
拓展阅读

古代的通信方式

一、烽火传军情

“烽火”是我国古代用以传递边疆军事情报的一种通信方法，始于商周，延至明清，相习几千年之久，其中尤以汉代的烽火组织规模为大。在边防军事要塞或交通要冲的高处，每隔一定距离建筑一高台，俗称烽火台，亦称烽燧、墩堠、烟墩等。高台上有驻军守候，发现敌人入侵，白天燃烧柴草以“燔烟”报警，夜间燃烧薪柴以“举烽”（火光）报警。一台燃起烽烟，邻台见之也相继举火，逐台传递，须臾千里，以达到报告敌情、调兵遣将、求得援兵、克敌制胜的目的。

二、驿传

乘马传递曰驿，驿传是早期有组织的通信方式。位于嘉峪关火车站广场的“驿使”雕塑，它取材于嘉峪关魏晋墓砖壁画，驿使手举简牍文书，驿马四足腾空，速度飞快。此砖壁画图于一九八二年被中华全国集邮联合会第一次代表大会作为小型章邮票主题图案使用，由此看出嘉峪关是中国信息文化的发源地之一。

秦汉时期，形成了一整套驿传制度。特别是汉代，将所传递文书分出等级，不同等级的文书要由专人、专马按规定次序、时间传递。收发这些文书都要登记，注明时间，以明责任。

隋唐时期，驿传事业得到空前发展。唐代的官邮交通线以京城长安为中心，向四方辐射，直达边境地区，大致30里设一驿站。据《大唐六典》记载，最盛时全国有1639个驿站，专门从事驿务的人员共二万多人，其中驿兵一万七千人。邮驿分为陆驿、水驿、水路兼并三种，各驿站设有驿舍，配有驿马、驿驴、驿船和驿田。

唐代对邮驿的行程也有明文规定，陆驿快马一天走6驿即180里，再快要日行300里，最快要求日驰500里；步行人员日行50里；逆水行船时，河行40里，江行50里，其他60里；顺水时一律规定100～150里。诗人岑参在《初过陇山途中呈宇文判官》一诗中写到“一驿过一驿，驿骑如星流。平明发咸阳，暮及陇山头。”在这里他把驿骑比做流星。天宝十四载十一月九日，安禄山在范阳起兵叛乱。当时唐玄宗正在华清宫，两地相隔三千里，6 日之内唐玄宗就知道了这一消息，传递速度达到每天 500 里。由此可见，唐朝邮驿通信的组织和速度已经达到很高的水平。

宋代将所有的公文和书信的机构总称为“递”，并出现了“急递铺”。急递的驿骑马领上系有铜铃，在道上奔驰时，白天鸣铃，夜间举火，撞死人不负责。铺铺换马，数铺换人，风雨无阻，昼夜兼程。南宋初年抗金将领岳飞被宋高宗以十二道金牌从前线强迫召回临安，这类金牌就是急递铺传递的金字牌，含有十万火急之意。

三、鸿雁传书

“鸿雁传书”的典故，出自《汉书·苏武传》中“苏武牧羊”的故事。据载，汉武帝天汉元年（公元前 100 年），汉朝使臣中郎将苏武出使匈奴被鞮侯单于扣留，他英勇不屈，单于便将他流放到北海（今贝加尔湖）无人区牧羊。19 年后，汉昭帝继位，汉匈和好，结为姻亲。汉朝使节来匈，要求放苏武回去，但单于不肯，却又说不出口，便谎称苏武已经死去。后来，汉昭帝又派使节到匈奴，和苏武一起出使匈奴并被扣留的副使常惠通过禁卒的帮助，在一天晚上秘密会见了汉使，把苏武的情况告诉了汉使，并想出一计，让汉使对单于讲：“汉朝天子在上林苑打猎时，射到一只大雁，足上系着一封写在帛上的信，上面写着苏武没死，而是在一个大泽中。”汉使听后非常高兴，就按照常惠的话来责备单于。单于听后大为惊奇，却又无法抵赖，只好把苏武放回。

四、鱼传尺素

在我国古诗文中，鱼被看作传递书信的使者，并用“鱼素”“鱼书”“鲤鱼”“双鲤”等作为书信的代称。唐代李商隐在《寄令狐郎中》一诗中写到：“嵩云秦树久离居，双鲤迢迢一纸书。”古时候，人们常用绢帛书写书信，到了唐代，进一步流行用织成界道的绢帛来写信，由于唐人常用一尺长的绢帛写信，故书信又被称为“尺素”（“素”指白色的生绢）。因捎带书信时，人们常将尺素结成双鲤之形，所以就有了李商隐“双鲤迢迢一纸书”的说法。显然，这里的“双鲤”并非真正的两条鲤鱼，而只是结成双鲤之形的尺素罢了。

书信和“鱼”的关系，其实在唐以前早就有了。秦汉时期，古乐府诗《饮马长城窟行》主要记载了秦始皇修长城，强征大量男丁服役而造成妻离子散之情，且多为妻子思念丈夫的离情，其中有一首五言写到：“客从远方来，遗我双鲤鱼。呼儿烹鲤鱼，中有尺素书。长跪读素书，书中竟何如。上言加餐食，下言长相忆。”这首诗中的“双鲤鱼”，也不是真的指两条鲤鱼，而是指用两块板拼起来的一条木刻鲤鱼。在东汉蔡伦发明造纸术之前，没有现在的信封，写有书信的竹简、木牍或尺素是夹在两块木板里的，而这两块木板被刻成了鲤鱼的形状，便成了诗中的“双鲤鱼”了。两块鲤鱼形木板合在一起，用绳子在木板上的三道线槽内捆绕三圈，再穿过一个方孔缚住，在打结的地方用极细的粘土封好，然后在粘土上盖上玺印，就成了“封泥”，这样可以防止在送信途中信件被私拆。至于诗中所用的“烹”字，也不是去真正去“烹饪”，而只是一个风趣的用字罢了。

五、青鸟传书

据我国上古奇书《山海经》记载，青鸟共有三只，是西王母的随从与使者，它们能够飞越千山万水传递信息，将吉祥、幸福、快乐的佳音传递给人间。据说，西王母曾经给汉武帝写过书信，西王母派青鸟前去传书，而青鸟则一直把西王母的信送到了汉宫承华殿前。在以后的神话中，青鸟又逐渐演变成为百鸟之王——凤凰。

南唐中主李璟有诗“青鸟不传云外信，丁香空结雨中愁，”唐代李白有诗“愿因三青鸟，更报长相思，”李商隐有诗“蓬山此去无多路，青鸟殷勤为探看，”崔国辅有诗“遥思汉武帝，青鸟几时过，”借用的均是“青鸟传书”的典故。

六、信鸽传书

信鸽传书，大家都比较熟悉，因为现在还有信鸽协会，并常常举办长距离的信鸽飞行比赛。信鸽在长途飞行中不会迷路，源于它所特有的一种功能，即可以通过感受磁力与纬度来辨别。

信鸽传书确切的开始时间，现在还没有一个明确的说法，但早在唐代，信鸽传书就已经很普遍了。五代王仁裕《开元天宝遗事》一书中有“传书鸽”的记载：“张九龄少年时，家养群鸽。每与亲知书信往来，只以书系鸽足上，依所教之处，飞往投之。九龄目为飞奴，时人无不爱讶。”张九龄是唐朝政治家和诗人，他不但用信鸽来传递书信，还给信鸽起了一个美丽的名字“飞奴”。此后的宋、元、明、清诸朝，信鸽传书一直在人们的通信生活中发挥着重要作用。

在我国的历史记载上，信鸽主要被用于军事通信。譬如在公元 1128 年，南宋大将张浚视察部下曲端的军队。张浚来到军营后，竟见空荡荡的没有人影，他非常惊奇，要曲端把他的部队召集到眼前。曲端闻言，立即把自己统帅的五个军的花名册递给张浚，请他随便点看哪一军。张浚指着花名册说：“我要在这里看看你的第一军。”曲端领命后，不慌不忙地打开笼子放出了一只鸽子，顷刻间，第一军全体将士全副武装，飞速赶到。张浚大为震惊，又说：“我要看你全部的军队。”曲端又开笼放出四只鸽子，很快，其余的四军也火速赶到。面对整齐地集合在眼前的部队，张浚大喜，对曲端更是一番夸奖。其实，曲端放出的五只鸽子，都是训练有素的信鸽，它们身上早就被绑上了调兵的文书，一旦从笼中放出，立即飞到指定的地点，把调兵的文书送到相应的部队手中。

七、黄耳传书

黄耳是一条狗，南朝有人著书《述异记》，上有一篇是这么写的：

晋之陆机，畜一犬，曰“黄耳”。机官京师，久无家信，疑有不测。一日，戏语犬曰：“汝能携书驰取消息否？”犬喜，摇尾。机遂作书，盛以竹筒，系犬颈。犬经驿路，昼夜不息。家人见书，又反书陆机。犬即上路，越岭翻山，驰往京师。其间千里之遥，人行往返五旬，而犬才二旬余。后犬死，机葬之，名之曰“黄耳冢”。

可见古代开始，狗就是人的忠实朋友。不过可怜了黄耳啊，千里送信，可能会累死，没准儿途中没有吃的，可能会饿死。

八、风筝通信

我们今天娱乐用的风筝，在古时候曾作为一种应急的通信工具，发挥过重要的作用。传说早在春秋末期，鲁国巧匠公输盘（即鲁班）就曾仿照鸟的造型“削竹木以为鹊，成而飞之，三日不下”，这种以竹木为材制成的会飞的“木鹊”，就是风筝的前身。到了东汉，蔡伦发明了造纸术，人们又用竹篾做架，再用纸糊之，便成了“纸鸢”。五代时人们在做纸鸢时，在上面拴上了一个竹哨，风吹竹哨，声如筝鸣，“风筝”这个词便由此而来。

（来源于百度百科，有改动）

附录 A　国家标准 GB/T 9704—2012 规定的公文式样

A4 型公文用纸页边及版心尺寸见图 A-1；公文首页版式见图 A-2；联合行文公文首页版式 1 见图 A-3；联合行文公文首页版式 2 见图 A-4；公文末页版式 1 见图 A-5；公文末页版式 2 见图 A-6；联合行文公文末页版式 1 见图 A-7；联合行文公文末页版式 2 见图 A-8；附件说明页版式见图 A-9；带附件公文末页版式见图 A-10；信函格式首页版式见图 A-11；命令（令）格式首页版式见图 A-12；纪要格式首页版式见图 A-13；纪要格式末页版式见图 A-14。

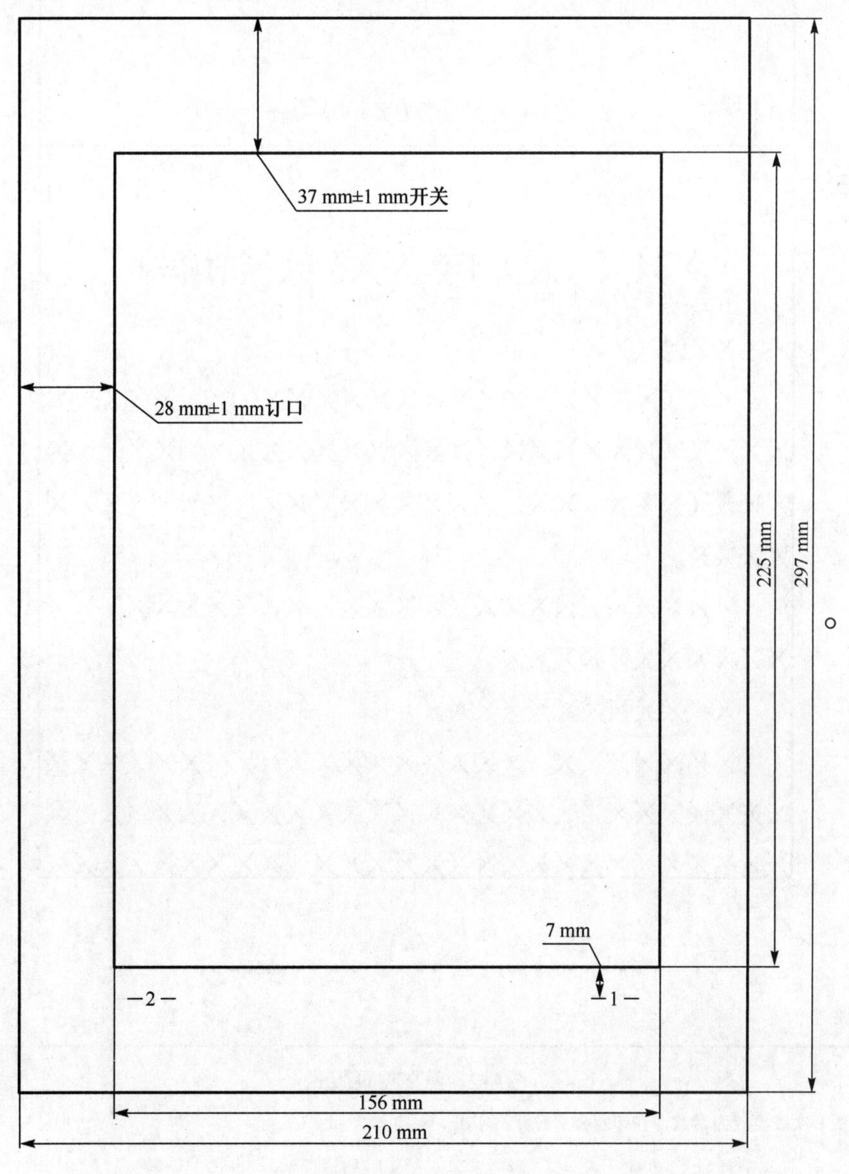

图A-1　A4型公文用纸页边及版心尺寸

000001

机密★1年

特急

×××〔2012〕10号

××××××关于××××××的通知

××××××××：

××××××××××××××××××××××××××

××××××××××××××××××××××××××××

××××××××××××××××××××××××××××

××××。

××××××××××××××××××××××××××

×××××××××××。

××××××××××××。

×××××××。××××××××××××××××××

××××××××××××××××××××××××××××

××××××××××××××××××××××××××××

— 1 —

图A-2 公文首页版式

注：版心实线框仅为示意，在印制公文时并不印出。

000001
机密★1年
特急

××××××
×　×　×　文件
××××××

×××〔2012〕10号

××××××关于××××××××的通知

×××××××××：
××。
××××××××××××××××××××××××××××

— 1 —

图A-3　联合行文公文首页版式1

注：版心实线框仅为示意，在印制公文时并不印出。

000001
机 密
特 急

××××××
× × ×
××××××

签发人：××× ×××
×××〔2012〕10号 ×××

××××××关于×××××××的请示

××××××××：
××。
×××××××××××××××××××××××××

— 1 —

图A-4 联合行文公文首页版式2

注：版心实线框仅为示意，在印制公文时并不印出。

××××××××××××××××。

　　××。

中华人民共和国××××部

2012 年 7 月 1 日

　　（×××××）

抄送：×××××××，××××××，×××××，×××××，×××××。

×××××××××　　　　2012 年 7 月 1 日印发

— 2 —

图A-5　公文末页版式1

注：版心实线框仅为示意，在印制公文时并不印出。

××××××××××××××××。

××。

××××××××××××

2012 年 7 月 1 日

（×××××）

抄送：×××××××××，××××××，×××××，×××××，×××××。

××××××××××　　2012 年 7 月 1 日印发

— 2 —

图A-6　公文末页版式2

注：版心实线框仅为示意，在印制公文时并不印出。

××××××××××××××××。

　　××。

2012 年 7 月 1 日

（×××××）

抄送：××××××××，××××××，×××××，×××××，×××××。

××××××××× 2012 年 7 月 1 日印发

— 2 —

图A-7　联合行文公文末页版式1

注：版心实线框仅为示意，在印制公文时并不印出。

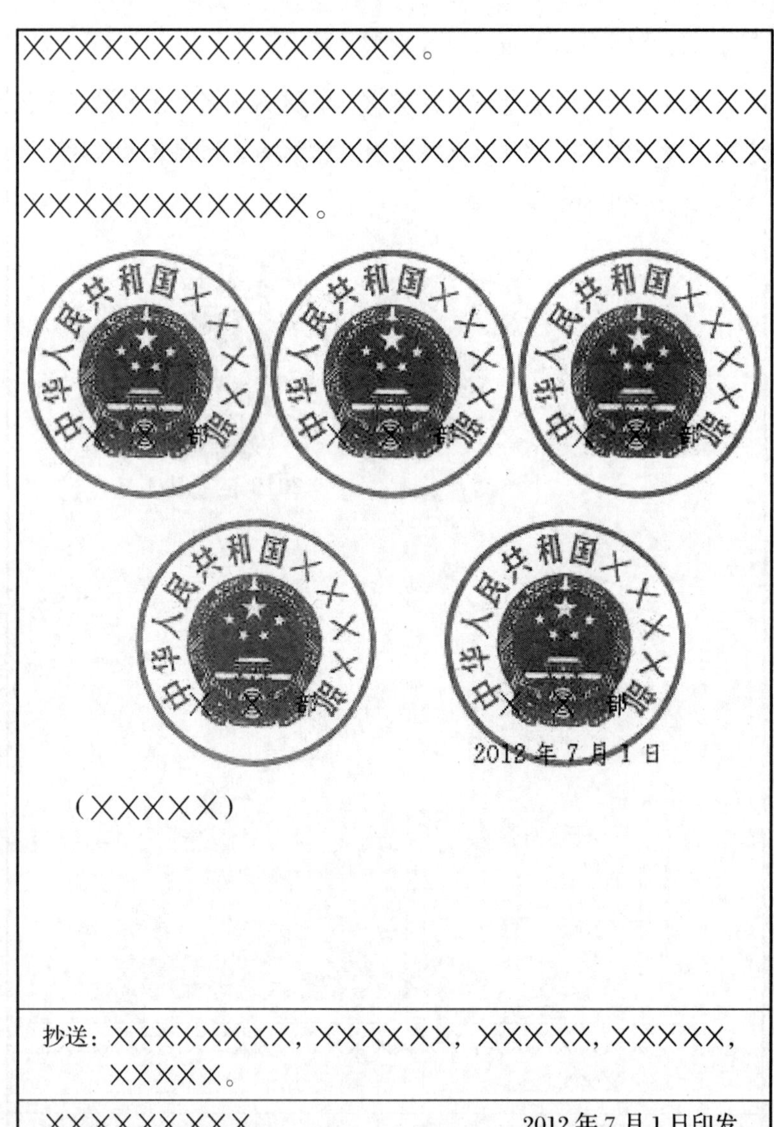

××××××××××××××××。

××。

中华人民共和国××××部　中华人民共和国××××部　中华人民共和国××××部

中华人民共和国××××部　中华人民共和国××××部

2012 年 7 月 1 日

（×××××）

抄送：××××××××，××××××，×××××，×××××，×××××。

×××××××××　2012 年 7 月 1 日印发

— 2 —

图A-8　联合行文公文末页版式2

注：版心实线框仅为示意，在印制公文时并不印出。

×××××××××××××××。

　　×××。

附件：1. ×××××××××××××××××××××××××××××。

　　　2. ×××××××××××××××。

×××××××

×　×　×　×

2012年7月1日

（×××××）

— 2 —

图A-9　附件说明页版式

注：版心实线框仅为示意，在印制公文时并不印出。

附件 2

XXX XXXXXX XXXXX XX

　　XXXXXXXXXXXXXXXXXXXXXXXXXXXXXXXXXXXXXXXXXXXXXXXXXXXXXXXXXXXX。

　　XXXXXXXXXXXXXXXXXXXXXXXXXXXXXXXXXXXXXXXXXXXXXXXXXXXXXXXXXXXXXXXXXXXXXXXXXXXXXXXXXXXXXXXXXXXXXXXXXXXXXXXXXXXXXXXXXXXXXXXXXXXXXXXXXXXXXXXXXXXXXXX。

抄送：XXXXXXXX，XXXXXX，XXXXX，XXXXX，XXXXX。

XXXXXXXXX　　2012 年 7 月 1 日印发

— 4 —

图A-10　带附件公文末页版式

注：版心实线框仅为示意，在印制公文时并不印出。

中华人民共和国×××××部

000001　　　　　　　　　　　　　　　×××〔2012〕10号

机　密

特　急

×××××关于××××××××的通知

×××××××××：

××。

××。

××。

图A-11　信函格式首页版式

注：版心实线框仅为示意，在印制公文时并不印出。

第×××号

部 长 ×××

2012年7月1日

— 1 —

图A-12 命令（令）格式首页版式

注：版心实线框仅为示意，在印制公文时并不印出。

000001

机　密
特　急

（XXX）

XXXXXXXXX　　　　　　2012年7月1日

　　XXXXXXXXXXXXXXXXXXXXXXXXXX
XXXXXXXXXXXXXXXXXXXXXXXXXXXX
XXXXXXXXXXXXXXXXXXXXXXXXXXXX
XXXXXXXXXXXXXXXXXXXXX。

　　XXXXXXXXXXXXXXXXXXXXXXXXXX
XXXXXXXXXXXXXXXXXXXXXXXXXXXX
XXXXXXXXXXXXXXXXXXXXXXXXXXXX
XXXXXXXXXXXXXXXXXXXXXXXXXXXX
XXXXXXXXXXXXXXXXXXXXXXXXXXXX
XXXXXXXXXXXXXXXXXXXXXXXXXXXX

— 1 —

图A-13　纪要格式首页版式

GB/T 9704—2012《党政机关公文格式》国家标准应用指南

XXXXXXXXXXXXXXXXXXXXXXXXXXXXXXXXXXXXXXXXXXXXXXXXXXXXXXXXXXXXXXXXXXXXXXXXXXXXXXXXXXXXXXX。

出席：XXXXXXX、XXXXXXX、XXXXXXX、XXXXXXX、XXXXXXX、XXXXXXX。

请假：XXX、XXX。

列席：XXX、XXX、XXX。

分送：XXXXX、XXXX。

XXXXXXXXXX　　2012年7月1日印发

— 2 —

图A-14　纪要格式末页版式

参 考 文 献

[1] 张耀辉，谢福铨主编. 应用文写作[M]. 上海：华东师范大学出版社，2006.

[2] 宋有武，边勋主编. 高职高专应用文写作教程及其实训[M]. 北京：北京交通大学出版社，2007.

[3] 张建主编. 应用文写作[M]. 北京：高等教育出版社，2008.

[4] 刘会芹主编. 应用文写作[M]. 杨凌：西北农林科技大学出版社，2009.

[5] 何锦旭主编. 应用文写作[M]. 上海：上海大学出版社，2010.

[6] 周国兴，朱萍编著. 参与式应用文写作教程[M]. 杭州：浙江大学出版社，2010.

[7] 王粤钦，李海燕主编. 新编财经应用文写作[M]. 大连：大连理工大学出版社，2010.

[8] 常广平主编. 应用文写作[M]. 北京：北京师范大学出版社，2011.

[9] 王若霞，张广汉，韩灿月主编. 应用文写作[M]. 北京：电子工业出版社，2011.

[10] 赵兵战主编. 实用文体写作[M]. 北京：北京理工大学出版社，2011.

[11] 李争平，韩建民，李强主编. 应用文写作[M]. 杨凌：西北农林科技大学出版社，2011.

[12] 毛燕敏，李永宏主编. 应用文写作[M]. 北京：高等教育出版社，2012.

[13] 王首程主编. 应用文写作[M]. 北京：高等教育出版社，2012.

[14] 徐成华等主编. GB/T 9704-2012《党政机关公文格式》国家标准应用指南[M]. 北京：中国标准出版社，2012.

[15] 戚晶，梅敬主编. 应用文写作商务礼仪篇[M]. 北京：电子工业出版社，2013.

[16] 岳海翔，董金凤主编. 新编高职应用文写作实训教程[M]. 北京：高等教育出版社，2013.

[17] 包锦阳主编. 现代应用文写作[M]. 杭州：浙江大学出版社，2013.

[18] 胡秦葆，薛胜男主编. 高职应用文写作[M]. 长沙：中南大学出版社，2013.

[19] 韦茂繁主编. 经济应用文写作实训教程[M]. 大连：大连理工出版社，2013.

[20] 杨光辉，李良玉，方立群主编.新编应用文写作项目教程[M]. 上海：上海交通大学出版社，2016.

[21] 周涛主编. 财经应用文写作[M]. 北京：北京邮电大学出版社，2016.

[22] 肖华碧，王争，黄留威主编. 新编应用文写作[M]. 上海：上海交通大学出版社，2017.

[23] 潘满全，易国才，陈云主编. 应用文写作[M]. 武汉：武汉大学出版社，2017.

[24] 黄炜，周岑主编. 新编应用文写作教程[M]. 东营：中国石油大学出版社，2017.

[25] 宋东东，欧阳静主编. 应用文写作教程[M]. 北京：北京出版社，2017.

[26] 吴永红主编. 应用文写作[M]. 北京：北京邮电大学出版社，2018.

反侵权盗版声明

举报电话：（010）88254396；（010）88258888
传　　真：（010）88254397
E-mail:　　dbqq@phei.com.cn
通信地址：北京市海淀区万寿路 173 信箱
　　　　　电子工业出版社总编办公室
邮　　编：100036